U0941619

中国建筑节能经济激励政策研究

Research on Economic Incentives and Policies to Promote Construction Energy Saving in China

主　编　苏　明
副主编　康艳兵　吕石磊
　　　　郝有志　傅志华

中国财政经济出版社

图书在版编目（CIP）数据

中国建筑节能经济激励政策研究/苏明主编.—北京：中国财政经济出版社，2011.8

ISBN 978-7-5095-3013-9

Ⅰ.①中… Ⅱ.①苏… Ⅲ.①建筑-节能-经济政策-研究-中国 Ⅳ.①F426.9

中国版本图书馆CIP数据核字（2011）第148388号

责任编辑：胡 博 责任校对：徐艳丽
封面设计：孙俪铭 版式设计：兰 波

中国财政经济出版社 出版

URL：http：//www.cfeph.cn

E-mail：cfeph@cfeph.cn

（版权所有 翻印必究）

社址：北京市海淀区阜成路甲28号 邮政编码：100142

营销中心电话：88190406 北京财经书店电话：64033436 84041336

北京财经印刷厂印刷 各地新华书店经销

787×960毫米 16开 24印张 412 000字

2011年8月第1版 2011年8月北京第1次印刷

定价：40.00元

ISBN 978-7-5095-3013-9/F·2552

（图书出现印装问题，本社负责调换）

质量投诉电话：010-88190744

中国建筑节能经济激励政策研究

课题组名单

课题组组长：

苏　明（财政部财政科学研究所副所长、研究员）

课题组副组长：

康艳兵（国家发改委能源所研究员）
吕石磊（天津大学副教授）
郝有志（重庆大学高级工程师）
傅志华（财政部财政科研所研究员）

先后参与项目课题研究的主要成员：

刘海燕（国家发改委能源研究所助理研究员）
谷立静（国家发改委能源研究所助理研究员）
张　扬（国家发改委能源研究所助理研究员）
陈明生（中国政法大学副教授）
李亚平（中国人民大学讲师）
魏庆芃（清华大学副教授）
康琪雪（中国林业大学讲师）
尹志芳（北京工业大学硕士）
张建国（国家发改委能源研究所副研究员）
郁　聪（国家发改委能源研究所研究员）
朱　能（天津大学教授）

李冬妍（南开大学副研究员）
卢　楠（天津大学讲师）
梁传志（天津大学博士研究生）
丁　研（天津大学博士研究生）
高　萍（天津大学硕士研究生）
何　强（重庆大学教授）
戴　臻（重庆大学博士）
金占勇（北京建筑工程学院博士）
张　强（重庆大学工程师）
廉　龑（重庆大学工程师）
韩凤芹（财政部财政科研所研究员）
王桂娟（财政部财政科研所副研究员）
张　阳（财政部财政科研所副研究员）
许　文（财政部财政科学研究所副研究员）
徐玉德（财政部财政科学研究所研究员）

课题组咨询专家与顾问：

武　涌（住房和城乡建设部节能与科技司巡视员）
江　亿（清华大学教授、院士）
涂逢祥（中国节能协会会长）
吕文斌（国家发改委环资司处长）
孙　志（财政部经建司处长）

前言

(一)

节能减排是有效贯彻落实科学发展观、构建社会主义和谐社会的重大举措；是努力建设资源节约型、环境友好型社会的必然选择；是着力推进经济结构调整、转变发展方式的必由之路；是中国政府应对全球气候变化的积极行动。

我国“十一五”规划提出“在优化结构、提高效益和降低消耗的基础上，实现2010年人均国内生产总值比2000年翻一番；资源利用效率显著提高，单位国内生产总值（GDP）能源消耗比‘十五’期末降低20%左右”。为实现节能目标，我国政府先后出台了一系列相关政策，把节能减排工作放到了更加突出位置。国务院专门成立了节能减排工作领导小组，印发《节能减排综合性工作方案》，提出10个方面45条政策措施和具体工作安排；将节能减排作为对地方党政领导班子和领导干部综合考核的重要内容；从2007年起，中央财政安排节能减排专项资金，用于支持十大重点节能工程等项目；建立循环经济评价指标体系；深入开展千家企业节能行动。

建筑节能是整个节能工作的重点之一，它与工业节能、交通节能一起构成我国三大重点节能领域，对有效推进整个节能减排工作具有重要意义。《节约能源法》、《民用建筑节能条例》、《公共机构节能条例》、《十大重点工程实施意见》、《关于加强国家机关办公建筑和大型公共建筑节能管理工作的实施意见》等法律政策文件都明确提出要积极推动建筑节能工作。我国《节能中长期专项规划》将建筑节能作为节能的重点领域，要求建筑节能在“十一五”期间实现节约1亿吨标准煤的规划目标。这既体现了建筑节能在国家能源节约战略中的重要地位，也体现了建筑节能工作所要完成的艰巨任务。目前我国建筑能耗约占全社会终端能源总消费量的27%左右。随着人民生活水平不断提高，建筑用能必将成为我国未来能源消费的主要增长点。而且，我国正处于城镇化快速发展和居民消费结构快速转型的阶段，每年竣工的新建建筑面积高达18亿—20亿平方米，超过所有发达国家每年建成建筑面积的总和，这些建筑的能源需求水平普遍较高。这种趋势必将导致未来我国建筑能耗的大幅增加，对完成国家的节能目标带来很大压力。

建筑节能具体指在建筑物的规划、设计、新建（改建、扩建）、改造和使用过程中，执行节能标准，采用节能型的技术、工艺、设备、材料和产品，提高保温隔热性能和采暖供热、空调制冷制热系统效率，加强建筑物用能系统的运行管理，利用可再生能源，在保证室内热环境质量的前提下，减少供热、空调制冷制热、照明、热水供应的能耗。建筑节能既涉及建筑物建造过程中的能耗，如建筑材料、建筑构配件、建筑设备的生产和运输以及建筑施工和安装过程中的能耗，也涉及建筑物使用过程中的能耗，如房屋建筑和构筑物使用期内采暖、通风、空调、照明、家用电器、电梯和冷热水供应等的能耗。从实际情况看，建筑节能的重点包括既有建筑节能改造，还包括新建建筑节能，以及可再生能源的规模化应用等。

建筑节能的外部性和公益性特征，使得资金瓶颈与快速发展的建筑节能矛盾日益突出。根据成熟市场经济国家的实践经验，采用基于市场的经济激励措施是推动节能的有效途径之一。目前，我国的节能经济政策正在逐步完善，已出台的节能经济激励政策主要集中在工业节能领域，取得了比较好的效果。建筑节能重点从既有建筑节能改造、新建建筑节能、可再生能源的规模化应用等方面入手，政府虽然采取了一系列行政、法规、经济等措施，取得了一定的成效，但还面临一些障碍，社会各界对出台建筑节能的激励政策的呼声很高。针对新建建筑的经济激励政策一直没有出台，严重影响节能建筑的发展。可见，如何科学有效地研究制定一系列的经济激励政策，发挥政策的杠杆作用，吸引社会更多的力量来参与和推动建筑节能，以全面完成建筑领域的节能工作，成为政府相关部门面临的重要任务，也是研究机构需要关注的重大现实问题。

（二）

正是在上述背景下，财政部财政科学研究所近年来致力于促进建筑节能的财税政策研究。特别是从2008年起，在能源基金会的资助下，财政部财政科学研究所与国家发改委能源研究所、天津大学、重庆大学等单位组成联合课题组，开展了推进我国建筑节能的经济激励政策项目系列课题研究工作。该项目前后两期，共研究了五个课题：2008～2009 年分别研究了“太阳能光热建筑一体化应用的经济激励政策”、“节能建筑财税政策研究”和“推动绿色建筑的经济激励政策研究”三个课题；2009～2010 年分别研究了“北方采暖地区既有居住建筑节能改造的经济激励政策”和“公共建筑节能改造的经济激励政策”两个课题。

近三年来，联合课题组围绕上述课题投入了很大的精力。课题组多次召开协调会和咨询研讨会，向有关专家和领导征求意见；课题组还与政府相关部门（包括住房与城乡建设部、财政部、国家税务总局、国家发改委等）保持沟通和联系，了解国家最新政策法规动态及全国宏观情况数据；特别是我们作了大量的调查研究，赴不同类型的地区进行实地考察，掌握第一手材料，发现问题，总结经验，了解实际需求，听取社会各方面的改进意见和建议。例如我们对江苏省、海南省、深圳市等建设行政主管部门以及当地的可再生能源建筑应用示范工程进行调研和考察，分析了相关地区在强制推广太阳能光热建筑一体化应用过程中所制定和实施的相关财税政策及其他优惠政策，从技术、经济、社会发展以及工程应用等角度对推行太阳能光热建筑一体化应用的相关政策进行障碍识别和分析论证。我们还对北京、天津、上海、重庆等地推行 65% 节能标准的省、市调研，了解各地推广 65% 节能标准的经验和教训、主要问题及财税政策制度障碍等，从技术、经济和产品支撑体系等角度研究新建建筑节能标准 65% 政策实施的可行性，研究了针对低能耗建筑、绿色建筑等不同类型的建筑和不同节能标准的建筑所适用的经济激励政策。上述实际调研及相关部门领导、专家的指导，对我们课题组开拓视野、深化研究、明晰改革方向，起到了至关重要的作用。

（三）

现将本项目前后五个研究课题成果简要介绍如下。

1. 太阳能热水系统建筑强制性应用的激励政策研究

我国太阳能资源非常丰富，目前我国是世界上最大的太阳能热水器生产国和应用国，已形成了太阳能热水器产业。经过多年可再生能源项目的示范，太阳能光热与建筑一体化技术日趋成熟，已到了大面积推广应用的阶段，部分省市正在落实。从国家层面强制推广，特别需要经济激励措施。在该项目研究中，我们提出了从“十二五”起，实施强制推广与推广初期的财政激励相结合的政策。除用行政强制手段，即从立项、规划、设计、审图、施工、监理、检测、竣工验收、核准销售、维护使用、监管手段等环节制定强制性政策推广太阳能光热建筑一体化外，在推广初期实施财政补贴激励政策。

一是对房地产开发商的补贴。可获得财政补贴的项目，应满足以下几方面的要求：首先，建筑满足当地强制性节能设计标准；其次，太阳能热水系统保证率不低于70%；最后，满足太阳能热水建筑一体化设计、安装、验收的规范和标准。应该首先计算安装太阳能热水系统的建筑成本，再计算居民使用太阳能热水系统的收益，并把收益按照货币时间价值转换为现值，最后根据安装成本和收益的差额进行财政补贴。财政补贴额应比安装成本和收益的差额高10%，以鼓励开发商在建筑时应用太阳能热水系统。在强制性推广初期的前两年，实施补贴政策。

二是对太阳能热水系统生产的财政激励政策。首先，为太阳能热水系统的基础研究项目提供15%的补贴，促进技术的全面进步和发展。其次，为太阳能热水系统的应用性研究项目提供15%的补贴，促进技术转化为生产力，提高财政资金的使用效率，从而调动投资者的积极性，增加生产能力，扩大规模。再次，对购买太阳能热水系统产品的消费者给予15%的补贴，这种补贴可以鼓励消费，扩大市场，反过来促进太阳能热水系统生产的发展，增加产品产量。最后，中央和地方财政对城镇低保家庭、养老院、孤儿院等社会福利机构免费安装太阳能热水系统。

2. 节能建筑财税激励政策研究

目前，我国提高新建建筑能效水平的措施主要是通过行政手段强制性要求新建建筑必须符合相关建筑节能设计标准。为此，我国已经出台了不同气候区域的居住建筑节能设计标准和公共建筑节能设计标准。同时，我国的建筑节能标准日趋严格，目前已推动建立了节能50%的建筑节能设计标准体系，先后颁布了民用建筑节能设计标准（采暖居住建筑部分）、夏热冬冷地区居住建筑节能设计标准、夏热冬暖地区居住建筑节能设计标准、公共建筑节能设计标准等。“十一五”期间，一些地区已经开始执行节能65%的建筑节能设计标准。与此同时，中国政府计划在“十二五”期间全面推行65%的建筑节能设计标准，在目前50%标准执行效果都不尽理想的情况下，该目标的实现面临着很大的挑战。在今后2～3年的过渡期内，如何通过财税政策对节能性能超过当前标准要求的新建节能建筑给予经济激励，从而进一步拉动节能建筑市场的发展，为“十二五”全面实施65%的节能标准奠定基础，成为一个重要研究课题。

在该项目研究中，我们认为近期可考虑的财税政策包括两个方面：一方面，继续加大对建筑节能财政预算投入的力度，重点扶持建筑节能的能力建设和制度建设，弥补建筑节能市场化程度低的不足。另一方面，重点对新建节能建筑的增量成本进行补偿，有重点地引导开发商提供节能建筑、引导消费者使用节能建筑。其中，在增量成本的补偿测算过程中，我们坚持政府发挥引导作用、政府与市场共担增量成本的原则，确定政府负担增量成本的70%。而在政府负担的增量成本中，我们遵循了重点支持消费环节，把利益尽量让渡给消费者的原则。考虑到新建建筑的增量成本比整体建安成本小，在开发商的整体贷款中，财政贴息的范围和金额难以确定和实施，我们建议，直接给予税收上的优惠。而在税收优惠的选择中，考虑的一个基本原则是兼顾生产商和开发商，尽量保障税制的统一性和完整性，突出重点，抓住主要税种进行一定程度的优惠，这样可以避免优惠过于零散地分布在一些小税种上，不易操作。建议近期首先从税收优惠方面入手来鼓励节能建筑：一是减征40%的消费者契税；二是减征10%的开发商营业税。总体上，在上述税收优惠方案中，消费者可享受约2/3的优惠，开发商可享受约1/3的优惠。此外，建议在未来物业税改革中也给予节能建筑一定的优惠，同时建议进一步加大对建筑节能能力建设的财政支持力度。

3. 推动绿色建筑的经济激励政策研究

绿色建筑（green building）是指在寿命周期内，最大限度地节约能源（节能、节地、节水、节材）、保护环境和减少污染，为人们提供健康、适用和高效的使用空间，与自然和谐共生的建筑。绿色建筑的基本内涵包括舒适性、经济性、生态性、地域性、社会性五个方面，它遵循可持续发展原则，体现绿色平衡理念，通过科学的整体设计，集成绿色配置、自然通风、自然采光、低能耗围护结构、新能源利用、绿色建材和智能控制等高新技术。绿色建筑必须充分展示人文与建筑、环境与科技的和谐统一。它可以满足人们的生理和心理需求，使能源和资源的消耗最为经济合理，对环境的影响最小。发展绿色建筑对我国坚持走可持续发展道路具有重要的意义。大力发展绿色建筑能够节约大量能源，节约土地、水、材料等资源，一定程度上缓解中国社会对能源需求日益旺盛与中国自身能源供给的产能不够与储量不足的矛盾，有利于中国社会经济持续、健康、稳定地发展。此外，大力发展绿色建筑，能够对环境的改善和优化起促进作用，有利于人与自然的和谐发展，融洽经济建设、人口增长与资源利用、生态环境保护的关系。

在该项目研究中，我们提出了绿色建筑经济激励的总体目标：一是调动开发商开发绿色建筑、消费者购买绿色建筑以及其他相关主体参与绿色建筑建设的积极性；二是大力培育绿色建筑房地产市场，建立起推动绿色建筑发展的长效机制。

近期关于经济激励的政策建议有：中央政府应设立绿色建筑专项资金，加大对绿色建筑的补贴力度，直接通过财政资金鼓励绿色建筑的开发与使用；充实已有的墙改专项基金，在资金使用上向绿色建筑倾斜；在土地出让金上给予绿色建筑优惠政策；政府采购向绿色建筑倾斜；实施更多的税收优惠，包括减征契税、减征营业税，以及减征未来的物业税。

从中长期看，在绿色建筑市场成长阶段，绿色建筑经济激励的主要机制应侧重于“以需求端激励为导向、激励力度逐渐降低”。进入了成熟阶段后，市场成为决定绿色建筑产品供给和需求的唯一方式，政府的工作重点是推动绿色建筑理念的升级和创新，因此，在绿色建筑市场成熟阶段，绿色建筑经济激励的主要激励对象应为规划设计单位、材料设备供应商、施工单位、监理单位、物业管理单位等绿色建筑开发辅助单位。通过绿色建筑开发辅助单位的反馈，制定更加详尽、严格的绿色建筑开发标准，形成全面、完善的绿色建筑监管制度。对绿色建筑开发辅助单位的激励应侧重于研发奖励及补助的方式。

4. 公共建筑节能改造的经济激励政策研究

公共建筑节能改造也是建筑节能改造的重要领域之一。目前，我国既有公共建筑面积约60亿平方米，除采暖外的耗电量约为3000亿千瓦时。其中，作为节能改造重点的大型公共建筑约3亿~4亿平方米，除采暖外的耗电量约为500亿千瓦时。目前，国内也出台了国家机关办公建筑和大型公共建筑节能的财政补贴政策，但该政策的实施效果不甚理想，对其他类型的建筑缺乏有效的经济激励。尽管大部分公共建筑存在较大的节能改造潜力，但是分散性较强加大了节能改造项目的实施难度，并且缺乏有效的经济激励政策措施和融资机制，大部分公共建筑节能改造潜力有待于进一步挖掘。

在该项目中，课题组对公共建筑节能改造的特点、相关利益主体及成本效益进行了分析，针对目前关于公共建筑节能改造缺乏针对性政策的问题以及推动公共建筑节能改造的节能服务公司面临的突出障碍，按照行政单位公共建筑、事业单位公共建筑和商业单位公共建筑划分，对公共建筑节能改造的经济激励政策方案进行了研究，提出了公共建筑节能改造的经济激励政策的目标、总体思路、财政资金支持方案及合同能源管理会计制度的完善思路。

结合“十二五”期间我国节能减排面临的形势，课题组提出了近期促进公共建筑节能改造的经济激励政策建议：

一是关于推动公共建筑节能改造的财政奖励政策建议。对于政府机关节能改造，由相应的各级财政全额支持。对于不属于政府机关的公共建筑节能改造项目，采取“以奖代补”方式给予财政奖励。根据改造内容，奖励标准按照每形成1吨标准煤节能能力奖励800元。根据项目形成的节能规模分别由不同级别的财政列支。为完成建议的“十二五”节能目标，公共财政总计需要投入120亿元。

二是关于完善与合同能源管理项目相关的财务制度规范的政策建议。将节能改造费用列入公共机构的预算，允许节能服务公司分享节能效益。建议有关部门出台相关政策，将节能改造费用视同能源费用列入政府公共机构的预算，或者在一定时期内，对现行地方财政体制进行改革，对公立机构的能源费用实行固定额度预算制度，鼓励政府机构采购节能服务公司的服务，并且允许公共机构在不增加能源费用的前提下，把合同能源管理项目所节约的能源费用与节能服务公司分享。加快完善会计核算制度实施细则。建议根据《关于加快推行合同能源管理促进节能服务产业发展意见》（国办发〔2010〕25号）提出的思路与原则性指导，针对不同类型的主体，出台相关会计核算制度的实施细则，深入推动公共建筑节能改造。

5. 北方采暖地区既有居住建筑节能改造的经济激励政策研究

中国北方采暖地区高能耗居住建筑的基数大、能耗高。以2006年统计数据为例，中国北方城镇采暖面积约为75亿平方米，其中70%以上为高能耗建筑，规模庞大。北方采暖地区既有居住建筑节能改造领域覆盖了15个省、直辖市、自治区，涉及的城镇人口总数约为2.5亿，因而具有巨大的节能潜力和环境效益。而推动北方采暖地区既有居住建筑节能改造的顺利开展，必须要有雄厚的资金做后盾。同时，既有居住建筑节能改造存在着严重的正外部性，导致相关主体投资意愿不高，且相关主体对节能改造的认识并不完全一致，对节能改造成本的承担能力也各不相同，使得节能改造推行起来困难重重。

在该项目中，课题组根据目前我国既有居住建筑节能改造的工程实践经验以及国外既有建筑节能改造的实践经验，对我国推进既有居住建筑节能改造的融资模式进行了设计和分析。在深入研究的过程中，课题组发现既有居住建筑节能改造的顺利实施不仅依赖于外部的政策环境，也依赖于内部市场机制的正常运转。因此，对于进一步推动既有建筑节能改造的融资提供以下政策建议：

建立中央财政对既有居住建筑节能改造的可持续支持机制；制定经济激励政策鼓励供热企业对既有建筑进行整体改造；鼓励节能服务公司对既有居住建筑进行节能改造；推进热价格商品化，刺激居民开展既有建筑节能改造；统一既有建筑节能改造的节能收益计算方法；鼓励金融机构对既有居住建筑节能改造市场提供资金支持；确定合理的成本分担机制，吸引多渠道的资金支持。

“十二五”期间北方地区既有居住建筑节能改造具体财税激励政策建议是：目前，我国北方城镇采暖地区建筑面积约 70 亿～80 亿平方米，采暖能耗约 1.5 亿～2 亿吨标准煤。根据有关项目的预测①，“十二五”期间通过对“潜力大、成本低”的重点环节实施节能改造，到 2015 年可形成 3000 万吨标准煤的节能能力，降低当前能耗的 15% 左右。其中，通过中央财政奖励形成的节能能力约为 2000 万吨标准煤。财政应继续采用“以奖代补”的方式进行鼓励和支持。考虑到建筑节能改造项目分散性的特点，节能发行利润空间相对较低，财政的奖励标准应在节能改造增量成本的 15% 左右，比工业节能改造项目的奖励标准略高些，这样奖励标准可暂定为每形成 1 吨标准煤节能能力奖励 750～1200 元。节能量较大的项目由中央财政奖励，节能量较小的项目由地方财政奖励。

综上可以看出，上述五个课题既有内在联系，又相对独立；既着眼建筑节能领域宏观的、长远考虑和设想，又切实关注现实工作中正在着手实施的任务。纳入本书内容的正是这五个研究课题成果。尽管一些内容可能存在重复、交叉的问题，一些情况、背景及相关政策建议也可能发生变化，我们仍按课题研究报告的原样汇编，基本不作观点上的改动，意在全面反映当时该项目研究工作的原貌。

---

① 国家发展和改革委员会能源研究所：《既有建筑节能改造融资模式研究》（2010）。

（四）

建筑节能问题涉及面广，情况复杂，任务艰巨。虽然我们在上述经济激励政策研究方面做了一些工作，但仍有许多需完善之处。特别需要指出的是，本项目研究侧重于财税政策方面。实际上，推进建筑节能的经济激励政策涉及的问题很多，除了财税政策外，还包括投资政策、金融信贷政策、价格政策等。这些问题都是值得我们深入研究的。就财税政策本身来说，也有一个如何与其他经济激励政策有机结合、协调配套的问题。所以，构建一个全面、系统的经济激励政策体系，仍将是未来一个时期我国大力推进建筑节能工作的重要方面。

联合课题组近三年来的研究工作得到了来自住房与城乡建设部、财政部、国家税务总局、国家发改委等有关业务主管部门和决策机构领导、专家的大力支持；得到了相关地方政府及其业务主管部门在实地调研方面提供的大力帮助；得到了相关科研机构、高校专家的具体指导。特别是本项目顾问、住房与城乡建设部建筑节能与科教司武涌巡视员，从项目选题、立项、研究计划设计到最终形成成果的整个研究过程给予了全面指导。此外，在前后四次课题咨询研讨会上，包括清华大学江亿教授、中国建筑节能协会会长涂逢祥教授在内的咨询专家，以及国务院政策研究室唐元司长，财政部税政司王晓华副司长、徐涛处长，国家发改委环资司吕文斌处长，财政部经建司孙志处长、王志雄博士，国管局范学臣处长，中国节能协会节能服务产业委员会谌树忠副主任，中国社科院工经所史丹研究员，国家发改委能源所郁聪研究员，GTZ 中德建筑节能项目执行主任徐智勇，以及能源基金会张瑞英女士、吴萍女士等领导和专家，对课题研究提出了许多好的建议和修改意见。在此，向他们表示衷心的感谢！

本项目五个课题研究，前后历经三年时间。虽然课题组成员下了很大工夫，但课题成果的内容和观点难免还存在不足之处，敬请读者、同仁批评指正。

中国建筑节能经济激励政策研究课题组

2011 年 2 月

目　录

项目一

太阳能热水系统建筑强制性应用的激励政策研究

随着我国城镇化的迅猛发展，人民对居住环境的需求不断提高，民用建筑发展速度及规模迅速增加，致使建筑能源消耗量快速增长。在目前的居住建筑节能法规、标准、政策体系下，围护结构、空调供热系统等节能关键环节已经很难再有进一步的突破。在满足目前经济性要求和提高人民生活水平的前提下，通过节能技术的提升而获得的节能潜力不大，可挖掘的、具有经济性的、技术可靠的、易实现的关键节能环节是降低生活热水能耗。

在我国居住建筑中，生活热水能耗约占建筑总能耗的10%～20%，若应用太阳能热利用技术，将建筑与太阳能热水系统有机结合，可有效减少常规能源消耗，改善居民生活质量，并且促进环境可持续发展。目前，我国太阳能热水系统产业发展迅速，太阳能热水器产量全球第一，但人均集热面积不到0.06平方米，仅相当于日本、以色列等国的1/20。因此，需要在太阳能热水系统与居住建筑一体化的结合发展中寻求突破，制定相应的激励机制、政策、措施以扩大太阳能在建筑中的应用规模，从而真正让太阳能热利用成为我国建筑节能及可再生能源应用领域的重要抓手。

为加强对太阳能建筑一体化应用的引导，建立和完善相关的配套政策和法规，在具备太阳能利用条件的地区按照法规和技术标准强制性推广使用太阳能光热建筑一体化技术，形成相应的强制性政策和经济激励措施，开展本课题研究。课题通过分析我国太阳能资源的应用条件，研究国内外相关应用政策，调研我国太阳能光热强制推广的海南省和江苏省，总结经验，提出适合我国太阳能光热发展的政策发展路线，研究制定了从强制性行政政策和激励性的财税政策两方面共同引导太阳能光热建筑一体化应用发展的政策体系。

一、研究背景及意义

（一）我国太阳能资源条件

我国幅员广大，有着十分丰富的太阳能资源。据估算，我国陆地表面每年接受的太阳辐射能约为 50×10^{18} 千焦，全国各地太阳年辐射总量每年达 335～837 千焦/平方厘米，中值为每年 586 千焦/平方厘米。从全国太阳年辐射总量的分布来看，西藏、青海、新疆、内蒙古南部、山西、陕西北部、河北、山东、辽宁、吉林西部、云南中部和西南部、广东东南部、福建东南部、海南岛东部和西部以及台湾省的西南部等广大地区的太阳辐射总量很大。青藏高原地区的辐射量最大，那里平均海拔高度在 4000 米以上，大气层薄而清洁，透明度好，纬度低，日照时间长。被人们称为“日光城”的拉萨市，1961 年至 1970 年，年平均日照时间为 3005.7 小时，相对日照为 68%，年平均晴天为 108.5 天、阴天为 98.8 天，年平均云量为 4.8，每年太阳总辐射为 816 千焦/平方厘米，比全国其他省区和同纬度的其他地区都高。全国省份中，四川和贵州两省的太阳年辐射总量最小，尤其是四川盆地，那里雨多、雾多，晴天较少。素有“雾都”之称的成都市，年平均日照时间仅为 1152.2 小时，相对日照为 26%，年平均晴天为 24.7 天、阴天达 244.6 天，年平均云量高达 8.4。

我国太阳能资源分布的主要特点有：太阳能的高值中心和低值中心都处在北纬 22°～35°这一带，青藏高原是高值中心，四川盆地是低值中心；太阳年辐射总量，西部地区高于东部地区，而且除西藏和新疆两个自治区外，基本上是南部低于北部；由于南方多数地区云雾雨多，在北纬 30°～40°地区，太阳能的分布情况与一般的太阳能随纬度变化的规律相反，即太阳能不是随着纬度的增加而减少，而是随着纬度的增加而增长。

按接受太阳能辐射量的大小，全国大致上可分为五类地区（见表 1－1）。

一类地区：全年日照时数为 3200～3300 小时，辐射量为每年 670～837 千焦/平方厘米，相当于 225～285 千克标准煤燃烧所发出的热量。主要包括青藏高原、甘肃北部、宁夏北部和新疆南部等地。这是我国太阳能资源最丰富的地区，与印度和巴基斯坦北部的太阳能资源相当。特别是西藏，地势高，透明度也好，太阳辐射总量最高值达每年 921 千焦/平方厘米，仅次于撒哈拉大沙漠，居世界第二位。拉萨是世界著名的阳光城。

表1-1　　　　中国太阳能资源分布表

地区类型	年日照时数（小时）	年辐射总量（兆焦/平方米）	等量热量所需标准燃煤（千克）	包括的主要地区	备注
一类	3200~3300	6680~8400	225~285	宁夏北部，甘肃北部，新疆南部，青海西部，西藏西部	太阳能资源最丰富地区
二类	3000~3200	5852~6680	200~225	河北西北部，山西北部，内蒙南部，宁夏南部，甘肃中部，青海东部，西藏东南部，新疆南部	较丰富地区
三类	2200~3000	5016~5852	170~200	山东，河南，河北东南部，山西南部，新疆北部，吉林，辽宁，云南，陕西北部，甘肃东南部，广东南部	中等地区
四类	1400~2000	4180~5016	140~170	湖南，广西，江西，浙江，湖北，福建北部，广东北部，陕西南部，安徽南部	较差地区
五类	1000~1400	3344~4180	115~140	四川大部分地区，贵州	最差地区

二类地区：全年日照时数为3000~3200小时，辐射量为每年586~670千焦/平方厘米，相当于200~225千克标准煤燃烧所发出的热量。主要包括河北西北部、山西北部、内蒙古南部、宁夏南部、甘肃中部、青海东部、西藏东南部和新疆南部等地。此区为我国太阳能资源较丰富区。

三类地区：全年日照时数为2200~3000小时，辐射量为每年502~586千焦/平方厘米，相当于170~200千克标准煤燃烧所发出的热量。主要包括山东、河南、河北东南部、山西南部、新疆北部、吉林、辽宁、云南、陕西北部、甘肃东南部、广东南部、福建南部、江苏北部和安徽北部等地。

四类地区：全年日照时数为1400~2200小时，辐射量为每年419~502千焦/平方厘米。相当于140~170千克标准煤燃烧所发出的热量。主要是长江中下游、福建、浙江和广东的一部分地区，春夏多阴雨，秋冬季太阳能资源还可以。

五类地区：全年日照时数约1000~1400小时，辐射量为每年335~419千焦/平方厘米，相当于115~140千克标准煤燃烧所发出的热量。主要包括四川、贵州两省。此区是我国太阳能资源最少的地区。

（二）太阳能光热建筑一体化应用的定义

1. 太阳能光热系统

太阳能光热应用以传热学理论为基础，通过太阳集热器来收集太阳热辐射并向流经自身的传热工质（以水为主）传递热量，建筑中广泛应用在屋顶、阳台上等。

太阳能光热系统由集热器、储热水箱、循环水泵、管道、支架、控制系统等组成，分为两大类：一种是家用太阳热水器，另一种是太阳热水系统工程。根据现在国家标准，二者是按照储热水箱的容量0.6吨为界限划分的，但不管是家用还是热水系统工程用，太阳热水器最核心的部分是被称为“太阳集热器”的部件。人们通过长期的研究和试验发明了各种各样的集热器，其中最成熟的是三种：平板集热器、真空管集热器、热管式真空管集热器。

太阳能热水工程中集中供水系统与家用太阳热水器不同的是，它不是单独一个集热器带水箱，而是由若干组集热器串并联吸收太阳能，产生大量热水并将其储存在集热水箱中，通过各种传感器和自动控制系统来控制循环水泵，使热水经过建筑给排水管道系统进入各个房间用水点。系统能自动控制，自动显示水温、水位。有的能处理管道冷水，进行系统加压、远程控制等。为了保证用户全天候使用热水，考虑到太阳日照的间隙性和不稳定性特点，在阴雨天无太阳照射时还需要配备辅助能源系统。

2. 太阳能光热建筑一体化

太阳能与建筑一体化是指在不破坏和不影响建筑的外观与结构的情况下，在建筑上设计与安装太阳能系统，使太阳能系统成为建筑的一部分，同时达到节能和满足使用功能的目的。如果去掉太阳能装置，整个建筑就将被拆掉。

太阳能光热建筑一体化必须从建筑设计和产品设计入手，把太阳能集热器作为建筑的一个组成部分，即太阳能建材。太阳能系统的类型、器件、流程等，都要同建筑材料和建筑用设备、门窗一样，以满足建筑的基本要求为前提进行设计、加工。

太阳能光热建筑一体化的发展进程分三个阶段：

（1）初级阶段：简单相加，把热水器安装在建筑材料物上能正常使用即可，既不考虑屋顶安装位置的规划，也不考虑与建筑结合的美观，甚至连一些必要的安全措施都没有。

（2）中级阶段：开始考虑太阳热水器与建筑结合的安全和美观，但没有统一的标准和规范，设计及安装差别较大。

（3）高级阶段：以建筑为主体，太阳能集热器同建筑的门窗一样是建筑的一个功能部件，形成建筑构件。它不但能提供热水，还具有保温、隔热、防水的功能，还具有较长的使用寿命，在外观、色彩方面与其他建筑构件完美结合。

目前，我国太阳能光热建筑一体化应用还处于在建筑屋顶或墙壁上大规模整体化安装集热器的阶段，还未达到高级阶段，仅有少数示范项目将光热产品做成建筑构件，作为建筑的一部分。因此，应尽快制定一体化发展的技术标准体系，促进一体化的快速发展和成熟。

（三）太阳能光热建筑一体化应用对我国建筑节能的意义

太阳能光热建筑是改善人民生活质量，提高用能效率，实现节能减排目标的重要途径。我国城市化进程正处于快速发展时期，随着群众生活质量的日益提高，生活用能持续增加，城镇建筑用能呈持续增长的趋势，农村对商品能源的需求也越来越大。太阳能热水系统是较为成熟的可再生能源技术，是实现节能减排的有效技术支撑。在城镇推广应用太阳能热水系统，可以替代燃煤、燃气和电热水系统，有效减少常规化石能源消费；在农村推广应用太阳能热水系统，可以替代秸秆、薪柴，减少对森林的砍伐，改善农村生活条件，提高农民生活质量，而且能有效地提高全社会的用能效率，对实现节能减排目标，保护环境，都具有重要的意义。

在发达国家，生活热水所消耗的能源已占能源消耗总量的25%～30%，成为居住建筑能源消耗较高的部分。在太阳能资源丰富的地区，根据实际工程的经验分析，在夏季，太阳能可以为热水提供80%～95%的充足能量，基本不使用其他能源；在过渡季和冬季的晴天，太阳能能够对冷水进行预热，使得辅助热源加热的初始水温可达到30～50℃。太阳能的节能作用很明显。据预计，到2010年，我国太阳能热水器总集热面积达到1.5亿平方米，替代约2000万吨标准煤；到2020年，太阳能热水器总集热面积将达到3亿平方米，替代约5000万吨标准煤。

二、国内外太阳能光热建筑一体化应用的政策研究

（一）太阳能光热利用的激励政策研究

太阳能光热建筑应用领域的激励政策可分为立法、财政激励政策和间接市场政策三大类。

立法是一项长期有效的激励政策。目前实施的促进太阳能光热利用行业发展的法令主要有太阳能热水器强制安装法令、建筑能效法令和可再生能源强制市场份额法令三大类。同时，通过立法消除建筑规章制度中可能严重妨碍太阳能光热利用的市场的制度条款，对太阳能热水器的推广应用是非常重要的。立法对政府来说成本低，但如果设计不当，额外成本太高，公众不易接受。西班牙、以色列和葡萄牙实施的是国家强制安装法令，要求所有新建建筑必须强制安装太阳能热水系统，政府不提供任何财政支持。实施建筑能效法令的国家很多，包括欧盟各国、美国、澳大利亚等国家，但太阳能热水器受重视的程度各有不同。实施可再生能源强制市场份额法令的国家，多数只着眼于可再生能源发电技术，只有澳大利亚有明确的将太阳能光热利用计入份额的办法。

财政激励政策包括补贴、税收优惠和低息贷款。财政激励政策可以使政府比较容易实施再生能源法、建筑能源法等。在绝大多数国家，太阳能热水系统的投资远高于常规热水系统，投资回收期长，补贴是非常有效的激励政策。目前，欧洲大多数国家采用补贴手段，一般补贴为系统造价的20%～50%，德国最高补贴可达系统造价的60%。欧洲的情况表明，对太阳能热水器提供补贴的国家比其他国家的太阳能热水器市场增长要快。但是，当市场容量增大时，补贴的支出将很大，并可能扭曲市场。税收激励政策与补贴政策类似，但对政府来说，并不直接花钱，比补贴更容易操作。税收激励政策只对纳税人起作用，减免税收的额度取决于系统的价格而不是性能。采用税收激励政策的有巴西、葡萄牙、荷兰、奥地利等，一些国家也为用户提供低息贷款。

间接市场政策是各国都非常重视、普遍采用的激励政策，包括资助研发项目、支持国家标准与质量认证活动、通过精心策划的宣传活动推广创新设计、

消除障碍以及其他提升公众意识的措施等。

国际经验表明，基于法律和长期性激励的立法比短期性激励计划更为有效。政府的激励政策有助于市场的成长，但市场逐渐成熟后，政府在其中的作用应逐步减少。在太阳能光热利用市场发展初期，补贴是有效的；在市场逐步扩大后，税收激励和立法则是较好的选择；当市场成熟后，政府的角色应该类似于它在其他建筑产品中的角色。

（二）国际太阳能光热应用政策研究

1. 国外太阳能热水器激励政策

实施强制性可再生能源政策的国家有很多，但多数国家仅考虑可再生能源电力，明确太阳能光热利用可获得可再生能源证书的国家只有澳大利亚。

2001 年 4 月 1 日，澳大利亚联邦政府开始实施强制性可再生能源政策，强制要求可再生能源电力消费量占一定的比例。提供可再生能源的企业可获得可再生能源证书，并通过证书的交易获得补贴。根据该政策的要求，到 2010 年，可再生能源在电力消费量中的比例将增加 2%，可再生能源达到 9500 千兆瓦时，占电力消费量的 10%。根据折算公式，太阳能热水器产生的热量可折算成可再生能源证书，在交易市场上出售从而获得补贴。

除了可再生能源证书，各个州还有自己的可再生能源激励项目，通过提供补助、减免税收等方式，为太阳能热水器用户发放补助。在昆士兰州，每户补贴金额最高为 750 澳元。实行补贴政策和可再生能源证书政策可使太阳能热水器的前期投资成本减少 800 到 1500 澳元。

联邦政府、州政府、市政府实施的诸多节能建筑的定级和认证工作，对太阳能热水器的应用起到了积极而巨大的推动作用。联邦政府推荐实施的建筑温室等级评定标准，将建筑分为 5 星，1 星建筑能源管理差，5 星建筑能源管理优秀。新建建筑必须达到一定的建筑能耗水平，才能开工建设。虽然在多数标准和项目中，对采用何种节能技术没有强制性规定，但太阳能热水器在太阳能光照时间长、光照强度高的澳大利亚的多数地区已成为减少常规能源消耗、实现建筑节能的重要手段。

西班牙：2006 年出台《国家建筑技术法令》，强制要求所有有热水供应系统的新建筑和既有建筑的改造以及游泳池都必须安装太阳能热水器，并要求达到 30% 以上的太阳能保证率。西班牙太阳能热水器的安装目标是到 2010 年达到 490 万平方米。

德国：提出 MAP 计划。内容包括：（1）制造生活用热水集热器面积最大至 200 平方米的补助金为 54.6 欧元；（2）暖气/生活用水加热双功能集热器，最大面积至 200 平方米的补助金为 70.2 欧元；（3）面积超过 200 平方米的集热器，视种类而定，每平方米补助 48 欧元、54.6 欧元或 70.2 欧元；（4）扩大原有集热器面积，每增加 1 平方米补助 48 欧元。除了上述补助以外，德国民众还可利用德国政府"旧屋翻新"计划，以 3.91% 的低利息向德国政府贷款，金额最高限为 5 万欧元，时间可长达 20 年。

日本：通过"阳光计划"建立太阳能暖房和家庭热水供应系统示范系统，达到实用推广阶段。1995 年日本制定了"绿色政府行动计划"，要求新设建筑物要有效地利用太阳能。政府对住宅安装太阳能系统给予低息贷款。自 1994 年 10 月起，贷款年利率为 3.9%，偿还期分别为 5 年和 10 年；1994 年此项优惠贷款总金额为 87 亿日元。

美国：从 1978 年起，美国联邦政府开始全力推动太阳能的利用，联邦政府对装设太阳能系统的住宅补助 50% 的费用。1980 年财政部制定了能源设备减税办法，凡是家庭购置太阳能系统，其购置、装设等费用的 40% 可减免所得税，最高达 4000 美元。该太阳能系统包括应用于冷暖房、提供热水等设备，但必须是符合标准的新品，而且其寿命要达到 5 年以上，该办法于 1985 年到期。1986 年家用太阳能热水系统的减税额度为 15%，1987 ~ 1991 年为 12%，1992 年之后开始购置其他太阳能系统的家庭，其费用的 10% 可减免所得税。除联邦政府外，各州也有单独的减税办法，而各州的减税办法可以和联邦政府减税办法同时使用。

欧盟：建筑能效法令。2002 年，欧盟通过了建筑能效法令，要求欧盟各成员国减少用于取暖、空调、热水和照明等方面的建筑能耗。这一法令的主要内容包括：制定建筑能耗评价方法，规定新建建筑和既有建筑（大于 1000 平方米）改造的最低建筑能耗要求；在建造、出售或出租建筑时须提供建筑能耗认证，定期检查锅炉和空调系统。欧盟要求欧盟各成员国在 2006 年 1 月前完成本国建筑能效法令的制定工作。

以色列：国家义务。以色列早在 1980 年就颁布了强制安装太阳能热水器的法令，是实施强制法令最早的国家。该法令要求，任何高度低于 27 米的新建房屋必须安装太阳能热水系统。经过 20 多年的发展，以色列住宅楼超过 80% 的屋顶都被太阳能集热器所覆盖，以色列有巨大、稳定的太阳能热水器市场。以色列的主流产品是平板自然循环热水器。目前，以色列 80% 的新增太阳能热水器被用于更换旧的太阳能热水器。

印度：印度政府2003年出台了《印度太阳能（建筑物强制使用）法》，在商用、工业、政府以及住宅建筑物中强制使用太阳能。该法规定：每一幢新建筑物的所有人、承包人、承建人和发展商都有义务在那些需要热水的建筑物中安装太阳能辅助热水系统；每一幢新建筑物的所有人、承包人、承建人和发展商都有义务以符合有关规定要求的方式在建筑物中安装太阳能光电模块和热能面板用以满足发电的需要；太阳能集热装置、光电模块和热能面板可以安装于建筑物的顶部或者附属于该建筑物地表。同时也对政府资金支持给出了规定：对在新建筑物和现存建筑物中安装太阳能装置的行为提供补助和其他形式的激励。据估算，按此法要求，每一财政年度发生的支出将达到30亿卢比。

2. 国际经验启示

尽管各国扶持政策的方式和内容有所不同，但基本政策框架是相似的。各国通过财政政策、税收政策促进太阳能可再生能源发展。

（1）财政政策方面的借鉴。

①提供财政补贴。

一般而言，各国利用的财政补贴政策主要有以下三种：一是投资补贴和建设投资补贴。二是产出补贴，这是美国、德国、英国目前正在实施的一种激励措施。三是对消费者进行补贴，例如德国政府实施的“10万个太阳能屋顶计划”。

对具有分散性、难获得性、高投资性和投资回报长周期性的太阳能可再生能源实行必要的政府补贴在各个国家是必不可少的。投资补贴可以调动投资者的积极性，使其增加生产能力、扩大产业规模；但是这种补贴与企业生产经营状况无关，不能起到刺激企业更新技术、降低成本的作用，政策扶持的力度还不够大。对太阳能产品进行补贴，既可以矫正投资补贴的不利之处，又可以增加产品产量，降低成本，提高企业的经济效益。但是这种补贴需要在市场成熟之后适当退出，以保证行业之间的正常竞争。给予使用太阳能产品的消费者适当补贴，既可以通过刺激消费达到扩大市场需求的效果，扩大生产能力，也可以强化民众发展太阳能产品的意识，为环境保护和可再生能源的持续发展提供帮助。但是这种补贴有时会出现消费者难以区分的问题。

②财政政策扶持要适度。

虽然太阳能产品的发展需要政府财政补贴和政府采购等政策措施的扶持，但是这些财政政策鼓励和促进太阳能产品的发展的力度必须是适度的。在可再生能源产业成熟之后，必须促进产业之间公平竞争，发挥市场主体在经济竞争中的积极性。从上述各国的政策措施可以看出，在商业化进程的后期阶段，一些国家财政政策的扶持力度是不断减少的，优惠幅度也逐渐变小，有些国家甚至取消了政策扶持。

（2）税收政策方面的借鉴。

各国在太阳能产品发展的过程中，大都实施税收优惠政策，如加速折旧、实施投资抵免、减免增值税、减免企业所得税和个人所得税等，以降低企业的建设成本、运营成本，提高企业的投资积极性和生产积极性。美国和印度规定研发支出可以抵免所得税，美国还规定大规模的直接投资可以进行税收抵免，而印度对可再生能源的直接投资实行免缴纳增值税和再投资退税的政策。

一般而言，税收优惠政策只适用于技术示范、降低成本阶段以及大规模商业化的初期。这时，项目开始出现少许盈利，盈利的趋势是逐渐增加的。由于成本较高，生产者一时还难以占领市场。通过减免增值税、企业所得税和个人所得税等帮助生产者降低成本，提高市场占有率。

①促进投资需要税收优惠。

国外发展可再生能源方面的经验表明，对于太阳能可再生能源的发展，促进投资的政策十分重要。虽然有的侧重财政政策，有的侧重税收政策，但是对发展中国家而言，免缴增值税、进口关税、进口环节增值税或实施力度更大的投资减税政策更有意义，因为发展中国家可再生能源的许多关键设备需要进口，由于制造业不发达，国内生产设备的成本过高。

②提高产品竞争力需要税收优惠。

各国大都对太阳能可再生能源的生产采取加速折旧和所得税税收抵免的政策，以区别于一般的投资项目，从而提高了产品的竞争力，取得了明显的经济效益。可再生能源属于技术密集型产业，技术研发和设备生产大多属于高新技术。特别是在研发支出方面，各国对企业可再生能源技术研发支出大都给予税收抵免优惠，如美国和英国的研发支出抵免。

③鼓励产品消费需要税收优惠。

发达国家通过对消费者购买太阳能可再生能源产品进行税收调节，提倡绿色消费的理念，强化了公民对发展可再生能源的环境保护意识，促进了可再生能源行业的发展与市场消费，积累了丰富的经验。如在美国，私人购买太阳能设施的30%的费用可以抵免个人所得税。

（3）与其他政策配套使用方面的借鉴。

各国在促进太阳能可再生能源发展的过程中，都纷纷采取了其他相关政策措施，以配合财税政策的实行。这些政策大都设定了具体的长远发展目标，设立了太阳能可再生能源发展的补偿机制或基金，完善了太阳能可再生能源企业的认证机制。另外，各个国家在促进太阳可再生能源发展的过程中，都将财政政策、税收政策与其他经济政策结合起来，发挥政策的协同效应。因为太阳能产品的发展涉及能源、资源、科技进步、产业布局等多个方面。每一个宏观经济政策都涉及几个相关部门，因而政策措施是一个综合的、长期的系统工程，相互之间需要进行协调与配合。以德国为例，德国制定了多项可再生能源的政策和法律，使各项政策能够协同使用，发挥整体效应。总之，大多数国家的经验表明，维持太阳能可再生能源产业发展的前提是商业化，而商业化发展的特征是既要有一定的发展规模，又要有一定的连续性，而连续性更重要一些。无论是在发展中国家还是在发达国家，在商业化之前，政府支持是十分必要的。政府扶持的目的是维持产业发展的规模和连续性，从而使得太阳能可再生能源产品的成本持续下降，最终实现商业化。

（三）中国太阳能光热建筑一体化应用的现状及相关政策

1. 我国太阳能光热建筑应用的发展现状

太阳能热水系统在我国居住建筑中的应用处于稳步发展阶段，目前很多地方的太阳能利用普及率还不高。如广东的太阳能利用普及率还不到8%；海南太阳能热水器利用普及率更低，还不到1%。在好一点的地方，如浙江、江苏、云南等地，太阳能热水器利用普及率也才达到20%。

我国太阳能热水器利用普及率过低，主要原因是在太阳能的推广使用方面我国还没有比较完备的政策法规，也没有比较完备的关于价格支持等方面的扶持政策。虽然有些地方出台了地方性推广太阳能利用的法规，但不足以在更广的范围内、更深的层次上推广使用太阳能。

2. 相关的法律法规体系

法律法规、技术标准及行政手段等是保障太阳能光热建筑一体化应用的最有效手段，尤其在强制性推广阶段。当前已有的国家法律及部门规章分别对太阳能光热建筑给出了相关的规定和要求。《节约能源法》、《可再生能源法》、《民用建筑节能条例》等有关法律法规，《国务院关于加强节能工作的决定》、《关于加快太阳能热水系统推广应用工作的通知》等部门规章，《民用建筑太阳能热水系统应用技术规范》（GB50364－2005）、《太阳能热水系统设计、安装及工程验收技术规范》（GB/T18713－2002）等标准规范的规定都对太阳能光热建筑应用进行了法律上和行政上的规定。此外，《关于推进可再生能源在建筑中应用的实施意见》给予了财政补贴上的优惠政策，促进了太阳能光热建筑一体化应用的示范和推广。

（1）法律法规。

①《节约能源法》。

第四十条："国家鼓励在新建建筑和既有建筑节能改造中使用新型墙体材料等节能建筑材料和节能设备，安装和使用太阳能等可再生能源利用系统。"

②《可再生能源法》。

第十七条："国家鼓励单位和个人安装和使用太阳能热水系统、太阳能供热采暖和制冷系统、太阳能光伏发电系统等太阳能利用系统。国务院建设行政主管部门会同国务院有关部门制定太阳能利用系统与建筑结合的技术经济政策和技术规范。房地产开发企业应当根据前款规定的技术规范，在建筑物的设计和施工中，为太阳能利用提供必备条件。对已建成的建筑物，住户可以在不影响其质量与安全的前提下安装符合技术规范和产品标准的太阳能利用系统；但是，当事人另有约定的除外。"

③《民用建筑节能条例》。

第四条："国家鼓励和扶持在新建建筑和既有建筑节能改造中采用太阳能、地热能等可再生能源。在具备太阳能利用条件的地区，有关地方人民政府及其部门应当采取有效措施，鼓励和扶持单位、个人安装使用太阳能热水系统、照明系统、供热系统、采暖制冷系统等太阳能利用系统。"

（2）部门规章。

国家发展改革委、建设部《关于加快太阳能热水系统推广应用工作的通知》（发改能源［2007］1031号），要求各级建设主管部门积极推进太阳能热水系统与建筑一体化发展，按照《民用建筑太阳能热水系统应用技术规范》，尽快将太阳能热水系统作为建筑设计的组成部分，与建筑工程同步设计、同步施工，并加强太阳能热水系统施工安装的监督管理，确保施工安装质量。

（3）标准规范。

目前太阳能热水系统主要的规范是GB50364－2005的《民用建筑太阳能热水系统应用技术规范》，已于2006年1月1日开始实施，适用于使用太阳能热水系统的新建、扩建和改建的民用建筑，以及改造既有建筑上已安装的太阳能热水系统和在既有建筑上增设太阳能热水系统。

此外，现行的与太阳能热水系统应用有关的标准、规范、规程还有《住宅建筑太阳热水系统一体化设计、安装与验收规程》（DGJ32/T08 - 2005）、《家用太阳热水系统热性能试验方法》（GB/T 18708）、《家用太阳热水系统技术条件》（GB/T 19141）、《太阳热水系统设计、安装及工程验收技术规范》（GB/T 18713 - 2002）、《太阳热利用术语》（GB/T 12936 - 1991）、《全玻璃真空太阳集热管》（GB/T 17049 - 1997）、《真空管太阳集热器》（GB/T 17581 - 1998）、《平板型太阳集热器技术条件》（GB/T 6424 - 1997）、《平板型太阳集热器热性能试验方法》（GB/T 4271）、《家用太阳热水器电辅助热源》（NY/T 513 - 2002）、《家用太阳热水器储热水箱》（NY/T 514 - 2002）、《工艺设备及管道绝热工程设计规范》（GB 50264 - 97）、《智能建筑工程质量验收规范》（GB 50307）、《太阳热水器与选用与安装》（06J908 - 6）。

3. 地方太阳能光热建筑一体化应用的行政推广政策

随着太阳能光热建筑应用技术的日渐成熟及节能示范推广效果的逐渐体现，全国各省、市政府或建设、规划、财政等主管部门积极出台地方性规模化推广政策，个别地方将太阳能光热建筑应用纳入地方性的城市能源发展规划。海南、江苏、浙江、广东、河北、山东、河南、辽宁、湖北、云南、福建、北京等省、市先后出台了一系列太阳能建筑应用的推广政策。推广政策主要分为强制性政策和鼓励（过渡）性政策。

（1）强制性政策。

江苏省为了推动太阳能热水系统在房屋建筑中的规模化应用，加强房屋建筑中太阳能热水系统的管理，发布了《关于加强太阳能热水系统推广应用和管理的通知》，对新建建筑安装太阳能热利用装置，太阳能与建筑一体化设计、施工等方面进行规定。要求从 2008 年 1 月 1 日起，省内城镇区域新建的 12 层及以下住宅及新建、改扩建的酒店、商住楼等公共建筑，应统一设计和安装太阳能热水系统。不打算采用太阳能热水系统的，必须由建设单位和建筑设计单位共同提出书面原因，经专家论证后再作决定。另外，城镇区域内 12 层以上新建居住建筑，以及在政府组织的小区改造、环境整治等工作中，应用太阳能热水系统，必须进行统一设计、安装。

海南省建设厅《关于推广应用太阳能热水系统与建筑一体化技术的通知》（琼建设［2006］243 号）要求从 2007 年 1 月 1 日起，新建、改建的 12 层及以下住宅建筑（含别墅）和宾馆酒店，应用太阳能热水系统与建筑一体化技术。在进行建筑设计时，要同时进行太阳能热水系统与建筑一体化设计，做到太阳能热水系统与建筑工程同步设计、同步施工、同步验收、同步交付使用。对12层以上住宅建筑及其他公共建筑，鼓励应用太阳能热水系统与建筑一体化技术。根据省建设厅的要求，对不具备安装太阳能热水系统条件的新建12层及以下住宅和宾馆酒店，建筑设计单位提出书面原因，建设单位在报送施工图前，向当地建设行政主管部门备案。对应当安装太阳能利用系统而未进行太阳能利用专项设计，又没有经当地建设行政主管部门备案的建设单位的施工图审查不能通过。

浙江省人民政府颁布的《浙江省建筑节能管理办法》规定，自2007年10月1日起新建、改建、扩建建筑工程的节能设计和既有建筑的节能改造工程，应当尽可能利用太阳能、地热能等可再生能源。其中，新建12层及以下的建筑，应当将太阳能利用与建筑进行一体化设计。浙江省建设厅颁布的《太阳能在建筑中利用实施的若干意见》规定，在12层及以下新建居住建筑中应全面应用太阳能热水系统，12层以上支持应用太阳能热水系统；鼓励应用光伏和其他太阳能利用系统。有生活热水系统的12层及以下新建公共建筑，应全面应用太阳能利用系统；其他新建公共建筑和既有建筑改造，鼓励应用太阳能利用系统。新建12层及以下民用建筑的太阳能利用系统，作为工程设计施工图建筑节能专项审查的内容之一进行审查。不符合规定要求的设计施工图，不得通过审查。不按图施工的工程不得通过竣工验收和备案。

河北省建设厅《关于执行太阳能热水系统与民用建筑一体化技术的通知》（冀建质［2008］611号）要求从2008年11月1日起全面执行民用建筑太阳能热水系统一体化技术。新建民用建筑应将太阳能热水系统作为建筑设计的组成部分，与建筑主体工程同步设计、同步施工，同步验收。12层及以下的新建居住建筑和集中供应热水的医院、学校、饭店、游泳池、公共浴室（洗浴场所）等热水消耗大户，必须采用太阳能热水系统与建筑一体化技术；对具备利用太阳能热水系统条件的12层以上民用建筑，建设单位应当采用太阳能热水系统。国家机关和政府投资的民用建筑，应带头采用太阳能热水系统。因技术或其他特殊原因不能采用太阳能热水系统的民用建筑，由当地建设行政主管部门审核认定是否采用太阳能热水系统。对应采用而不采用太阳能热水系统的民用建筑，规划行政主管部门不得颁发建设工程规划许可证，施工图审查机构不得出具施工图审查合格书，建设行政主管部门不得颁发建筑工程施工许可证，不得办理竣工验收备案手续。对未设置太阳能热水系统的既有民用建筑，鼓励产权单位或物业公司在确保建筑质量和安全、不影响环境景观的前提下，统一组织配置太阳能热水系统。

云南省建设厅下发了地方标准的《太阳能热水系统与建筑一体化设计施工技术规程》，要求从2008年5月1日起，云南所有新建建筑项目、11层及以下的居住建筑和24米及以下设置热水系统的公共建筑，都必须配置太阳能热水系统。全省太阳能系统将与建筑工程一起进行规划、施工、验收，并交付使用。太阳能热水系统的设计必须纳入建筑节能设计专项审查，审查合格方可准予施工。如建筑确实不具备太阳能集热条件，建筑单位在报建时要向当地建设行政主管部门申请认定；未经认定又不配置太阳能热水系统的，其施工图的设计审查和建筑节能专项验收不能通过。

深圳市2006年率先出台《深圳经济特区建筑节能条例》，《条例》明确规定，从2006年11月1日条例正式实施起，深圳新建12层及以下的住宅建筑，只要具备太阳能集热条件，建设单位就应当为全体住户配置太阳能热水系统；不具备太阳能集热条件的，建设单位应当在报建时向深圳市主管部门申请认定。认定后，主管部门应当予以公示。未经认定不配置太阳能热水系统的建筑，不得通过建筑节能专项验收。

南京市建委等四部门2008年2月20日联合发文，转发2007年11月省建设厅《关于加强太阳能热水系统推广应用和管理的通知》（宁建科字［2008］123号），要求南京城镇区域内新建12层及以下住宅，以及新建、改建、扩建的宾馆、酒店、商住楼等有热水需求的公共建筑，必须统一设计和安装太阳能热水系统；12层以上新建居住建筑需要使用太阳能热水系统的，必须统一设计和安装。

济南市建委《关于在住宅建设中推广应用太阳能热水系统的通知》（济建发［2007］26号）要求全市范围内新建12层及以下的住宅和宾馆酒店，必须采用太阳能热水系统与建筑一体化设计和施工，做到同步设计、同步施工。新建12层以上的住宅和宾馆酒店，凡在技术上具备条件的，要做好太阳能与建筑一体化设计，为太阳能利用提供有利条件。凡新建的实施集中供应热水的公共建筑（如医院、学校、游泳池、公共浴室等），必须采用太阳能集中供热水技术和产品；对已建成的，鼓励增设太阳能热水系统。鼓励开发单位在住宅小区建设时对区内的公共照明设备（路灯、草坪灯等）采用太阳能光伏发电技术，探索应用太阳能采暖和空调制冷技术。开发建设单位应在《房地产项目开发合同》中明确约定太阳能热水系统与建筑一体化设计建设的具体要求，并在《商品住宅使用说明书》和《商品住宅质量保证书》中向消费者说明太阳能热水系统的使用方法、维修及后期管理的有关要求。设计单位在进行规划和建筑设计时，应根据国家、省、市相关技术标准，结合工程具体特点，进行太阳能热水系统与建筑一体化设计。施工单位应按照太阳能热水系统安装设计图纸和有关规范、标准进行施工，确保工程施工质量和安全。监理单位应做好太阳能热水系统安装施工的监理工作，认真履行职责，严把工程质量关。对按规定应采用太阳能热水系统与建筑一体化设计的建设工程，市建委在施工图审查和竣工验收备案等环节进行监管。

武汉市建委《关于在新建建筑工程中推广使用太阳能热水系统的指导意见》要求，从 2008 年 4 月 1 日起，武汉市具备太阳能集热条件的新建 12 层及以下住宅、医院病房楼、学校宿舍楼、宾馆饭店、健身中心、游泳馆（池）等热水需求较大的建筑以及政府机构的建筑和政府投资建设的民用建筑，新农村建设中的农民居住用房等建筑工程，应与太阳能热水系统同步设计、施工、验收和投入使用。鼓励超过 12 层的住宅建筑和其他公共建筑运用太阳能热水系统。

沈阳市建委《关于进一步加强在建筑工程中推广应用太阳能技术的通知》要求，从 2007 年 8 月 1 日起，所有新建和改建的低层（别墅）和多层住宅建筑，必须与太阳能热水系统同步设计、施工和验收。对既有建筑改造、已竣工的新建住宅小区，建设项目单位或物业公司应根据住户的要求，在确保建筑质量与安全的前提下，逐步安装太阳能热水系统，并鼓励住户应用太阳能热水系统，产权单位或物业公司给予方便和支持。对小高层、高层住宅及其他公共建筑，应根据建设单位和使用者的要求，确定是否进行太阳能热水系统的一体化应用。施工图审查单位应对采用太阳能热水系统的项目进行专项审查，对应设计采用太阳能热水系统而未进行设计的，不得通过设计审查。建设单位擅自取消太阳能热水系统安装的工程将无法通过竣工验收。

郑州市建设委员会《关于在全市民用建筑工程中推广应用太阳能的通知》要求，自 2008 年 9 月 1 日起，在全市行政区域内的新建、改建、扩建的民用建筑工程，符合下列条件的，必须利用太阳能，采取太阳能与建筑一体化设计和施工。12 层及以下住宅，宾馆和酒店等建筑工程，实施集中供应热水的医院、学校、游泳池、公共浴室等公共建筑，必须实行太阳能热水系统与建筑一体化，做到同步设计、同步施工，同步进行竣工验收。在建筑和结构设计上具备应用太阳能条件的 12 层以上住宅、宾馆和酒店等建筑工程，鼓励推广应用太阳能与建筑一体化技术。

昆明市市委市政府2008年出台的《加快以太阳能和生物能为重点的可再生能源综合开发利用的若干意见》规定，对昆明市新建的公共设施和建筑强制实行太阳能综合利用。对既有的建筑物进行太阳能利用改造，实现建筑与太阳能应用一体化建设，并建立立法推广机制，以确保太阳能的顺利利用。《意见》提出到2010年，昆明市城市太阳能与建筑一体化应用占新建建筑比例达90%；力争到2015年城市太阳能与建筑一体化应用比例达95%。

太原市人民政府《关于推进建筑中可再生能源应用的实施意见》（并政发［2008］41号）规定："新建、改建的12层及以下住宅建筑（含别墅）和新、改、扩建的宾馆、酒店、商住楼等有热水需求的公共建筑应采用建筑与太阳能一体化设计；12层以上建筑鼓励使用太阳能热水系统，可采取建筑与太阳能一体化设计；具备条件的既有建筑鼓励安装太阳能热水系统。对使用太阳能系统的建设工程项目，给予太阳能集热系统总投资额的30%的奖励补贴（每个项目奖励补贴不超过150万元）。"

无锡市建设局召开全市建设行业太阳能热水系统推广应用动员会，宣布自2008年3月1日起，无锡市城镇区域内新建12层及以下住宅和新建、改建、扩建的宾馆、酒店、商住楼等有热水需求的公共建筑，应统一设计、安装太阳能热水系统；所有屋顶的太阳能资源原则上必须充分利用，并优先供应上部楼层，同时鼓励非顶层在建筑栏杆、侧墙等位置安装太阳能热水系统；太阳能热水系统与建筑应同步建造到位，并纳入房屋建造成本；政府主导的农民拆迁安置房、经济适用房、政府办公建筑，更应起到表率作用；因特殊情况不采用太阳能热水系统的，应向建设局提出申请，经专家论证后作出决定。

邢台市政府印发《关于实施太阳能与建筑一体化，打造"太阳能建筑城"的意见》，在市、县新建建筑中强制推广太阳能光热技术，并实施减免城市配套费50%的优惠政策。邢台市建设局《关于在民用建筑工程中全面推广太阳能热水系统应用技术的通知》规定，自2007年1月1日起，全市新建、扩建和改建的低层（别墅）、多层住宅建筑及宾馆酒店，全面推广应用太阳能热水系统与建筑一体化技术。在进行建筑设计时，要同时进行太阳能热水系统与建筑一体化设计，做到太阳能热水系统与建筑工程同步设计、同步施工、同步验收、同步交付使用。积极鼓励和支持中高层、高层住宅及其他公共建筑应用太阳能热水系统与建筑一体化技术。要把太阳能热水系统的造价列入建筑工程投资总预算。施工图审查机构在审查建筑施工图设计文件时，对太阳能热水系统的设计内容严格审查，对不符合《规范》、标准、图集要求的建筑工程项目，不予通过设计审查。审查合格的项目应在《民用建筑节能设计审查备案表》中予以注明。2007 年 1 月 1 日前已完成施工图设计，但未进行施工图审查和未办理建筑工程报建手续的，建设单位应增加太阳能热水系统一体化设计内容，然后再按程序办理有关手续。

湖州市规划与建设局《转发省建设厅关于印发〈太阳能在建筑中利用实施的若干意见〉的通知》规定，2008 年开始，12 层以下（含 12 层）新建居住建筑全面应用太阳能热水系统。对于 12 层以上新建居住建筑也支持其应用太阳能热水系统，并鼓励支持应用光伏和其他太阳能利用系统。

秦皇岛市从 2008 年 9 月 1 日起，对城市区新建和改扩建的低层（别墅）、多层和中高层住宅建筑，以及政府直接投资或进行补贴的需要热水供应的各种新建公共建筑，一律进行太阳能热水系统与建筑一体化设计和施工，要求做到同步设计、同步施工、同步验收、同步交付使用。

（2）鼓励（过渡）性政策。

北京市将太阳能利用列入推广使用可再生能源的重点，出台《民用建筑太阳能热水系统技术应用规范》北京地区实施细则、太阳能热水系统与建筑结合的设计图集。在六层以下建筑、新农村建设、别墅区、既有建筑节能改造中大力推广使用太阳能供热技术。分阶段推进太阳能建筑一体化的发展，最终达到太阳能建筑一体化的普及和推广。全面实现 2010 年前，全市建成采用太阳能进行建筑供热的建筑 100 万平方米，全市供热系统热效率平均提高 10%，实际平均能耗降低 10% 以上的目标。北京规划委员会正在组织编制民用建筑太阳能热水系统的实施细则、设计规范和技术图集，考虑推出强制安装政策。

广东省建设厅 2007 年发表的《广东省太阳能开发利用情况》提出，要尽快健全法规，提供财政支持，加快太阳能产业与建筑的一体化；对符合条件的民居，有可能强制安装太阳能。对新建公共建筑将强制使用太阳能节能系统。此外，广东省标准《公共和居住建筑太阳能热水系统一体化设计、施工及验收规程》规定新建的学校、工厂、医院、酒店等公共建筑必须使用太阳能热水系统。

福建省建设厅 2007 年发布《居住建筑与太阳能热水系统建筑一体化设计、安装及验收规程》，全省将强制要求预埋太阳能系统管道，凡 6 层及以下新建建筑，开发商在建楼时必须统一预留太阳能热水器管道。住宅工程竣工验收时，太阳能热水管道设计到户、室内设置专用管道井、住宅屋顶设有足够面积的太阳能热水器安装平台等将列入工程验收范围。而有条件的 6 层以上新建建筑，也集中装备太阳能热水器或预留太阳能热水器的安装位置，尽量与住宅统一规划、同步设计、同步施工、同步验收，同步投入使用。

山东省发布《山东省太阳能集热系统财政补贴资金使用管理暂行办法》，以财政补贴的方式大力推广应用太阳能集热系统，在热水用量大的公共领域推广使用洁净、可再生的太阳能资源，即大力推广应用太阳能集热系统，全部或部分替代燃煤（油、气）锅炉及电热装置。省内三星级及以上宾馆和教育厅所属高校新建太阳能集热系统，可按照总投资的30%获得财政补贴，每个项目补贴资金最多不超过150万元。

烟台市政府2007年2月出台的《关于在住宅建设中推广使用太阳能热水器及成套技术的意见》指出，烟台市在住宅建设中大力推广太阳能热水器与建筑一体化设计和施工，鼓励选用分体承压、二次循环技术的太阳能热水器产品，做到太阳能热水系统与建筑工程同步设计、同步施工、同步验收、同步交付使用。烟台市城市中心区2007年新建住宅小区将强制推广太阳能与建筑捆绑设计施工。其具体措施为：低层、多层建筑，全面推广太阳能热水器与建筑一体化设计和施工；小高层、高层住宅建筑，采取试点形式。凡是应采用太阳能热水器而未设计的，或未与建筑一体化设计的，一律不得通过施工图审查；擅自取消太阳能热水器或施工质量不合格的，不予竣工备案。

保定市以打造“太阳能之城”为依托，制定实施意见，编制发展规划及相关标准。建设局印发了在建筑领域推广应用太阳能光伏LED照明技术、太阳能热水系统与建筑一体化技术的通知，全面推行太阳能照明和太阳能热水系统。**承德市**从设计环节加强太阳能热水系统的推广应用，预留管道位置、统一安装管理。**邯郸市**人民文件明确规定，全市所有新建、扩建和改建的居住及宾馆酒店，全面推广应用太阳能热水系统与建筑一体化技术。**秦皇岛市**建设局也制定了相应的文件，推动可再生能源在建筑中的应用。

4. 我国太阳能光热利用激励政策的现状与发展趋势

我国太阳能热水器行业没有列入国家的财政支持目录，无法形成定期补贴的机制。也没有针对太阳能热水器行业的税收优惠政策，包括增值税、所得税等。与电热水器和燃气热水器相比，太阳能热水器没有优惠，相反，广告宣传费用的成本核算政策更为严格。根据我国的现行规定，太阳能热水器企业的广告宣传费用纳入税前成本的额度仅为销售（营业）收入的2%，而家电企业（包括电热水器企业和燃气热水器企业）则是8%。只有当太阳能热水器企业被当地政府认定为高新技术企业，才可享受高新技术企业的优惠政策。

从太阳能热水行业的发展过程来看，我国仅在2000年和2005年两次对7家太阳能热水器制造企业的技术改造和产业化发展项目提供了补贴。但是，作为全球第一大太阳能热水器生产国，我国拥有全球第一大市场。如何引导太阳能热水器企业加强产品研发的力度、加速产品更新换代的步伐，以满足日益提高的用户需求，已成为太阳能热水器行业发展的当务之急。

此外，尽管我国有全球第一大市场，但人均普及率并不高，所以开发潜力巨大。我国太阳能热水器年生产量全球第一，但我国人均太阳能热水器拥有量（38平方米/千人）仅为全球普及率最高的塞浦路斯（897平方米/千人）的1/24，是以色列（745平方米/千人）的1/20，是奥地利（341平方米/千人）的1/9。根据我国的规划，我国2020年太阳能热水器的普及率仅相当于奥地利2000年的水平。如何激活如此巨大的市场潜力，是当今制定激励政策的重点内容之一。所以，太阳能光热发展基础好、开发潜力巨大的可再生能源技术之一，太阳能光热设备行业应该得到国家政策的大力扶持和激励。

应该尽快研究制定强制性立法、财政补贴、税收优惠等各项政策，根据我国的财政现状以及行业发展现状，制定出能够长期可持续地促进太阳能热水器产业发展的激励政策。综合考虑我国的国情和太阳能光热设备行业发展现状，建议我国采用以强制安装政策和税收政策为主、补贴政策为辅的政策体系，促进太阳能热利用产业的发展。强制安装政策的实施成本低、效果好，非常适用于有一定市场基础和产业基础的太阳能热水器产业。税收激励政策体现的是我国对可再生能源支持的基本态度，太阳能热水器产业应享受与其他可再生能源产业相同的税收激励政策。

近些年，我国重视太阳能光热技术在建筑中应用的激励政策研究。太阳能热水器的应用与建筑行业密切相关，我国太阳能热利用技术成熟、产品质量可靠、经济性好，在热水供应和供暖方面发挥着越来越大的作用，已成为建筑节能的重要技术手段之一。只有产品满足了建筑的要求，才能实现大规模的应用。欧盟各国、澳大利亚等国家，都明确太阳能热利用是一种重要的建筑节能技术，享受建筑节能技术的各种优惠政策，并为其提供了前所未有的发展机遇。我国应尽快将太阳能热水器明确纳入到建筑节能技术体系，在按建筑部件的要求规范其生产、应用和维护的同时，也使其享受建筑节能技术的各种优惠政策。从2006年起，国家设立可再生能源建筑应用专项资金，对可再生能源建筑的示范项目、关键技术的集成和推广以及综合能效检测，标识、技术规范标准的验证及完善提供资金支持。太阳能热水器在建筑上的应用是专项资金支持的重点领域之一。

三、我国强制推广地区的主要经验及启示

目前，我国部分省市已在有条件的新建建筑上强制实施太阳能光热建筑一体化。在两年多的时间里，这些地方强制推广的政策因地制宜、操作性较强。这完全基于对本地区太阳能资源条件、光热产品生产情况、技术支撑能力及业主接受程度等方面充分的了解和研究，但同时在推广过程中也存在执行力度不够、主动性不强等问题。因此，充分调研了解这些地区的推广现状、总结成功经验、分析存在的问题对制定全国性推广政策必将起到重要的作用。

通过对制定强制推广政策较早，并且实施较好的海南省、江苏省进行现场调研，召开省级建设主管部门、市级建设主管部门，当地设计单位、审图机构、施工单位、业主与太阳能企业参加的座谈会，听取各级建设主管部门工作汇报，收集各地区推广措施及经验总结文件，对各地区太阳能热利用现状、应用经验及存在的问题进行了分析，对全国强制推广政策的制定提出了建议。

（一）海南省调研情况

1. 海南省太阳能热利用现状

（1）海南省光热应用基本情况介绍。

海南省地处我国夏热冬暖地区。年平均气温 23.8℃，最高平均气温 28℃左右，最低平均气温 18℃左右。年平均降水量 1664 毫米，平均日降雨量在 0.1 毫米以上的雨日 150 天以上。年平均蒸发量 1834 毫米，平均相对湿度 85%。常年以东北风和东风为主，年平均风速 3.4 米/秒。全年平均有 5 个月时间不需要空调设施，只需自然通风即可满足舒适度要求。

据初步调查，全省太阳能热水器集热面积保有量约为 25 万平方米左右。太阳能热水器安装使用较多的是旅游接待酒店、宾馆、度假村以及招待所、家庭旅馆。虽然当地居民仍有部分人群保持冷水洗澡的习惯，但随着生活水平不断提高，热水洗澡将是大势所趋，海南省太阳能热水系统还有较大的市场空间。

（2）太阳能资源情况介绍。

海南属于我国太阳能资源一般区，水平面年总辐射量 4748 兆焦/平方米，当地纬度倾角平面年总辐射量 4730 兆焦/平方米，年总日照小时数 2139 小时，西部沿海最多达 2650 小时。太阳能供热制冷保证率推荐范围为 25% ~30%，太阳能热水保证率推荐范围为 40% ~50%。

（3）政策、标准情况介绍。

2006 年底，海南省建设厅下发《关于推广应用太阳能热水系统与建筑一体化技术的通知》（琼建设［2006］243 号），推广应用太阳能热水系统与建筑一体化技术，要求从 2007 年 1 月 1 日起，新建、改建的 12 层及以下住宅建筑（含别墅）和宾馆酒店，应推广应用太阳能热水系统与建筑一体化技术。

2008 年海南省发展和改革委员会以琼发改交能［2008］28 号文下发《关于印发加快太阳能热水系统推广应用工作指导意见的通知》，提出："到 2010 年，全省新建建筑应用太阳能技术的建筑面积占新建建筑面积比例达到 30%，其中海口、三亚分别达到 50% 和 70%。在建和改建 12 层及以下住宅建筑（含别墅）和宾馆、酒店、洗浴场所应用太阳能的比例达到 90% 以上，12 层以上住宅建设及其他公共建筑应用太阳能的比例达到 50% 以上，全省太阳能热水器集热总面积达到 50 万平方米以上"。

2008 年，海南省政府以琼府办［2008］135 号文下发由省发展和改革委员会、省建设厅、省科技厅联合制定的《关于推动海南省太阳能规模化利用的实施意见》，太阳能规模化利用受到海南省政府及相关职能部门的高度重视。

截至目前，海南省已出台《海南省居住建筑节能设计标准》、《海南省公共建筑节能设计标准》、《海南省民用建筑节能评估和审查管理暂行办法》、《海南省建筑节能材料和产品认定管理暂行办法》等一系列设计标准和管理办法。《海南省建筑太阳能热水系统一体化设计施工及验收规程》现正面向社会广泛征求意见，《太阳能安装企业资质管理办法》也即将出台。上述标准和办法为海南省的与建筑结合的太阳能光热规模化利用打好基础。

2. 海南省在推广太阳能光热应用方面的主要经验

（1）抓住能源紧缺机遇制定强制性政策。

海南于 1988 年建省。1999 年，海南提出建设生态省的跨世纪发展战略和规划，并将可再生能源的利用作为重要抓手，成为全国第一个生态省。在自然资源日益稀缺，能源供应紧张，环境污染日益严重的情况下，海南省走出了自己的生态建设之路，可再生能源在海南省的利用也得到了进一步的发展空间和良好的政策环境支持。2006年《可再生能源法》的颁布和实施，为海南省的可再生能源的利用和推广提供了法律依据，海南省开始在本省全面强制推广太阳能热水系统的应用，并且初步制定了未来几年的规划和目标。

（2）宾馆酒店作为强制推广政策的突破口。

海南省以宾馆酒店建筑为突破口，抓住海南省旅游事业发展的契机，率先在宾馆酒店建筑中强制推广太阳能热水利用，效果显著。到目前为止，在海南省400多所大型宾馆酒店建筑中，有250所左右安装了太阳能热水系统。

（3）加强监管，提高政策执行度。

海南省在发展可再生能源利用过程中，明确政府主要职能。积极制定相关标准，出台各类具有可操作性的文件，完善太阳能热水系统技术和产品质量监督体系，从而促进太阳能产业健康发展。

海南省建设厅把太阳能作为一个建筑部品纳入建筑体系，明确权责，分清主次，建立和完善具有海南特色的太阳能建筑技术标准体系。省建设厅将建立太阳能与建筑一体化产品（系统）检测中心和认证机构，制定太阳能与建筑一体化产品（系统）检测认证和建筑准入制度，强化行政监管。通过对太阳能等可再生能源的综合利用，建设绿色建筑甚至零排放建筑。

（4）出台相关配套政策。

海南省政府已下发的一系列文件体现了政府责任意识，比如《关于推广应用太阳能热水系统与建筑一体化技术的通知》（琼建设［2006］243号）对太阳能热水系统的施工安装维修单位资质作出了规定：应具有省建设行政主管部门认定的太阳能热水系统施工专业资质，太阳能安装工应持有《太阳能工程技术培训合格证书》。同时还研究制定《太阳能安装企业资质管理办法》。目前《海南省建筑太阳能热水系统一体化设计施工及验收规程》正在面向社会征求意见。

海南省可再生能源利用政策方面也开始了逐步的跟进，《关于推动海南省太阳能规模化利用的实施意见》（琼府办［2008］135号）明确提出了对本省的太阳能新技术新产品的企业可以通过财政、金融、税收等手段予以支持，比如要求各级金融机构要对列入国家可再生能源产业发展指导目录、符合信贷条件的可再生能源开发利用项目提供有财政贴息的优惠贷款；通过地方政府配套支持，利用可再生能源附加费、城镇公用事业（照明）附加费、税收优惠等方式对太阳能产业发展和规模化利用给予支持；划拨专项资金，支持和重奖太阳能利用科技创新成果，奖励太阳能与建筑结合的优秀设计。

3. 存在的主要问题

（1）政策扶持及激励措施的力度不足。

一是缺乏统一的战略支持政策，政府决策尚停留在宏观层面上，强制性的适用本地区太阳能开发利用的政策和规定仍不完善；二是缺乏系统的经济激励政策，缺乏完善的对投资者、用户及相关产品的补贴政策、优惠的价格政策、低息（贴息）贷款政策以及系统的税收优惠或强制性税收政策。对适合海南地区的太阳能应用技术，如太阳能冷热并供空调系统等先进技术的市场推广应用和专项资金支持力度仍不足。

（2）技术开发能力和产业体系薄弱。

海南省现有太阳能产业的技术水平较低，缺乏自主技术研发能力，设备制造能力弱，技术和设备生产主要依赖外省输入，甚至与国内平均水平相比，仍存在着较大的差距。此外，太阳能利用资源评价、配套技术标准、安装规范、产品检测和认证等体系不完善，人才培养不能满足市场快速发展的需要，没有形成支撑产业发展的技术服务体系。

（3）投资模式单一。

太阳能建筑应用需要大量的技术和资金投入，也需要相应的融资机制。由业主投资的传统模式仍是主要的投资模式，合同能源管理模式等灵活的投资模式尚未得到应用，优惠的税收政策与业主有偿使用相结合的市场机制尚未建立。

（4）应用市场环境仍不成熟。

①太阳能热利用技术应用较晚。海南省 1999 年才开始应用太阳能建筑应用技术，至 2007 年，太阳能利用率仅为 0.16%。2007 年 1 月 1 日全省下发通知推广应用太阳能热水系统以来，太阳能利用率有所提高，但居住建筑的太阳能建筑应用发展仍较缓慢。

②生活方式特殊。居民仍有采用冷水洗浴等生活习惯，造成热水需求较低，存在消费盲区。

③宣传力度不足。群众对能源危机和生态危机、利用太阳能的优越性和对环境保护意义的认识尚不充分。

④尚未建立和形成太阳能应用行业管理监督的机制。目前市场上有正规的生产、经销和代理队伍，但整个行业没有形成规模。

（二）江苏省调研情况

1. 江苏省太阳能热利用现状

（1）江苏省基本情况介绍。

江苏省属暖温带—亚热带气候，冬温夏热，四季分明，年平均气温 14～15℃，1 月平均气温为 2℃，7 月为 27℃左右，年平均降水量 800～1100 毫米。

2005 年，全省太阳能热水器使用量 200 万～250 万平方米。太阳能热水器安装使用较多的是居民住宅。

（2）太阳能资源情况介绍。

江苏属于我国太阳能资源一般区，年总辐射量 4620～5418 兆焦/平方米，年总日照小时数 1400～3000 小时。

（3）政策、标准情况介绍。

江苏省于 2007 年 11 月出台了《关于加强太阳能热水系统推广应用和管理的通知》（苏建科［2007］361 号），要求从 2008 年 1 月 1 日起省内城镇区域新建的 12 层及以下住宅及新建、改扩建的酒店、商住楼等公共建筑，应统一设计和安装太阳能热水系统。

江苏省建设厅出台了《住宅建筑太阳能热水系统一体化设计、安装与验收规程》。根据该标准，建筑总体规划设计时，除按各种规划要素进行外，应结合太阳能热水系统设计对建筑物的朝向、房屋间距要求，合理规划，提供适当的空间环境，用于布置太阳能热水器，而且热水器布置应与周围环境协调、风格统一。

2. 江苏省在推广太阳能光热应用方面的主要经验

（1）政策文件不断强化、细化。

《关于加强太阳能热水系统推广应用和管理的通知》（苏建科［2007］361 号）强制性安装太阳能热水系统文件出台后，为使该强制政策更具可操作性，江苏省 2008 年又相继出台了《太阳能热水系统施工图设计审查要点和执行新版建筑节能报审表》、《江苏省太阳能热水系统施工图设计文件编制深度规定》（苏建科［2008］120 号）等文件，进一步规范了太阳能光热建筑一体化应用的节能设计和审查。江苏省各辖市纷纷转发省厅文件，并制定本地的实施细则和相关补充规定。苏州、南京等市将该强制规定纳入到本市的民用建筑节能条例或管理办法中，作为地方法规。

（2）从规划环节强制应用太阳能热水系统。

宿迁市和连云港市将落实太阳能热水系统应用前移至规划用地环节。宿迁市要求市区内居住小区建设单位在取得《建设工程规划许可证（副本)》后，必须委托有资质的设计单位编制包括太阳能热水系统在内的建设项目配套设施方案，经评审通过，并取得《建设工程附属设施规划方案审查意见》后，方可组织实施。连云港市规划部门在下达建设项目规划用地设计条件时，单列太阳能热水系统的设计应用，一并提交建设开发单位完成。同时，规划部门在审查民用建筑项目设计方案或审批住宅小区修建性详规时，将太阳能热水系统纳入审查范围。

(3) 严控施工图审查关口，确保设计落到实处。

在江苏省出台《太阳能热水系统施工图设计审查要点》和《江苏省太阳能热水系统施工图设计文件编制深度规定》后，各辖市纷纷制定本市的太阳能热水系统施工图设计审查要点。审查合格的单位在有关文件中予以注明。对未按要求设计太阳能热水系统的单位，必须暂停审查并及时报建设行政主管部门，建设行政主管部门不予办理施工许可证。

3. 存在的主要问题

(1) 主管部门能力建设及相关政策措施还需强化。

①力量要整合。推广工作涉及规划、建设、房产、建工各部门，也涉及市和区县各级，必须齐抓共管，步调一致，管理工作需要做到层层落实，环环相扣。

②措施要具体。推广工作涉及项目工程管理，每个项目的实际情况不尽相同，只有管理措施具体到项目，厂家与设计人员紧密配合，这项工作才能落到实处。

③政策要扶持。很多单位、消费者认为在民用建筑上应用太阳能热水系统，肯定会增加建造成本和购买费用。应将太阳能热利用技术纳入建筑节能技术体系，享受节能降耗技术的优惠政策，以提高开发商及建筑使用人应用该技术的积极性。

④监管要严格。一是要将太阳能热水系统应用情况纳入建筑节能专项检查部分。二是要对开发单位的销售行为加大监管力度，避免因使用太阳能光热产品抬高房价。

(2) 建筑行业与太阳能生产行业脱钩。

生产商和设计单位的工程设计配套、衔接不够，导致设计一张图，施工一张图。由于设计单位在进行太阳能热水系统设计时，生产商还没有介入，导致设计位置和尺寸与太阳能产品在施工时不能对号入座，造成设计多次变更和修改，也影响到开发商同步设计的积极性。另外，太阳能热水器安装施工单位的资质还没有相应的管理办法，难以保证安装质量。

太阳能光热产品质量及标准也成为阻碍太阳能光热推广的重要因素。就目前看，太阳能热水系统产品市场混乱，品牌多，质量难以控制。质量保证期和产品有效期没有国家标准，建筑一体化设计、施工的太阳能热水系统具体的验收标准、检测标准已经滞后，都将影响工程交付使用。

此外，针对太阳能热水系统的后期服务维修还需制定可操作性的配套办法，以打消建设单位和使用者的后顾之忧。

(3) 相关技术人员专业素养不高。

太阳能热水系统的设计、安装涉及多个行业、多个专业的协调配合，相关的标准、规范正在更新、完善当中，对设计、安装、验收专业人员把握标准的要求较高，而真正懂得太阳能热水系统与建筑一体化技术的专业人员较少，实现与建筑物同步设计、施工和竣工验收的要求较难，需要不断地通过培训、研讨来增强设计、审图、施工、监理、质监技术人员等各方执行标准的能力和水平。

设计方面应使太阳能光热产品与建筑物达到完美结合，消除不安全因素，解决屋面渗漏、保温等问题，而不是照搬照抄产家提供的图纸和资料。施工图审查方面应提高审查标准的执行率，一次审查到位，对于类似“待建设单位明确供货厂家后作深化设计”的解释不予审查通过。施工及验收方面应使施工单位按照国家和省相关标准规范进行施工，保证施工竣工文件俱全，满足竣工要求。质监方面应提出质量要求，明确监督要点。

四、太阳能热水系统建筑强制性应用政策设计的关键问题

(一) 全国强制推广太阳能光热政策的条件已经具备

随着中央可再生能源政策的引导，地方相应政策支持力度的加大，示范效应的显现，全国各地太阳能光热建筑应用量增多，各地政府统一规划、制定扶持政策，带动相关关键技术研究，引发相关产品产能扩大、效率提高。全国强

制推广太阳能光热的条件已经具备，具体表现在以下几个方面。

1. 产业规模和工程应用不断扩张

中国太阳能热水器市场发展迅速，截至2007年，太阳能热水器制造企业发展到3000多家，太阳能热水器集热面积1.1亿平方米，位居世界第一位。其中，农村地区推广太阳能热水器达4286万平方米。历年安装面积如图1－1所示。

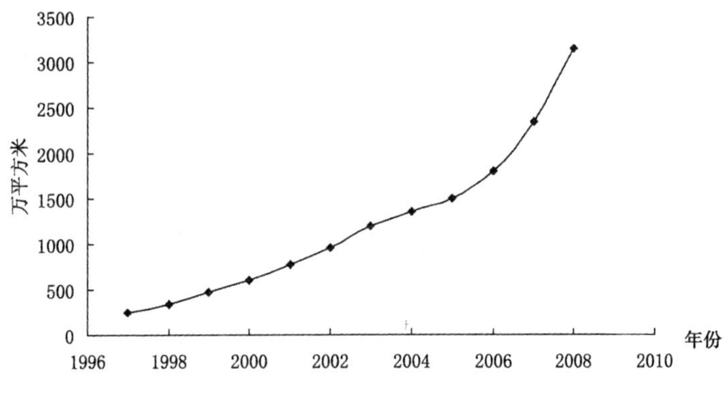

图1－1　我国太阳能热水器年安装面积

2. 政策措施逐渐完善

全国各省市将太阳能光热利用作为制定当地可再生能源利用规划的重要内容，进行科学规划、统一管理。同时，省市级示范项目陆续开展，逐渐摸索出适合本地区的发展模式。

据统计，全国多数省市纷纷出台关于太阳能建筑应用的政策及规划，有5省12市已经强制推广，出台的部分相关政策如表1－2所示。

表1－2　地方太阳能建筑应用政策

省市	政策名称
青海省	《青海省建筑利用太阳能工作指导意见》（已完成）
青海省	《青海省太阳能应用专项资金管理暂行办法》（已完成）
山东省	《山东省太阳能集热系统财政补贴资金管理办法》（已完成）
深圳市	《深圳市住宅建筑太阳能集热条件认定暂行办法》（深建字［2007］5号）
德州市	《关于推进建筑领域应用太阳能的实施意见》
烟台市	《烟台市人民政府办公室转发市建设局关于在住宅建设中推广使用太阳能热水器及成套技术的意见的通知》（烟政办发［2007］号）

续表

省市	政策名称
保定市	《关于在城市规划建设中综合利用太阳能能源的实施意见》
秦皇岛市、邯郸市、张家口市	《关于全面推广太阳能与建筑一体化的通知》
唐山市、石家庄市、承德市、沧州市	《关于在建筑中推广太阳能热水、照明系统应用技术的通知》
济南市	《济南市关于在民用建筑中加快推广应用太阳能热水系统及成套技术的实施意见》（济建科字［2008］4号）
日照市	《关于在住宅建设中推广使用太阳能热水器及成套技术的意见》
济宁市	《关于在全市工程建设中大力推广太阳能热利用技术的实施方案》
淄博市	《关于在居住建筑中推广应用太阳能热水器及成套技术的意见》（淄建发［2007］78号）
浙江省	《太阳能在建筑中利用实施的若干意见》
江苏省	《关于加强太阳能热水系统推广应用和管理的通知》（苏建科［2007］361号）
扬州市	《关于加强太阳能热水系统推广应用工作的实施意见》
连云港市	《连云港关于推行太阳能热水系统与建筑一体化工作的实施意见》
黑龙江	《黑龙江关于在全省建筑工程中加快太阳能热水系统推广应用工作的通知》
昆明市	《关于加强昆明市太阳能供热系统与建筑一体化应用管理的通知》
海南省	《关于推动海南省太阳能规模化利用实施意见的通知》（以下简称《通知》）
广东省	《广东省经贸委、科技厅、建设厅、农业厅〈关于发展我省太阳能产业的意见〉》

3. 法律保障体系已经建立

《节约能源法》、《可再生能源法》和《民用建筑节能条例》均已将太阳能光热建筑应用作为政府鼓励应用的技术，并给予经济优惠政策激励。地方政府也高度重视立法，将太阳能应用作为地方建筑节能条例的重要部分。

目前已实施的有《深圳经济特区建筑节能条例》、《陕西省建筑节能条例》、《重庆市建筑节能条例》、《山西省民用建筑节能条例》等。其中《山西省民用建筑节能条例》规定，凡是具备太阳能集热条件的新建12层及以下住宅建筑，建设单位应当为全体住户配置太阳能热水系统。不具备太阳能集热条件的，建设单位应当在报建时向建设行政主管部门申请认定，经认定后，由建设行政主管部门予以公示。对未经认定不配置太阳能热水系统的，不得通过民用建筑节能设计认定备案，不得颁发施工许可证。

此外，大同市人大第十二届常务委员会第40次会议正式审议通过《大同市建筑节能条例》，这是我国地级市出台的第一部建筑节能条例。湖南省《湖南省民用建筑节能条例》正在进行意见的征集和规则的细化。《山东省建筑节能条例》、《青岛市民用建筑节能条例》、《天津市民用建筑节能条例》均已列入2009年立法计划。

4. 优惠政策因地制宜

各地针对自身可再生能源利用条件和财力特点，在充分调研、科学论证的基础上，纷纷制定适合自己的优惠政策。

青海省建立了“青海省太阳能应用专项基金”，制定了《青海省太阳能应用专项资金管理暂行办法》。2008年投放太阳能应用专项资金2100万元，在西宁、海南、海西、黄南等地实施了6项太阳能示范项目，示范效果显著，有效地推动了太阳能技术在建设领域的推广应用。

福建省目前正在研究制定相关激励政策，争取建筑节能有专项资金。福州市建设局也在积极努力。报市政府审议的《福州市建筑节能奖励暂行办法》提到“对实施太阳能、地热能、风能等可再生能源利用的新建建筑，节能增量成本在50万元以上的，按实际设备投资额给予10%的奖励，最高奖励30万元”。

山东省财政厅和省经贸委联合下发通知：对学校和三星级以上宾馆采用太阳能集热系统改造的项目，组织实施示范工程，每个项目补贴资金不超过150万元。

青岛市根据国家相关政策开展对可再生能源建筑应用进行示范工作，并每年从市财政列支1000万元专项资金，对民用建筑可再生能源应用示范项目及相关规划研究进行补贴。

河北省邢台市政府出台了太阳能应用根据不同情况减免50%城市维护费、每户补贴500元、补贴10%等优惠激励政策。

这些政策都为国家强制推广期间的激励政策的制定提供了参考和借鉴。

5. 技术标准成熟

除了国家层面的技术标准，各省市正在制定、修订的关于太阳能光热建筑应用地方标准有35项（见表1-3）。

表 1－3　　地方出台的太阳能光热建筑应用技术标准

省市	技术标准
北京市	《太阳能热水系统施工技术规程》（已完成）
北京市	《村镇住宅太阳能采暖应用技术规程》（进行中）
天津市	《太阳能设计安装图集》（已完成）
天津市	《新农村太阳能设计安装图册》（已完成）
河北省	《民用建筑太阳能热水系统安装图集》（已完成）
邢台市	《民用太阳能热水系统与建筑一体化设计、安装、验收注意事项》（已完成）
内蒙古	《太阳能供热采暖工程技术规范》（已完成）
内蒙古	《民用建筑太阳能热水系统设计与安装》（已完成）
内蒙古	《民用建筑太阳能热水器保温及就位桥架》（已完成）
青海省	《青海省民用建筑太阳能热水系统应用技术规程》（已完成）
青海省	《青海省民用建筑太阳能利用规划设计管理规程》（征求意见稿）
宁夏	《宁夏民用建筑太阳能热水器安装图集》（已完成）
宁夏	《宁夏民用建筑太阳能技术应用导则》（已完成）
宁夏	《居住建筑与太阳能热水系统一体化设计、安装及验收规程》（已完成）
安徽省	《住宅建筑——太阳热水系统一体化设计、安装与验收标准》（已完成）
安徽省	《安徽省建筑与太阳能一体化技术规程》（已完成）
合肥市	《合肥市建筑与太阳能一体化技术规程》（已完成）
福建省	《民用建筑与太阳能热水系统一体化设计、安装、验收规程》（已完成）
山东省	《山东省太阳能热水器安装与建筑构造图集》（图集号 L05SJ904）
山东省	《太阳能热水系统建筑一体化设计与应用》（L07SJ906）
深圳市	《太阳能热水与建筑一体化设计标准图集》（正在编制）
深圳市	《夏热冬暖地区太阳能辐射数据库》（即将编制）
深圳市	《太阳能热水与建筑一体化设计标准》（即将编制）
河南省	《民用建筑太阳能热水系统设计与安装》（已完成）
云南省	《太阳能热水系统与建筑一体化设计施工技术规程》（已完成）
云南省	《太阳能建筑一体化设计施工》（编写中）
昆明市	《昆明市太阳能热水系统与建筑一体化设计施工选用安装图集》（已完成）
浙江省	《居住建筑太阳能热水系统设计、安装及验收规范》（DB33/1034－2007）
江苏省	《太阳能热水系统与建筑一体化设计标准图集》（SJ28－2007）
江苏省	《住宅建筑太阳能热水系统一体化设计、安装与验收规程》（DGJ32/TJ08－2005）

续表

省市	技术标准
连云港市	《太阳能热水器安装与建筑构造图集》（连 J/T01－2007）
广东省	《公共和居住建筑太阳能热水系统一体化设计、施工验收规程》
上海市	《民用建筑太阳能应用技术规程（热水系统分册）》（DGJ08－2004A－2006）
吉林省	《太阳能热水器安装建筑构造应用图集》（等待审批）

（二）地方强制推广太阳能光热政策急需解决的问题

目前强制推广太阳能光热的地方仍存在政策不落实的问题。太阳能行业和建筑业两套管理体制的制约，以及现有政策、技术、标准等还不完善的因素，阻碍了太阳能热水系统在建筑中的推广应用。

1. 行业管理体制不同导致发展方向不一致

现在太阳能行业和建筑行业各有各的管理体系，太阳能热水器管理主要从生产端考虑，单从产品的市场准入、生产流程、质量体系及维护保养去制定相应的政策，与应用太阳能热水器的建筑房屋的需求完全脱离，没有形成同一标准、同一安装要求。太阳能行业并不熟悉建筑行业的设计要求和房产建筑的供求信息，没有根据建筑的需要生产相应的产品。这种与建筑行业的严重脱节，使太阳能热水系统的设计未被纳入建筑设计中，仅依靠生产企业进行系统设计、安装不符合工程建设要求，难以保证系统的使用效果和产业的良性发展。

2. 产品性能及质量难以充分满足建设要求

太阳能热水器行业还处于向工业化、机械化转型过程中，行业产品设计力量还比较薄弱，装备和配套水平比较低，导致产品技术及集成化水平不高，产品质量和性能不能满足使用要求，缺少有竞争力和高性能价格比的产品，产品与系统难以满足工程设计与施工的要求。另外，国内产品质量水平差异较大。国内太阳能热水器产品与建筑的集成能力和水平有待加强，太阳能热水器的规格、尺寸等参数随产家不同而异，安装混乱，排列无序，管道位置无预留，配套安装的防风、避雷等安全措施不完善。与建筑相结合的准入制度不够健全，大量低廉劣质的产品充斥市场，建筑行业无法使用。另外，安装施工和运行维护体系尚需建立和加强。太阳能热水器安装施工不规范、隐患多，以及产品的售后维护和维修缺失，是目前太阳能热水器应用中存在的重要问题。

3. 缺乏相关的激励政策及推广措施

尽管太阳能热水器可以节约大量能源，利国利民，而且国家和主管行业部门曾先后出台了太阳能热水器发展和应用的原则政策和规划，但是目前国家层面还未有相关的经济激励措施及强制性的推广政策出台，仅有部分省、市强制推广，缺乏调动房地产开发商在工程中选用的积极性的政策工具。目前出台的多数强制安装政策文件，既没有对太阳能保证率的要求，也没有配套的激励措施，在推广初期，激励作用没有得到体现。应形成一套清晰的、可供操作的具体激励政策，形成行业性的激励机制。

4. 缺乏太阳能与建筑相结合的设计、施工、验收标准和一体化认证体系

国家应尽快修订完善太阳能光热与建筑一体化应用的有关国家标准，提升一体化产品规范化、现代化水平。将一体化产品的性能、功能、可靠性、稳定性、使用寿命、安装规范等项目，列入国家标准范围。推行太阳能行业建筑市场认证制度。对太阳能产品制造企业、工程安装单位的服务、质量、每年度检测设施及质检手段等项目，列入太阳能行业进入建筑市场资质认证范围，提高准入门槛。

（三）太阳能光热建筑一体化应用政策设计的若干关键问题

在设计太阳能光热应用政策时，会面临政策类型、成本效益、产品要求、地区差异、财税优惠方式、政策时效等若干关键问题。分析清楚这些问题，才会设计出更加合理的太阳能光热强制性应用的实施机制和相配套的激励政策。

1. 太阳能光热增量成本

同步设计、安装的太阳能光热建筑一体化系统，将增加开发成本100～250元/平方米。安装普通热水器将增加开发成本20～70元/平方米。相对于新建普通居住建筑的建安成本，太阳能光热产品应用增加的成本约占1%～10%。

2. 政策地区差异化

太阳能资源一、二、三类地区，年日照时数大于2000小时，辐射总量高于586千焦/平方厘米，是我国太阳能资源丰富或较丰富的地区，面积较大，约占全国总面积的2/3以上，具有利用太阳能的良好条件。四、五类地区虽然太阳能资源条件较差，但仍有一定的利用价值，可鼓励应用。

3. 城镇和农村的扶持政策

在城镇和农村地区应推广不同的太阳能光热技术，在农村地区应鼓励太阳能热水器应用。为此，2008 年 12 月 31 日，国务院办公厅下发《国务院办公厅关于搞活流通扩大消费的意见》。该意见指出，从 2009 年 2 月 1 日起，家电下乡从 12 个省（区、市）推广到全国，热水器等产品列入家电下乡政策补贴范围。在城镇地区应推广太阳能光热建筑一体化应用，提升建筑品质和节能水平，制定相应的推广和激励政策。

4. 产品入门门槛

推广和激励政策针对的光热产品应满足以下条件：（1）在全国有较高知名度和影响力，市场占有率较高；（2）节能及安全设计、模式、效果等具有较高水平；（3）符合国家环保标准；（4）质量和功能适合居民使用；（5）售后服务快捷方便。

5. 财税政策

财税政策的支持对象可以有三种：太阳能光热建筑一体化的房屋开发商（生产者）、购买太阳能光热建筑一体化房屋的消费者和一体化建筑所需的太阳能光热产品。针对具体的不同对象的支持手段如表 1－4 所示。

表 1－4　　针对不同支持对象的财税政策

支持对象	开发商	消费者	产品（生产企业）
可能的支持手段	财政补贴	财政补贴 房产税优惠 土地增值税优惠	财政补贴 财政贴息 税收优惠

对于开发商的支持政策可行性分析：对新建太阳能光热一体化建筑的开发商给予财税优惠政策，使其增量成本得到适当的补助，有助于调动开发商建设此类建筑的积极性。并且开发商也可以此为销售卖点，提高建筑品质，对现在不景气的房地产市场而言是一个新的机遇。但要防范开发商将这部分成本转嫁到购房者身上，没有起到政策的促进作用，反而成了开发商挣钱的一个借用工具。

对于产品（生产企业）的支持政策可行性分析：对生产企业给予财税政策优惠，有助于降低生产成本，降低产品价格。但要严格控制产品质量，对质量差的企业不予支持。

对于消费者的支持政策可行性分析：同步设计、安装的太阳能光热建筑一体化系统，将增加开发成本 100～250 元/平方米，安装普通热水器将增加开发成本20~70元/平方米。以北京房价1万~1.4万元/平方米计算，一套100平方米的房子，太阳能光热建筑一体化成本为0.8万~2万元左右，即使把安装成本全补贴给消费者，补贴额仅占房屋总价的0.5%~1%，补贴金额占房屋总价的比例很小。消费者购房主要的考虑因素依次是位置、朝向、周边环境和房屋结构，太阳能光热建筑一体化补贴占房价比例很小，不会成为消费者购房的主要考虑因素。

6. 政策类型

太阳能光热技术成熟、产品可靠、应用价值显现，因此在推广太阳能光热建筑一体化过程中可采取行政干预安装的政策，同时，配合财税激励政策，调动使用人、开发商等相关个体的积极性，对于太阳能光热的规模化普及应用具有重要作用。因此，在目前阶段，制定太阳能光热推广政策时，应采取强制加激励的组合政策。

7. 政策退出机制

太阳能光热建筑一体化将实施强制性应用，因此各项优惠政策只是暂时的，在强制应用2~3年后，各种优惠将退出。太阳能光热建筑一体化虽然增加了初始安装成本，但由于在较长时期里，消费者应用太阳能光热产品节省了电热费用，因此，太阳能光热建筑一体化从长期来看，并不一定会增加成本，优惠政策的退出是可行的。

8. 适用的建筑物种类和要求

为确保建筑中所有业主都能享受到太阳能热水，建筑的高度不宜高于12层，建筑物中利用太阳能弥补电能所需达到的百分比，即保证率不能低于50%。

五、推进我国太阳能热水系统建筑应用的政策建议

（一）太阳能热水系统建筑强制性应用的政策设计背景

前些年，我国太阳能光热应用政策的发展主要从单纯的产品供应端来制定，没有与建筑的发展，尤其是建筑节能的发展挂钩，缺失了与太阳能光热需求端的结合。2006年，建设部、财政部制定《关于推进可再生能源在建筑中

应用的实施意见》，开展可再生能源建筑应用示范项目，将太阳能光热技术列为可再生能源技术中的一项，通过财政补贴的经济激励方式，补贴近50%的增量成本，鼓励发展太阳能光热建筑一体化项目，以此推动太阳能光热技术的发展。该条政策的制定对太阳能光热建筑一体化的发展起到了强烈的推动作用。

到2008年，建设部、财政部可再生能源建筑应用示范项目已经开展了4批共计363个项目，其中太阳能光热建筑一体化应用项目131个，占所有示范项目的36%。在示范效应带动下，太阳能光热建筑一体化应用得到了较快发展，部分省、市先后出台了新建建筑强制安装太阳能光热系统的政策法规，并取得了一定的成效。但由于缺乏相应的经济激励政策，强制性政策实施障碍较大。鉴于此，建议中央财政在起步阶段，对强制性推广应用太阳能热水予以适当的支持引导，具体可采取开展太阳能热水强制性推广城市级示范的方式，经过1~2年的示范推广，总结经验，完善标准体系和配套措施，通过地方示范效应为全国强制推行积累经验和教训，适时推出全国强制推广政策。因此，太阳能光热建筑一体化应用政策的发展路线如图1-2所示。

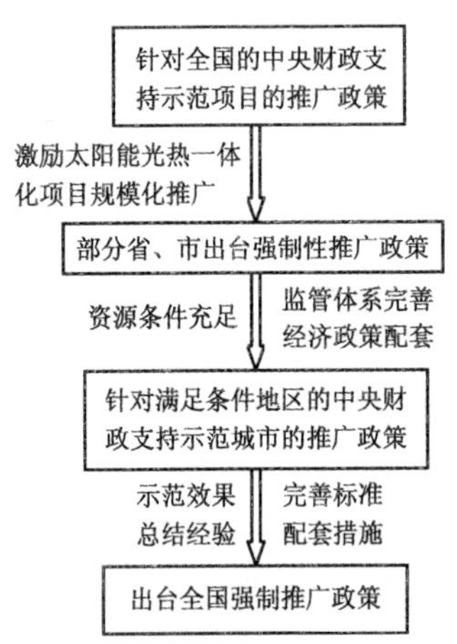

图1-2 我国太阳能光热建筑应用政策发展路线图

（二）太阳能热水系统建筑应用的城市级示范政策

近年来，在财政部、住房城乡建设部实施的可再生能源建筑应用示范工程的有效带动下，太阳能光热在建筑领域应用的面积不断增加，技术水平不断提高，部分地区已开始强制性推广，规模化应用势头显现。在此基础上，进一步加大政策创新，开展城市级示范，改变单个项目运作模式，以城市为单元整体推进。

实施“城市示范”，有助于发挥规划引导作用；有助于培育城市相关技术、管理能力，形成推广太阳能建筑应用的有效模式，为“十二五”期间全国范围的大规模推广奠定基础；有助于拉动太阳能光热领域的市场需求，促进相关产业实现调整升级。实施“城市示范”对于落实党中央、国务院“扩内需、调结构、保增长、促民生”战略部署，具有十分重要的现实意义。

1. 关于示范城市的选择

申请太阳能光热推广示范的城市应具备以下条件：

（1）已对本地区太阳能资源进行评估，太阳能资源充足，水平面年太阳能辐射量不低于4200兆焦/平方米。

（2）城市人民政府已制定“十一五”可再生能源建筑应用专项规划，其中包括太阳能光热应用内容。

（3）城市人民政府已批准实施近两年的太阳能光热建筑应用实施方案，并明确提出两年内的规划应用面积。规划应用面积应满足最低规模要求，其中地级市应用面积不低于200万平方米，副省级城市应用面积不低于300万平方米，直辖市应用面积不低于400万平方米。

（4）已制定并实施了强制性推广政策，并建立了与项目立项、规划、设计、审图、施工、监理、检测、竣工验收、核准销售、维护使用、监管手段等环节对应的监管措施。

（5）太阳能光热建筑应用设计、施工、验收、运行管理等标准、规程或图集基本健全，具备一定的技术及产业基础。

（6）已出台法规、经济政策推广太阳能光热建筑应用。

2. 中央财政支持“城市示范”的方式及有关要求

（1）资金额度。对纳入“城市示范”的城市，中央财政将专门安排补助资金，以定额补助的方式予以支持。补助资金额度采取因素法确定，即综合考虑可再生能源应用类型、应用工作量、替代常规能源效果等因素。

（2）拨付方式。中央财政补助资金分三年拨付。第一年，根据城市申报材料测算补助资金总额，按测算资金的40%拨付补助资金；第二年，根据地方工作进度，拨付不超过测算资金50%的补助资金；第三年，财政部会同住房和城乡建设部对示范工作进展情况进行核查，核定补助资金，拨付剩余补助资金。

（3）使用方式。各示范城市应创新补助资金的使用方式，综合采用财政补助、贷款贴息、以奖代补、资本金注入、设立种子基金等方式，充分利用市场机制，放大资金使用效益，支持太阳能光热建筑应用工程项目及相关配套能力建设。补助资金主要用于支持太阳能光热建筑应用工程项目，原则上支持太阳能光热建筑应用工程项目的资金支出不低于总补助的70%。

3."城市示范"技术及管理保障措施

各地要切实履行职责，把实施"城市示范"作为建筑节能工作的重要内容，完善技术标准，推进科技进步，加强能力建设，逐步扩大应用规模，提高应用水平。

（1）加强规划引导。各地住房和城乡建设主管部门要会同有关部门，对本地区太阳能资源分布和可利用情况进行充分论证，制定专项发展规划，指导技术应用。

（2）完善技术标准。各级住房和城乡建设主管部门要大力推动有关太阳能光热技术应用的国家相关技术标准的贯彻和执行，并结合本地实际，积极研究制定相关的设计、施工、验收标准、规程及工法、图集。各太阳能光热产品生产企业应积极开发标准化、通用的太阳能光热系统组件，提高建筑一体化应用水平。

（3）加强产品质量监督。各地住房和城乡建设主管部门应会同有关部门规范太阳能光热产品的市场，强化市场准入，研究建立相关应用产品、设备的认证标识体系，加大对产品、设备性能的检测力度，确保产品质量。

（4）加强项目质量管理。各地住房和城乡建设主管部门要加强对太阳能光热技术应用项目的质量管理，在项目的设计、施工、监理、验收等环节，依据国家法律法规和工程强制性标准加强监督检查和指导，对不符合现行有关标准或不能实现项目预期节能目标的要责令改正。要建立项目评估机制，住房和城乡建设部将委托专门的能效测评机构对太阳能光热利用效果进行评估。要加强对项目的跟踪，指导项目加强运行管理，提高利用效率。

（5）强化技术支撑服务。各级住房和城乡建设主管部门要充分依托相关机构，做好太阳能光热技术应用项目的技术支撑工作，形成可大规模推广应用的技术、标准及产品体系，整合各方面力量，推动太阳能光热技术生产、设计、施工三者有效结合，提高应用水平。要积极培育能源服务市场，采取合同能源管理等方式推广太阳能光热应用技术。

4. 组织实施和管理

各地应建立推进太阳能光热技术在建筑领域应用的工作协调机制，财政、住房和城乡建设等相关部门要加强组织领导和统筹协调，依托现有的建筑节能技术及管理机构，由专门人员具体负责，抓紧制定应用实施规划以及具体实施方案，协调项目实施工作，解决推进工作中的问题，及时总结经验进行推广。

（三）"十二五"起强制推广与推广初期财政激励相结合的政策

1. 政策的类型

（1）行政强制手段推广。对立项、规划、设计、审图、施工、监理、检测、竣工验收、核准销售、维护使用、监管手段等环节制定强制性政策，推广太阳能光热建筑一体化。

（2）推广初期财政补贴政策激励。在强制性推广政策执行初期，按照项目应用面积给予一定比例的补贴。

2. 政策的特点

强制推广与推广初期财政补贴激励结合政策的内涵包括了政府行政干预和市场调节作用两个层面。

政府行政干预是基于政府的行政权力而对新建建筑项目的一种干预。它以政府令、法规、条例、通告、通知、决定、规范和标准等形式出现。优点在于可以充分体现政府的意志，是政府推广太阳能资源应用的一种有效办法；缺点也很明显：一是不能充分考虑企业和个人的意愿及承受能力，容易出现"一刀切"的现象，不利于调动各方应用可再生能源技术的积极性；二是缺乏对实施过程执行力度的加强与监管，无法将政策落实下去。

市场调节作用是根据市场经济的基本规律，通过自由竞争、自由交易等手段，促进太阳能光热技术的发展和应用。它的优缺点正好与政府行政干预政策相反。自 2006 年以来，建设部、财政部开展的可再生能源建筑应用示范项目，就包括了通过财政补贴的方式对太阳能光热建筑一体化应用项目给予经济激励。目前该政策所形成的节能效果和社会推广范围已经显现，示范目的已经达到，不必再继续开展示范工程的推广。

强制推广与推广初期财政补贴激励结合政策集中了前述两类方式的优点，又避免了它们的缺点。既有激励性经济政策，如各种形式的补贴、价格优惠、税收减免、贴息或低息贷款等，又有惩罚性对策和措施，如对项目不予竣工验收等手段。既有一定的强制性，又较充分地考虑了利益相关者的意愿和经济利益，因而是一个较理想的政策组合。

3. 政策内容

（1）政策针对的对象。

政策适用于属于我国太阳能资源一、二、三、四区，年辐射量高于4200兆焦/平方米的城镇居住建筑。其中，11层及以下的居住建筑强制安装太阳能光热一体化设施，高于11层的居住建筑，鼓励安装使用太阳能光热一体化设施。

（2）行政强制政策。

太阳能光热建筑一体化的强制推广政策设计先要在法规政策、标准规范、科技攻关等方面作好支撑。目前已经出台了相应的法规、技术标准、图集规范，并且太阳能光热技术已很成熟，应用风险较小。更重要的是，要重点设计好省、市地方建设过程中关于城乡建设的统筹规划、具体项目立项、规划、设计、审图、施工、监理、检测、竣工验收、核准销售、维护使用、监管手段等环节的政策条款。

①城乡建设及能源发展规划中的政策设计。

要将太阳能光热建筑一体化应用纳入到城乡建设发展规划或能源发展规划中，实行分类指导、区域统筹、整体推进、分阶段实施的工作方法，完善建筑一体化的太阳能光热系统应用技术，加大应用力度，推进太阳能建筑技术的发展。

②具体项目建设全过程中的政策设计。

第一，立项阶段。

太阳能光热建筑一体化应用作为符合应用条件的新建项目立项审批的硬性指标强制推进。建设（开发）单位在项目立项时，要按照太阳能热水系统与建筑一体化的要求提出落实措施。对不符合强制应用条件的项目，如采用太阳能光热建筑一体化技术，在项目立项审批时，要优先立项。

第二，规划阶段。

规划主管部门应将民用建筑统一设计和安装太阳能热水系统的要求纳入规划设计要点。

第三，设计阶段。

设计单位要将太阳能热水系统的设计列为专项设计，设太阳能设计专篇，并满足相应设计阶段的设计深度要求。设计单位在进行太阳能热水系统建筑一体化设计时，要符合国家、地方有关民用建筑太阳能热水系统应用的规范、规程以及其他相关标准、规范和规程。充分了解太阳能热水系统及组成部分的性能、参数，综合考虑建筑外观、结构承载、管线布置及运行维护等方面的要求，根据实际需求，确定设计方案。

第四，审图阶段。

施工图审查机构应审查施工图中太阳能热水系统的设计是否符合规划设计要点和有关标准、规程。对提出不采用太阳能热水系统的工程项目，建设主管部门应组织专家进行论证。发现未按有关规定进行太阳能热水系统设计又未经主管部门组织专家论证评估或论证评估未予通过的项目，审查不予通过，并及时报当地建设主管部门。

第五，施工阶段。

施工单位具有安装资质和安全生产许可证才可进行太阳能热水系统的安装施工。安装过程应严格按图进行，施工单位应单独编制太阳能热水系统安装的组织施工设计方案，施工过程中各专业之间要进行交接，并进行质量检验，形成记录。系统安装完毕投入使用前，必须进行系统调试。

第六，监理阶段。

监理单位应把太阳能热水系统安装施工纳入监理范围，按设计文件和监理规范的要求，加强对太阳能热水系统相关的进场材料的检查、施工过程的监理和竣工验收工作。对违反相关标准规范要求的，发放监理通知单，责令整改。整改未通过的，不予进行竣工验收。

第七，检测阶段。

太阳能热水系统各主要材料、成品、半成品、配件、器具和设备应符合国家相关标准或设计要求，有质量合格证明文件、完整的安装使用说明书及性能检测报告。产品供应商需提供太阳能集热器的规格、尺寸、荷载、安装位置及安装要求、热性能等技术指标及检验报告，施工单位应见证取样和抽样送检，监理单位进行复检、签认。

第八，竣工验收阶段。

建设单位在对太阳能热水系统竣工验收时，应将太阳能热水系统的验收纳入建筑节能专项验收中。确保施工质量验收符合《建筑工程施工质量验收统一标准》（GB 50300 - 2001）、《民用建筑太阳能热水系统应用技术规范》（GB 50364 - 2005）及其他相关专业质量验收规范的要求。

第九，核准销售阶段。

建设单位将安装好太阳能热水系统的建筑移交给使用人时，应附上相关使用说明书，开发商应在两书上载明太阳能热水系统的相关信息。

第十，维护使用阶段。

物业服务企业应依照物业服务合同的约定，做好太阳能热水系统的日常管理与维护工作，及时制止擅自改装、移动、损坏太阳能热水系统的行为，保证系统的正常运行。

第十一，监管手段。

各级建设行政主管部门应将太阳能热水系统的设计纳入设计管理体系；对太阳能热水系统安装工程实行质量监督和验收管理；在规划审批环节，对已通过规划审批的项目，发现有弄虚作假行为的，责令整改，并将按照国家有关法律法规予以处罚。

各级工程质量监督机构要做好太阳能热水系统安装施工的监督工作，把好竣工验收监督关。

各级住房保障部门应积极支持、协调产权单位或物业公司实施太阳能热水系统一体化改造。

（3）对建筑开发商的财政补贴政策。

财政政策是促进太阳能热水系统建筑强制性应用的重要的政府激励政策，财政补贴将对太阳能热水系统建筑应用产生极为明显的激励效应。市场主体从事某项活动的动力大小直接取决于通过该项活动所能取得的经济利益的大小，如果太阳能热水系统建筑应用带来的利润水平过低，必然会影响其应用的规模和范围。因此，对房屋建筑开发商给予适当的财政投资或补贴，保证其合理的经济利益，是发展太阳能可再生能源的动力，是激励投资主体扩大应用规模的关键因素。

①补贴对象。

补贴对象为房地产开发商。我国房地产市场为卖方市场，消费者很难主导房地产市场的交易行为，在这种情况下，应该直接补贴开发商，降低由于采用太阳能热水系统的增量投资，以促进该技术的推广。

②补贴条件及要求。

可获得财政补贴的项目，应满足以下几方面的要求：

首先，建筑满足当地强制性节能设计标准；

其次，太阳能热水系统保证率不低于70%；

最后，满足太阳能热水建筑一体化设计、安装、验收规范和标准。

③补贴额度。

首先计算安装太阳能热水系统的建筑成本，再计算居民使用太阳能热水系统的收益，并把收益按照货币时间价值转换为现值，最后根据安装成本和收益的差额进行财政补贴。财政补贴额应比安装成本和收益的差额高10%，以鼓励开发商在建筑时应用。

④补贴期限。

在强制性推广初期的前两年实施补贴政策。

（4）对太阳能热水系统生产的财政激励政策。

太阳能热水系统生产的财政激励政策将提高太阳能热水系统的发展能力。太阳能热水系统建筑应用能否得到有效激励，不仅取决于市场主体可追求的经济利益强度，而且还取决于生产太阳能热水系统产品的企业本身所具有的创新能力。太阳能热水系统作为一项高投入的经济活动，需要生产企业具备雄厚的资金能力，而适当的财政投入为市场主体资金筹集提供了重要保障。因此，财政政策发挥作用的领域主要是市场激励不足的领域和环节，引导太阳能可再生能源的发展方向，培育太阳能可再生能源的发展能力。太阳能热水系统生产的财政激励政策有利于增加太阳能热水系统产品产量，降低产品成本，从而降低太阳能热水系统建筑强制性应用的成本。

①财政补贴。

太阳能热水系统生产的财政补贴政策应包括以下几个方面：

首先，为太阳能热水系统的基础研究项目提供15%的补贴，促进技术的全面进步和发展。其次，为太阳能热水系统的应用性研究项目提供15%的补贴，促进技术转化为生产力，提高财政资金的使用效率，从而调动投资者的积极性，增加生产的能力，扩大规模。再次，对购买太阳能热水系统产品的消费者给予15%的补贴，这种补贴可以鼓励消费，扩大市场，反过来促进太阳能热水系统生产的发展，增加产品产量。最后，中央和地方财政对城镇低保家庭、养老院、孤儿院等社会福利机构免费安装太阳能热水系统。

②财政贴息。

我国政府虽然从1987年起就相继设立了一些可再生能源产业的贴息贷款政策，但是这些贴息贷款的面太窄。今后，在太阳能热水系统生产方面，我国应完善有关贴息政策。具体来说：第一，适当增加贴息额度，扩大贴息范围。对太阳能热水系统设备生产企业的技术改造和扩大再生产所需的银行贷款，财政部门应给予20%～30%的贴息补助，鼓励基础技术研究和市场推广。第二，延长贴息期限。对一次性投入大的太阳能光热项目建设，国家财政应将项目贷款期适当延长至4~5年。第三，放宽提供贴息的机构的约束条件。在投融资政策中对于国家开发银行提供的15年以上的低息贷款，国家财政应当准许商业银行和其他金融机构参与，这样可以使更多的资金进入到太阳能热水系统设备生产行业，拓宽融资渠道。

③税收优惠政策。

税收激励政策有效、易行，其直接受益者是太阳能热水系统设备的生产和销售企业，最终的受益者是用户和整个市场。首先，税收激励政策要体现对太阳能热水系统设备行业的支持和鼓励，不能因为太阳能热水系统设备行业已初步实现了商业化运行，就不再支持和鼓励该行业的发展。其次，要通过税收激励政策引导鼓励企业开展太阳能热水系统的产品研发和技术改造活动，加快产品的升级换代步伐，扩大产能，提高产品质量，鼓励企业做大做强。

第一，增值税的完善。

一是降低太阳能热水系统设备生产企业的增值税税率。在增值税方面，太阳能热水系统设备生产企业应享受与其他可再生能源企业、高新技术企业特别是家电企业相同的税收优惠政策。目前风电企业的增值税税率是8.5%，水电企业的增值税率是6%，而太阳能光热设备生产企业的增值税税率仍为17%，因此，建议对太阳能热水系统设备生产企业实行6%的增值税优惠税率。

二是给予即征即退的税收优惠。目前我国可再生能源利用中的垃圾填埋气发电采取即征即退的税收优惠政策。在税率优惠的基础上，可以考虑对太阳能热水系统设备生产企业征收的增值税实行即征即返、部分返还的优惠政策。

第二，所得税的完善。

将太阳能热水系统的生产项目，列入节能和环保项目，享受相应的所得税优惠政策。我国《企业所得税法》规定，企业购置用于环境保护、节能节水、安全生产等专用设备的投资额，可以按一定比例实行税额抵免。建议将应用太阳能作为主要能源供应的设备，列入节能和环保项目，享受相应的所得税优惠政策。在所得税法实施细则中有关可再生能源产业和产品税率的部分，增加太阳能热水系统产业和产品的税收优惠政策。

主要参考文献

1. 国家发展和改革委员会能源局、国家发展和改革委员会能源研究所、中国资源综合利用协会可再生能源专业委员会、中国可再生能源学会产业工作委员会：《中国可再生能源产业发展报告》，2006 年。

2. 胡润青、时璟丽、李俊峰：《太阳能热利用产业政策研究》，国家发改委能源所可再生能源发展中心研究报告。

3. 高峰：《世界太阳能开发利用现状及我国太阳能产业发展的思考》，中国科学院资源环境科学信息中心研究文稿。

4. 李俊峰、胡润青："全球太阳能热利用激励政策及对我国的启示"，《中国建材报》，2007 年 7 月 17 日。

5. 胡润青："民用建筑太阳能热水器强制安装政策研究"，《建设科技》，2008 年第 7 期。

6. 田蕾、秦佑国："可再生能源在建筑设计中的利用"，《建筑学报》，2006 年第 2 期。

7. 关于印发《太阳能在建筑中利用实施的若干意见》的通知，浙建设［2007］117 号。

8. 李俊峰、胡润青："进一步加快太阳能热水器发展的政策建议"，《太阳能》，2004 年第 2 期，第 5 ~ 10 页。

9. 高尔剑："深圳大力推广太阳能建筑"，《城市住宅》，2008 年第 5 期，第 62 ~ 63 页。

10. 赵媛、郝丽莎："世界新能源政策框架及形成机制"，《资源科学》，2005 年第 5 期，第 62 ~ 69 页。

11. 张卓、刘长滨："太阳能建筑光热应用国内外对比研究"，《应用能源技术》，2007 年第 2 期，第 23 ~ 26 页。

12. 郑瑞澄："太阳能建筑应用发展方向和对策"，《广东建设信息》，2007 年第 3 期，第 9 ~ 11 页。

13. 郭景："太阳能热水器与建筑有机结合的 4 个建议"，《现代家电》，2003 年第 7 期，第 38 页。

（本项目完成于 2009 年 9 月）

项目课题组成员

课题组组长：苏　明

课题组副组长：吕石磊　康艳兵　郝有志　傅志华

本项目主要研究人员：吕石磊　张　阳　李冬妍　梁传志

节能建筑财税激励政策研究

一、研究背景和意义

（一）研究背景和意义

建筑能耗，是指建筑物内各种用能设备的运行能耗，主要包括采暖、空调、照明、家用电器、办公设备、热水供应、炊事、电梯、通风等的能耗。从能源消耗领域看，主要包括商业建筑、公共设施和居民住宅中各种用能设备的运行能耗。在发达国家，建筑能耗更多地被称为商用/民用能耗，一般占全国能耗总量的30%～40%，因此建筑是重要的节能领域。

在我国，居民生活水平的日益提高和消费结构的升级换代，对建筑能源服务水平提出越来越高的要求。一方面，我国过去几年间每年新增的建筑面积高达16亿～20亿平方米，超过其他国家新增建筑面积的总和；另一方面，采暖、空调、照明、生活热水以及各种电器设备等能源服务需求在快速增长，导致我国建筑能耗不断增长。从中长期看，随着我国经济的持续增长和居民生活水平的日益提高，建筑能耗必将成为我国未来的能源消费增长点，占全国能源消费总量的比重也必将越来越高，并且，这种增长趋势是无法阻挡的。大力促进建筑节能，将对实现我国的节能目标和能源环境可持续发展作出积极的贡献。为此，我国政府已经给予建筑节能越来越高的重视程度，并通过提高新建建筑能效水平、加大对既有建筑节能改造力度、推动可再生能源的利用等措施，提出了“十一五”期间实现1亿吨标准煤左右的建筑节能目标。

目前，我国提高新建建筑能效水平的措施主要是通过行政手段强制性要求新建建筑必须符合相关建筑节能设计标准的要求。为此，我国已经出台了不同气候区域的居住建筑节能设计标准和公共建筑节能设计标准。同时，我国的建筑节能标准日趋严格，目前已建立了节能50%的建筑节能设计标准体系，先后颁布了民用建筑节能设计标准（采暖居住建筑部分）、夏热冬冷地区居住建筑节能设计标准、夏热冬暖地区居住建筑节能设计标准、公共建筑节能设计标准等。"十一五"期间，一些地区已经开始执行节能65%的建筑节能设计标准。日趋严格的建筑节能标准导致建筑成本不断提高，房地产商和用户缺乏足够的积极性。到2007年，我国新建建筑节能设计标准执行率仅为71%左右。

西方国家的实践表明，在市场经济条件下，采用基于市场的财税政策等经济激励措施是推动节能的有效途径。目前，中国的节能经济激励政策体系正在不断完善。已经出台的节能经济激励政策主要是针对工业节能领域。同时，我国正在研究或即将出台针对节能汽车、节能家电、绿色照明以及既有建筑节能改造等领域的财税激励政策。尽管社会各界的呼声很高，但是针对节能建筑的财税政策一直没有出台。这严重影响了节能型建筑市场的发展和普及，甚至对建筑节能标准的贯彻落实也产生了消极的影响。

与此同时，中国政府计划在"十二五"期间全面推行65%的建筑节能设计标准。在目前50%标准执行效果都不尽理想的情况下，该目标的实现面临着很大的挑战。在今后2~3年的过渡期内，如何通过财税政策对节能性能超过当前标准要求的新建节能建筑给予经济激励，从而进一步拉动节能建筑市场的发展，为"十二五"全面实施65%的节能标准奠定基础，成为一个重要研究课题。

（二）研究目的与研究内容

1. 研究目的

在对目前建筑节能政策和既有的财税政策进行调研的基础上，研究推动节能建筑需要采取的财税激励政策措施，拉动节能建筑市场的发展，为"十二五"全面实施65%的节能标准奠定基础。

2. 研究内容

（1）我国节能建筑财税政策现状及存在问题的调研评价。结合50%节能标准和65%节能标准实施的经验教训，分析财税政策缺失对推动节能建筑带来的影响。

（2）调研分析在中国当前既有的财税政策中，关于新建建筑从开发建造到消费者购买各相关环节的各种相关财税政策。研究为鼓励节能型建筑，在不同环节可能采取的财税政策措施。

（3）研究西方国家鼓励节能建筑的财税激励政策，调研西方国家鼓励节能建筑的财税激励政策典型案例，包括采取的相关财税激励政策措施和取得的效果，以及相关的教训，为中国出台节能建筑的财税激励政策提供经验借鉴。

（4）研究推动节能建筑的财税激励政策方案。①鼓励节能型建筑的具体财税政策（包括激励对象、具体财税激励政策、激励政策的实施范围等）；②节能建筑财税激励政策的实施体系（包括节能建筑的界定、激励政策门槛条件、节能建筑的认定等）；③成本效益分析（包括需要的财税投入和能够实现的节能减排效果）。

（5）提出节能建筑的财税激励政策建议，向相关政府部门提交关于《节能建筑财税激励政策建议》的报告。

（三）关于节能建筑概念的说明

由于当前关于节能建筑的概念说法不一，在此作一简要说明。本课题中的节能建筑是指节能性能超过当地强制性建筑节能标准要求的建筑（含能源系统设备）。同时，为使研究对象更具有针对性，本课题侧重于新建节能建筑的财税激励政策研究。

二、我国节能建筑财税政策的现状与问题

（一）建筑在开发、建设和运行环节涉及的财税政策

从开发建造到消费者购买各相关环节，实收税种涉及六大税类。以下分住宅开发转让和住宅保有两个环节分析。在住宅开发、转让环节主要有以下税种（见表2－1）。

1. 营业税

我国营业税法，对建筑业，包括建筑、安装、修缮、装饰和其他工程作业等征收3%的营业税。

对有偿转让不动产所有权的行为，包括销售建筑物或构筑物和销售其他土地附着物征收5%的营业税。自2006年6月1日起，个人将购买不足5年的住房对外销售的，全额征收营业税；个人将购买超过5年（含5年）的普通住

房对外销售的，免征营业税；个人将购买超过5年（含5年）的非普通住房对外销售的，按其销售收入减去购买房屋的价款后的余额征收营业税。

表2-1　　我国现行房地产领域的税制体系

税　类	税　种	计税依据	税　率
流转税类	营业税	营业额	5%
所得税类	企业所得税	所得额	25%
	个人所得税	财产转让、租赁所得额	转让增值收入的20% 租赁收入扣除后的20%
资源、财产税类	城镇土地使用税	实际占用的土地面积	按大中小城市进行区分
	房产税	房产原值扣除比例或房产租金	房产余值计税1.2% 房产租金计税12%
	城市房地产税		
目的、行为税类	印花税	凭证记载金额	产权转移0.5‰ 租赁金额1‰ 建筑安装0.3‰
	契税	成交价格、市场价格或交换价格的差额	3%~5%
	城市维护建设税	实际缴纳的增值税、消费税、营业税税额	市区7% 县城、镇5% 其他地区1%
	耕地占用税	实际占用的耕地面积	
	固定资产投资方向调节税（暂停征收）	实际完成投资额或建筑工程实际完成投资额	
	土地增值税	土地增值额	

基本建设单位和从事建筑安装业务的企业附设的工厂、车间生产的水泥预制构件、其他构件或建筑材料，用于本单位或本企业的建筑工程的，应在移送使用时征收增值税。但对其在建筑现场制造的预制构件，直接用于本单位或本企业建筑工程的，征收营业税，不征收增值税。

2. 城市维护建设税

以增值税和营业税税额为计税依据，按照所在地实行不同税率：纳税人所在地为市区的，税率为7%；纳税人所在地为县城、镇的，税率为5%；纳税人所在地不在市区、县城或者镇的，税率为1%。

3. 印花税

按我国印花税法规定，建筑安装工程承包合同按承包金额3‰贴花；房屋产权转移书据按所载金额5‰贴花；房屋产权证、土地使用证按5元/件贴花。

4. 土地增值税

国有土地使用权和地上的建筑物及其附着物连同国有土地使用权一并转让，以转让获得的增值额为计税依据，实行四级超额累进税率。建造普通标准住宅出售，增值额未超过扣除项目金额20%的部分，免征土地增值税。

5. 契税

契税是在土地、房屋权属转移时，向其承受者征收的一个古老的税种。转移土地、房屋权属，包括国有土地使用权出让，土地使用权转让，房屋买卖、赠与和交换。在土地出让时由开发商缴纳土地契税，在住宅开发、转让环节由消费者缴纳房屋契税。契税实行3%～5%的税率。计税依据为不动产的价格。

6. 房产税

对房屋产权所有人征收。房产税的征税对象不包括外商投资企业、外国企业和外国人。房产税的计税依据分为两种：一种是按房产原值一次扣除10%～30%后的余值计征，税率为1.2%。另一种按房产租金收入计征，税率为12%。从2001年1月1日起，对个人按市场价格出租的居民住房，用于居住的，可暂减按4%的税率征收房产税。

7. 企业所得税

我国企业所得税法以应纳税所得额为计税依据，即每个年度的收入总额减去准予扣除项目金额之后的余额。准予扣除项目包括与纳税人的收入相关的成本、费用、税金和损失。法定税率为25%，为照顾小型微利企业，减按20%的所得税税率纳税。

（二）我国现有建筑节能领域相关的财税政策

1.“十一五”建筑节能目标

“十一五”期间，我国政府提出“单位GDP能耗下降20%左右的”约束性节能目标。建筑节能作为重点节能领域，对实现全国节能目标将发挥重要的影响。建设部在贯彻《国务院关于加强节能工作的决定》实施意见（建科［2006］231号）中提出，到“十一五”期末实现节约1.1亿吨标准煤的建筑节能目标（见表2-2）。

表 2－2 “十一五”建筑节能目标

建筑类别	内容	节能目标（万吨标准煤）
新建建筑	新建节能 50% 建筑 15.92 亿平方米	7030
其中：住宅建筑	13.42 亿平方米	4750
公共建筑	2.50 亿平方米	2280
既有建筑	改造 5.54 亿平方米	3100
其中：住宅建筑	4.89 亿平方米	2100
公共建筑	0.65 亿平方米	975
合计		10130

我国建筑节能重点领域包括新建建筑节能、既有建筑节能改造、可再生能源在建筑中规模化应用的城市级示范以及形成国家推进建筑节能的配套措施和相关能力。为推动建筑节能目标的实现，目前中国政府通过实施强制性的建筑节能标准提高新建建筑的能效水平，同时也在建筑节能领域陆续出台了一些相关的优惠政策措施。

2. 建筑节能领域既有的相关财税政策

（1）税收政策。

①增值税。

为了加快新型墙体材料产业的发展，适应建筑节能市场的需要，推动建筑节能战略的实施，财政部和国家税务总局共同颁布了多项增值税优惠政策，有效地激励了新型节能建材产品的大规模生产和使用。

1992 年 11 月《关于加快墙体材料革新和推广节能建筑的意见的通知》（国发［1992］66 号）规定，对新型墙体材料产品继续免征增值税，对实心黏土砖一律不得减免税。1995 年发布的《关于对部分资源综合利用产品免征增值税的通知》（财税［1995］44 号）规定，自 1995 年 1 月 1 日起，对企业生产的原料中掺有不少于 30% 的煤矸石、石煤、粉煤灰、烧煤锅炉的炉底渣（不包括高炉水渣）的建材产品，在 1995 年底以前免征增值税。

从 1998 年 1 月 1 日起，在国家鼓励和支持发展的外商和国内投资中，对节约能源和原材料、资源综合利用、防止环境污染、新能源和可再生能源等项目的进口设备，免征关税和进口增值税。

《关于部分资源综合利用及其他产品增值税政策问题的通知》（财税［2001］198 号）规定，自 2001 年 1 月 1 日起，在生产原料中掺有不少于 30%

的煤矸石、石煤、粉煤灰、烧煤锅炉的炉底渣（不包括高炉水渣）及其他废渣生产的水泥实行增值税即征即退的政策；自 2001 年 1 月 1 日起，对部分新型墙体材料产品实行按增值税应纳税额减半征收的政策。对此还专门明确了产品的类别、规格及相关要求。自 2001 年 12 月 1 日起，对增值税一般纳税人生产的黏土实心砖、瓦一律按适用税率征收增值税，不得采取简易办法征收增值税。

2004 年 2 月发布的《关于部分资源综合利用产品增值税政策的补充通知》（财税［2004］25 号）规定：自 2004 年 1 月 1 日起，为解决西部地区新型墙体材料产品生产企业因达不到财税［2001］198 号文件附件中对建筑起砌块和建筑板材规定的生产规模标准，无法享受增值税减半的优惠政策的问题，西部地区的企业生产销售的列入财税［2001］198 号附件的建筑砌块和建筑板材产品，在 2005 年 12 月 31 日之前均可享受新型墙体材料产品增值税减半征收的优惠政策。

②企业所得税。

1994 年发布的《关于企业所得税若干优惠政策的通知》（财税字［1994］001 号）规定，企业利用本企业外的大宗煤矸石、炉渣、粉煤灰做主要原料，生产建材产品的所得，自生产经营之日起，免征所得税 5 年。该项激励政策的主要目的在于促进资源综合利用，对建筑节能中发展新型墙体材料和限制使用实心黏土砖等起到了极大的推动作用。

企业购置并实际使用《环境保护专用设备企业所得优惠目录》、《节能节水专用设备企业所得税优惠目录》和《安全生产专用设备企业所得税优惠目录》规定的环境保护、节能节水、安全生产等专用设备，该专用设备的投资额的 10% 可以从企业当年的应纳税额中抵免；当年不足以抵免的，可以在以后 5 个纳税年度结转抵免。

企业以《资源综合利用企业所得税优惠目录》规定的资源做主要材料，生产国家非限制和禁止并符合国家和行业相关标准的产品取得的收入，减按 90% 计入收入总额。

在进口设备方面，从 1998 年 1 月 1 日起，在国家鼓励和支持发展的外商和国内投资中，对节约能源和原材料、资源综合利用、防治环境污染、新能和可再生能源等项目的进口设备，免征关税和进口增值税。

③固定资产投资方向调节税。

1991 年实施的《中华人民共和国固定资产投资方向调节税暂行条例》规

定，“北方节能住宅”（即满足《民用建筑节能设计标准》规定的住宅）的固定资产投资方向调节税执行零税率。

1993 年，国家计委、国家税务局发布《关于北方节能住宅投资征收固定资产投资方向调节税的暂行管理办法》（计投资［1993］653 号文），规定了具体的执行标准，其中每年日平均温度低于或等于 5 摄氏度的天数在 90 天以上的采暖地区，按《民用建筑节能设计标准（采暖居住建筑部分）》（以下简称《标准》）的要求，主要设计指标达到《标准》要求，且采用新型墙体材料或新型复合墙体的新建、扩建、改建的采暖住宅，可视为北方节能住宅，其固定资产投资方向调节税的税率为零。该政策的实施对北方采暖地区开展建筑节能工作，推广节能建筑起到了极大的推动作用。但 2000 年 1 月 1 日，该税种停征，其对建筑节能的激励作用也随之消失。

（2）专项资金或基金。

①新型墙体材料专项基金。

为禁止使用实心粘土砖、促进节能建筑材料的生产应用，国家先后出台了一系列关于新型墙体材料专项基金的征收和使用管理办法。1992 年，国务院下发《关于加快墙体材料革新和推广节能建筑意见的通知》（国发［1992］66 号），明确建立发展新型墙体材料“专项用费”。随后，有 20 多个省、直辖市、自治区陆续采用“专项用费”的形式推进墙材革新工作。2000 年，国务院办公厅下发《关于推进住宅产业现代化 提高住宅质量的若干意见的通知》（国办发［1999］72 号），确定了直辖市、沿海城市和人均耕地面积不足 0.8 亩的省份的 170 个大中城市 2003 年 6 月 30 日前禁用实心粘土砖，省会城市在 2005 年底前实现禁用实心粘土砖的目标。2002 年，国家经贸委、财政部联合发布了《新型墙体材料专项基金征收和使用管理办法》（财综［2002］55 号），对新型墙体材料专项基金的征收对象、范围、标准、程序，使用范围、支出方式、审批程序，法律责任、处罚规定、监督检查等方面作出了明确规定。2007 年，国家重新制定了《新型墙体材料专项基金征收使用管理办法》和《新型墙体材料目录》，支持节能建材行业发展，自 2008 年 1 月 1 日起执行。

②可再生能源建筑应用示范项目资金。

2006 年，财政部和建设部制定了《财政部、建设部关于可再生能源建筑应用示范项目资金管理办法》（财建［2006］460 号）和《建设部、财政部关于推进可再生能源在建筑中应用的实施意见》（建科［2006］213 号）。2007

年，下发了《财政部 建设部关于加强可再生能源建筑应用示范管理的通知》（财建［2007］38号），鼓励在建筑领域推广应用太阳能、浅层地能等可再生能源。

③国家机关办公建筑和大型公共建筑节能专项资金。

2007年，国家有关部门制定了《国家机关办公建筑和大型公共建筑节能专项资金管理暂行办法》，财政部、建设部下发了《财政部关于印发国家机关办公建筑和大型公共建筑节能专项资金管理暂行办法的通知》（财建［2007］558号）和《关于加强国家机关办公建筑和大型公共建筑节能管理工作的实施意见》（建科［2007］245号）。以节能专项资金方式支持国家机关办公建筑和大型公共建筑节能工作，对国家机关办公建筑和大型公共建筑实施的节能改造以及可再生能源建筑应用示范项目予以补助。

④北方采暖地区既有居住建筑供热计量及节能改造奖励资金。

根据《国务院关于印发节能减排综合性工作方案的通知》（国发［2007］15号）提出的“十一五”期间推动北方采暖地区既有居住建筑供热计量及节能改造1.5亿平方米的工作任务，2007年12月，财政部印发了《北方采暖地区既有居住建筑供热计量及节能改造奖励资金管理暂行办法》（财建［2007］957号），并预拨了部分奖励资金。2008年5月，住房和城乡建设部制定了《关于推进北方采暖地区既有居住建筑供热计量及节能改造工作的实施意见》（建科［2008］95号），对北方采暖地区既有居住建筑供热计量及节能改造工作的实施提出了工作部署。

⑤节能技术改造财政奖励资金。

“十一五”期间，国家安排专项资金支持企业节能技术改造，并制定了《节能技术改造财政奖励资金管理暂行办法》（财建［2007］371号），主要支持《“十一五”十大重点节能工程实施意见》（发改环资［2006］1457号）中确定的燃煤工业锅炉（窑炉）改造、余热余压利用、节约和替代石油、电机系统节能和能量系统优化等项目。采取奖励方式，使资金量与节能量挂钩，对完成节能目标的项目承担企业给予奖励。东部地区节能技术改造项目根据节能量按200元/吨标准煤奖励，中西部地区按250元/吨标准煤奖励。

⑥高效照明产品财政补贴。

2007年底，国家发改委会同有关部门制定了《高效照明产品推广财政补贴资金管理办法》及推广方案，采用财政补贴方式，计划在未来3年里每年用高效照明产品替代5000万只白炽灯。对大宗用户的节能灯生产企业补贴

30%，对分散用户的节能灯生产企业补贴 50%。

（3）贴息、优惠贷款政策。

在鼓励企业技术改造的国债贴息政策中，节能项目列入技术发行的内容之一，享受投资贷款贴息的优惠。各地方政府也纷纷出台相关贴息、优惠贷款政策，鼓励企业使用新型节能建筑材料。

2001 年 9 月颁布的《北京市建筑节能管理条例》对新型建筑结构体系和供暖技术的科研与试点示范工程，利用工业废渣、城市废渣和农作物秸秆生产新型墙体材料，其他与推动建筑节能发展有关的材料、设备的生产应用技术开发与技术改造项目提供贷款贴息、资金补助等政策支持。《郑州市建筑节能与墙体材料革新办公室文件》（郑墙字［2007］11 号）规定，新建、改建、扩建新型墙体材料企业和科研开发项目可以向节能墙改主管机构申报新型墙体材料专项基金项目贴息、补贴。

广州将对国有投资项目的既有建筑改造采取财政补贴 50% 的方式，而对纯商业既有建筑则以 8% 的贴息优惠进行鼓励改造。

深圳市贸工局已修改制定了新的《深圳市资源综合利用专项资金使用和管理办法》（草稿），将把以往节能贴息的单一途径改为贴息、资助、奖励等多种手段，从而加大对节能的资金扶持力度。

（4）其他激励政策。

1991 年国家计委发布的《关于调整节能（材）基本建设项目范围及投资定额的通知》规定了热电结合和集中供热、放散可燃气回收供城市使用、生产沼气供城市民用、新型墙体材料和节能住宅、节能节材示范项目、节能节材推广项目的安排原则，并制定了各类节能建材项目投资定额标准。

依据国家的有关规定，各级地方政府制定了“关于统一征收城市基础设施配套费”的规定，对新建、改建、扩建的工业与民用建筑工程，按照建筑面积，在取得建设工程规划许可证前，统一征收城市基础设施配套费。规定列出了允许减免的工程项目，其中包括面向中低收入的经济适用房。目前已有一些城市对节能建筑减免此项收费，以推动建筑节能战略的实施。

在供热补贴方面，2006 年，国家税务总局下发《关于继续执行供热企业相关税收优惠政策的通知》（财税［2006］117 号），规定供暖企业将继续享受相关的税收优惠政策，“三北”地区供热企业，在 2006 年至 2008 年供暖期间，向居民收取的采暖收入（包括供热企业直接向居民个人收取的和由单位代居民个人缴纳的采暖收入）继续免征增值税。2008 年 9 月，对于供热企业因煤价上涨而导致的成本增加，国家发展改革委、住房城乡建设部、财政部发布《关于做好冬季供热采暖工作有关问题的指导意见的通知》（发改价格［2008］2415号），从适当调整供热价格、加大财政补贴力度、继续对供热企业实行税收优惠三个方面对供热价格进行指导。

此外，部分城市还制定了对节能建筑的设计和建设单位颁发建筑节能奖金，对采用的新型节能墙体材料实行优惠价格等一系列适用于本地实际情况的建筑节能经济激励政策。还有一些地区对主营新型节能材料的公司提供增值税、所得税方面的优惠。上海市经委对节能技改的企业提供贴息的节能技改贷款的支持等。此外，中央、地方及一些行业协会或社会团体还设立了各种鼓励能源和环境领域科学研究和技术创新的奖励措施。

（5）一些限制性政策。

2006年开始实施的《民用建筑节能管理规定》（中华人民共和国建设部令第143号）也对新建建筑节能的限制性经济激励措施作出了明确规定：建设单位未按照建筑节能强制性标准委托设计，擅自修改节能设计文件，明示或暗示设计单位、施工单位违反建筑节能设计强制性标准，降低工程建设质量的，处20万元以上50万元以下的罚款；设计单位未按照建筑节能强制性标准进行设计的，应当修改，未进行修改的，给予警告，处10万元以上30万元以下罚款；造成损失的，依法承担赔偿责任。

（三）建筑节能设计标准实施效果分析

1. 我国的建筑节能标准体系

目前，“寒冷地区”、“严寒地区”、“夏热冬冷地区”和“夏热冬暖地区”的居住建筑节能设计标准都已经相继出台（节能50%的标准）。“十一五”期间，一些地区（如北京市等）开始实施节能65%的居住建筑节能设计标准。2005年7月1日，《公共建筑节能设计标准》正式开始实施，适用于新建、扩建和改建的公共建筑的节能设计。从北到南，从居住建筑到公共建筑，从节能30%、节能50%到节能65%①（见表2－3），覆盖我国三大气候区域和两大建

① 需要说明的是，目前我国出台的建筑节能标准属于设计标准，不是基于实际的建筑能耗数据，而是假设在某种能源服务水平下，通过采取相关节能措施，达到“节能30%”、“节能50%”和“节能65%”效果的理论计算结果。并且，这种节能效果是以1980～1981年住宅通用设计能耗水平为基准。所以，即使是达到“节能30%”、“节能50%”和“节能65%”标准要求的建筑，也不意味着实际的建筑能耗下降了30%、50%、65%。

筑类型的越来越严格的建筑节能设计标准体系基本建立，对于全国建筑节能工作的开展提供了依据和手段。

表 2－3　北京市《民用建筑节能设计标准（采暖居住建筑部分）》发展过程

<table>
<tr><th rowspan="2"></th><th rowspan="2">平均采暖负荷</th><th colspan="3">供热系统效率</th><th rowspan="2">单位面积平均采暖能耗</th><th rowspan="2">节能率</th></tr>
<tr><th>锅炉房效率</th><th>热网效率</th><th>供热系统总效率</th></tr>
<tr><td></td><td>瓦/平方米</td><td>%</td><td>%</td><td>%</td><td>瓦/平方米</td><td>%</td></tr>
<tr><td>1980 年住宅通用设计能耗水平</td><td>31.7</td><td>55</td><td>85</td><td>46.75</td><td>67.8</td><td></td></tr>
<tr><td>第一阶段节能 30%</td><td>25.3</td><td>60</td><td>90</td><td>54</td><td>46.9</td><td>30.9</td></tr>
<tr><td>第二阶段节能 50%</td><td>20.6</td><td>68</td><td>90</td><td>61.2</td><td>33.7</td><td>50.4</td></tr>
<tr><td>第三阶段节能 65%</td><td>11.1</td><td>68</td><td>90</td><td>61.2</td><td>23.7</td><td>65.0</td></tr>
</table>

（1）采暖居住建筑。

建设部于 1986 年 3 月颁发了行业标准——《民用建筑节能设计标准（采暖居住建筑部分）》（JGJ26－86），并于 1986 年 8 月 1 日试行。这是我国第一部建筑节能设计标准，规定严寒和寒冷地区采暖居住建筑在 1980～1981 年当地通用设计的基础上节能 30%，开始了严寒和寒冷地区的建筑节能工作。

随着建筑节能工作的推进，节能水平的进一步提高，1995 年建设部对《民用建筑节能设计标准（采暖居住建筑部分）》（JGJ26－86）进行了修订，出台《民用建筑节能设计标准（采暖居住建筑部分）》（JGJ26－95），1996 年 7 月 1 日施行，规定严寒和寒冷地区采暖居住建筑在 1980～1981 年当地通用设计的基础上节能 50%。

目前，有关部门正在编制节能 65% 的《民用建筑节能设计标准（采暖居住建筑部分）》（北京市等地区已经出台），主要是强调提高建筑围护结构保温隔热性能，使最终的单位面积采暖能耗在 1980～1981 年当地通用设计的基础上节约 65%。

（2）夏热冬冷地区新建居住建筑。

2001 年，建设部发布的行业标准——《夏热冬冷地区新建居住建筑节能设计标准》（JGJ134－2001），规定夏热冬冷地区（主要在长江中下游一带）居住建筑节能 50%，夏热冬冷地区 2001 年 10 月 1 日起执行该标准。该标准适用于夏热冬冷地区新建、改建和扩建居住建筑的建筑节能设计。该标准在设计阶段，控制围护结构热工性能及采暖空调设备能效比，使其采暖空调能耗比以前传统居住建筑（没有保温隔热措施）在保持同样室内热环境条件时，节能50%。

（3）夏热冬暖地区新建居住建筑。

2003年，建设部发布的行业标准——《夏热冬暖地区居住建筑节能设计标准》（GJG75－2003），规定夏热冬暖地区（包括海南、广东和广西大部、福建南部、云南小部分）居住建筑节能50%，夏热冬暖地区2003年10月1日执行《夏热冬暖地区新建居住建筑节能设计标准》。该标准适用于夏热冬暖地区的各类新建、扩建和改建的居住建筑。

（4）公共建筑。

1993年9月，国家技术监督局与建设部联合发布了《旅游旅馆建筑热工与空气调节节能设计标准》（GB50189－93），于1994年7月1日起施行，这是我国第一个有关公共建筑的节能设计标谁。

2005年，建设部和国家质量监督检验检疫总局联合发布的国家标准——《公共建筑节能设计标准》，规定节能率为50%。2005年7月1日，《公共建筑节能设计标准》开始实施。该标准适用于新建、扩建、改建的公共建筑的节能设计。

（5）绿色建筑。

《绿色建筑评价标准》（GB/T50378－2006）于2006年颁布，提出了绿色建筑的评价标准体系。

2. 建筑节能标准实施效果

据早期对17个省市2000年至2004年居住建筑节能的实地调查，在寒冷和严寒的北方地区按节能标准设计的占90.08%，按节能标准建造的只有30.61%；在夏热冬冷的中部地区，分别为19.98%和14.36%；夏热冬暖的南部地区，两者均为11.2%。全国各气候区平均下来，按节能标准设计的项目为58.53%，按节能标准建造的项目仅为23.25%。

截至2006年，各地建设项目在设计阶段执行节能设计标准的比例为95.7%，与2005年相比，提高了38个百分点。施工阶段执行节能设计标准的比例为53.8%，比2005年提高了33个百分点。全国共建成节能建筑面积10.6亿平方米，占全国城镇既有建筑面积比例的7%，其中北方寒冷地区比例为11.3%，夏热冬冷地区为3.8%，夏热冬暖地区为2.4%。节能建筑占城镇建筑总量的比重逐步增加。

2007 年 12 月 16 日至 12 月 29 日，建设部组成 10 个检查组对全国各省、自治区（西藏除外）、直辖市，5 个计划单列市，26 个省会（自治区首府）城市及 26 个地级城市的建筑节能总体推进情况和重要专项工作进展情况进行评价，抽查了 610 个工程建设项目的施工图设计文件和 147 个在建工程的施工现场。

从检查结果看：

新建建筑执行节能标准情况成效明显。截至 2007 年 10 月，全国城镇新建建筑在设计阶段执行节能标准的比例为 97%，施工阶段执行节能标准的比例为 71%，分别比 2006 年提高了 1 个百分点和 17 个百分点。

北方采暖地区既有居住建筑供热计量及节能改造工作已经启动。财政部会同建设部提出利用中央财政资金对实施改造给予奖励的财政政策，2007 年专门安排补助资金 9 亿元，用于对安装热计量装置的补助。部分地区已启动了相关能耗的调查、改造计划的制定等基础工作。天津、大连、青岛、银川、唐山等地已率先开展了既有建筑供热计量及节能改造试点工作。

可再生能源在建筑中的规模化应用进展较快。2007 年，中央财政共安排补助资金 7 亿多元，支持了三批 212 个可再生能源建筑应用示范推广项目的实施。各地积极响应中央政策，通过制定规划、编制标准规范、研发技术产品、出台经济政策等手段，有效推动了可再生能源在建筑中的应用规模。截至 2007 年，各地太阳能光热应用面积达 7 亿平方米，浅层地能应用面积近 8000 万平方米。

推广绿色建筑工作取得新进展。各地结合地区实际，通过编制绿色建筑评价标准、组织绿色建筑示范工程、召开绿色建筑宣传会议等方式，不断加大绿色建筑的推广力度。

3. 建筑节能标准实施过程中的问题分析

（1）法规配套体系不够完善，缺乏激励机制。

国家政策不配套，缺乏激励机制和工作力度；缺少建筑节能与企业和公众的直接经济利益联系，使得节能工作缺乏内在经济利益推动力。2007 年 1 ~ 10 月，在地方财政大幅超收的情况下，对建筑节能的财政支持力度明显不够，仅有 14 个省级政府对建筑节能共安排财政资金 2 亿元左右，有 16 个省级政府没有安排，部分省必要的工作经费也没有落实。大多数省级政府没有出台相关经济激励政策①。

随着国家对节能减排的大力倡导和积极推进，许多开发商已经认识到建筑节能的重要性。然而节能建筑会使成本增加，同时，百姓对建筑节能带来的效益感受不深，还需要一个广泛普及的认识过程。在执行建筑节能标准过程中，对高于现行标准的节能建筑没有相关激励财税政策，使得开发商在节能方面的投入缺乏相应回报，影响了房地产商开发节能建筑、消费者购买节能建筑的积极性。

（2）建筑整体节能设计薄弱。

在建筑工程设计的过程中，多数建筑只重视实用面积、结构安全、美观时尚，不重视建筑的性能、品质，没有把建筑节能作为建筑的一个固有的、内在的品质进行考虑，未能将建筑节能措施融入工程设计中。

不重视低成本节能技术和传统措施的应用。目前许多的节能设计中，传统的、有效的节能措施，例如自然通风、建筑遮阳等未被广泛采用，片面强调节能的高科技，不重视低成本的节能技术应用，造成节能成本高。如果在设计阶段没有做到整体设计，好的节能材料和设备组合起来的建筑也许并不节能。例如，在新建节能建筑和旧建筑改造工程中，常发现：虽然住宅采用价格昂贵的节能设备，门、窗、墙体也达到一定的隔热系数，建筑保温的性能大大提升，但在这样的建筑中，舒适感较差，冬季需要经常开窗通风，反而浪费大量能源。

建筑节能有被动节能和主动节能，在建筑规划设计过程中，应首先考虑被动节能的设计手段，不依靠设备、少投资以达到节能效果；在主动节能时，需要进行模拟设计。推广定量节能的理念，使建筑节能与高舒适度、定量节能、低成本投入相结合。

（3）新建建筑执行节能标准的水平有待进一步提高。

建筑节能标准的执行力度还不平衡。在建筑节能标准的执行过程中，施工阶段比设计阶段差，中小城市比大城市差，经济欠发达地区比经济发达地区差。

相关从业人员的技术水平有待进一步提高，施工图设计和审查人员对部分节能设计的方法和概念等还没有深入掌握，对节能设计标准和节能设计软件掌握不够，在建筑节能工程施工过程中，施工工艺不过关，导致节能设计的执行

---

① 参见2007年全国建设领域节能减排专项监督检查建筑节能工作检查报告。

质量和效果出现折扣。

建筑节能标准仍有较大提升空间，如北方地区执行现行节能50%标准后，在一个采暖期里，单位建筑面积采暖能耗在15公斤标准煤左右，仍高于同等气候条件下发达国家8公斤标准煤的平均水平。

（4）建筑节能监管审查机制不完善。

目前，建筑节能管理机构仍不健全，一些地方政府领导人对建筑节能工作不重视，管理机构人员配备不全。政府机构的节能意识较强，但是对建筑节能改造的重要性和紧迫性认识不充分。建筑节能是一项长期工程，有时无法直接体现在领导人执政期间。因此，政府部门在推广应用建筑节能技术、新材料和新产品，推广应用建筑节能标准方面缺乏监管力度，不能有效地推动建筑节能改造的实施。

在建筑设计阶段，审图机构负责对建筑节能进行节能审查，但是，我国的建筑节能审查机制尚不严密，审图机构仅仅通过审查建筑图纸看其是否使用节能材料和节能技术，判定其是否节能，而不考虑真正的节能效果。

2005年底建设部组织的建筑节能专项工作检查显示，部分省市建筑节能管理机构不健全，建筑节能改造工作落实情况不佳；在建筑节能改造施工图设计文件审查方面的工作力度不够，在施工、竣工验收等环节未加强对建筑节能改造设计标准的监督管理，导致一些设计人员不认真按照建筑节能设计标准设计，施工单位不按照节能标准施工，监理、质检单位把关不严、监督不够，竣工验收成为形式。

2007年全国建设领域节能减排专项监督检查表明，部分地方政府对建筑节能工作的责任还未落实，监管还有待强化。多数省市对新建建筑的节能标准非常重视，相关制度比较完善，而对国家提出的发展节能省地环保型建筑和绿色建筑、推动北方既有居住建筑节能改造、建立大型公共建筑节能监管体系、推进可再生能源建筑应用和绿色照明等认识不足，工作相对滞后。目前有11个省（区、市）未将建筑节能纳入本地区单位GDP能耗下降总体目标，相关任务和责任没有明确，部门之间没有形成合力，考核评价体系没有建立。本次检查所发现的45例违反节能标准强制性条文的民用建筑项目，与主管部门监管不到位密切相关。

（5）节能技术与产品不够成熟。

目前我国采用的建筑节能产品高科技含量较低，节能率不高，多是常规的建筑节能产品，如空心粘土砖、粉煤灰砖、加气混凝土等，高科技的高效保温建筑材料的开发应用范围较窄。而真正高技术含量的节能产品，较传统建材价格高，建设单位没有采用新型建材的积极性。

（四）财税激励政策缺失对推动节能建筑带来的影响

节能建筑是指按照建筑节能标准设计、建造、检测验收，并在运行过程中降低能耗，经过测试认证达到节能标准的民用建筑。节能建筑从开发到使用主要涉及土地、规划、施工、验收和销售五个环节，其中很多环节与执行建筑节能标准相关。在建筑规划阶段，城乡规划主管部门依法对民用建筑进行规划审查，设计方案、施工图设计文件必须符合建筑节能标准；在施工阶段，施工单位要严格按照建筑节能标准的施工图施工，确保建筑材料、设备符合节能标准，监理单位要按照设计要求对施工过程中节能标准的执行进行监督；验收阶段，建设单位应组织设计、施工、监理单位对节能工程进行专项验收，并对验收结果负责，包括：工程概况，墙体、幕墙、门窗、屋面、地面、采暖、通风与空调、空调与采暖系统冷热源及管网、配电与照明、监测与控制节能工程，建筑节能工程现场检验，采用新能源、新材料、新技术情况等；销售阶段，开发商应该在合同中载明建筑的各项能耗指标等信息（见表2－4）。

表2－4 房地产开发过程

	土地	规划	施工	验收	销售
审批机构	国土资源和房屋管理局	市规划委员会	建设委员会	国土资源和房屋管理局	
有效证件	《国有土地使用证》	《建设用地规划许可证》、《建设工程规划许可证》	《建筑工程施工许可证》	《商品房预售许可证》	“五证”
相关方		设计单位	施工单位 监理单位 建设工程质量监督机构	建设单位 建设工程质量监督机构	
节能建筑要求		设计方案、施工图设计文件符合建筑节能标准	严格按照建筑节能标准的施工图施工；确保建筑材料、设备符合节能标准	竣工验收合格报告	载明能耗指标等信息

续表

	土地	规划	施工	验收	销售
		城乡规划主管部门依法对民用建筑进行规划审查	施工图设计文件审查机构；县级以上地方人民政府建设主管部门不得颁发施工许可证		

在整个过程中，节能标准的实施会引起建筑投资成本的增加，投资方、业主、系统供应商和住户通常有不同的利益考虑，而从目前我国在建筑节能方面出台的相关财税政策可以看出，目前的财税政策多是围绕具体项目设立的，较分散，而建筑节能是一个系统工程，在建筑整体节能标准方面，具体的财税激励政策还比较缺乏。尤其是在新建建筑全面执行50%节能标准、四个直辖市率先执行新建建筑65%节能标准并建立相关的国家标准和技术体系方面，还没有出台具体的财税激励政策。针对建筑节能，既需要执行强制性的法规和标准，还要重视经济激励政策的制定，没有激励和优惠政策，建筑节能就难以开展。

2007年12月，建设部组织全国建筑节能总体推进情况和重要专项工作进展情况检查，全国城镇新建建筑在设计阶段执行节能标准的比例为97%，施工阶段执行节能标准的比例为71%。尽管执行比例同比分别提高1和17个百分点，较2000年更是有大幅度提高，但仍存在一些企业，在建筑设计实际过程为了中标，偏重经济效益而忽略节能设计，或由于甲方资金不到位，在后续设计工作中取消节能设计，导致节能设计，只是用来应付节能审查。同时，节能项目在施工中不予落实等现象普遍存在。

节能建筑法规限制性的标准比较多，而对开发先进节能建筑的激励性政策比较少。开发商在开发节能建筑时一般会首先考虑投入和产出效率。节能建筑增加的成本是建筑工程造价等直接费用，开发商还要考虑设计、管理、资金、建设周期、市场风险等隐性投入。同时，在执行新建建筑50%和65%节能标准的过程中，节能新技术、新材料价位高、品种少，各种普通材料的价格也在不断上涨。增加节能材料的使用，导致开发商成本增加。

我国目前多层住宅单位工程（单幢）的建安造价约为1200元/建筑平方米（以北京市为例，下同），高层住宅建筑的单位工程（单幢）的建安造价约为2500元/建筑平方米①。相关调研数据表明，仅执行50%标准，75%的房地产企业需要增加约80～120元/平方米的成本（见图2－1），约占建筑总成本的5%左右。同时，在国家各种宏观调控政策下，开发商面临较大的资金压力，因此，开发商对这种无形成本的接受力会普遍下降，也降低了开发更高标准节能建筑的积极性。而对于开发高于新建建筑节能标准的房地产企业来说，成本更高，开发商出于经济性考虑，积极性严重不足，这也阻碍了建筑节能的发展。

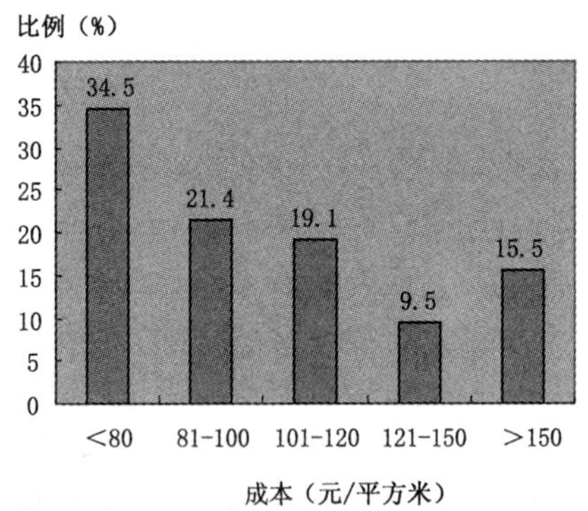

图2－1　房地产企业开发50%节能建筑的增量成本分布

资料来源：梁境、武涌等："中国建筑节能现状与趋势调研分析"，《暖通空调》，2008年第7期，第29～35页。

同时，消费者在购买住房时，不论是否对建筑能效信息充分了解，约50%的消费者认为节能建筑只能作为参考，而非最终购买的决定因素（见图2－2）。

总之，节能建筑在经济层面上涉及投资、运行、维修、改造、投资回收期等眼前利益与长远利益的权衡与取舍。在有限的投资和节能措施费用过高的情况下，开发商根据市场的需求情况，一般很难主动考虑开发节能建筑。如果没有相关的经济激励措施和补偿办法，开发商也难以面对市场销售的风险和阻力。

我国税法曾对绿色地产或者节能产品只收5%的固定资产投资方向调节

① 按商品房首期住宅专项维修资金交存数额，占建筑安装工程每建筑平方米造价比例推算。如北京规定住宅专项维修资金交存比例为8%，其中多层（6层及以下）为100元/建筑平方米；高层（六层以上）为200元/建筑平方米。

税，普通地产收10%，工建收30%。在这一税收政策的激励下，1991～1999年设计建造的住宅较1991年以前建造的住宅节能30%。从中可以看出财税政策对节能建筑开发的积极推动作用。

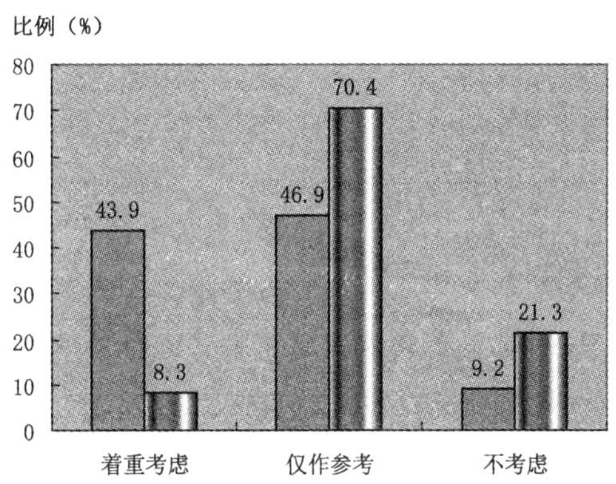

图2－2　建筑能效信息对消费者购买的影响

资料来源：同图2－1。

同时，建筑节能产品和节能建筑消费补贴的财税缺失，也阻碍了节能建筑的发展步伐。开发商是节能建筑的建造者，并非使用者，在节能建筑市场体系尚未完善时开发商一般不会过多考虑节能问题，不会过多顾及深层次的节能技术的应用。消费者接受节能建筑存在认识上的误区。与建筑节能相比，消费者更关注建筑在园林、景观、建筑外形设计等内容。

因此，建筑节能不但要制定标准，还应该配套出台相应的财税激励政策，引导开发商和消费者开发和选择节能性能更高的节能建筑。

（五）重庆市推动节能建筑典型做法

1. 重庆市建筑节能示范工程

为加强建筑节能技术、产品的推广应用，培育社会对建筑节能的市场需求，促进重庆市建筑节能产业的发展，2003年10月17日，重庆市建委颁发了“重庆市建设委员会关于印发《重庆市建筑节能示范工程管理办法》（试行）的通知”（渝建发［2003］214号）。根据该办法，示范工程的申请条件有：

（1）应为拟建或在建的民用建筑，建设期限不宜超过2～3年；

(2) 应具备一定的建设规模：主城九区及万州、涪陵区不宜小于3万平方米，其他区县不宜小于1万平方米；

(3) 建筑节能设计方案应符合《重庆市居住建筑节能设计标准》的要求；

(4) 应重点选用本地较成熟的建筑节能技术、产品，对本地建筑节能产业的发展起到一定的带动作用。

组织实施过程如图2-3所示：

(1) 申请。由建设单位向项目所在地建设行政主管部门提出申请，项目所在地建设行政主管部门根据示范工程的申请条件和市建筑节能的试点规划进行初审，初审合格后由建设单位报市建设行政主管部门审查。

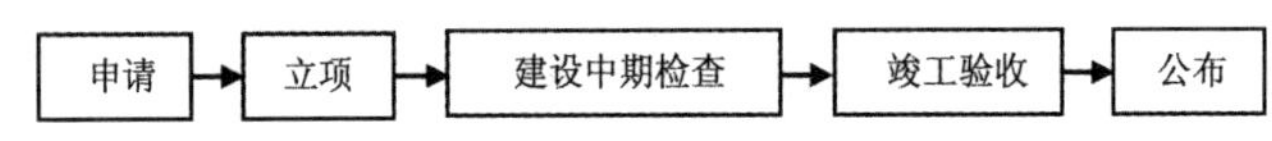

图2-3 重庆市建筑节能示范工程组织实施图

(2) 立项。市建设行政主管部门委托市建筑节能协会组织建筑节能专家按照《重庆市建筑节能示范工程建设技术要点》的要求，对建筑节能设计方案及相关资料进行评审。评审通过的工程经市建设行政主管部门批准后，列入重庆市建筑节能示范工程实施计划，并统一行文公布。

(3) 建设中期检查。列入示范工程实施计划的工程开工后，建设单位每半年向市建筑节能协会报告工程进展情况。市建设行政主管部门会同项目所在地建设行政主管部门组织不定期检查，市建筑节能协会派有关专家参与。重点检查已批准的建筑节能设计方案在工程中的具体实施和质量达标情况。

(4) 竣工验收。工程竣工后，项目所在地建设行政主管部门组织初验，初验合格后建设单位向市建设行政主管部门提出竣工验收申请。市建设行政主管部门会同项目所在地建设行政主管部门、市建筑节能协会组成竣工验收小组，按照《重庆市建筑节能示范工程评价指标体系》的要求对工程进行验收。验收合格后，建设单位分别向市、项目所在地建设行政主管部门备案。

(5) 公布。对竣工验收合格并备案的工程，市建设行政主管部门将在重庆建设网站和有关媒体公示，公示时间为10个工作日。公示结果无异议的工程，由市建设行政主管部门统一行文公布，并颁发“重庆市建筑节能示范工程”的证书和标志。

激励政策：

（1）可获得由市建设行政主管部门统一制作、颁发的示范工程的证书和标志，标志应镶贴在示范工程的主要出入口。

（2）列入示范工程实施计划的工程，若申报经济适用住房项目，可优先考虑。

实施效果：

根据重庆市建筑节能工作“标准先行，示范带动，产业跟进”的工作思路，市建委认识到了建筑节能示范工程在整个建筑节能事业发展过程中以点带面的重要作用和地位，并积极地推动作重庆市建筑节能示范工程建设。在市建委的统一领导下，重庆市目前已有11个建筑节能示范工程，面积达150万平方米。通过节能示范工程以点带面，重庆市的建筑节能工作有了飞速的发展，建筑节能技术得到了大面积的推广应用，从而带动了整个产业在建筑节能方面的发展。2006年，按照“示范工程贵在精，而不在多”的工作思路，加强了对示范工程的检查和指导。目前示范项目进展良好，已有建工·未来城、海棠晓月、长春湖别墅、佰富高尔夫花园、同创·米兰天空等5个项目通过了重庆市建委组织的示范工程专项验收。期间，申烨·太阳城已申报成为重庆市首个节能65%的示范工程，将为重庆市城镇建筑执行65%的节能标准起到良好的示范作用，并为制定相关技术标准积累经验。同时，重庆市财政局、地税局、发改委等政府新建办公楼也已按公建节能标准重新修改完善了设计，将进一步扩大和增强重庆市建筑节能示范工程的影响力。

在开展示范工程培育引导的同时，重庆市建委还在住宅性能等级认定、绿色生态住宅小区评审的相关技术标准和管理办法中增加建筑节能性能的技术要求，提高了高品质楼盘节能科技含量。据统计，重庆市采用建筑节能技术措施的试点、示范项目的在建工程面积已有近410万平方米。

2. 住宅性能评定

重庆市的住宅性能评定是按照《重庆市住宅性能评定指标体系》和《重庆市住宅性能认定管理办法》规定的程序，由评审机构对住宅性能评定登记，由市建设行政主管部门颁发等级证书和标志的一项制度。认定程序由申请、评审、公示、公布四部分组成。活动中，无论申请单位还是评审单位如果有违规行为，将按相关的法律法规进行处罚。

重庆市建委从2001年开始，用了近两年时间编制了《重庆市住宅性能评定指标体系》。2005 年 5 月 1 日出台了《重庆市住宅性能评定技术标准》(DBJ/T50 - 040 - 2005)，2005 年 5 月编制并发布了《绿色生态住宅小区建设技术规程》。根据这些办法和指标体系、技术标准和规程，重庆市积极开展住宅性能认定工作，由第三方，即认定机构对房地产开发企业开发建设的住宅进行评估、认定，以维护住宅消费者的利益，引导住宅建设的发展方向，培育健康的住宅消费氛围，带动住宅产业和相关行业的发展。重庆市住宅性能评定指标体系中突出建筑节能、环保以及新技术应用的理念，充分体现重庆的地域特点和现阶段房地产业发展的要求。重庆市住宅性能评定技术标准涉及日照、通风、噪音、绿化等 300 多项指标，这些硬性指标都是旧材料、旧技术难以达到的，它迫使开发商大量使用新材料、新技术，并引导开发企业建设集适用、环保、舒适、经济等性能为一体的高品质住宅。

2003 年 6 月 1 日起施行的《重庆市住宅性能认定管理办法》(试行) 明确规定:

住宅性能认定的主要内容应按照《重庆市住宅性能评定指标体系》确定，主要包括：适用性能、安全性能、耐久性能、环境性能、新技术应用及经济性能。

住宅的适用性能包括了对建筑节能的认定；住宅新技术应用则包括了建筑节能技术、新型墙体材料的认定。住宅的经济性能包括住宅日常运行能耗的认定。

根据该办法，住宅性能等级按照评定的项目和定性、定量指标设置评判分值。各种性能的合格分值为 80 分。凡有一种性能达不到合格分值时，应不予通过。

激励政策:

对于符合住宅性能认定要求的住宅，由市建设行政主管部门统一行文公布，并颁发住宅性能等级证书和标志。认定等级有效期为 5 年。住宅性能等级标志镶贴在住宅主要出入口。

实施效果:

根据《重庆市住宅性能认定管理办法》及《重庆市绿色生态住宅小区示范工程管理办法》的有关规定，评审机构组织专家按《重庆市住宅性能评定技术标准》及《绿色生态住宅小区建设技术规程》的技术要求进行评审。2007 年重庆市通过绿色生态住宅小区终审及预评审的项目有 9 个，通过住宅性能等级评定预评审的项目有 11 个，如表 2 - 5、2 - 6 所示。

表 2－5　　2007 年重庆市绿色生态住宅小区终审及预评审项目

序号	评定性质	评定项目	开发单位
1	终 审	金科·天籁城	重庆市金科实业（集团）有限公司 重庆市金科实业（集团）东成物业发展有限公司
2	终 审	金科·天湖美镇	
3	终 审	欧瑞·枫林秀水	重庆欧瑞置业发展有限公司
4	预评审	龙湖·蓝湖郡	重庆龙湖地产发展有限公司
5	预评审	保利·国际高尔夫花园	保利（重庆）投资实业有限公司
6	预评审	华宇·北国风光	重庆华宇物业（集团）有限公司
7	预评审	重庆奥林匹龙花园（四期）	重庆奥林匹克花园置业有限公司
8	预评审	宏帆生态城·佰富高尔夫花园	重庆宏帆实业有限公司
9	预评审	宏帆生态城·半城中央（二期）	

表 2－6　　2007 年重庆市住宅性能等级评定预评审项目

序号	评定性质	评定等级	评定项目	开发单位	备　注
1	预评审	AAA	协信阿卡迪亚	重庆阿卡迪亚房地产开发有限公司	A 组团 1～9 栋
2	预评审	AA	棕榈泉国际花园	重庆棕榈泉房地产开发有限公司	三期 1～11 栋
3	预评审	AA	红树林	重庆龙港房地产开发有限公司	1～27 栋
4	预评审	AA	同景国际城	重庆同景置业有限公司	B 组团 1～38 栋
5	预评审	AA	顺祥·壹街区	重庆海翔房地产开发有限公司	A1～A9,B1～B3 栋
6	预评审	A	光宇·阳光地中海	重庆光宇建设开发有限公司	3、9、10 栋
		AA			2、4、5、7、8 栋
7	预评审	AA	朵力·尚美国际	重庆钢铁集团朵力房地产股份有限公司	4～10 栋
8	预评审	A	银海·北极星	重庆灿蕾物业发展有限责任公司	3～5 栋
9	预评审	AA	静安美岭	上海静安城投重庆市置业有限公司	一期 2～37 栋
10	预评审	AA	海宇·逸景苑	重庆海宇置业（集团）有限公司	一期 1～11 栋
11	预评审	AA	海宇·嘉茵苑	重庆海宇置业（集团）有限公司	1～12 栋

三、国际经验分析

（一）西方国家鼓励节能建筑的财税激励政策措施

自从20世纪70年代石油危机以来，西方国家开始高度重视节能工作。随着20世纪90年代以来全球气候变化问题的日益凸显，作为温室气体减排的一项重要措施，节能的地位在各国的能源战略中得到了进一步加强。

由于建筑节能（包括住宅、商业建筑和政府机构）具有很强的公益性特征，空调和采暖导致季节性尖峰能源需求，并且建筑能耗在发达国家中占的比重比较高（一般占全国总能耗的30%～40%），所以在绝大部分西方国家的节能政策体系中，建筑节能方面的政策一直占据着主导位置，大部分节能激励政策和节能资金用于建筑（商用/民用）节能领域。

例如，2003年美国能源部能源效率和可再生能源司的节能资金预算高达13.12亿美元。其中，建筑节能领域的资金预算为4.4亿美元，与建筑节能有密切联系的电力节能资金预算为3.94亿美元，两者占全部预算的2/3（见表2－7）。

表2－7　美国能源部能源效率和可再生资源局年度预算　单位：百万美元

	2001年	2002年	2003年
商用/民用，州和社区项目	293.4	380.3	408.8
联邦政府能源管理计划	27.7	24.7	30.9
工业	146.0	148.9	138.3
交通	297.5	301.6	275.7
电力	384.9	376.2	394.4
管理	66.9	70.2	63.9
总计	1180.4	1301.9	1312.0

数据来源：美国能源部能效和可再生能源局网（http：//www.eren.doe.gov）。

西方国家在建筑节能领域采取的相关经济激励政策汇总如下。

1. 激励方式

建筑节能的经济激励方式主要包括减免税、补贴、贴息、加速折旧、贷款抵押、政府采购（包括筛选一批节能产品和实施政府机构节能的节能服务公司）、能效标识（包括建筑设备和建筑物的能效分级信息标识和类似于“能源之星”的认证标识）、自愿协议等，通过这些激励措施鼓励节能技术/产品的开发和推广以及相关节能项目的实施（见表2-8）。

表2-8　　发达国家支持节能的财税激励政策措施

政策措施	支持方式
税收减免	对节能技术、设备、项目实行低税，甚至给予一定范围和时期的免税，以鼓励和扶持节能产业的发展。
加速折旧	通过加大企业节能设备前期的应纳税扣除额，以延期纳税的优惠方式，鼓励节能设备的推广应用。
低息贷款	通过政策性银行或给予财政贴息的方式，促进节能事业发展。
现金回扣补贴	对购买使用节能产品和设备的用户直接给予财政补贴，影响节能产品价格，吸引用户购买节能产品。
政府采购	通过直接购买的方式，引导和示范节能产品的使用，促进技术商业化和快速普及，为节能产品提供一定的市场，通过扩大生产规模和降低产品流通和营销成本，降低能效技术的成本。
抵押贷款	对购买和使用大型、符合一定认证标准的节能设备时，购买者可向有关机构申请抵押贷款服务，鼓励节能设备的推广使用。
科研资助	对节能技术的研究开发与推广使用给予一定的资金支持与政策优惠，分担一定的技术研究与推广方面的风险，引导节能技术的发展方向。
中介机构扶持	对咨询、服务、信息传播以及产品能效标准认证等有关节能的中介机构，提供一定的经费资助或税收优惠，以促进节能技术和意识和信息的规范化与普及，推动政府节能工作的顺利开展。
自愿协议	指能源用户在自愿的基础上，为提高能效与政府签订的一种协议，政府给予承诺方以某种形式的激励。
开征能源税	对不同能耗产业和耗能行为开征能源税，通过征税或差异税率来加大高能耗产业的生产成本，促使企业改进耗能技术设备，提高能源使用效率，控制能源消费的快速增长，引导能源结构升级，达到环境保护的目的。

资料来源：财政科学研究所：《鼓励节能的财税政策研究》，财政科学研究所内部报告，2005年。

2. 支持的技术范围

从激励政策所支持的技术（产品）角度看，既包括建筑围护结构节能技术，也包括采暖空调（HVAC）节能技术，以及高效节能的照明设备、家用电器和办公设备；既包括新增高效节能的建筑物、采暖空调设备、照明设备、家用电器和办公设备，也包括对既有建筑的节能改造（大部分是包括政府机构建筑和商业建筑中空调系统、采暖系统和照明系统的节能改造，也有一些情况是针对住宅围护结构构件的节能改造，例如节能窗、墙体保温措施等）和节能示范项目（采用多种先进的节能新技术）。

3. 支持的对象

从支持的对象角度看，既包括消费者（用户）、房地产和设备生产商、销售商，也包括节能服务公司，并且在节能激励政策制定和实施过程中的政策研究、标准制定、能源系统节能效果的检测以及培训、宣传等节能活动也可以获得相关资金的支持。

4. 激励政策类型

从激励政策的类型看，可以分为两大类：

一类是对高效节能产品（包括建筑物）的激励。一般情况下这些产品都是新增的单一产品，并且安装和运行操作比较简单，同时大部分已经有了相应的能效标准。一般采用减免税、补贴等激励措施（一般要求的节能标准性能非常高），激励的对象多为消费者（用户），少数情况针对生产商。这类激励政策持续的时间比较长，所以也被称为长期性激励政策。

另外一类是对系统的节能改造的激励，更多的是对既有建筑能源系统及建筑物的节能改造和节能示范项目，例如美国公用事业部门资助的 DSM 项目。这种激励政策往往涉及多种节能技术，一般由节能服务公司提供一条龙的节能改造服务，所以激励的对象多为节能服务公司，也可能是业主或者相关节能技术的生产商。这种激励政策多以节能改造项目的形式出现，一般执行期比较短，所以也被称为短期性节能激励政策。

5. 激励力度

从节能技术（产品）的激励力度的角度看，可以分为三大类：一是基于成本（节能产品及技术的增益成本或者全成本，目前基于增益成本的较多）；二是基于节能技术/产品/项目的节能效果，主要是根据设备、能源系统或者整座建筑物的节能效果给予相应的补贴或者减免税；三是成本和节能效果综合考虑。

基于成本的激励方法操作起来比较简单，以往采用这种方法的情况比较多。但是，因为激励政策的最终目标是得到预期的节能效果，这种方法可能导致购买的节能产品用得很少，从而实现不了预期的节能数量。同时，还很容易导致“搭便车”问题，美国太阳能热水器补贴项目就是一个典型的失败案例。所以，目前许多国家的激励政策更多的是基于节能技术/产品/项目的节能效果或者综合考虑成本和节能效果，进一步提出激励资金的额度。尤其是建筑能源系统（集中供热系统、中央空调系统以及照明系统）和整座建筑物（包括墙体、门窗、屋面等围护结构），都是非常复杂的大系统，各种系统构件之间互相影响，并且系统的运行管理对实现节能效果非常重要。如果仅对其中的某个设备进行激励，可能得不到预期的节能效果。

6. 激励政策的实施与监督管理

对某种节能技术/产品/项目而言，具有了什么样的节能性能才应该支持？谁来判断该技术/产品/项目是否应该支持？怎么对激励政策的实施进行监督和评估？这是从能力建设方面实施节能激励政策的基础工作。

节能标准是实施节能激励政策的基础，尤其是对新增的用能设备及新建建筑物来说。强制性最低能效标准是新增设备和建筑物进入市场的“门槛”，只有节能性能超过了强制性最低能效标准的设备和建筑物，才可以得到激励。例如，2005 年的美国能源法案规定，凡在 2004 年 IECC 标准基础上进一步节能 50% 以上的新建住宅，给予 2000 美元减免税；凡在美国供热/空调/制冷工程师协会标准（ASHRAE/IESNA 90. 11 – 20011）基础上进一步节能 50% 以上的商业建筑（包括新建商业建筑和既有商业建筑节能改造，主要针对供热、空调、照明、热水供应等能源系统），给予营业税纳税人 11. 8 美元/平方英尺的减免税。而能效标识政策的出台为对新增设备和建筑物的激励政策奠定了良好的基础。例如，达到能效“分级”信息标识体系中某个档次的建筑物或者设备可以得到激励，或者获得了“能源之星”标识的设备或者建筑物得到激励。对于节能改造项目，尤其是建筑能源系统及建筑围护结构的节能改造，因为节能效果的分析非常复杂，一般情况下是政府部门组织第三方机构来界定应该激励支持的节能效果“基线”，达到了节能效果“基线”的用户可以向政府部门申请支持。

针对新增用能设备和建筑物的强制性能效标准和激励政策实施过程的监督管理而言，一方面是靠用户监督，而更为主要的是依靠生产企业之间的互相监督，同时结合政府部门的抽查监督。这种监督管理方法之所以收到了比较好的实施效果，是因为许多市场经济国家的法治体系和社会诚信体系非常健全，政策“违规”和信用“违规”都面临着极大的风险成本。而对于节能改造项目来说，更多的情况是政府部门对激励政策的实施进行监督管理，一般情况下政府部门通过委托第三方机构对节能改造项目的节能效果进行检测和评估。大部分市场经济国家的第三方节能评估机构市场都比较健全，为节能激励政策的有效实施奠定了良好的基础。

在节能激励政策的制定、实施和监督过程中，第三方节能中介机构发挥着重要的作用。与节能领域相关的科研事业单位、大学、实验室、设计单位、设备生产商、房地产开发商、节能咨询服务公司等第三方中介机构，是节能领域的不可忽视的主力军。在许多国家，大量的第三方机构发挥了政府和市场之间的桥梁纽带作用。这些机构一方面可以为政府制定能源政策提供政策建议，同时帮助政府制定相关节能政策和标准，并对该政策的实施效果进行深入的分析和评价；另一方面可以为老百姓、设备生产商、房地产开发商和建筑用户提供节能信息宣传及培训服务、节能审计服务、节能技术咨询服务、节能效果评估及检测服务等，帮助节能技术、节能产品（建筑）的市场转换（Market Transfer）和提高公众的节能意识，同时将在此过程中遇到的节能市场障碍及时反馈给相关政府部门，以及时出台相关政策来消除市场障碍。与此同时，市场经济国家也通过公共财政及各种节能公益性基金为这些中介机构提供经费支持，鼓励这些机构开展各种节能活动。

7. 资金来源

从激励资金来源的角度，主要有三大类：

一是公共财政的支持，包括公共财政资金的直接投入和各种财税激励政策。通过公共财政预算支持项目的实施，是促进节能的重要途径。国外的公共预算主要是通过各类计划或项目来实施的。

二是通过征收能源税、环境税，为支持节能活动提供资金来源。征收能源消费税的名称各不相同，如碳税、天然气税、二氧化碳排放税等，但内容是一致的，主要是对能源过度消耗者征收税费。一方面是抑制能源浪费的行为，另一方面为鼓励节能筹集资金。其实，征收能源消费税的同时也是间接地对节能的减免税，因为在制定征收能源消费税的同时都有相应的减免条款，例如对可再生能源的利用可以免税等。这种方法在欧洲国家非常盛行。

三是通过征收附加电费，支持节能活动。美国和许多欧洲国家（丹麦、德国、罗马尼亚等）都采取了类似的方法。最典型的是美国的“节能公益基金”①。从资金的征收和使用思路看，主要遵循了“取之于民、用之于民”和

① 康艳兵：《美国节能管理工作特点及对我国的启示》，国家发改委能源研究所内部报告，2003年。

"专款专用"的思想。

8. 节能建筑相关经济激励政策

世界上很多国家和地区都根据自己的国情在相关政策和财税补贴上对节能建筑给予奖励，对推动节能建筑起到了积极的作用。表2-9对相关国家的节能建筑激励项目进行了汇总，主要针对新建建筑。

表2-9　　发达国家支持节能建筑的经济激励政策

国家	激励政策	具体内容	激励方式	资金来源
美国	2001年的安全法案	规定对2001年1月1日至2003年12月31日期间新建的住宅，比国际普遍采用的标准节能30%以上的，每套住宅减免1000美元的税收；对2001年1月1日至2005年12月31日期间新建的住宅，比国际普遍采用的标准节能50%的，每套住宅减免2000美元的税收。	税收优惠	财政拨款 节能公益基金
	贷款机构提供能源之星抵押贷款服务	居民在购买"能源之星"认证的建筑时，可向银行申请抵押贷款。同时，这些贷款机构还采取诸如返还现金、低息刺激居民购"能源之星"认证的住宅，并申请节能住宅抵押贷款。	优惠贷款	
	节能建筑设备也可获得税收减免的优惠	各种节能型设备根据所判定的能效指标不同，减税额度分别为10%或20%。例如，节能型洗衣机、热水器减免50~200美元；地热采暖、太阳能热水和采暖系统最多可减免1500美元。	税收优惠	
	州级绿色建筑税收优惠	纽约州、马里兰州、俄勒冈州等州为绿色建筑的业主和租户提供税收减免。	税收优惠	
德国	生态环保税收改革	提高建筑采暖用油等价格，同时对热电联产等新技术应用实施税收减免。	税收优惠	财政拨款 KfW基金
	税收同环保挂钩	耗能大户企业只有执行能源管理系统，才能获得减少生态税的优惠，还包括，如果房间没有安装节能窗户，租房者可以要求降低房租等。	税收优惠	

续表

国家	激励政策	具体内容	激励方式	资金来源
德国	二氧化碳减排改建计划	既有建筑补助总投资额的10%，上限为5000欧元/居住单位；新建建筑补助总投资额的17.5%，上限为8750欧元/居住单位；KfW提供的节能措施套装，补助总投资额的5%，上限为2500欧元/居住单位。	贴息贷款	财政拨款 KfW 基金
	生态建筑计划	该计划最高可以资助全部投资金额，并包括各种附加费用。它提供十年以上的固定利率长期低息贷款，并且在最初数年（2～3年）中可以免偿本金。	贴息贷款	
日本	对居民住宅实行建筑节能标识制度	政府加强对住宅建设节能标准实施的检查，达标的由政府对建设费用给予适当补贴。	补贴	财政预算 节能基金
	对能源效率投资提供低息贷款	规定长期贷款最优惠的利率为3.8%。其中，节能建筑项目投资的利率为3.6%。	优惠贷款	
	住宅金融公库贷款	实行住宅金融公库贷款，只有满足1979年标准才能贷款；对于高于1992年标准住宅，可给予50万～100万日元的额外贷款；对高于1999年标准的住宅可获得额外贷款250万日元。	优惠贷款	
	住宅采用隔热构造的补贴贷款制度	对采用太阳能热水器、节能型供水设备和供暖设备实行补贴贷款制度，办公楼、饭店等建筑采用热泵设备实行长期低息融资制度。	补贴贷款	
荷兰	绿色抵押贷款	为可持续建筑房主和建筑项目提供绿色抵押贷款，人们对绿色基金进行投资时，其利息可免交所得税。	优惠贷款	财政预算 节能基金
	绿色基金	为达到包括节能性能在内的可持续标准的建筑物提供1.5%的补贴性抵押。	补贴	
法国	鼓励民众降低住宅能耗	普通住宅消耗的能源占法国能源总消耗的40%，为鼓励民众降低住宅能耗，政府规定，如果房主住房消耗的能源比法国平均标准少8%到15%，其房屋地皮税就可减征50%。	税收优惠	财政预算 节能基金

续表

国家	激励政策	具体内容	激励方式	资金来源
法国	鼓励建房修房使用新能源	为建筑物安装生物能、太阳能、风能、光伏发电等新能源设备提供补贴	补贴	财政预算 节能基金
新加坡	“绿色建筑标志”获银行优惠贷款	新加坡建设局在2005年推出“绿色建筑标志”（BCA Green Mark）及相关奖励制度。获“绿色建筑标志”的可持续、节能建筑，新加坡银行为这些在设计上强调环保、节能和人性化的“绿色建筑”的建设提供优惠贷款。	优惠贷款	

（二）西方国家鼓励节能建筑的财税激励政策典型案例

西方发达国家从1973年能源危机时开始重视建筑节能，经过30多年的努力，新建建筑单位面积能耗已经减少到原来的1/3～1/5，其中激励政策的作用功不可没。在西方，建筑节能做得比较好的国家都出台了相应的经济激励政策。如美国对新建节能建筑减税，凡在国际节能规范（IECC）标准基础上节能30%～50%以上的新建建筑，每套可以分别减免税1000美元和2000美元；欧盟则提出了包括开征能源税、税收减免、补贴和建立投资银行贷款等规范性的财税政策。各国制定财税激励政策的出发点不同，但都为推进节能建筑起到了积极的作用。

1. 美国

美国是世界上能源生产和消费最多的国家。美国能源生产量约占世界能源总产量的19%，消费量占世界能源总消费量的24%。而建筑业又是美国经济的支柱之一，建筑耗能在美国能源消耗中占重要比例，占美国总能源消费的39%，占美国电力消费的70%①。可见，建筑物是美国最大的能源消耗体，美国温室气体排放约有40%～60%来自建筑能耗。

美国的住宅建筑有其独特性。美国人口约2.5亿，住宅建筑自有率达66%，人均住房面积近60平方米，居世界首位。其中大部分住房都是3层以

① Buildings Energy Data Book：table1.1 Buildings Sector Energy Consumption，table 6.1 Electric Utility Energy Consumption，http：//buildingsdatabook.eren.doe.gov/.

下的独立房屋[①]。据统计，近年来美国住房每年消耗能源折合约3500亿美元。住房是美国家庭的重要组成部分，而且供暖、空调全部是分户设置，“节能”关系家庭的日常支出，所以房屋本身的节能水平是一个非常市场化的指标，住宅建筑节能甚至成为一些家庭购房的首要指标。

近年来，面对越来越严峻的国际能源形势、全球气候变化、人口持续增长、环境和生态保护等问题带来的新挑战，美国各级政府都给予了建筑可持续发展，特别是节能型建筑发展前所未有的重视，充分利用法律手段和经济杠杆，通过市场机制积极推进先进节能技术，在建筑节能标准、法规及相关政策的制定和实施，以及与节能建筑相关的认证和管理等方面进行了大量工作，取得了很大成效。

（1）完善的建筑节能政策体系。

美国负责推进建筑节能的国家（联邦）机构主要有美国能源部（DOE）、美国环保署（EPA）和联邦能源管理机构（FERC）等，这些机构以立法形式规定相关耗能器具（包括建筑物）的强制性最低能耗标准。由于配套政策和措施设置完善，可操作性强，因此取得了较好的效果。最低能耗标准几乎涵盖全部民用建筑，如ASHRAE 90.122001标准主要适用于多高层（4层及以上）住宅以及部分公共建筑，IECC2000标准则适用于低层（3层及以下）住宅。上述标准涵盖了整个建造过程的各个阶段：批准建造建筑时所必须递交的文件要求；使用的材料和设备必须具备的性能标签；施工过程中必须监督检查的具体项目；施工结束后，必须提交的竣工文件等。涉及建筑运行中的各类能耗，包括采暖、通风、空调、照明等。需要强调的是，美国倡导和鼓励各地方政府（即州政府）根据国家节能政策和能耗标准，制定适应本州实际需要的建筑低能耗标准。国家颁布的最低能耗标准被称为“国家模式规范”，各州在满足国家模式规范强制性规定的基础上编制州内标准，也可以直接使用国家规范。目前，美国共有40个州制定了自己的建筑节能标准，一些经济比较发达的州，如加利福尼亚州、纽约州等，其能耗标准往往更为严格。

（2）强制性和自愿性相结合的建筑节能推动机制

美国的强制性和自愿性相结合的建筑节能推动机制，是非常值得我们借鉴的。

首先，以立法形式建立一个涵盖全过程、宽范围的强制性住宅节能标准体

① 在很多州的法律中有明确规定，若要盖三层以上的建筑，要经过非常繁杂的审批手续。

系。从美国的实践经验看，以立法形式制定的住宅最低能耗标准是国家的强制性措施，强化了标准的执行力度，提高了标准的法律效力，可以对建造和销售不达标住宅的企业追究法律责任，有利于节能标准在整个住宅行业推广。对住宅设计前、设计中以及竣工后等阶段的节能工作提出了具体要求，赋予特定机构一定的立法与执法权，使之可以控制住宅建设每一阶段的质量，可以确保每一个阶段均能达到节能要求。而在规范范围方面，不仅包括对住宅建成后日常能耗的节能进行规范，也涉及对建造住宅所需建筑材料的节能规范，对建造过程中施工设备、机具的节能规范，综合考虑了各种材料、工艺与能源的成本效益、竞争与补充的关系，实现了能源效率的最优化。

其次，以市场机制推广自愿性的高效节能标准，并辅以经济激励政策。对于最低能耗标准，因为是强制执行的，为此增加的成本对所有业内企业与消费者都是公平的。但是，企业或家庭采用超出最低能耗标准的自愿性高效节能标准，则要权衡成本投入与提高节能水平所能获得的经济利益。美国政府以推广自愿性的“能源之星”评定标识①和“LEED”绿色建筑认证②等为契机，并辅之以相应的经济激励政策和良性循环的财政激励机制，可以有效引导不同市场主体出于自身利益去建造或购买高效节能住宅。

最后，建立一个多层次的住宅节能标准和标识体系。住宅节能的基本原则就是充分利用当地的气候资源和自然因素，在保证住宅内部舒适、生活环境健康的前提下，节约能源。美国将负责推动住宅节能的政府机构分为国家和地方两个主要层次，根据当地的实际条件和需要进行编制，使之更为具体、严格，也更具有可操作性，成为地方行政机关节能管理的直接工具。

（3）纽约州运用财税激励政策引导节能型建筑。

①相关背景。

美国属于高收入国家，人均国内生产总值高达 3 万美元。美国实行联邦、州和地方三级课税制度，三级政府各自行使属于本级政府的税收立法权、征收

---

① 由美国环保署在 1992 年推出的“能源之星”项目是美国目前应用最为广泛的建筑标识体系。“能源之星”是一种保证标识，最初只应用于计算机、显示器和打印机。1996 年，美国能源部与环保署就共同使用“能源之星”来推广高能效产品达成共识，其应用范围也得到了推广。1998 年起开始面向建筑业地产商推行“能源之星建筑标识”。

② LEED 是美国应用非常广泛的一个建筑标识体系，它是一种比较标识，由一个非盈利性组织美国绿色建筑委员会在 1995 年建立，并负责受理案例进行绿色建筑认证审查。它综合考虑了建筑的可持续发展、节水、能源消耗、室内环境等多方面因素，给出一个评价等级，分为白金、金、银、铜和认证级别，以反映建筑的绿色水平。

权。联邦与州各有独立的税收立法权，地方（市、县）税收立法权在州，州的税收立法权不得违背联邦利益和联邦税法。美国是彻底分税制、联邦与地方分权型国家；州以销售税为主，辅以所得税等；地方以财产税为主。

从20世纪80年代开始，针对日益恶化的环境，美国全国兴起了一场鼓励环保建筑的“绿色革命”，而今绿色建筑①的观念早已深入人心。一方面是经历了上百年工业化和城市化的民众对质朴自然的生活环境的向往，促进了节能建筑理念的普及；另一方面，美国能源消耗及价格的增长刺激了绿色住宅建筑技术和绿色建筑装饰材料应用的迅猛发展。

近些年来，美国政府开始运用行政手段强力推广绿色建筑，并辅以颇有成效的激励政策，让开发商和消费者均获益。在政府法律要求和优惠政策的推动下，绿色建筑很受市场欢迎。开发商绿色意识强，从商业角度出发愿意投资开发绿色建筑，很多房产开发商都把“向 LEED 金奖标准努力”作为市场推广的口号；消费者对这种健康环保、高舒适度的建筑非常认可、需求强烈，绿色建筑购买出租率高，形成市场供需两旺的局面。美国绿色建筑委员会（USG-BC）的数据显示，5年内，美国近50%的新建筑将是绿色建筑（见图2-4）。

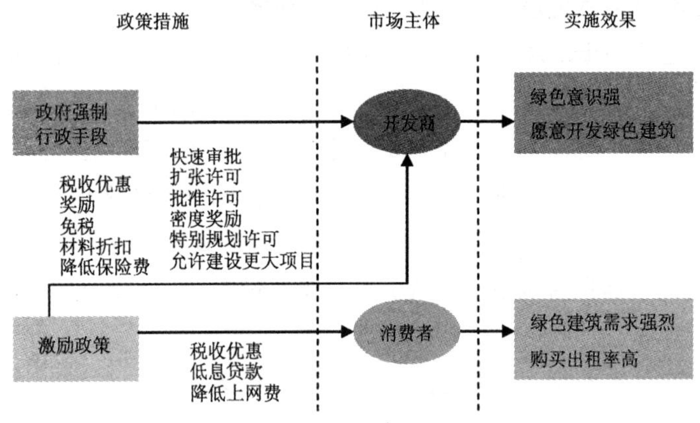

图2-4 美国绿色建筑推动示意图

纽约州一直致力于推行节能型建筑。纽约州在推行绿色建筑方面一直领先于其他各州。纽约州的节能建筑法案（ECCC）推动了新节能技术在建筑中的应用，并于2002年成为强制性法律，每年能为纽约居民节省8000万美元的开

① 绿色建筑的概念源自20世纪60年代，由美籍意大利建筑师 PaoloSoleri 将生态学和建筑学合并而首次提出，因此它又被称为生态建筑或可持续性建筑。

支。ECCC 的标准比国际节能法案（IECC）更为严格①。2000 年，纽约州立法通过了绿色建筑税收优惠政策，该州是美国首个运用税收优惠修建绿色建筑的州，采用了该州自己开发的绿色建筑评估体系，并且州政府每年都有固定的财政预算支持，要求建筑节能效果要达到 35% 以上。

②绿色建筑税收优惠政策（Green Building Tax Credit，以下简称 GBTC）②。

产生背景：绿色建筑税收优惠政策（GBTC）的最初设想是对可持续设计感兴趣的一些私营个体在 1995 年提出的，其基本的想法是建立税收减免来激励和促进设计、建造和运营环保型建筑物。包括房地产行业代表、环保人士、建筑师、工程师、开发商、律师和官员在内的更多利益相关者，聚集在一起讨论这一想法，并在接下来的两年内形成了草案初稿。经过大量的会议讨论，由自然资源保护委员会（NRDC）和纽约房产局（REBNY）共同起草的法案于 1998 年 6 月提交给州立法机构。1999 年 1 月，纽约州财税部提出税收优惠立法时，该议题被重新提出，并经过反复商议，最终于 2000 年 5 月正是通过立法，由纽约州前州长帕塔基签署生效，为此他还获得了美国绿色建筑委员会的嘉奖。2002 年 5 月正式颁布，2002 年 9 月 30 日开始接受申请。随后，马里兰州也实行了类似的税收优惠（Sustainable Building Tax Credit，简称 SBTC），包括加利福尼亚、马萨诸塞州、康涅狄格州、宾夕法尼亚州、罗得岛州、特拉华州、弗吉尼亚州等在内的其他各州也在积极效仿。

管理机构：纽约州环保部（The New York State Department of Environmental Conservation，以下简称 DEC）是 GBTC 的主管机构，负责“绿色”标准开发、项目审批、跟踪工作。2008 年 4 月 1 日，DEC 建议维持绿色建筑税收优惠政策；纽约州能源研究和开发局（The New York State Energy Research and Department Authority，以下简称 NYSERAD）为 DEC 提供技术支持，并同卫生部（Department of Health，以下简称 DOH）一起配合 DEC 每两年重新审查、更新一次标准。

支持规模：一期受理 2000 ~ 2004 年实施的项目，减税有效期为 2001 ~ 2009 年，采取“先到先得，额满即止”的方式，为建筑或租住空间达到“绿

---

① ECCC 住宅楼的相关条款在 2001 年 IECC 的基础上作了一些重要修改。如对电取暖住宅的绝缘要求更严格，须配备更高效的温度调节装置等。

② 详见 6NYCRR PART638，http：//www. dec. ny. gov。

色”标准的业主和租户提供总共计2500万美元的减税额度，以5年为一时段，以保持“绿色”的可持续性。2005年对绿色建筑税收优惠政策进行了修订，又提供了额外2500万美元的减税额度，规定每座建筑可获约200万美元的税收减免。根据新立法，二期受理2005～2009年实施的项目。

申请条件：绿色建筑或绿色翻修建筑，最少包含2万平方英尺的内部空间，如住宅建筑必须包含至少两个居住单元以及2万平方英尺的内部空间，租住空间最少包含1万平方英尺的内部空间；建筑物必须符合GBTC的“绿色”标准，标准涉及能源与能效、室内空气质量、建材、涂料和装修、运行、节水、家电，制热制冷设备等方面，可由持照的建筑师和专业工程师对绿色建筑进行鉴定并提供资格证明，并每年证明建筑或租住空间仍保持“绿色”标准，并且燃料电池、光伏组件和空调设备也合格；新建筑的能耗不能超过纽约州节能建筑标准的65%；翻修建筑的能耗不能超过纽约州节能建筑标准的75%。

纽约州的绿色建筑税收优惠政策具体内容规定如下：

(a) 绿色基础建筑（Green Base Building）：建筑的租户或业主不具有建筑的所有权，开发商一般也无权控制租户在其租用空间内的行为。这一规定是为了确保开发商受益而不必依赖其租户。基础建筑的税收优惠标准是允许成本(Allowable costs)① 的5%（1%×5年），允许成本最高达到150美元/平方英尺，即绿色基础建筑最高按7.5美元/平方英尺的标准减税。如果绿色基础建筑位于经济开发区，则增加1个百分点，即按允许成本的6%（1.2%×5年）的标准减税。受益人是所有者。

(b) 绿色租住空间（Green Tenant Space）：它可能在绿色基础建筑内，最短承租期为5年。某些租户在同一建筑内不能控制开发商及其他租户在其空间内的行为。这一规定是为了确保租户受益而不必依赖其他租户。租住空间的税收优惠标准是允许成本的5%（1%×5年），允许成本最高达到75美元/平方英尺，即绿色租住空间按最高3.75美元/平方英尺的标准减税。如果绿色租住空间位于经济开发区，则增加1个百分点，即按允许成本的6%（1.2%×5年）的标准减税，在同一建筑内可以有多个绿色租住空间。受益人是业主或租户。

(c) 绿色整体建筑（Green Whole Building）：如果基础建筑和全部租住空间都是“绿色”的，建筑可按绿色整体建筑的资格获允许成本的7%（1.4%

① “允许成本”指在保证利润的前提下所需的成本范围。

×5 年）的税收优惠，即基础建筑和租住空间分别按每平方英尺 10.5 美元（150 ×0.7）和 5.25 美元（75 ×0.7）的标准减税。如果绿色整体建筑位于经济开发区，则增加 1 个百分点，即按允许成本的 8%（1.6% ×5 年）的标准减税。受益人是所有者或租户。

（d）其他优惠：如果在绿色基础建筑、绿色租住空间或绿色整体建筑中安装燃料电池、光伏模块、空调设备，还可获得如下税收优惠：

燃料电池组件（Fuel cells component）：按燃料电池安装成本 30% 的标准减税（6% ×5 年），最高 1000 美元/千瓦直流额定容量。

光伏模块组件（Photovoltaics component）：建筑集成光伏（BIPV）模块按增量成本的 100% 的标准减税（20% ×5 年），非 BIPV 模块按增量成本的 25% 的标准减税（5% ×5 年），这两类光伏系统最高按 3 美元/千瓦直流额定容量。

空调设备组件（Refrigerants component）：使用美国环保局批准的非消耗臭氧层制冷剂或 R－123，按新空调设备成本的 10%（2% ×5 年）的标准减税。

上述优惠不能单独申请，必须同绿色基础建筑、绿色租住空间或绿色整体建筑同时申请。

申请流程（见图 2－5）：

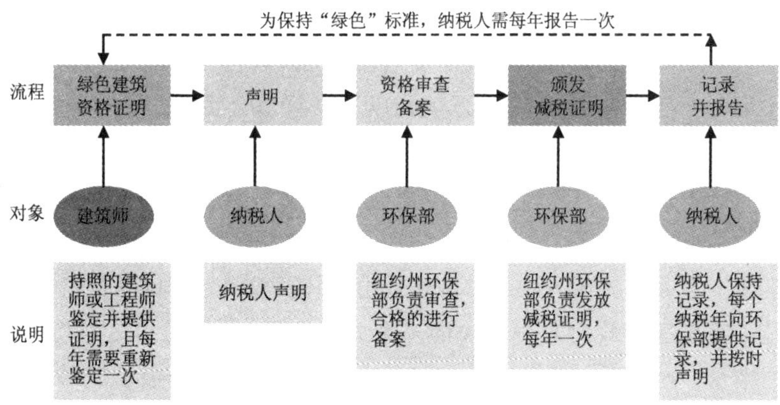

图 2－5　绿色建筑税收优惠申请流程示意图

实施效果：截至 2004 年 12 月，纽约州环保局（DEC）已为 7 座建筑累计减税 2499 万美元（见表 2－10），其中三座是纽约市的住宅建筑。目前获得减税的主要是大型写字楼、公寓建筑和社区住宅，主要集中在纽约市，它可以在

5 年的时间内为建筑业主累计减税相当于开发总成本的 5% ~8%。但这种优惠主要适用于出租房屋，并不适用于购房者。

表 2－10 纽约州获税收减免的绿色建筑

建筑类别	性质	位置	建筑面积	税收减免
住宅	新建	纽约市	22.5 万平方英尺 （含 3 万平方英尺地下零售空间）	177 万美元
写字楼	翻修	纽约市	85.6 万平方英尺	499 万美元
写字楼	新建	奥尔巴尼	37.8 万平方英尺	334 万美元
住宅	新建	纽约市	32.2 万平方英尺	271 万美元
公寓	翻修	纽约市	10.4 万平方英尺	564 万美元
写字楼	新建	纽约市	89.4 万平方英尺	282 万美元
写字楼	新建	纽约市	215 万平方英尺 （含 3 万平方英尺地下零售空间）	372 万美元
合计			492.9 万平方英尺	2499 万美元

此外，在纽约州的大力推动下，一些地市还实行了强制性的绿色建筑标准，如华盛顿特区法案要求任何超过 2 万平方英尺的新建筑或是翻修建筑，都要符合政府的绿色建筑节能标准。特区政府还要求所有的商业项目都必须考虑公共利益协议，该协议是项目顺利进行的前提，而绿色建筑是其中的一部分。纽约市政府 2005 年 11 月立法规定建造非住宅公共建筑必须达到 LEED 认证的标准，同时对于那些得到 1000 万美元以上公共基金赞助的或预算一半以上来自公共财源的私人项目也作同样要求。

2. 德国

德国位于欧洲中部，能源匮乏，石油几乎 100% 进口，天然气 80% 进口，节约能源一直是德国的一项基本国策。由于纬度较高，德国冬季较长，建筑供暖耗能一直是德国政府着力解决的一个关键领域①。德国很重视住宅的节地、节能、节材、节水和环保，既提高了住房的舒适度，又推进了资源和能源的全面节约。德国也十分重视建筑设施的节能，其住宅节能技术的研究与应用，处于国际领先地位。自 1977 年第一部供暖保护法（WSVO）诞生至今，德国政府在建筑节能方面做出了大量卓有成效的工作。德国借助信息咨询、政策法规

① 建筑供暖和供水消耗的能源占德国能源消耗总量的 1/3 左右。

和资金扶持等多种手段，调动个人和企业节能的积极性，在推动节能建筑方面收到了良好的效果，非常值得我们借鉴。

（1）德国的建筑节能政策体系。

德国的节能与可再生能源利用由环境部负责。为了深入推进建筑节能，联邦交通建设和住房部、环境部以及 KfW 银行共同出资成立了德国能源署（DENA）。在各级政府的高度重视和推动下，技术、政策、法规等多管齐下，逐步形成了“政府主导、市场主体、全社会参与”的良好格局。

德国《关于新建筑物节能法》于 1976 年实施生效，要求新建筑物必须隔热保温，违反此法律者罚款 5 万马克。1999 年，德国开始实行生态环保税收改革，政府适当地提高了汽油和建筑采暖用油的税率，从而提高了社会各界节约能耗的积极性。促进了各种节能技术的研发应用。2002 年，德国开始实行新的建筑节能规范（EnEV2002），对新建住宅实行以建筑面积为基准的耗能标准控制。规定了建筑体型系数（建筑外表面积与其包围的采暖体积的比值）相对应的建筑物最大允许能耗标准和建筑最大允许平均散热系数以及一系列具体实施管理措施，有很强的实际操作性。2006 年公布实施了新的节能规范（EnEV2006），开始全面推行能源证书认证，新规范充分考虑了各种实际因素，如不同地区及不同气候条件下的建筑特点、不同建筑对室内气候环境的不同需求、经济技术条件的差异等诸多方面。2007 年，德国政府通过了新的建筑节能规范（EnEV2007），其所确立的建筑能源证书体系也开始强制执行。从 2008 年 7 月 1 日起，既有居住建筑的出租、出售方必须提供专业机构出具的建筑能源证书。从 2009 年 1 月 1 日起，在新建建筑出租出售时，相关人员也必须出具该证书。新规范强调改善建筑整体能源利用效率和可实施性。2008 年，德国采用税收同环保挂钩的做法，即耗能大户企业只有执行能源管理系统，才能获得减少生态税的优惠。方案还包括，如果房间没有安装节能窗户，租房者可以要求降低房租等。

（2）德国的节能建筑发展历程。

节能建筑的评价指标很多。目前，在各国的建筑节能设计标准或规范中，节能建筑的评价指标或方法主要分为三类：规定性指标、性能性指标和建立在建筑能耗模拟基础上的年能耗评价。德国采用的是年能耗评价方法（即每年每平方米的采暖能耗指标法）。按照该评价指标，德国的节能建筑发展大致经历以下几个阶段：

①1977 年第一部建筑保温条例（WSVO）诞生，德国 1977 年前建的房子

的年平均采暖能耗为400千瓦时/平方米，1977年后这一能耗降低为250千瓦时/平方米；

②1984年后这一能耗降低为150千瓦时/平方米；

③1995年经过修改的建筑保温条例（WSVO）对建筑物的采暖能耗提出了新的要求：每年的采暖能耗不超过100千瓦时/平方米；

④2002年颁布的建筑节能条例（EnEV）进一步取代了1995年更新过的建筑保温条例（WSVO），最新的条例除了提出75千瓦时/平方米（相当于7.5升原油消耗量）的采暖需求界限值外，还引入了“能源证书”的概念[①]。这一做法提高了建筑的能源透明度，维护了消费者的利益。2002年之后，根据节能条例（EnEV2002）建成的住宅被称为低能耗住宅。

⑤“被动式住宅”是在低能耗建筑的基础上发展起来的，它的特点是拥有最小的采暖设备，如单体炉，或借助房间内有热回收功能的可控通风装置进行采暖，经常与太阳能等可再生能源联用，形成了采暖以外的能耗全部来自可再生能源的模式。被动式住宅采暖能耗每年只有15千瓦时/平方米，即每年每平方米的原油消耗量不超过1.5升，比低能耗住宅降低采暖能耗80%。目前德国每年新建被动式住宅6000套，且数字呈上升趋势。随着油价的不断飙升，被动式住宅的投资回收期日益缩短。

⑥3升房其实是3升水平的低能耗建筑，其建筑物的采暖需求每年每平方米不超过3升原油。

⑦零能耗建筑则不需要从外部引入能量进行采暖。它通常需要主动地借助一些设施（如超大的太阳能装置等）以满足建筑零能耗的要求。在这种情况下，建筑物内的设备及人体都被认为是发热体，其造价十分昂贵。

经多年的努力，德国住宅的综合能耗已经从原来的年平均277千瓦时/平方米，下降到30～140千瓦时/平方米（目前控制的平均值是98千瓦时/平方米），取得了明显的节能降耗的成果。究其原因，一方面是经济上的鼓励和政策上的优惠，另一方面是运用市场机制，提高了企业的节能意识和管理手段。德国授予“能源证书”的既有住宅，其投资相对于未进行节能改造的项目有所增加，所以租金也会有提高。但租房者还是愿意选择节能住宅，因为住这样

---

① 消费者在购买住宅或租赁房屋时，建筑开发商/业主必须出具一份“能源证书”。证书清楚列出了该住宅每年的能耗，主要包括供暖、通风和热水供应等。能源证书于2007年启动，2008年对所有的建筑实行能源证书认定。以后住房买卖出租时都要出示能源证书。截至2006年，德国已对4000个建筑项目发了能源证书。

的房子采暖费用会明显下降，舒适程度会明显提高。达不到节能要求的住宅出租率和租金都不能提高，影响了收入。为此，出租房业主也纷纷借助政府的优惠贷款政策，加入节能改造的行列。节能不单是政府的提倡，也成为业主自愿实施的商业行为，消费者和业主都从中得到实惠。节能从“被动”转为“需求”（见图2-6）。

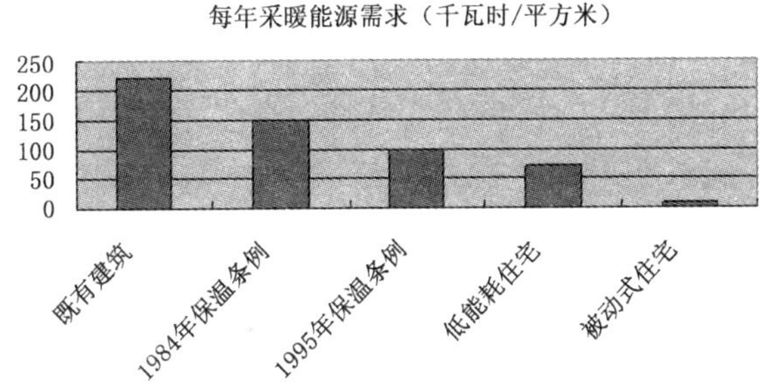

图2-6　德国节能建筑的发展历程

（3）德国复兴银行提供贴息贷款支持节能型建筑。

在德国，有多个覆盖全国的以提高建筑领域能效为目的的资助计划。此外，各州银行还提供各种地区性的资助计划。其中，德国复兴信贷银行集团（KfW）节能建筑资助计划非常具有代表性。

德国复兴信贷银行（KfW）是德国最大的政策性银行，成立于1948年，其中联邦政府持股80%，各州政府持股20%。从成立到现在KfW的所有权属于国家，但它却不是国家机构。KfW主要服务于本国的中小企业、风险资本、风险投资、环境保护、基础设施和住宅建设，进行政府指定的业务，其自有资金来自欧洲复兴信贷计划援助资金、政府财政拨款以及资金市场。截至2004年，KfW总资产达3290亿欧元。

德国复兴信贷银行资助计划的目的在于为住宅建筑节能及二氧化碳减排投资项目提供长期的低息贷款。资助范围包括建筑保温工程、供暖系统的更新、可再生能源的利用以及德国复兴信贷银行所属的节能住宅项目的修建等。其中，建筑物的现代化改造领域主要包括居室现代化改造计划，为既有建筑现代化改造中的各项具体工程提供信贷资助，以及二氧化碳建筑物改建计划。新建建筑领域主要包括生态建筑计划。这些项目都必须严格遵守德国《节能法规》（EnEV）中规定的最低标准。

此外，德国复兴信贷银行集团还为房产开发商、乡镇或拥有大量出租房屋的私人业主提供财政资助，包括帮助他们利用工程承包合同的形式改造采暖设施。

（4）“生态建筑计划”所资助的新建建筑工程。

支持力度：该计划最高可以资助全部投资，并包括各种附加费用。它提供10年以上的固定利率长期低息贷款，并且在最初几年（2~3年）免收本金。

申请资格：个人、房产开发商、住宅建筑合作社、乡镇、区县、乡镇联合体以及其他国家机构都可以提出申请。

申请条件：德国复兴信贷银行的“40升房屋”或“被动式房屋”；德国复兴信贷银行的“60升房屋”；利用可再生能源、热电联供、区域或集中供热技术安装的采暖设备。

①评判是否属于德国复兴信贷银行的“40升房屋”，必须满足能够反映建筑物能耗的两项标准。根据《节能法规》（EnEV）的规定，这两项标准应被列入每座新建建筑所必备的能源证书当中。

标准之一是能够反映出建筑能耗的指标值，即年能耗（Qp），根据《节能法规》（EnEV）的规定，该值不允许超过每平方米使用面积40千瓦时；

标准之二是新建建筑围护结构的热功能应符合一定的要求，即建筑物维护结构的单位传热损失（HT）必须比《节能法规》（EnEV）中规定的最高值低45%以上。

②建筑是否属于被动式房屋，同样要符合两项评判标准。

标准之一是根据《节能法规》（EnEV），年能耗（Qp）不得超过每平方米使用面积40千瓦时；

标准之二是年采暖热耗不得超过每平方米居住面积15千瓦时。

③德国复兴信贷银行的节能“60升房屋”采用与节能“40升房屋”相同的评判标准，只是标准要低一些。

根据《节能法规》（EnEV），年能耗不得超过每平方米使用面积60千瓦时；

建筑物传热维护结构的单位传热损失必须比《节能法规》（EnEV）规定的最高值低30%以上。

（5）二氧化碳减排改建计划。

申请资格：个人、房产开发商、住宅建筑合作社、乡镇、区县、乡镇联合体以及其他国家机构都可以提出申请。

申请条件及补助额度：

①老建筑（1983 年 12 月 31 日以前）：改建后节能水平达到《节能法规》（EnEV）第三章要求，补助总投资额的 10%，上限为 5000 欧元/居住单位；

②新建建筑：节能达到 30%，补助总投资额的 17.5%，上限为 8750 欧元/居住单位；

③节能套装：如采用 KfW 所提供的节能措施套装，补助总投资额的 5%，上限为 2500 欧元/居住单位；

④同时提供 10 年以上的固定利率长期低息贷款，并且在最初几年（2～3 年）免收本金。

（6）实施效果。

从贷款总额来看，德国复兴信贷银行计划项目是目前全德国规模最大的建筑领域资助计划。其优点在于每个人都能够获得资助。此外，德国复兴信贷银行的二氧化碳建筑物节能改造计划中规定了项目必须达到的二氧化碳最低减排标准。所有这些计划都打破了州和乡镇的界限，实行统一规划和管理，申请贷款的手续也非常简便。除此之外，这些计划还可以很好地与地区性资助计划相互补充。如果没有德国复兴信贷银行的这些计划项目，人们在建筑物环境保护方面所作的努力恐怕会遭受沉重的打击，建筑行业的就业形势会遭受负面影响，既有建筑的朽坏状况也会加剧。

在 2000 年到 2003 年的时间里，这些计划项目总共提供了 7.5 亿欧元的贷款。其中的一大半，约计 50% 到 80% 的资金使用在建筑围护结构的保温工程及安装新窗户上，但这个比例正在逐年递减。除此之外，用于安装新式采暖锅炉的投资贷款比例也相当高（占贷款金额的 12% 到 22% 左右）。另外，自 2002 年开始引入德国复兴信贷银行节能房屋贷款项目以来，这部分的借贷申请正呈高速增长之势。

2005 年，为既有建筑改造承诺贷款 16 亿欧元，为新建生态建筑承诺贷款 4 亿欧元，为促进可再生能源承诺贷款 3.36 亿欧元。

3. 对我国的启示

（1）政府主导建立建筑能耗标识、节能量核定等基础政策机制。

国际经验证明，作为建筑节能标准体系的补充，建筑能耗标识体系能够起到引导消费者选择节能住宅，从而促进建筑节能发展的作用。从改善商品信息不对称、规范房地产市场这个角度来说，建筑能耗标识体系也是有积极意义的。从欧美各国来看，建筑能耗标识制度大都是在政府的主导下建立起来的。而节能核定及节能减排效果评估则是实施激励政策的基础。政府主导制定政策机制与规则，催生起来的大量节能减排效果核定机构为激励政策的实施奠定了良好基础。

（2）建立有效的财税激励措施。

我国对节能建筑的财税激励措施尚未建立，从而很难激励开发商和建筑商对节能建筑的积极性。西方发达国家均通过税收减免、提供贷款优惠等政策措施鼓励节能建筑的发展。我国应积极探索适合于我国财税体制的税收和贴息激励政策，调动开发商、建筑商和消费者的积极性，尤其是消费者，通过调动消费者的积极性，拉动房地产商和设备生产商的积极性。

（3）提高开发商和民众的节能意识。

合理利用激励手段。一方面加大贯彻建筑节能标准的实施力度，促进建筑开发商自觉实施建筑节能。另一方面充分利用市场手段，形成市场机制发挥作用的环境，引导市场主体自觉的节能行为；开展建筑节能咨询，加大建筑节能宣传力度，吸引社会公众积极参与，不断提高社会公众的节能意识和节能知识水平。

四、鼓励节能建筑的财税激励政策方案研究

（一）鼓励节能建筑的财税激励政策方案

西方国家的实践表明，在市场经济条件下，采用基于市场的财税政策等经济激励措施是推动节能的有效途径。目前，中国的节能经济激励政策体系正在不断完善。已经出台的节能经济激励政策主要针对节能汽车、节能家电、绿色照明、既有建筑节能改造、太阳能光电建筑应用等领域。国家发改委又启动了节能产品惠民工程。而建筑耗能量大，涉及相关主体复杂，节能效果突出，具有较强的外部性和公益性，需要政府主导出台节能经济激励政策来对市场加以引导。尽管社会各界的呼声很高，但是针对节能建筑的财税政策尚未出台。这不但严重影响了节能建筑市场的发展和普及，甚至对建筑节能标准的贯彻落实也产生了消极的影响。

由于本课题的研究目的是拉动节能建筑市场的发展，为“十二五”全面实施65%的节能标准奠定基础，所以在研究优惠政策的实施对象时，我们在

本文中提到政策的适用对象为节能性能超过当地强制性标准要求的市场化的新建民用住宅。

1. 鼓励节能建筑政策的基本原则

（1）节能性能领先性原则。

鼓励节能建筑的政策体系中应坚持节能性能领先性原则，即在节能建筑的初期试点阶段引入激励政策。例如，只有达到强制性节能标准要求的节能建筑才有可能得到财税优惠政策支持。同时，随着技术进步，市场上新建建筑的节能性能不断提高，激励的条件也随之提高，类似日本的“领跑者制度”。如果市场上50%以上的新建建筑都达到二星级标准（65%～75%，不含65%），那么我们可以将激励的条件提高到三星级标准（75%～85%）。

（2）谁投入、谁受益。

节能建筑需要大量投入，仅依靠政府财政投入是不够的，必须激励各相关利益主体参与，以便调动各方积极性，从而推进节能建筑。节能建筑的开发商和购房者为了生产和使用节能建筑，付出了额外的成本，应该成为激励的重点。建立科学合理的经济激励政策，从而调动各方利益主体投资节能建筑，是保证建筑节能工作顺利开展的重中之重。因此，坚持按照“谁投资、谁受益”原则，是建立科学合理的经济激励政策的核心所在。

（3）要考虑政府财政的承受力。

政府对节能建筑实施经济激励的主要原因是节能建筑具有较强的正外部性，而从经济的角度说，主要是因为房地产开发商和节能建筑的购房者为了生产和使用节能建筑，付出了额外的节能增量成本。那么，在我国这样的发展中大国，考虑到财政的职能及财政的负担能力，政府的经济激励措施主要是为了弥补节能增量成本中的一部分，以激励节能建筑市场的良性发展。

2. 激励的对象及环节

（1）激励对象：兼顾消费者和开发商，重点放在消费者身上。

节能建筑推广过程中涉及诸多环节的相关利益主体主要包括政府、房地产开发商、设计单位、施工单位、建筑材料供应商、设备供应商、消费者等。但概括起来，各相关利益主体可以划分为政府、生产环节和消费环节，制定政策的落脚点应放在鼓励各相关利益主体对节能建筑的认可上（见图2－7）。

从我国节能建筑的发展现状看，一方面缺乏有效需求，另一方面缺乏供给动力，因此导致节能建筑推进缓慢。可能的做法主要有两类：一类是拉动需求，即对消费者（购房者）实施激励，引导消费者购买节能建筑，从而形成

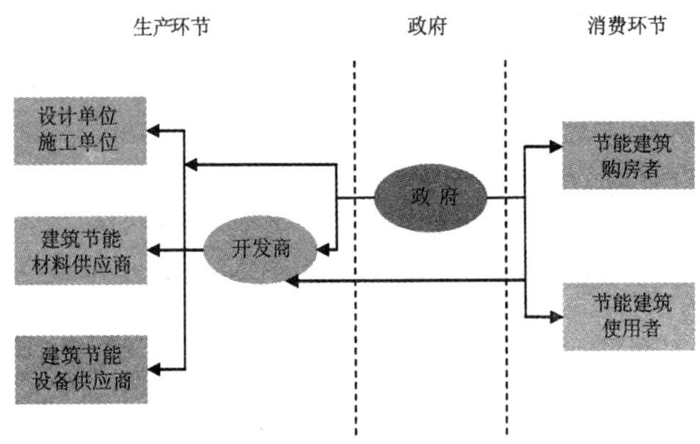

图 2－7　节能建筑各利益相关主体关系示意图

对节能建筑的较强需求，通过市场需求拉动开发商开发节能建筑；另一类是推动供给，即直接对开发商实施激励，采取行政手段和经济手段相结合的方式，促使开发商开发节能建筑，增加节能建筑的市场供给量。

消费者从本质上来说是建筑产品的最终投资者、最终需求者，是建筑市场的重要主体，其对建筑产品的需求引导着建筑市场的供给方所提供的建筑品。通过激励消费者，使需求拉动供给，是最直接的市场引导方式，应作为激励的重点。但在我国目前的情况下，通过激励政策引导消费需求的形成需要一个过程。

①社会公众的节能意识薄弱。意识影响行动，公众对节能建筑的意识不足，对节能建筑的需求不强，因此，在进行购房决策时节能因素往往被忽略。开发商以市场为导向，自然对开发节能建筑缺乏热情，这也是制约我国推进节能建筑的重要原因。提高公众节能意识需要社会各方面力量的共同努力，但改善这种状况需要的时间较长，且效果并不显著。

②我国目前能源价格偏低，节能对消费者缺少足够吸引力。对我国目前经济条件下的建筑业主来说，建筑后期运营的能源消耗费用对其影响并不大，但购买节能建筑的一次性投资却高于普通建筑，且后期通过节约能源消耗费用来回收投资的周期较长，从而导致消费者对购买节能建筑积极性差的局面。

③我国目前居民收入水平较低，购房者对房价更为敏感。对开发商而言，节能建筑必然要增加成本，而这部分增量成本只能通过提高房价予以消化，最终转嫁到购房者身上，高价格会导致需求的减少；对购房者而言，房价决定其消费方向，而不是舒适度、节能等。

④影响购房决策的因素众多。由于建筑物具有不可移动性、价值量大等特点，购房者在作出决策时，会对建筑物的周围环境、基础设施、区位、交通状况等多种因素加以考虑，而不会将节能作为决策的唯一依据。

因此，应同时考虑对开发商的激励。房地产开发商作为建筑产品的直接需求者，建设项目的总委托方（即通常所称的甲方），其需求引导着施工单位、设计单位、建筑材料及设备供应商等多个建筑市场参与方的活动。对开发商实施激励，可以调动其建造节能建筑的积极性，同时还可以调动其在不同环节对节能建筑给予一定的监管和审核的内在动力。

当前，已经实施的激励政策基本上也都是以开发商为主体的，比如推广可再生资源在建设中的规模化的应用，申请主体就是开发商。我们认为有必要进行一个转换，就是直接激励消费者，需求拉动供给。同时，在我们对开发商的调研过程中，大部分开发商表示，他们是以市场为导向的，消费市场的形成将是调动其开发节能建筑的最大动因。

综上所述，政策设计时，应将激励的重点放在消费者身上，兼顾开发商。充分利用“需求拉动，政策推动”效应，使资源得到优化配置。

（2）激励环节：重点放在消费环节，兼顾生产环节。

激励环节分为生产环节、消费环节和使用环节。节能建筑是一种具有正外部性的商品。推广节能建筑，不仅要调动生产环节的积极性，还应更加关注消费环节。所以，在政策设计时，要多环节、广覆盖，调动各方的积极性。从国际经验及我国的现状分析，在不同的环节宜采用不同的激励政策。

在房地产市场供不应求的状况下，房地产开发商可以通过市场的手段将节能建筑所增加的直接成本，通过定价权向下转移给消费者。此时，节能建筑的购房者是节能建筑额外成本的最终承担者。而在房地产供过于求的情况下（或房地产价格处于下行空间时），房地产开发商可能将部分额外成本通过定价权转移给节能建筑的购房者，那么此时房地产开发商和购房者都成为节能建筑额外成本的最终负担者。除了上述的为节能建筑所增加的建筑工程造价等直接费用外，由于房地产开发商还要考虑设计、管理、资金、建设周期、市场风险等隐性投入，因此，还要对房地产开发商进行一定的额外补偿。生产环节不仅仅是开发商，还有节能建材、设备供应商。可以说除了设计和施工时所要解决的技术问题外，建筑节能材料、设备的价格高于普通商品，且其质量直接影响着建筑工程质量，所以对节能建材、设备供应商也应给予一定的激励措施。

生产商品的最终目的是为了消费，为了真正使节能建筑的推广落到实处，节能建筑的消费至关重要。节能建筑的消费者，应包括节能建筑的购买者和使用者。通常情况下，节能建筑的购买者直接就是节能建筑的使用者。但是由于住房兼具投资和消费双重属性，所以在一些情况下，节能建筑的购买者并不是节能建筑的使用者。节能建筑如果得不到合理的使用，其功效就难以得到最大程度的发挥。为了鼓励人们使用节能建筑，对节能建筑的使用者也应提供一定的优惠，如取暖费的优惠等。

3. 具体的财税手段选择

从财税政策手段看，税收优惠、财政补贴、贴息、加速折旧等都是可以选择的政策工具。

（1）税收优惠。

税收优惠政策是对部分特定纳税人和征税对象给予一定鼓励或照顾的各种特殊规定的总称。税收优惠政策，一方面是为了对纳税人出现的一些特殊情况，如遭受严重自然灾害等给予一定的特殊处理，另一方面则是政府实现调控的重要手段。税收优惠调控于市场的运行机理主要反映在：从调控需求看，税收优惠间接影响价格，从而对减少能源的需求量及消费量产生明显的影响；从供给看，对商品的供给方加大税收优惠，从而刺激市场提供节能项目的投资积极性。一般来说，通过税收优惠方式促进节能型建筑的发展包括两方面的政策手段：一是对符合节能型建筑标准的建筑物提供者、消费者提供一定的税收减免；二是对不符合节能型建筑标准的建筑物提供者、消费者征收额外的税收来增加其成本，从而促使其减少非节能型建筑的生产和消费。如固定资产投资方向调节税的征收在历史上对节能建筑的推广发挥了积极作用，即对非节能建筑征收固定资产投资方向调节税，而对节能建筑实行零税率。这可以在一定程度上增加财政收入，而且还可以鼓励节能建筑的推广。税收优惠的种类很多，其中较多被采用的有减税、免税和加速折旧等。税收优惠政策的实施有其特定的适用范围，过多过滥的税收优惠政策会使纳税人为了单纯追求“普惠制”而失去加强自身管理、不断创新的动力，损害效率与公平。一般来说，税收优惠政策只适用于降低成本阶段，如技术示范及大规模商业化的初期。

（2）财政补贴。

财政补贴是政府调控经济的一个重要手段，它具有使用灵活、方法简单、效果明显等特点。财政补贴的项目繁多，从财政补贴在经济运行中的作用领域看，包括生产环节的补贴、流通环节的补贴及消费环节的补贴等。财政补贴的具体方式主要有：财政贴息和直接补贴。财政贴息是指政府用财政收入或发行债券的收入支付企业因节能投资或用于节能研究与开发而发生的银行贷款利息。直接补贴就是政府在公共预算支出中直接向节能项目提供财政援助。从政策的作用机理来说，直接补贴给生产者，可以降低生产者的生产成本，在一定程度上降低产品的出厂价格并影响其销售价格，一定程度上可以影响生产者的生产规模和投资决策。直接补贴给消费者，可以有效地降低消费者的消费价格，引导消费者的消费意愿和消费习惯，从而最终影响消费者的消费行为，达到间接引导生产者的生产和投资行为的目的。

（3）财政贴息。

财政贴息是指企业或个人向银行贷款进行投资活动，财政代为支付部分或全部贷款利息，由投资者自身负责贷款本金和其余利息的偿还，即在银行按国家规定给某些企业或个人低息优惠贷款时，财政对银行优惠利率与正常利率之间的差额给予补助。财政贴息属于财政信用范畴，是政策性融资的重要工具之一。为了激励利益各方对节能投资的积极性，可以考虑在节能建筑中采用财政贴息的措施。

财政贴息政策的积极意义在于对借贷双方及财政都有利，是一个多赢的局面。对于节能建筑的投资者来说，财政贴息政策降低了市场主体的投资风险和投资成本，可以有效带动市场主体对节能建筑投资的积极性和主动性；对于商业银行来说，追求经济效益最大化已成为其信贷投放的一个非常重要的准则，财政贴息可以保持银行的商业独立性，实现贷款资源的合理有效配置。对于财政来说，公共财政的职能多，财政支出涉及面广。在目前的财力状况下，很难通过财政直接投入的方式实现大力推进节能建筑的需要。而从推进节能建筑工作的全局看，通过财政资金的杠杆作用和乘数扩大效应，可以启动数倍于自身投入的社会投资，这些社会资本也会产生消费扩张，从而使政府投资的乘数效应进一步扩大。而且，对节能建筑实施财政贴息政策，也可以动员和引导社会资金投向符合国家政策意图的产业或部门。

（4）政府采购。

在政府工程类采购中，建筑物（指新建、改建、扩建、装修、拆除、修缮等）采购金额占较大的比重。为了引导市场行为主体积极开发建设节能标准65%的建筑物，在政府工程类采购中，应严格执行节能标准，在采购成本控制范围内，尽可能购买采取了节能措施、应用可再生能源等方面的节能建筑物。这样既可以通过政府行为来扩大市场需求，也可以使政府发挥率先垂范的作用，从而实现推动节能建筑和节能产品市场发展的目的。在当前的体制框架下，在节能建筑中推行的政府采购更多地对应的是用于节能建筑的节能型建材等产品。

（5）建筑节能专项资金。

节能建筑的推广是一个漫长的过程，它需要较多的基础环境和条件的配套，而且财政贴息等政策手段的发挥需要较为稳定的资金来源，所以，应建立专门的建筑节能专项资金来为建筑节能领域提供稳定的资金支持。

建筑节能专项资金的来源应主要包括：第一，财政预算投入，这是建筑节能专项资金的一个较为稳定的主要资金来源渠道，应将建筑节能列入国家和地方财政预算中，根据每年建筑节能工作计划，在财政年度预算中列支，统一划拨到建筑节能专项资金中。第二，将征收的墙改基金部分用于建筑节能。目前很多城市存在着墙改基金沉淀的情况，墙改资金的征收和使用也是为了促进新型墙体材料的推广和应用，所以，这与节能建筑的需求不矛盾。第三，考虑征收能源消费的形式。节能专项资金将主要用于节能工作的重点和难点领域，以及急需资金支持、缺乏融资渠道的领域。专项资金既可以直接拨付，也可以以财政贴息、财政补贴等方式拨付，其最终目的是使财政资金在节能建筑领域发挥最大的作用。

（6）取暖费等收费的优惠。

取暖费是公用事业性收费，它由政府物价部门定价，由供热企业来收取，其收取标准是不区分建筑物性质（属天然气分户取暖的除外）的，而是按建筑面积以各地统一规定的计价标准收取取暖费。随着节能建筑的不断推广，按建筑面积征收取暖费有一定的不合理之处。目前我国建筑物的节能效果参差不齐。有资料显示，目前我国既有房屋近400亿平方米属非节能建筑，每年新建的近20亿平方米房屋中，节能建筑不到5%。而从国家的制度规定看，1988年建设部出台的居住建筑设计节能标准为30%，到1995年出台的节能强制性标准为50%，并且只针对部分需要取暖的北方城市。也就是说，目前既有房屋的节能率与新建建筑有较大的差异。如果不区分建筑物的节能效果，都按统一标准征收取暖费，对购买节能型建筑特别是65%标准及以上的使用者来说，是非常不公平的，因为这些消费者无论在购买节能型建筑还是在使用时都付出了额外的成本，而且这些建筑物的耗能相对普通建筑物来说，要节能很多。所以，为鼓励节能建筑的推广，一方面可适当降低取暖费的收取标准；另一方面要逐步改进计量方式，尽快推行分户计量，按量计收取暖费，实现公平收费。这种通过降低节能建筑消费者负担的措施，将较好地引导消费者对节能建筑的购买和使用。

通过上面的分析我们可以看出，虽然鼓励节能建筑的激励方式很多，但是不同的政策有不同的适用对象和环节。根据这一特点，我们将生产、消费、使用各环节涉及到的财税政策、国家现有的激励政策进行整理，作为研究节能建筑激励政策时的重要参考依据。（见表2－11）

表2－11　　生产、消费、使用各环节现有的激励政策

激励对象	激励环节	现有的财税政策	国家现有的激励政策
房地产开发商	生产环节	1. 营业税：以营业额为计税依据，对建筑业包括建筑、安装、修缮、装饰和其他工程作业等按3%征收；对销售不动产按5%征收。 2. 企业所得税：以应纳税所得额为计税依据，按20%的所得税税率纳税。 3. 城镇土地使用税：按实际占用的土地面积缴纳（各地规定不一）。 4. 城市维护建设税：以增值税和营业税税额为计税依据，按照所在地实行差别适用税率。纳税人所在地为市区的，税率为7%；纳税人所在地为县城、镇的，税率为5%；纳税人所在地不在市区、县城或者镇的，税率为1%。 5. 教育费附加：按照实际缴纳的营业税的3%征收。 6. 土地增值税：以转让房地产获得的增值额为计税依据，实行四级超额累进税率。建造普通标准住宅出售，增值额未超过扣除项目金额20%的部分，免征土地增值税。 7. 契税：实行3%～5%的幅度税率。计税依据为不动产的价格。在土地出让时由开发商缴纳土地契税。 8. 印花税：房屋买卖时缴纳的印花税是合同印花税，由买卖双方交纳，税率各为0.05%。	1. 2008年1月1日起施行的《中华人民共和国企业所得税法》规定：从事符合条件的环境保护、节能节水项目的所得，可以减征、少征企业所得税。 2. 2002年1月1日实施的《新型墙体材料专项基金征收和使用管理办法》规定：凡新建、扩建、改建建筑工程未使用新型墙体材料的建设单位（以下简称“建设单位”），应按照规定缴纳新型墙体材料专项基金。2007年，国家重新制定了《新型墙体材料专项基金征收使用管理办法》和《新型墙体材料目录》，支持节能建材行业发展，自2008年1月1日起执行。对纳入《新型墙体材料目录》的墙体材料，给予补贴和减免税支持。 3. 国务院办公厅《关于促进房地产市场健康发展的若干意见》（国办发［2008］131号）规定：支持房地产开发企业合理的融资需求。商业银行要根据信贷原则和监管要求，加大对中低价位、中小套型普通商品住房建设特别是在建项目的信贷支持力度；对有实力有信誉的房地产开发企业兼并重组有关企业或项目，提供融资支持和相关金融服务。支持资信条件较好的企业经批准发行企业债券，开展房地产投资信托基金试点，拓宽直接融资渠道。 4. 2008年12月3日央行、银监会关于印发《廉租住房建设贷款管理办法》的通知（银发［2008］355号），规定：廉租住房建设贷款利率应按中国人民银行公布的同期同档次贷款基准利率下浮10%执行，贷款期限最长不超过5年。

续表

激励对象	激励环节	现有的财税政策	国家现有的激励政策
购房者	消费、使用环节	1. 购买环节主要涉及的税种：契税、印花税。 2. 转让环节主要涉及的税种：营业税、契税、房产税、土地增值税、个人所得税、印花税。 3. 租赁环节主要涉及的税种：营业税、城市维护建设税、教育费附加、房产税、个人所得税、印花税。 1. 营业税：对有偿转让不动产按交易额的 5% 征收，租赁按租金的 5% 征收。 2. 城市维护建设税：按照实际缴纳的营业税的 7% 征收。 3. 教育费附加：按照实际缴纳的营业税的 3% 征收。 4. 房产税：自有房产转让按原值的 70% ×1.2% 缴纳房产税，租赁用于居住的按租金收入的 4% 缴纳房产税。 5. 个人所得税：转让按应纳税所得额 20% 的税率征收，租赁按“财产租赁所得”20% 的税率征收。 6. 契税：契税实行的幅度税率为 3% ~5%，计税依据为不动产的价格。 7. 印花税：买房时缴纳的印花税是合同印花税，由买卖双方交纳，税率各为 0.05%；财产租赁合同按租赁金额 0.1% 缴纳印花税。 8. 土地增值税：按转让房地产收入扣除规定项目金额的增值额缴纳（按增值额未超过扣除项目的 50%、100%、200% 和超过 200% 的，分别适用 30%、40%、50%、60% 等不同税率）。	1. 财政部、国家税务总局《关于调整住房租赁市场税收政策的通知》（财税［2000］125 号）规定：对个人按市场价格出租的居民住房，其应缴纳的营业税暂减按 3% 的税率征收；对个人出租住房取得的所得减按 10% 的税率征收个人所得税。 2. 财政部、国家税务总局《关于调整房地产营业税有关政策的通知》（财税［2006］75 号）规定：2006 年 6 月 1 日后，个人将购买不足 5 年的住房对外销售的，全额征收营业税；个人将购买超过 5 年（含 5 年）的普通住房对外销售的，免征营业税；个人将购买超过 5 年（含 5 年）的非普通住房对外销售的，按其销售收入减去购买房屋的价款后的余额征收营业税。 3. 财政部、国家税务总局《关于廉租住房经济适用住房和住房租赁有关税收政策的通知》（财税［2008］24 号）规定，2008 年 3 月 1 日起，对个人出租住房，不区分用途，在 3% 税率的基础上减半征收营业税；对个人出租、承租住房签订的租赁合同，免征印花税；对个人出租住房，不区分用途，按 4% 的税率征收房产税。 4. 财政部、国家税务总局《关于调整房地产交易环节税收政策的通知》（财税［2008］137 号）规定：从 2008 年 11 月 1 日起对个人首次购买 90 平方米及以下普通住房的，契税税率暂统一下调到 1%；对个人销售或购买住房暂免征收印花税；对个人销售住房暂免征收土地增值税。 5. 国务院办公厅《关于促进房地产市场健康发展的若干意见》（国办发［2008］131 号）规定：对住房转让环节营业税暂定一年实行减免政策。将现行个人购买普通住房超过 5 年（含 5 年）转让免征营业税，改为超过 2 年（含 2 年）转让免征营业税；将个人购买普通住房不足 2 年转让的，由按其转让收入全额征收营业税，改为按其转让收入减去购买住房原价的差额征收营业税（以上政策暂定执行至 2009 年 12 月 31 日），取消城市房地产税。

续表

激励对象	激励环节	现有的财税政策	国家现有的激励政策
购房者	消费、使用环节	现行的购房贷款利率：五年以上的购房商业贷款的基准利率是 7.83%，首套房下浮 15%，即为 6.66%，二套上浮 10%，即为 8.61%，最低首付款比例 30%。	1. 国务院办公厅《关于促进房地产市场健康发展的若干意见》（国办发［2008］131 号）规定：加大对自住型和改善型住房消费的信贷支持力度。在落实居民首次贷款购买普通自住房，享受贷款利率和首付款比例优惠政策的同时，对已贷款购买一套住房，但人均住房面积低于当地平均水平，再申请贷款购买第二套用于改善居住条件的普通自住房的居民，可比照执行首次贷款购买普通自住房的优惠政策。
		国家层面暂时未出台相关补贴政策，地方针对个人购房已经实施了个人购房财政补贴。	2. 央行决定自 2008 年 10 月 27 日起，将商业性个人住房贷款利率的下限扩大为贷款基准利率的 0.7 倍；最低首付款比例调整为 20%。针对个人住房公积金贷款利率也做相应调整，其中，五年期以下（含）由现行的 4.32% 调整为 4.05%，五年期以上由现行的 4.86% 调整为 4.59%，分别下调 0.27 个百分点。如《西安市个人购房财政补贴资金发放的实施办法》规定：从 2008 年 9 月 4 日起至 2009 年 12 月 31 日，对购房户按购房款总额，分 1.5%、1%、0.5% 三个等级给予一定比例的财政补贴。其中，购买 90 平方米以下商品住房或购买 144 平方米以下二手住房的，购房户按购房款总额的 1.5% 享受政府财政补贴；购买 90 平方米～144 平方米商品住房，购房户按购房款总额的 1% 享受政府财政补贴；购买 144 平方米以上商品住房及二手住房的，购房户按购房款总额的 0.5% 享受政府财政补贴。
		不区分建筑物的节能效果，按统一标准征收取暖费，征收标准由地方具体掌握。正在推行分户计量，按量计收取暖费，实施两部制热价。	国家层面这方面的优惠政策主要是针对供热企业的，地方层面出台了一写相关补贴政策，对象涉及业主和租户。如：《北京市居民住宅清洁能源分户自采暖补贴暂行办法》（京政管字［2006］22 号）自 2006 年 2 月 21 日起施行，规定：住房建筑面积补贴标准按 15 元/平方米·采暖季·人发放，对北京市城镇居民的租户也同样适用。

4. 近期在支持节能建筑发展中可考虑的财税政策

近期可考虑的财税政策包括两个方面：一方面，重点加大对新建节能建筑的增量成本进行补偿，有重点地引导开发商和消费者对节能建筑的提供和使用。其中，在增量成本的补偿测算过程中，我们坚持政府发挥引导作用、政府与市场共担增量成本的原则，确定政府负担增量成本的50%左右。而在政府负担的增量成本中，我们遵循了重点支持消费环节，把利益尽量让渡给消费者的原则。考虑到新建建筑的增量成本比整体建安成本小，以及财政贴息的范围和金额难以确定等因素，我们建议，直接给予税收上的优惠。而在税收优惠的选择中，考虑的一个基本原则是兼顾生产商和开发商，并尽量保障税制的统一性和完整性，突出重点，抓住主要税种进行一定程度的优惠，这样可以避免优惠过于零散地分布于一些小税种上，不易操作。与此同时，我们对未来开征的物业税也进行了一定的展望。另一方面，建议财政继续加大对建筑节能预算投入的力度，重点加大建筑节能的能力建设和制度建设，弥补建筑节能市场化程度低的不足。

(1) 减征40%的消费者契税。

契税是一个重要的地方税种。在税率设计上，契税采用幅度比例税率。目前，我国采用3%～5%的比例，各省、自治区、直辖市在这个范围内可以自行确定各自的适用税率。契税以所有权发生转移变动的不动产为征税对象，向产权承受人征收的一种财产税。应税范围包括：土地使用权出售、赠与和交换，房屋买卖，房屋赠与，房屋交换等。从2008年11月1日起，对个人首次购买90平方米及以下普通住房的，暂免征收印花税，契税税率统一下调到1%。考虑到契税是购买住房时一次性交纳的税种，而且这一税种与其他税的相关性不强，特别是在税务机关加大征收管理力度，实行“先税后证”管理后，契税的调控作用相对更强，所以我们建议在消费者购买环节给予契税优惠。其积极意义在于契税的减免对其他税种影响小，征收成本低，对消费者的优惠较为直接，对节能建筑的带动作用相对较强。因此，在消费者购买环节重点考虑契税的优惠。在增量成本的效益分析中，消费者享受的优惠占大头，其分配方案是生产者即房地产开发商占30%，而购房者占70%。基于此，对建筑增量成本进行分摊后，建议给予购买符合要求的节能建筑的消费者减征40%契税的优惠。

(2) 减征10%的开发商营业税。

在生产环节，考虑到建筑开发商为提供节能建筑增加了一定的成本，所以要给予其一定的成本补偿。我们的一个基本原则是保持税收体制的整体完整性，而不能在所有税种上都考虑优惠。在开发商所交纳的税种中，由于企业所得税的改革及其实施细则已经出台，所以在此基础上进行优惠的可能性相对较小。而营业税属于流转税制中的一个主要税种，且金额相对集中，所以，是我们重点考虑的优惠税种，可以考虑按增量成本给予一定比例的营业税优惠。通过成本效益分析，建议给予节能建筑的开发商减征10%营业税（现税率为5%，以营业额为计税依据）的优惠。

总体上，按照上述税收优惠方案，消费者可享受约2/3的优惠，开发商可享受约1/3的优惠，体现了“市场需求拉动”的原则。

此外，建议在未来物业税改革中也给予节能建筑一定的优惠，进一步加大对建筑节能制度建设和能力建设的财政支持力度。

（二）鼓励节能建筑的财税激励政策实施体系

1. 节能建筑的界定

为合理界定可享受财税优惠政策的节能建筑范围，本文提到的财税政策适用对象为节能性能超过当地强制性标准要求的市场化的新建民用居住建筑。

关于节能建筑的具体界定思路可分为三类：

（1）50%、65%节能标准。

目前，“寒冷地区”、“严寒地区”、“夏热冬冷地区”和“夏热冬暖地区”的居住建筑节能设计标准都已经相继出台（节能50%的标准）。并且，一些地区（如天津、上海、重庆等）开始实施节能65%的居住建筑节能设计标准，主要是提高建筑围护结构保温隔热性能，使单位面积采暖能耗比1980年基础节约65%。同时，2005年7月1日，《公共建筑节能设计标准》正式开始实施，适用于新建、扩建和改建的公共建筑的节能设计。从北到南，从居住建筑到公共建筑，从节能30%、节能50%到节能65%，覆盖我国三大气候区域和两大建筑类型的越来越严格的建筑节能设计标准体系基本建立，对于全国建筑节能工作的开展提供了依据和手段。

但需要说明的是，目前我国出台的建筑节能标准属于设计标准，不是基于实际的建筑能耗数据，而是假设在某种能源服务水平下，通过采取相关节能措施，达到“节能30%”、“节能50%”和“节能65%”效果的理论计算结果。这种节能效果以1980～1981年北方采暖地区住宅通用设计能耗水平为基准；而公共建筑和南方地区的建筑原来就没有基准，根本谈不上“节能50%”，目前只是一种虚拟的提法。所以，即使是达到“节能30%”、“节能50%”和“节能65%”标准要求的建筑，也不意味着实际的建筑能耗下降了30%、50%、65%。

（2）建筑能效标识。

2008年4月，建设部试行了《民用建筑能效测评标识管理暂行办法》、《民用建筑能效测评机构管理暂行办法》；2008年6月，试行了《民用建筑能效测评标识技术导则》。建筑能效标识是指将反映建筑物用能系统效率或能源消耗量等热性能指标以信息标识的形式进行明示。

民用建筑能效水平按照测评结果划分为5个等级，并以星为标志。星越多表示等级越高，也就意味着节能效果越好。民用建筑能效标识由标志和证书组成，有效期为5年。建筑所有权人应将获得的能效测评标识在建筑物明显位置张贴（见图2-8）。

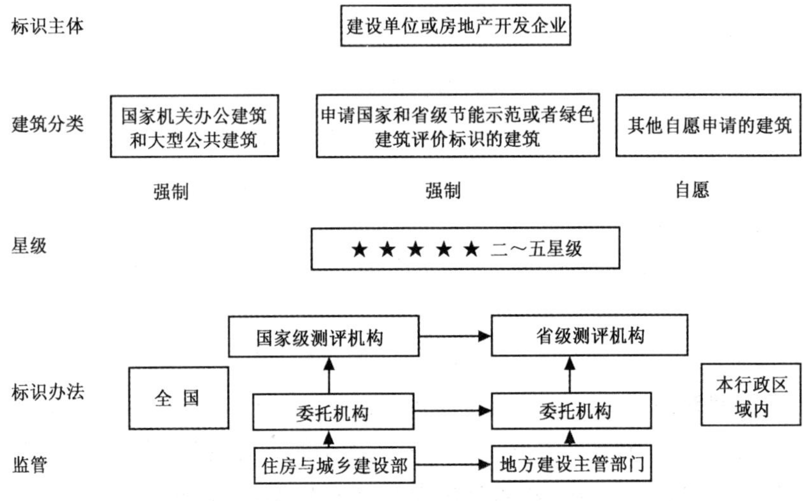

图2-8　民用建筑能效标识实施框架

实行建筑能效测评标识制度，向房屋消费者提供有关建筑物能源利用效率和能耗量指标信息，既可以增强市场透明度，为解决目前建筑能效信息不对称的问题提供衡量的标尺，也起了我国建筑节能工作助推器的作用，方便对不同能效等级的建筑实施不同程度的激励政策，还将对房地产开发商起到监督和激励作用。重庆、上海等部分地区已经开始试行。

（3）建筑物实际能耗。

建筑节能是建筑围护结构的节能，同时包括采暖、空调、照明、热水、办公和家用电器设备等各种用能设备的节能。居民的能源服务需求和生活消费模式对建筑能耗也有着重要的影响。非常复杂的建筑物以及建筑能源系统强调的是整体的节能性能。

节能建筑的界定应根据建筑物的实际能耗水平。目前正在试行的民用建筑能效标识就兼顾了理论值和实测值，设计、施工阶段提出理论值，建筑能效理论值标识后，对建筑实际能效进行为期不少于1年的现场连续实测，根据实测结果对理论值进行修正，给出实际测值标识结果。

综上所述，节能建筑可以根据国家现行节能50%、65%设计标准来界定，也可以根据试行的民用建筑能效标识来界定。但由于节能50%、65%设计标准的认证实施体系尚不健全，所以本研究认为节能建筑根据民用建筑能效标识来认定具有很强的可操作性，并且民用建筑能效标识与现行的“节能50%”和“节能65%”设计标准存在如下对应关系：

《民用建筑能效测评标识技术导则》规定，民用建筑能效的测评标识内容包括基础项、规定项与选择项。

①基础项：按照国家现行建筑节能标准的要求和方法，计算或实测得到的建筑物单位面积采暖空调耗能量。

②规定项：除基础项外，按照国家现行建筑节能标准的要求，围护结构及采暖空调系统必须满足的项目。

③选择项：对高于按照国家现行建筑节能标准的用能系统和工艺技术加分的项目。

当基础项节能50%~65%且规定项均满足要求时，标识为一星；当基础项节能65%~75%且规定项均满足要求时，标识为二星；当基础项节能75%~85%且规定项均满足要求时，标识为三星；基础项节能85%以上且规定项均满足要求时，标识为四星；若选择项所加分数超过60分（满分100分）则再加一星，即标识为五星（见表2-12）。

表2-12 民用建筑能效标识划分为五个等级

基础项	规定项	选择项	等级
节能50%~65%	均满足要求		★
节能65%~75%	均满足要求		★★
节能75%~85%以上	均满足要求		★★★
节能85%以上	均满足要求		★★★★
节能85%以上	均满足要求	选择项所加分数超过60分（满分100分）	★★★★★

2. 节能建筑的激励门槛条件

住房和城乡建设部2009年4月发布了第一批共20个民用建筑能效测评标识项目。就建筑类型而言，公共建筑和居住建筑各占50%。按照一星级标准设计的项目有12个，占60%；按照二星级标准设计的项目有5个，占25%；按照三星级标准设计的项目有3个，占15%。通过调研分析，这20个项目覆盖了我国严寒、寒冷，夏热冬冷和夏热冬暖三个主要气候区域，其具体分布如表2－13所示。

表2－13　　　民用建筑能效测评标识项目（第一批）区域分布

类型	比例	区域		
		严寒、寒冷地区	夏热冬冷地区	夏热冬暖地区
★	60%	2	4	6
★★	25%	3	2	0
★★★	15%	2	0	1
总计	20	7	6	7
比例	100%	35%	30%	35%

这20个项目中，达到二星级标准及以上的建筑占40%，但是由于这些项目是从全国众多示范项目中筛选出来的，并且大多集中在经济比较发达的地区，而我国地域辽阔，各地节能建筑发展现状不平衡，所以我们估计全国实际能够达到二星级标准及以上的建筑的比例会比40%低得多。

通过表2－14可以看出，第一批民用建筑能效测评标识项目主要为一星级至三星级标准的建筑，且一星级建筑偏多。从节能率上看，达到节能65%设计标准的建筑只占少数，节能性能达到75%的建筑则更少①。建设部相关专家表示，由于制定的标准偏高，现阶段要达到四星级、五星级标准尚存在一定的困难。因此，建议现阶段将激励的门槛条件暂定为二星级标准。鉴于目前我国部分省市已率先执行节能65%设计标准，并且"十二五"期间将全面推行节能65%设计标准，所以这里提到的二星级标准（65%～75%，不含65%）将不包含节能率为65%的情况，即只有节能率超过65%的新建居住建筑才可以获得财税激励。对于不同省市，节能率超过65%多少才能给予激励，可由地方根据当地具体情况最终确定。同时，未来随着技术进步，市场上新建居住建

① 中国石油大厦是这20个项目中唯一一个达到节能75%设计标准的建筑。

筑的节能性能将不断提高，激励的门槛条件也将随之进行调整而提高。例如，如果未来市场上一半以上的新建居住建筑都达到二星级标准，那么激励的条件将提高到三星（75%~85%）。

表 2-14　　民用建筑能效测评标识项目（第一批）

气候区域	所在省	建筑名称	建筑类别	标识等级（理论值）	节能率均值
严寒地区	辽宁省	辽宁省建设科学研究院综合实验楼	公共建筑	★	62.72%
		辽宁省建设科学研究院综合住宅楼	居住建筑	★★	
寒冷地区	天津市	天津市君隆大厦	公共建筑	★	68.88%
	河南省	开封市九鼎颂园 18#楼	居住建筑	★★	
	北京市	密云县建筑节能示范中心业务用房	公共建筑	★★	
	山东省	“普利·艾伦庄园” D 区 3#楼	居住建筑	★★★	
	北京市	中国石油大厦	公共建筑	★★★	
夏热冬冷地区	江苏省	江苏省建设管理综合楼	公共建筑	★	57.63%
		银城大厦	公共建筑	★	
		意得商城一期 A-5 号楼	居住建筑	★	
	上海市	2007 年花木街道由社区节能改造二期工程 22 号楼	居住建筑	★	
		浦江智谷商务园	公共建筑	★★	
	四川省	龙锦慧苑 1#楼	居住建筑	★★	
夏热冬暖地区	福建省	瑞景公园一期 1#楼	居住建筑	★	53.99%
		福州大学生活区第四期公寓 C1#楼/C3#楼	居住建筑	★	
		振业城一期 1C6/1D2/1E1/1G2/1H4 栋建筑	居住建筑	★	
	广东省	中航鼎尚华庭 1 栋/2 栋（5 栋）/3 栋（4 栋）/6 栋/7 栋（9 栋）/8 栋	居住建筑	★	
		嘉达化工科技研发中心	公共建筑	★	
		星河发展中心	公共建筑	★	
		建科大楼	公共建筑	★★★	

3. 节能建筑的认定体系

我国建筑节能市场存在严重的供给与需求信息不对称的现象，没有建立有效的手段进行引导、培育和规范。在建筑节能市场，大至整个建筑物是否达到节能标准，小到门、窗等产品是否达到节能性能，很难判定。在国外，主要是通过建立能效信息标识和能效分级体系标识制度来解决这个问题，而保证能效测评信息的符合性（企业自我声明＋市场监管）则是国际上的通行做法。生产商进行自我标识，生产商对自己生产的产品（建筑物）的能效水平进行自我声明。对这种自我标识一般采用市场（同行）监督的方法，同时结合政府部门的抽查，所以在国外，按照市场运作的节能效果认定机构市场体系比较健全，并且认定机构很多。但是，我国目前基于市场的节能效果认定机构体系尚不健全，影响了相关政策的落实。

认定的方式主要有两种：

第一种是由政府委托授权机构对建筑节能效果进行认定，根据认定结果出具节能建筑及其效果证明，并向公众明示。这种方式的缺点在于不能避免政府的行政干预，没有相关主体对认定的结果负责。

第二种是由独立的第三方机构对建筑节能效果进行认定，根据认定结果出具节能建筑及其效果证明。这种方式的优点是采取了市场化的运作方式，第三方机构要对其出具的证明承担相应的法律责任和义务，保证了结果的客观、公正性；缺点是容易形成节能效果认定行业的垄断，增加认定成本。

我们认为，由独立的第三方机构来进行节能效果的认定是实施节能经济激励政策的基础，这也是目前世界上应用较多的一种认定方式。民用建筑能效标识采用了这种认定的方式，即由独立的第三方机构（民用建筑能效测评机构）进行认定并对认定结果承担相应的法律责任和义务。

民用建筑能效测评机构是指依据《民用建筑能效测评机构管理暂行办法》规定得到认定的，能够对民用建筑能源消耗量及其用能系统效率等性能指标进行检测、评估的机构。

民用建筑能效测评机构实行国家和省级两级管理。国家级测评机构的设置依照全国气候区划分。住房和城乡建设部负责对全国建筑能效测评活动实施监督管理，并负责制定测评机构认定标准和对国家级测评机构进行认定管理。省、自治区、直辖市建设主管部门负责本行政区域内测评机构的监督管理工作，并负责省级测评机构的认定管理工作。住房与城乡建设部已公布的建筑能效测评机构名单如表 2－15 所示，部分省市也公布了省、市级民用建筑能效测评机构名单，委托人可根据需求选择国家级或省市级的建筑能效测评机构。

表 2－15 国家级建筑能效测评机构名单

区 域	建筑能效测评机构
华北区	中国建筑科学研究院
东北区	辽宁省建筑科学研究院
西南区	四川省建筑科学研究院
华东区	上海市建筑科学研究院（集团）有限公司
华中区	河南省建筑科学研究院
华南区	深圳建筑科学研究院有限公司
西北区	暂缺

民用建筑能效测评标识的申请及发放分两个阶段：

（1）建筑工程竣工验收合格后，建设单位或建筑所有权人提出申请，省级建设主管部门依据建筑能效理论值核发建筑能效测评标识。

（2）建筑项目投入使用一定期限内，建设单位或建筑所有权人应当委托有关建筑能效测评单位对该项目的采暖空调、照明、电气等能耗情况进行统计、监测，以获得建筑能效的实测值。在取得建筑能效实测值后，建设单位或建筑所有权人申请更新能效测评标识。省级建设主管部门依据建筑能效实测值核发建筑能效测评标识。

综上所述，建议参照《民用建筑能效测评标识管理暂行办法》、《民用建筑能效测评机构管理暂行办法》，由政府认定的民用建筑能效测评机构对申报的节能建筑进行认定，并对认定结果承担相应的法律责任和义务。建筑能效测评标识的申报程序可参考现行办法。

4. 政策激励的实施范围

综合考虑政策的实施基础、国家的财税成本和能够实现的节能减排效果，建议近期先以北方采暖地区新建居住建筑（住宅）作为激励政策试点的突破口。主要原因如下：

一是北方地区和南方地区居住建筑在空调能耗上存在差异。北方地区居住建筑以集中采暖为主，导致建筑能耗组成中采暖能耗最多，空调能耗在整个建筑能耗中的比例比采暖能耗少，故对空调能耗未作量化控制；而南方地区居住建筑以空调采暖制冷为主，建筑能耗中空调能耗占有较大比例，不可忽略。据此推断，居住建筑节能率从 50% 提高到 65%，南方建筑付出的代价要远高于北方建筑。同时，通过改善建筑物的保温性能使空调能耗节约 65% 较难实现。因此，以北方居住建筑作为切入点更易于实施。

二是公共建筑和居住建筑在空调能耗上存在差异。公共建筑内部发热量较大，空调负荷所占的比重大，与居住建筑相比，公共建筑节能率从50%提高到65%的难度较大，且公共建筑中空调能耗计算较为复杂。而北方采暖地区居住建筑能耗计算相对简单，可以通过提高围护结构热工性能来降低采暖能耗，达到65%的节能率相对而言也更容易一些。

三是北京、天津等北方省市已率先制定并实施了三步节能标准。对北方既有居住建筑实施节能改造、推行热计量等，为实施激励政策积累了大量基础数据，奠定了很好的基础。与此同时，实施激励政策，增加北方采暖地区新建建筑的标准执行力度，进一步推进热计量和供热制度改革，从而减少能源消耗。

（三）鼓励节能建筑的财税激励政策成本效益分析

1. 增量成本及节能效益

这里所说的增量成本是指节能建筑与基准建筑成本间的差值，其中基准建筑为满足国家及项目建设所在地强制节能标准的同规模、同功能建筑，其相应的规划设计、施工建造、设备安装和运营管理等投资成本为增量成本的起点。为了进行成本效益分析，我们将二星级最低节能65%与一星级最低节能50%作对比，计算分析二星级与一星级单位面积的节能效益和增量成本。

目前，我国部分省市已率先执行节能65%设计标准，如：

（1）北京。自2004年7月1日起，北京市开始全面推行新的《居住建筑节能设计标准》，要求今后新建住宅必须达到节能65%的目标。北京市是全国率先实施这一标准的城市。为实现节能65%的目标，北京市要求住宅每平方米采暖煤耗降至8.75公斤，比实施节能50%的设计标准降低3.75公斤，与50%标准相比增量成本为100到120元，如果我们仅仅考虑采暖，那么可以在五、六年内收回投资①。

（2）山东。自2006年6月1日起，山东省开始执行新的居住建筑节能设计标准，居住建筑节能率由50%提高到65%。据测算，按照65%的节能标准测算，节能住宅每平方米一个采暖期所耗标准煤将从过去的25公斤降至6.12公斤，一个居民家庭每年可节省能耗1000元左右。执行65%节能标准的建筑成本增幅很小。以济南市为例，居住建筑节能标准由50%提高到65%，每平

① 绿色建筑在中国很有发展前景，http://cppcc.people.com.cn/GB/34961/116691/116694/6971663.html。

方米建筑面积增加的成本只有15元（按1990年不变价计算）。2008年，山东新建居民建筑设计阶段执行节能65%标准的比例为100%，施工阶段执行65%节能标准的比例为98.3%①。

（3）河南②。自2005年7月1日起，河南省郑州、开封、洛阳、鹤壁4市率先执行《河南省居住建筑节能设计标准（寒冷地区）》节能65%的新标准，成为继北京、天津之后我国第三个执行65%建筑节能设计标准的省（市）。河南省建设厅又提出，从2006年7月1日起，在全省建筑行业全面执行节能65%设计标准。建筑节能65%设计标准，是以寒冷、严寒地区每平方米每个采暖期使用标准煤19公斤为基数，节能65%就是节省19公斤标准煤的65%，即节省12.3公斤左右的标准煤，约合18公斤左右的原煤。按照节能65%的标准，每平方米建筑将增加成本100元左右。

（4）重庆。自2008年1月1日起，重庆市主城区新建民用建筑的建筑节能标准由过去的50%提高至65%，远郊区县执行建筑节能50%的标准。新开工建设项目，凡没有达到65%建筑节能标准的，将不能获得施工许可证；在验收时，没有达到当初节能设计标准的项目，则不能通过竣工验收，并将处以巨额罚款。据测算，实施建筑节能使每平方米增加造价100元~150元，占建筑成本的5%~7%，不会对房价产生大的影响。而且，在节能建筑的使用过程中，消费者还可通过电费的节约，在3~7年内收回前期投入，并在建筑使用周期内获益③。

（5）深圳④。推广建造节能建筑，房屋建造成本有所增加，但总体影响不算太大。据有关方面测算，增加节能设计部分的建造成本仅占房屋建造总成本的1%。而从入住使用的情况看，节能效益占房屋建造总成本的10%。最新调查结果显示，与一般住宅相比，节能建筑的造价每平方米增加约30至80元，而对于100平方米左右的居住建筑，每套住宅增加的直接成本为3000至8000元，不到一套市价100万元左右住宅增量成本的1%。

住房和城乡建设部科技司武涌司长在接受专访时曾表示⑤：节能建筑与非

---

① 资料来源：山东省节能办。

② 河南省节能建筑推广情况调查，http：//www.beepc.cn/news/shownews.asp？News_id=875。

③ 重庆：政府严控开发商借建筑节能哄抬房价行为，http：//www.gov.cn/gzdt/2007-12/18/content_837208.htm。

④ 专访深圳建设局长，http：//www.upla.cn/news/_contents/2007/03/75-22335.shtml。

⑤ 赵沛楠："权威解读《民用建筑节能条例》——专访住房和城乡建设部科技司巡视员武涌"，《中国投资》，2008年第10期。

节能建筑相比，按照50%节能标准进行施工，增量成本是160元/平方米。由于这个市场的不断扩大，建筑节能材料和设备逐渐形成了产业化规模，目前增量成本已经降到80元/平方米。如果部分地区按照65%的节能要求，也只是110元/平方米。

表2－16反映了严寒地区和寒冷地区各五个具有地域代表性的城市，分别按照居住建筑50%节能设计标准和65%节能设计标准进行了分析和计算，并初步估算了增量成本和节能量，估算了严寒、寒冷地区二星级与一星级标准相比单位面积年节能效益。

表2－16　　北方采暖地区典型城市建筑节能能力

气候区域	典型城市	50%		65%		增量成本（元/平方米）	节能量（千克标准煤/平方米）	年节能效益（元/平方米）
		成本1	能耗1	成本2	能耗2			
严寒地区	乌鲁木齐	920	17.0	1070	11.9	150	5.1	4.06
	包头	910	16.6	1078	11.6	168	5.0	
	哈尔滨	930	18.6	1215	13.0	285	5.6	
	长春	1130	17.8	1280	13.8	150	4.0	
	沈阳	1145	15.5	1415	11.0	270	4.5	
寒冷地区	北京	1160	12.4	1347.5	8.8	187.5	3.6	3.23
	天津	1160	11.8	1332.5	8.3	172.5	3.5	
	青岛	1160	10.7	1287.5	7.6	127.5	3.1	
	太原	930	13.5	1155	9.2	225	4.3	
	唐山	945	12.8	1045	8.1	100	4.7	

数据来源：建筑部科技发展促进中心。

通过表2－16可以看出，对于北方采暖地区新建居住建筑，二星级标准（65%～75%）比一星级标准（50%～65%）高出的增量成本约为100～200元/平方米，实现的节能量约为3～5千克标准煤/平方米，直接的节能经济效益约为3～4元/平方米。

2. 鼓励节能建筑的财税激励成本效益分析

根据国家统计局数据（见表2－17），2009年1～6月我国北方采暖地区商品房销售面积约为1亿平方米，由此推算我国北方采暖地区全年商品房销售面积约为2亿平方米。假设北方采暖地区二星级标准及以上的建筑占20%，则符合激励政策门槛条件的建筑面积约为0.4亿平方米。下文以此为基础来分析国家为鼓励节能建筑将需要投入的财税成本和可以获得的节能效益。

表 2－17　　2009 年 1～6 月北方采暖地区商品房销售情况

地　　区	商品房销售面积（万平方米）	商品房销售额（亿元）
北京	992.92	1202.17
天津	556.93	367.72
河北	1014.92	300.08
山西	302.41	80.27
内蒙古	520.81	141.90
辽宁	1884.75	707.32
吉林	280.12	97.02
黑龙江	522.08	174.26
山东	2322.38	769.39
河南	1387.89	360.49
陕西	767.28	256.35
甘肃	282.16	58.96
青海	85.01	18.64
宁夏	225.61	64.92
新疆	413.03	105.07
北方采暖地区总计	10565.38	4704.56

数据来源：商品房销售面积和销售额增长情况（2009 年 1～6 月），国家统计局网站，http://www.stats.gov.cn/。

（1）需要投入的财税成本。假设对于北方采暖地区购买二星级标准及以上建筑的消费者的契税额减征 40%（现税率为 3%）①，则全国单位平均水平税收减少 53.4 元/平方米；对于二星级标准及以上建筑的开发商的营业税额减征 10%（现税率为 5%），则全国单位平均水平税收减少 22.2 元/平方米。达到

① 由于应对国际金融危机，国家出台了一系列促进房地产市场发展的鼓励政策，例如财政部、国家税务总局《关于调整房地产交易环节税收政策的通知》（财税［2008］137 号）规定：从 2008 年 11 月 1 日起对个人首次购买 90 平方米及以下普通住房的，契税税率暂统一下调到 1%，所以实际情况中符合这个条件的消费者如果同时满足购买二星级标准及以上建筑的条件，则是在契税税率 1% 的基础上再减征 40%，部分地方政府已经制定了鼓励住房消费的契税减免政策。所以，实际中契税税率的基数将小于 3%。我们这里为了简化，统一按契税税率 3% 考虑。

门槛要求的节能建筑，每平方米税收共减少75.6元，相当于节能建筑增量成本的50%左右。如果符合激励政策门槛条件的建筑面积约为0.4亿平方米，则国家共需投入30亿元，即减少30亿元的税收。

（2）可带来的节能效益。

北方采暖地区二星级与一星级标准的住宅相比每平方米节能量取4千克标准煤/平方米，按照符合激励政策门槛条件的建筑面积约为0.4亿平方米计算，则理论上每年可实现16万吨标准煤的节能能力，实现直接的节能经济效益约1.35亿元。假设这些建筑平均使用寿命为50年，则可累计节能800万吨标准煤，同时可累计实现66亿元以上的直接节能经济效益，将对我国经济社会可持续发展、推动实现节能减排目标和应对气候变化作出积极的贡献。

需要说明的是，为简化分析，上述结果仅对节能建筑直接的增量成本和节能效益进行了研究，同时计算节能经济效益时采用的煤炭价格为600元/吨，对于政策实施成本和环境效益以及未来的能源价格变化趋势未进行全面分析。

五、关于鼓励节能建筑的财税激励政策建议

（一）鼓励节能建筑的重要意义

1. 节能建筑是公共财政应该重点支持的公益性节能领域

发达国家的实践表明，节能是市场失灵的公益性领域，在市场经济条件下，采用基于市场的财税激励措施是推动节能工作的有效途径。我国以往的节能经济激励政策主要是针对工业企业节能领域。近期，我国又相继出台了鼓励节能汽车的财税激励政策和鼓励节能空调等节能产品的“节能产品惠民工程”，公共财政对节能的支持正在向公益性更强的领域转移。由于节能建筑更为复杂，目前仍未出台鼓励节能建筑的财税激励政策。而建筑能耗属于民生能耗，一个人可以不拥有企业，可以没有汽车，但是不能没有住房。所以，建筑与每个人都息息相关，节能建筑的公益性特点更为突出，是公共财政更应该重点支持的公益性节能领域。

2. 拉动节能建筑市场对实现我国的节能减排目标有重大影响

尽管过去两年我国的房地产行业比较低迷，但从总体上看，近年来我国每

年新增的建筑面积高达16亿~21亿平方米，超过其他国家新增建筑面积的总和。这些新建建筑中各种能源设施的服务需求普遍很高。如果这种趋势不能够得到有效控制，即使采取节能技术，建筑能耗也不可避免地会大幅度上升，对实现我国的节能减排目标将产生重大影响。为了从源头加强控制和引导，我国政府正考虑在“十二五”期间全面推行65%的建筑节能设计标准。但是，在目前50%的强制性建筑节能标准执行效果都不尽理想的情况下，该目标的实现面临着很大的挑战。在今后两年的过渡期内，通过财税政策对节能性能超过当前标准要求的新建节能建筑给予经济激励，形成消费者购买节能建筑和开发商建造节能建筑的良性循环，从而进一步拉动节能建筑市场的良性发展，对有效推动未来的建筑节能工作具有重要意义。

3. 鼓励节能建筑将对“保增长、扩内需”目标的实现产生积极影响

在当前国际金融危机的大背景下，我国出台了一系列扩大内需、拉动经济、刺激消费的积极财政政策及宽松的货币政策。房地产行业是拉动经济增长、扩大内需的重要引擎，通过财税政策鼓励节能建筑来拉动正处于低迷的房地产市场将对实现“保增长、扩内需”目标产生重要而积极的影响。

（二）鼓励节能建筑的财税激励政策建议

在美国能源基金会的支持下，国家发改委能源研究所会同建设部、财科所等单位，开展了关于鼓励节能建筑的财税政策方面的大量调查研究（研究成果详见课题报告），具体建议如下。

1. 鼓励节能建筑的财税激励政策方案

（1）激励对象。

建议以“市场需求”为导向，重点激励购买节能建筑的消费者，从而拉动节能建筑的市场需求。同时，可在某些环节对节能建筑开发商进行激励。

（2）财税激励政策方案。

由于财政补贴方式比较复杂，考虑到政策的可操作性，建议近期首先从税收优惠方面入手来鼓励节能建筑。

①减征40%的消费者契税。

契税是重要的地方税种。在税率设计上，契税采用幅度比例税率，计税依据为不动产的价格。我国采用3%~5%的幅度比例，各省市在这个范围内可自行确定适用税率，部分地方政府已经制定了鼓励住房消费的契税减免政策。在消费环节，契税是消费者购买住房时必交的一个税种，而且这一税种与其他税种的相关性不强，所以，可在消费者购买环节重点考虑契税的优惠。通过成本效益分析，建议给予购买符合要求的节能建筑的消费者减征 40% 契税的优惠。

②减征 10% 的开发商营业税。

在生产环节，考虑到建筑开发商为提供节能建筑增加了一定的成本，所以应该给予开发商一定的成本补偿。而基本原则是保持税收体制的整体完整性，不能在所有税种上都实行优惠。本着重点集中的原则，在开发商所交纳的税种中，由于企业所得税的改革及其实施细则已经出台，所以在此基础上进行优惠的可能性相对较小。而营业税是流转税制中的一个主要税种，且金额相对集中，所以可作为重点考虑的优惠税种。通过成本效益分析，建议给予符合要求的节能建筑的开发商减征 10% 营业税（现税率为 5%，以营业额为计税依据）的优惠。

总体上，在上述税收优惠方案中，消费者可享受约 2/3 的税收优惠，开发商可享受约 1/3 的税收优惠。

此外，建议在未来物业税改革中也给予节能建筑一定的优惠，同时建议进一步加大对建筑节能能力建设的财政支持力度。

2. 鼓励节能建筑的财税激励政策实施体系

（1）节能建筑的界定。

关于节能建筑的界定思路可分为三类：①按照 50% 和 65% 节能设计标准界定；②按照建筑能效标识界定；③按照实际的建筑能耗界定。因为我国已建立了建筑能效标识的政策实施体系，具有较强的可操作性，也考虑了另外两种界定方法的有关内容，所以建议暂采用建筑能效标识的方法来界定节能建筑。未来如果按照实际建筑能耗界定的方法具有可操作性，再修改为按照实际的建筑能耗界定。

（2）节能建筑的激励门槛。

第一批发布的 20 个民用建筑能效测评标识项目主要为一星级至三星级标准的建筑，且一星级建筑偏多。从节能率上看，达到节能 65% 设计标准的建筑只占少数，达到节能 75% 设计标准的建筑则更少。这 20 个项目中，达到二星级标准及以上的建筑占 40%，但是由于这些项目是从全国众多示范项目中筛选出来的，并且大多集中在经济比较发达的地区，而我国地域辽阔，各地节能建筑发展现状不平衡，所以估计全国实际能够达到二星级标准及以上的建筑将比 40% 这个比例要低得多。

建议现阶段将激励的门槛暂定为二星级标准。鉴于目前我国部分省市已率先执行节能65%设计标准，并且“十二五”期间可能全面推行节能65%设计标准，所以这里提到的二星级标准（65%～75%，不含65%）将不包含节能率为65%的情况，即只有节能率超过65%的新建居住建筑才可以获得财税激励。对于不同省市，节能率超过65%多少才能给予激励，可由地方根据当地具体情况最终确定。同时，随着技术进步，激励的门槛也将随之提高。

（3）节能建筑的认定体系。

建议参照《民用建筑能效测评标识管理暂行办法》、《民用建筑能效测评机构管理暂行办法》，由政府认定的民用建筑能效测评机构对申报的节能建筑进行认定，并对认定结果承担相应的法律责任和义务。建筑能效测评标识的申报程序可参考现行办法。

（4）政策激励的实施范围。

综合考虑政策的实施基础、国家的财税成本和能够实现的节能减排效果，建议近期先以北方采暖地区新建居住建筑（住宅）作为激励政策试点的突破口。

（三）鼓励节能建筑的财税激励政策成本效益分析

调研分析结果表明，对北方采暖地区新建居住建筑来说，二星级标准（65%～75%）比一星级标准（50%～65%）高出的增量成本约为100～200元/平方米，实现的节能量约为3～5千克标准煤/平方米，直接的节能经济效益约为3～4元/平方米。

2009年1～6月，我国北方采暖地区商品房销售面积约为1亿平方米，由此推算我国北方采暖地区全年商品房销售面积约为2亿平方米。对于国家而言，假设北方采暖地区二星级标准及以上的建筑占20%，则符合激励政策门槛条件的建筑面积约为0.4亿平方米。

1. 需要投入的财税成本

假设对北方采暖地区购买二星级标准及以上住宅的消费者的契税额减征40%（现税率为3%），则全国平均税收减少53.4元/平方米；对二星级标准及以上建筑的开发商营业税额减征10%（现税率为5%），则全国平均税收减少22.2元/平方米。为鼓励达到门槛要求的节能建筑，每平方米税收共减少75.6元，相当于节能建筑增量成本的50%左右。如果符合激励政策门槛条件的建筑面积约为0.4亿平方米，则国家共需投入30亿元，即减少30亿元的税收。由于部分地方政府已经制定了鼓励住房消费的契税减免政策，所以实际中契税税率小于3%，国家减少的税收也小于30亿元。

2. 带来的节能减排效益

北方采暖地区二星级住宅与一星级住宅相比每平方米节能量取4千克标准煤/平方米，按照符合激励政策门槛的建筑面积约为0.4亿平方米计算，每年可实现16万吨标准煤的节能能力，实现直接的节能经济效益约1.35亿元，同时每年可减排二氧化碳30万吨左右。假设这些建筑平均使用寿命为50年，则可累计节能800万吨标准煤，可累计实现66亿元以上的直接节能经济效益，累计减排二氧化碳1500万吨左右。

需要说明的是，为简化分析，上述结果仅对节能建筑直接的增量成本和节能效益进行了研究，同时计算节能经济效益时采用的煤炭价格为600元/吨，对政策实施成本和环境效益以及未来的能源价格变化趋势未进行全面分析。

附　　录

附录一：

民用建筑能效测评标识管理暂行办法

第一条　为贯彻《国务院关于印发节能减排综合性工作方案的通知》和建设部、国家发展改革委、财政部、监察部、审计署《关于加强大型公共建筑工程建设管理的若干意见》要求，建立和实施民用建筑能效测评标识制度，规范测评标识行为，特制定本办法。

第二条　本办法适用于针对民用建筑的能效测评标识及其相关的管理活动。

第三条　本办法所称能效测评，是指对建筑能源消耗量及其用能系统效率等性能指标进行计算、检测，并给出其所处水平的活动。

能效标识，是指依据能效测评结果，对建筑能耗相关信息向社会或产权所有人明示的活动。

第四条　下列民用建筑应进行建筑能效测评标识：

（一）新建（改建、扩建）国家机关办公建筑和大型公共建筑（单体建筑面积为2万平方米以上的）；

（二）实施节能综合改造并申请财政支持的国家机关办公建筑和大型公共建筑；

（三）申请国家级或省级节能示范工程的建筑；

对该项目的采暖空调、照明、电气等能耗情况进行统计、监测，获得建筑能效的实测值。

第五条 其他居住建筑和一般公共建筑的能效测评标识活动可参照本办法进行。

第六条 国务院建设主管部门负责全国民用建筑能效测评标识活动的实施和监督管理。

地方县级以上人民政府建设主管部门负责本行政区域内民用建筑能效测评标识活动的实施和监督管理。

地方县级以上人民政府建设主管部门可委托专门机构对建筑能效测评标识活动进行日常管理。

第七条 从事建筑能效测评活动的机构按国家和省两级设置。具体办法见《民用建筑能效测评机构管理暂行办法》。

第八条 建筑能效测评机构应在获得建设主管部门资格认定后，从事建筑能效测评活动，并对能效测评结果的准确性和真实性负责。

国家、省级建设主管部门应对其认定的建筑能效测评机构进行监督，并定期对其测评工作情况进行考核。

第九条 民用建筑能效测评分两个阶段进行：

（一）建筑能效理论值。建筑工程竣工验收合格后，建设单位或建筑所有权人根据工程设计、施工情况，提出该建筑的建筑能效理论值。

（二）建筑能效实测值。建筑项目投入使用一定期限内，建设单位或建筑所有权人应当委托有关建筑能效测评单位对该项目的采暖空调、照明、电气等能耗情况进行统计、监测，获得建筑能效的实测值。

第十条 民用建筑能效水平按照测评结果，划分为 5 个等级，并以星为标志。

第十一条 民用建筑能效标识由标志和证书组成，由国务院建设主管部门规定统一格式和内容，并监制。具体样式见附件。

第十二条 民用建筑能效测评标识的申请及发放分两个阶段进行：

（一）建筑工程竣工验收合格后，建设单位或建筑所有权人通过所在地建设主管部门向省级建设主管部门提出民用建筑能效测评标识申请，省级建设主管部门依据建筑能效理论值核发建筑能效测评标识。

（二）建筑项目取得建筑能效实测值后，建设单位或建筑所有权人通过该建筑所在地建设主管部门向省级建设主管部门申请更新能效测评标识。省级建设主管部门依据建筑能效实测值核发建筑能效测评标识。该标识有效期为 5 年。

第十三条　建筑所有权人应将获得的能效测评标识在建筑物明显位置张贴。

第十四条　建筑能效测评收费标准由省级建设主管部门会同物价管理部门制定。

第十五条　当发生下列情形时，建筑的所有权人应当重新进行建筑能效测评标识并承担所发生的测评费用。

（一）建筑围护结构节能改造；

（二）主要用能设备更新置换；

（三）建筑能效测评标识有效期结束。

第十六条　当发生下列情形之一时，建筑所有权人或者使用人可向建设主管部门提出申诉：

（一）对建筑能效测评结果有异议的；

（二）对建筑能效标识有异议的；

（三）建筑能效测评机构及其从业人员发生违法违规行为的。

第十七条　建设主管部门受理申诉后，可根据实际情况采取下列措施：

（一）要求建设单位和其委托的能效测评机构出具必要的证明资料，并依据资料进行处理；

（二）另行指定能效测评机构实施仲裁，并依据仲裁结果进行处理；

（三）经查实，能效测评机构及其从业人员确有违法违规行为，责令改正。

第十八条　建筑的所有权人、使用人不得擅自拆除或者变更建筑物的能效标识。

经查实，建设主管部门应当责令改正。

第十九条　建设主管部门应当建立投诉受理和处理制度，公开投诉电话、通讯地址和电子邮箱，接受社会监督。

第二十条　本办法自发布之日起施行。

附录二：

重庆市建筑节能条例

（2007 年 11 月 23 日重庆市第二届人民代表大会常务委员会第三十四次会议通过）

第一章　总　　则

第一条　为了加强建筑节能管理，降低建筑使用能耗，提高能源利用效率，根据《中华人民共和国节约能源法》、《中华人民共和国建筑法》、《中华人民共和国可再生能源法》及有关法律、法规，结合本市实际，制定本条例。

第二条　在本市行政区域内从事建筑的新建（改建、扩建）、既有建筑的节能改造、民用建筑的用能系统运行管理及相关管理工作，适用本条例。

第三条　本条例所称建筑节能，是指在保证建筑物使用功能和室内热环境质量的前提下，在建筑物的规划、设计、建造和使用过程中采用节能型的建筑技术和材料，降低建筑能源消耗，合理、有效地利用能源的活动。

本条例所称民用建筑，是指居住建筑和公共建筑（包括工业建设项目中具有民用建筑功能的建筑）。

第四条　市、区县（自治县）人民政府应当加强对建筑节能工作的领导，组织有关部门开展建筑节能宣传教育，普及建筑节能科学知识，增强全社会的建筑节能意识。

市、区县（自治县）人民政府应当将建筑节能工作纳入本级国民经济和社会发展计划、能源发展规划。

第五条　市、区县（自治县）建设行政主管部门负责本行政区域内建筑节能的监督管理工作。

市、区县（自治县）经委、发展改革、科学技术、规划、土地、房产、质监、财政、机关事务管理等部门按照各自职责，做好相关建筑节能管理工作。

第二章 一般规定

第六条 市、区县（自治县）人民政府应当鼓励建筑节能的科学研究和技术开发，推广应用节能型建筑技术，促进可再生能源在民用建筑中的开发利用，发挥社会中介组织在推进建筑节能工作中的作用。

第七条 市建设行政主管部门应当组织编制全市建筑节能专项规划，报市人民政府批准后组织实施。

第八条 地方建筑节能标准由市建设行政主管部门会同市标准化行政主管部门组织制定，按法定程序发布。

第九条 市建设行政主管部门应当会同有关部门建立建筑节能技术性能认定公告制度，及时制定、公布并更新推广使用目录和限制或者禁止使用目录。

第十条 对具备可再生能源应用条件的新建（改建、扩建）建筑或者既有建筑节能改造项目，应当优先采用可再生能源。

第三章 新建建筑节能

第十一条 新建建筑工程项目，应当执行建筑节能强制性标准。在改建、扩建时涉及建筑围护结构和用能系统的，应当按照建筑节能强制性标准要求采取建筑节能措施。

第十二条 建筑工程项目进行方案设计或规划行政主管部门对方案设计进行审查时，应当在建筑的布局、体形、朝向、采光、通风和绿化等方面综合考虑能源利用和建筑节能的要求。

第十三条 建筑工程项目的初步设计和施工图设计均应当符合建筑节能强制性标准要求。初步设计阶段应当按照国家有关规定编制建筑节能设计专篇和项目热工计算书，施工图设计阶段应当落实初步设计审批意见和建筑节能强制性标准规定的技术措施。

施工图审查机构在进行施工图设计文件审查时，应当审查节能设计的内容，在审查报告中单列节能审查章节。不符合建筑节能强制性标准的，施工图设计文件审查结论应当定为不合格，市和区县（自治县）建设行政主管部门不得颁发施工许可证。

第十四条 建设单位不得明示或者暗示设计单位、施工单位违反建筑节能强制性标准进行设计、施工；不得明示或者暗示施工单位使用不符合建筑节能强制性标准和施工图设计文件要求的材料、产品、设备和建筑构配件。

按照合同约定由建设单位采购相关材料、产品、设备和构配件的，建设单位应当保证符合建筑节能强制性标准和施工图设计文件要求。

第十五条 施工单位应当对进入施工现场的墙体材料、保温材料、门窗、采暖制冷系统、照明设备进行查验，对产品说明书和产品标识上注明的能耗指标不符合建筑节能强制性标准及施工图设计文件的，不得使用。

对国家和本市规定必须实行见证取样和送检的材料、部品，施工单位应当在建设单位或者监理单位监督下进行现场取样，送建筑节能检测机构进行检测。

第十六条 施工单位、监理单位应当按照国家和本市有关建筑节能要求、建筑节能强制性标准和施工图设计文件进行施工、监理。

第十七条 建设工程质量监督机构应当将建筑节能纳入建筑工程质量监管的重要内容，加强对建筑节能工程施工过程的监督检查。在提交建设工程质量监督报告中，应当有建筑节能的专项监督意见。

第十八条 建筑工程项目竣工后，建设单位应当持有关批准文件，以及设计、施工、监理、用材等资料和其他与能效测评有关的资料，向建设行政主管部门申请建筑能效测评。

建设行政主管部门收到申请后，对资料齐备的，应当在十五日内完成建筑能效测评工作。经测评达到建筑节能强制标准要求的，根据测评结果发给相应的建筑能效标识和证书，作为享受有关优惠政策的依据；经测评达不到建筑节能强制标准要求的，应当出具建筑能效不合格意见。对资料不齐备的，应当场一次性告知申请人补齐相关资料。

建设行政主管部门可以委托建筑节能管理机构具体实施建筑能效测评和建筑能效标识、证书的发放。

建筑能效测评不收取费用。

第十九条 建筑工程项目未经建筑能效测评，或者建筑能效测评不合格的，不得组织竣工验收，不得交付使用，不得办理竣工验收备案手续。

第二十条 建设单位应当将建筑能效标识在建筑物显著位置予以公示。

第二十一条 建筑照明工程应当选用节能型产品，在保证照明质量前提下，合理选择照度标准、照明方式、控制方式并充分利用自然光，降低照明电耗。

第二十二条 房地产开发企业在销售商品房时，应当向购买人明示所销售房屋的能效水平、节能措施及保护要求、节能工程质量保修期等基本信息，并在房屋买卖合同和商品房质量保证书、商品房使用说明书中予以载明。

第二十三条 建筑围护结构保温工程的保修期限不得低于五年。保修期自竣工验收合格之日起计算。

建筑围护结构保温工程在保修范围和保修期限内发生质量问题的，施工单位应当履行保修义务。

第四章 既有建筑节能

第二十四条 既有建筑节能改造应当遵循下列原则：

（一）技术可行，经济合理；

（二）建筑围护结构改造应当与用能系统改造同步进行；

（三）符合建筑节能强制性标准要求；

（四）确保结构安全，不影响建筑使用功能。

第二十五条 市建设行政主管部门应当会同有关部门依照国家要求和本市建筑节能专项规划，提出全市既有建筑节能改造的分步实施计划，报市人民政府批准后，由市有关部门和区县（自治县）人民政府组织实施。

第二十六条 既有民用建筑节能改造应当将国家机关办公建筑和大型公共建筑作为重点。其他公共建筑和居住建筑的建筑节能改造应当在尊重所有权人意愿的基础上逐步实施。

鼓励多元化、多渠道投资民用建筑的节能改造，投资人可以按协议分享民用建筑节能改造所获得的收益。

第二十七条 既有建筑节能改造工程竣工后，建筑物所有权人可以向建设行政主管部门申请建筑能效测评。经测评达到建筑节能强制标准要求的，根据测评结果发给相应的建筑能效标识和证书。

第二十八条 民用建筑所有权人、使用人或其委托的物业服务单位应当定期对建筑物用能系统进行维护、检修、监测及更新置换，保证用能系统的运行符合国家、行业和本市建筑节能强制性标准。

政府鼓励有关专业化公司为公共建筑的空调运行和维护提供专业化服务，实现公共建筑空调系统的节能运行。

民用建筑用能系统运行管理单位的作业人员及其相关管理人员，应当接受建筑节能教育和培训。

第二十九条 市建设行政主管部门应当会同有关主管部门加强对既有公共建筑的运行节能管理，开展以下工作：

（一）建立和完善国家机关办公建筑和大型公共建筑的运行节能监管体系；

（二）制定公共建筑用能设备运行标准以及采暖、制冷、热水供应、照明能耗统计制度；

（三）对采用空调采暖、制冷的公共建筑，实行室内温度控制制度；

（四）制定国家机关办公建筑和大型公共建筑的单位能耗限额；

（五）建立国家机关办公建筑和大型公共建筑的能源审计、能效公示制度。

第五章 激励措施

第三十条 市、区县（自治县）人民政府应当从节能专项资金和有关专项资金中安排专门经费，用于支持下列建筑节能工作：

（一）建筑节能的科学技术研究、标准制定和示范工程；

（二）既有建筑节能改造技术的推广应用；

（三）可再生能源在建筑中的应用；

（四）绿色建筑的推广应用；

（五）促进节能型的建筑结构、材料、设备和产品的产业化。

第三十一条 市、区县（自治县）人民政府应当对民用建筑节能项目给予优惠或补助，具体办法由市人民政府另行制定。

第三十二条 市、区县（自治县）人民政府应当引导金融机构对既有建筑节能改造、可再生能源在建筑中的应用、绿色建筑以及更低能耗建筑工程等项目提供支持。

第三十三条 经市建设行政主管部门会同有关部门认定符合建筑节能产业发展方向的高效节能技术、产品，可享受国家和本市高新技术产业相关优惠政策。

建筑节能产品经认定符合国家和本市公布的新型墙体材料目录或者资源综合利用目录的，按照国家规定享受相应的税收优惠。

第六章 法律责任

第三十四条 建设行政主管部门、其他主管部门、建筑节能管理机构工作人员在建筑节能监督管理工作中玩忽职守、滥用职权、徇私舞弊的，依法给予行政处分；构成犯罪的，依法追究刑事责任。

第三十五条　违反本条例规定，有下列行为之一的，由建设行政主管部门依照有关法律、法规的规定予以处罚：

（一）设计单位未按照建筑节能强制性标准进行设计的；

（二）施工图审查机构出具虚假审查合格报告的；

（三）建设单位明示或者暗示设计单位、施工单位违反建筑节能强制性标准进行设计、施工的；

（四）建设单位采购的相关材料、产品、设备及建筑构配件不符合建筑节能强制性标准和施工图设计文件要求的；

（五）建设单位明示或者暗示施工单位使用不符合建筑节能强制性标准和施工图设计文件要求的材料、产品、设备及建筑构配件的；

（六）施工单位未按照建筑节能强制性标准进行施工的；

（七）施工单位对国家和本市规定必须实行见证取样和送检的材料、部品，未在建设单位或者监理单位监督下进行现场取样，送建筑节能检测机构进行检测的；

（八）施工单位使用能耗指标不符合建筑节能强制性标准和施工图设计文件的墙体材料、保温材料、门窗、采暖空调系统、照明设备的；

（九）监理单位未按照建筑节能强制性标准实施监理的；

（十）房地产开发企业在销售商品房时，未向购买人明示所销售房屋的能效水平、节能措施及保护要求、节能工程质量保修期等基本信息的。

第三十六条　违反本条例规定，建设单位有下列行为之一的，由建设行政主管部门予以处罚：

（一）建筑工程项目未经建筑能效测评，或者建筑能效测评不合格组织竣工验收并出具竣工验收合格报告的，责令改正，处建筑项目施工合同价款百分之二以下的罚款；

（二）未将建筑能效标识在建筑物显著位置予以公示的，责令限期改正，逾期未改正的，处一万元以下的罚款；

（三）使用伪造的节能建筑能效标识或者冒用建筑能效标识的，责令改正，处一万元以上十万元以下的罚款。

第三十七条　违反本条例规定，设计单位在初步设计阶段未编制建筑节能设计专篇和项目热工计算书，或者在施工图设计阶段未落实初步设计审批意见和建筑节能强制性标准规定的技术措施的，由建设行政主管部门责令限期改正；逾期未改正的，处三万元以下的罚款。

第三十八条 建筑节能检测机构不执行国家和本市标准、规范或者出具虚假报告的，由市建设行政主管部门责令改正，处一万元以上十万元以下的罚款。

第三十九条 依照本条例规定，作出处十万元以上罚款的行政处罚前，应当告知当事人有要求听证的权利。

第七章 附 则

第四十条 建筑节能检测机构的管理，依照国家有关建设工程质量检测机构的规定执行。法律、法规另有规定的，从其规定。

第四十一条 鼓励临时性房屋建筑和农民自建自用住宅建筑采用建筑节能措施。

第四十二条 本条例自2008年1月1日起施行。

附录三：

重庆市建设委员会关于印发《重庆市建筑节能示范工程管理办法》（试行）的通知

各区县（自治县、市）建委，各有关单位：

为加强建筑节能技术、产品的推广应用，通过典型引路、以点带面，逐步培育社会对建筑节能的市场需求，促进我市建筑节能产业的发展，根据《民用建筑节能管理规定》（建设部第76号令），结合本市实际，我委制定了《重庆市建筑节能示范工程管理办法》（试行）。现印发给你们，请遵照执行。

联系人：熊启东 杨小汝

电话：63000308

二〇〇三年十月十七日

重庆市建筑节能示范工程管理办法（试行）

第一条 为加强建筑节能技术、产品的推广应用，培育社会对建筑节能的市场需求，促进我市建筑节能产业的发展，根据《民用建筑节能管理规定》（建设部第76号令）和《重庆市民用建筑节能管理办法》（暂行）（渝建发［2003］12号），制定本办法。

第二条 本办法所称建筑节能示范工程（以下简称示范工程），是指按照《重庆市建筑节能示范工程建设技术要点》组织建设、经竣工验收合格并由市建设行政主管部门公布的工程。

第三条 示范工程由市建设行政主管部门统一指导和管理，各区县建设行政主管部门负责本地区示范工程的组织协调及管理工作，市建筑节能协会负责示范工程的技术指导、技术服务，参与建设中期检查和竣工验收等具体工作。

第四条 示范工程的申请条件：

（一）应为拟建或在建的民用建筑，建设期限不宜超过2~3年；

（二）应具备一定的建设规模：主城九区及万州、涪陵区不宜小于3万平方米，其他区县不宜小于1万平方米；

（三）建筑节能设计方案应符合《重庆市居住建筑节能设计标准》的要求；

（四）应重点选用本地较成熟的建筑节能技术、产品，对本地建筑节能产业的发展起到一定的带动作用。

第五条 示范工程的组织实施。

（一）申请

由建设单位向项目所在地建设行政主管部门提出申请，项目所在地建设行政主管部门根据示范工程的申请条件和我市建筑节能的试点规划进行初审，初审合格后由建设单位报市建设行政主管部门审查。

（二）立项

市建设行政主管部门委托市建筑节能协会组织建筑节能专家按照《重庆市建筑节能示范工程建设技术要点》的要求，对建筑节能设计方案及相关资料进行评审。评审通过的工程经市建设行政主管部门批准后，列入重庆市建筑节能示范工程实施计划，并统一行文公布。

（三）建设中期检查

列入示范工程实施计划的工程，开工后建设单位每半年向市建筑节能协会报告工程进展情况。市建设行政主管部门会同项目所在地建设行政主管部门组织不定期检查，市建筑节能协会派有关专家参与。重点检查已批准的建筑节能设计方案在工程中的具体实施和质量达标情况。

（四）竣工验收

工程竣工后，由项目所在地建设行政主管部门组织初验，初验合格后建设单位向市建设行政主管部门提出竣工验收申请。由市建设行政主管部门会同项目所在地建设行政主管部门、市建筑节能协会组成竣工验收小组，按照《重庆市建筑节能示范工程评价指标体系》的要求对工程进行验收。验收合格后，建设单位分别向市、项目所在地建设行政主管部门备案。

（五）公布

对竣工验收合格并备案的工程，市建设行政主管部门将在重庆建设网站和有关媒体公示，公示时间为十个工作日。公示结果无异议的工程，由市建设行政主管部门统一行文公布，并颁发“重庆市建筑节能示范工程”的证书和标志。

第六条 示范工程的证书和标志由市建设行政主管部门统一制作、颁发，标志应镶贴在示范工程的主要出入口。

第七条 列入示范工程实施计划的工程，若申报经济适用住房项目，可优先考虑。

第八条 示范工程在建设过程中出现下列情况之一者，将取消示范资格。

（一）未按规定的程序和要求组织实施；

（二）列入示范工程实施计划的工程，半年内未开工。

第九条 本办法由市建设行政主管部门负责解释。

第十条 本办法自发布之日起施行。

附录四：

重庆市建设委员会关于印发《重庆市住宅性能评定管理办法》的通知

渝建发［2008］124号

各区县（自治县）建委，北部新区建设管理局，有关单位：

为全面推行住宅性能评定与标识制度，推动住宅产业技术进步和住宅产业现代化，进一步提高我市建筑节能水平和住宅建设品质，培育健康的住宅建设市场和消费市场，促进住宅产品结构由数量质量型向性能品质型的转变，根据国家有关政策和规定，结合《重庆市建筑节能条例》相关要求和我市住宅产业发展实际情况，我委修订了《重庆市住宅性能评定管理办法》，现印发给你们，请遵照执行。原《重庆市住宅性能认定管理办法（试行）》（渝建发［2003］96号）同时废止。

实施中的有关问题，请与市建委科教处或市建设技术发展中心（市建筑节能中心）联系。

1. 市建委科教处

联系人：平大野

联系电话：63672908；63603771（传真）

2. 市建设技术发展中心（市建筑节能中心）

联系人：余朝鹏

联系电话：63635766；63621183（传真）

二〇〇八年七月二十三日

重庆市住宅性能评定管理办法

第一章 总 则

第一条 为全面推行住宅性能评定与标识制度，推动住宅产业技术进步和住宅产业现代化，进一步提高我市建筑节能水平和住宅建设品质，培育健康的住宅建设市场和消费市场，促进住宅产品结构由数量质量型向性能品质型的转变，根据国家有关规定，结合本市实际，制定本办法。

第二条 本市行政区域内的住宅性能评定与标识，适用本办法。

第三条 本办法所称住宅性能评定与标识，是指对申请进行性能等级评定的住宅，依据《重庆市住宅性能评定技术标准》，按照本办法确定的程序和要求，评定其性能等级并进行信息性标识的一种评价活动。标识包括证书和标志。

第四条 住宅性能评定与标识遵循独立、自愿和科学、公开、公平、公正的原则。

第五条 住宅性能根据适用性能、安全性能、耐久性能、环境性能、经济性能及新技术应用六大技术体系，由低到高依次划分为3星（★★★）、4星（★★★★）、5星（★★★★★）三个等级。

第六条 申请住宅性能评定的房地产开发企业应具备相应资质并经年检合格；申请性能等级评定的住宅工程项目应符合法定建设程序。

第七条 房地产开发企业预售商品住宅，凡向用户承诺性能等级时，应通过住宅性能评定预评审，取得预评审合格证书，并保证住宅建成后达到相应性能等级。

第二章 组织管理

第八条 市建设行政主管部门负责监督管理全市的住宅性能评定工作，发布住宅性能评定标准，制定管理办法。各区县（自治县）建设行政主管部门负责本地区住宅性能评定与标识的组织、协调工作。

第九条 市建设技术发展中心受市建设行政主管部门委托，负责住宅性能评定与标识的具体组织实施等日常工作，并接受市建设行政主管部门的监督与管理。

第十条 市建设技术发展中心负责对申报项目组织咨询、指导、评审及其他服务工作，并对评审结果负责；负责建立和管理评审工作档案，并受理查询事务。

第十一条 对评定的项目由市建设行政主管部门公布，并统一颁发证书和标志。

第三章 评定的主要内容

第十二条 住宅性能评定的主要内容包括：适用性能、安全性能、耐久性能、环境性能、经济性能及新技术应用。

第十三条 住宅的适用性能主要包括：

1. 住宅平面与空间布局
2. 建筑装修
3. 隔声性能
4. 设备设施
5. 住宅可改造性
6. 无障碍设施

第十四条 住宅的安全性能主要包括：

1. 结构安全
2. 环境边坡安全
3. 建筑防火
4. 电气设备安全
5. 日常安全防护措施
6. 有害物控制
7. 污水处理系统安全

第十五条 住宅的耐久性能主要包括：

1. 结构工程
2. 装饰装修工程
3. 防水性能
4. 防腐性能
5. 设备性能

第十六条 住宅的环境性能主要包括：

1. 用地与规划
2. 给水与排水
3. 绿地与景观
4. 室外噪声与空气污染
5. 环境卫生
6. 公共服务设施

第十七条　住宅的经济性能主要包括：

1. 节能
2. 节水
3. 节地
4. 节材

第十八条　住宅新技术应用主要包括：

1. 推广应用新技术的规定
2. 建筑节能技术
3. 建筑节水技术
4. 建筑节材技术
5. 环境保障技术
6. 化学建材
7. 墙体材料
8. 建筑结构与施工技术
9. 建筑智能化技术

第十九条　申报住宅性能评定的项目，建筑设计按规定执行该项目所在地现行居住建筑节能设计标准。

第二十条　住宅性能等级按照评定的项目和定性、定量指标设置评判分值。各种性能的得分均应≥80 分，否则不予通过。

第四章　评 定 程 序

第二十一条　住宅性能评定程序为：申请、评审、公示、公布。

（一）申请。已建成住宅在竣工验收合格且已办理竣工验收备案登记后，新建、改建住宅宜在初步设计审查前，由申请单位按附表格式（见附件 1）向市建设行政主管部门提出书面申请。经项目所在地建设行政主管部门对项目建设合法性审查合格和市建设技术发展中心对项目基本条件初审合格，并经市建设行政主管部门备案后，由市建设技术发展中心组织进行评审。

（二）评审。分预评审、中期检查和终审三个阶段。

有性能等级承诺的预售商品住宅和未竣工验收的住宅应进行预评审；已竣工验收住宅不做预评审，直接进行终审。

1. 预评审：

预评审宜在初步设计审查后、施工图设计文件审查前进行，由市建设技术发展中心组织专家组，对照《重庆市住宅性能评定技术标准》进行预评审并提供技术咨询服务；市建设技术发展中心应在预评审合格后10个工作日内，将预评审合格证书及相关文件报市建设行政主管部门备案。

2. 中期检查：

通过预评审的项目，开工后建设单位应每季度向市建设技术发展中心通报工程进展情况；市建设技术发展中心应组织专家组对项目的实施情况进行不定期的实地检查和技术指导（每年不少于一次）。中期检查后，市建设技术发展中心应在10个工作日内，将中期检查报告及相关文件报市建设行政主管部门备案。

3. 终审：

项目竣工验收合格且已办理竣工验收备案登记的项目，申请单位应在完成竣工验收相关手续后60日内，以书面方式向市建设行政主管部门提出终审申请，由市建设技术发展中心组织专家组进行终审（包括实地检查和资料审查）。

终审合格后，市建设技术发展中心应在10个工作日内将书面评审报告、专家组终审意见和评定等级意见（见附件2）等资料报市建设行政主管部门。

（三）公示。市建设行政主管部门将申请项目终审评定等级意见在有关媒体上公示，公示时间为10个工作日。

（四）公布。公示结果无异议的，由市建设行政主管部门统一行文公布，并颁发住宅性能等级证书和标志。

各性能单项终审分值可根据申请单位要求予以公布。

第二十二条　通过住宅性能等级预评审的住宅项目出现下列情况之一者，市建设技术发展中心有权吊销其预评审合格证书，并由市建设行政主管部门在有关媒体上公布：

（一）半年内未开工建设的；

（二）拒绝按照预评审或中期检查整改意见组织实施的；

（三）以不真实的申请材料通过预评审的；

（四）逾期不提出终审申请或拒绝进行终审的。

第二十三条 对需要检测的项目，由申请单位委托具有资格的检测机构检测，检测机构应具有相应的技术、管理力量和检测设备，并对其检测结果负责；对于质量监督机构已核验的项目，不做重复检测。

第二十四条 评审工作应接受市建设行政主管部门监督。项目所在地区县建设行政主管部门应协助组织评审。

第二十五条 评审专家组应由建筑、规划、施工、园林、建材、给排水、暖通、电气及智能化等各专业专家组成，人数不得少于7人，专家原则上应具有高级职称。

第二十六条 住宅性能评定需提供以下资料。

（一）申请时需提供资料；

1. 住宅性能评定申请表；

2. 申请单位资格文件；

3. 项目建设合法性的有关文件；

4. 项目设计的主要技术经济指标。

（二）评审时需提供资料

预评审阶段：

1. 住宅性能评定申请表；

2. 工程概况及技术方案说明；

3. 规划设计方案；

4. 初步设计批复，初步设计图，建筑节能计算书；

5. 需要提交的其他资料。

中期检查阶段：

1. 施工设计图及审查备案书；

2. 相关设计变更文件；

3. 相关技术交底文件；

4. 原材料、半成品和成品、设备的清单（含品种、规格、厂家），合格证书及检验、检测报告；

5. 需要提交的其他资料。

终审阶段：

1. 住宅竣工图及全套技术文件；

2. 原材料、半成品和成品、设备的清单（含品种、规格、厂家），合格证书及检验、检测报告；

3. 隐蔽工程验收记录和分部分项工程质量检查记录；

4. 住宅性能检测项目检测结果；

5. 工程竣工验收意见书；

6. 工程竣工验收备案登记证；

7. 建筑能效测评标识证书或证明文件；

8. 需要提交的其他材料。

第二十七条　住宅性能等级证书和标志的式样、制作标准、编号规则（见附件3、4、5）由市建设行政主管部门统一制定，证书和标志由市建设行政主管部门统一制作、颁发。

第二十八条　住宅性能评定等级有效期为10年。

评定等级有效期内，市建设行政主管部门将每年对取得住宅性能等级证书和标志的项目组织检查。对不符合相应住宅性能等级标准的项目，相关单位应限期整改。逾期不予整改或整改不合格的项目，市建设行政主管部门可吊销其住宅性能等级证书和标志。

评定等级有效期截止后，相关单位可向市建设行政主管部门申请续用标识。

第五章　标识管理

第二十九条　申请单位应在领取住宅性能等级标志后30日内，将标志镶贴于规定位置：以住宅小区整体或小区组团为单位申请住宅性能等级评定的，应将标志镶贴于小区或小区组团的主入口处；以栋为单位申请住宅性能等级评定的，应将标志镶贴于该栋住宅主入口处。

第三十条　住宅性能等级标识持有单位应规范使用证书和标志。凡有下列情况之一者，撤销标识：

（一）标识持有单位未按规定镶贴标识超过一年的；

（二）转让标识或违反有关规定、损害标识信誉的；

（三）以不真实的申请材料通过评定获得标识的。

被撤销住宅性能等级标识的住宅项目和建设单位，自撤销之日起三年内不得再次提出评定申请。

第六章 监督检查

第三十一条 申请单位以假冒手段或其他不正当手段取得评定结果的，一经发现，撤销其评定等级并予以公布。

第三十二条 凡伪造、盗用、买卖和转让住宅性能等级证书或标志，利用标识进行虚假宣传的，按照国家和地方有关法律法规予以处罚，触犯刑律的，依法追究刑事责任。

第三十三条 检测机构未按有关标准和规定出具检测报告，造成不良影响的，将予以通报并承担相应责任。检测机构工作人员违反有关标准和规定，弄虚作假，造成不良后果的，将予以通报并承担相应责任。

第三十四条 市建设技术发展中心未按有关标准和规定出具评审报告，造成不良影响的，将予以通报并承担相应责任。市建设技术发展中心工作人员违反有关标准和规定，弄虚作假，造成不良后果的，将予以通报并承担相应责任。

第三十五条 建设行政主管部门有关人员未按规定履行其职责的，将按照有关规定进行处理。

第七章 附 则

第三十六条 本办法由市建设行政主管部门负责解释。

第三十七条 本办法自发布之日起施行。

附录五：

重庆市建设委员会关于印发《重庆市绿色生态住宅小区评定管理办法》的通知

渝建发［2008］139 号

各区县（自治县）建委，北部新区建设管理局，有关单位：

为大力发展循环经济，加快建设资源节约型、环境友好型社会和社会主义生态文明，推进我市绿色生态住宅小区建设，提高建设工程功能品质和居住环境质量，根据国家有关政策和规定，结合《重庆市建筑节能条例》相关要求，我委修订了《重庆市绿色生态住宅小区评定管理办法》，现印发给你们，请遵照执行。原《重庆市绿色生态住宅小区示范工程管理办法（试行）》（渝建发［2005］138 号）同时废止。

实施中的有关问题，请与市建委科教处或市建设技术发展中心（市建筑节能中心）联系。

1. 市建委科教处

联系人：平大野

联系电话：63672908；63603771（传真）

2. 市建设技术发展中心（市建筑节能中心）

联系人：余朝鹏

联系电话：63635766；63621183（传真）

二〇〇八年八月七日

重庆市绿色生态住宅小区评定管理办法

第一章 总 则

第一条 为大力发展循环经济，加快建设资源节约型、环境友好型社会和社会主义生态文明，推进我市绿色生态住宅小区建设，提高建设工程功能品质和居住环境质量，根据国家有关规定，结合本市实际，制定本办法。

第二条 本市行政区域内的绿色生态住宅小区评定，适用本办法。

第三条 本办法所称绿色生态住宅小区是指按照重庆市工程建设标准《绿色生态住宅小区建设技术规程》组织建设、经竣工验收评审合格并由市建设行政主管部门公布的建设工程。

第四条 绿色生态住宅小区的申报和评审遵循独立、自愿及科学、公开、公平、公正的原则。

第五条 申请绿色生态住宅小区评定的房地产开发企业应具备相应资质；申请绿色生态住宅小区评定的建设项目应符合法定建设程序。

第六条 房地产开发企业预售商品住宅小区，凡向用户承诺其为绿色生态住宅小区时，应通过预评审，取得预评审合格证书，并保证绿色生态住宅小区建成后达到相应标准。

第七条 经终审合格的绿色生态住宅小区工程项目，按规定可享受国家及我市有关的经济激励政策。

第二章 组织管理

第八条 市建设行政主管部门负责监督管理全市的绿色生态住宅小区评定工作，发布绿色生态住宅小区工程建设标准，制定管理办法。各区县（自治县）建设行政主管部门负责本地区绿色生态住宅小区评定的组织、协调工作。

第九条 市建设技术发展中心受市建设行政主管部门委托，负责绿色生态住宅小区的具体组织实施等日常管理工作，并接受市建设行政主管部门的监督与管理。

第十条 市建设技术发展中心负责对申报的项目组织技术咨询、指导、评审和服务工作，并对评审结果负责；负责建立和管理评审工作档案，并受理查询事务。

第十一条　对审定的项目由市建设行政主管部门公布，并统一颁发证书和标志。

第三章　申报条件及程序

第十二条　申报条件：

（一）应为拟建或在建的民用建筑，建设周期不宜超过 3 年。

（二）应具备一定的建设规模：主城区及万州区、涪陵区、江津区、永川区、合川区申报项目总建筑面积规模不宜小于 5 万平方米，其他地区不宜小于 3 万平方米。

（三）申报项目设计方案应符合我市《绿色生态住宅小区建设技术规程》的技术规定和要求。

（四）充分利用本地资源和可再生能源，符合“四节一保”（节能、节地、节水、节材和生态环保）要求。

第十三条　申报程序：

（一）申请

已建成住宅小区在竣工验收合格且已办理竣工验收备案登记后，新建、改建住宅小区宜在初步设计审查前，由建设单位按附表格式（见附件 1）向市建设行政主管部门提出书面申请。经项目所在地建设行政主管部门对项目建设合法性审查合格和市建设技术发展中心对项目基本条件审查合格，并报市建设行政主管部门备案后，由市建设技术发展中心组织进行评审。

（二）评审。分预评审、中期检查和终审三个阶段。

凡向用户承诺其为绿色生态住宅小区的项目应进行预评审；已竣工验收的项目不做预评审，直接进行终审。

1. 预评审

预评审宜在初步设计审查后、施工图设计文件审查前进行，由市建设技术发展中心组织专家组对照《绿色生态住宅小区建设技术规程》进行预评审并提供技术咨询服务；预评审合格且施工图设计文件符合要求的，市建设技术发展中心负责将预评审合格证书及相关文件报市建设行政主管部门备案，由市建设行政主管部门统一行文公布。

2. 中期检查

通过生态小区预评审的项目，开工后建设单位应每季度向市建设技术发展中心通报工程进展情况；市建设技术发展中心应组织专家组对项目的实施情况进行不定期的实地检查和技术指导（每年不少于一次）。中期检查后，市建设技术发展中心应在10个工作日内，将中期检查报告及相关文件报市建设行政主管部门备案。

3. 终审

项目竣工验收合格且已办理竣工验收备案登记的项目，申请单位应在完成竣工验收相关手续后60日内，以书面方式向市建设行政主管部门提出终审申请，由市建设技术发展中心组织专家组进行终审（包括实地检查和资料审查）。

终审合格后，市建设技术发展中心应在10个工作日内将书面评审报告、专家组终审意见和评定意见（见附件2）等资料报市建设行政主管部门。

（三）公示

对终审合格并备案的绿色生态住宅小区项目，市建设行政主管部门将在有关媒体上进行公示，公示时间为10个工作日。

（四）公布

公示结果无异议的项目，由市建设行政主管部门统一行文公布，并颁发重庆市绿色生态住宅小区证书和标志。

第十四条 通过绿色生态住宅小区预评审的工程项目出现下列情况之一者，市建设技术发展中心有权吊销其预评审合格证书，并由市建设行政主管部门在有关媒体上公布：

（一）半年内未开工建设的；

（二）拒绝按照预评审或中期检查整改意见组织实施的；

（三）以不真实的申请材料通过预评审的；

（四）逾期不提出终审申请或拒绝进行终审的。

第十五条 对需要检测的项目，由申请单位委托具有资格的检测机构检测，检测机构应具有相应的技术、管理力量和检测设备，并对其检测结果负责；对于质量监督机构已核验的项目，不做重复检测。

第十六条 评审工作应接受市建设行政主管部门监督。项目所在地区县建设行政主管部门应协助组织评审，并参与评审过程监督。

第十七条 评审专家组应由建筑、规划、施工、园林、建材、给排水、暖通、电气及智能化等各专业专家组成，人数不得少于7人，专家原则上应具有高级职称。

第十八条　绿色生态住宅小区评定需提供以下资料。

（一）申请时需提供资料

1. 绿色生态住宅小区申请表；

2. 申请单位资格文件；

3. 项目建设合法性的有关文件；

4. 项目设计的主要技术经济指标。

（二）评审时需提供资料

预评审阶段：

1. 绿色生态住宅小区申请表；

2. 工程概况及技术方案说明；

3. 规划设计方案；

4. 初步设计批复，初步设计图，建筑节能计算书；

5. 需要提交的其他资料。

中期检查阶段：

1. 施工设计图及审查备案书；

2. 相关设计变更文件；

3. 相关技术交底文件；

4. 原材料、半成品和成品、设备的清单（含品种、规格、厂家），合格证书及检验、检测报告；

5. 需要提交的其他资料。

终审阶段：

1. 住宅小区竣工图及全套技术文件；

2. 原材料、半成品和成品、设备的清单（含品种、规格、厂家），合格证书及检验、检测报告；

3. 隐蔽工程验收记录和分部分项工程质量检查记录；

4. 住宅小区各检测项目检测结果；

5. 工程竣工验收意见书；

6. 工程竣工验收备案登记证；

7. 建筑能效测评标识证书或证明文件；

8. 需要提交的其他材料。

第十九条　绿色生态住宅小区的证书和标志由市建设行政主管部门统一制作、颁发。

第二十条 市建设行政主管部门将不定期对取得绿色生态住宅小区证书和标志的项目组织检查。

第四章 标识管理

第二十一条 申请单位应在领取标志后30日内，将标志镶贴在小区主入口或明显位置。

第二十二条 绿色生态住宅小区标识持有单位应规范使用证书和标志。凡有下列情况之一者，撤销标识：

（一）标识持有单位未按规定镶贴标识超过一年的；

（二）转让标识或违反有关规定、损害标识信誉的；

（三）以不真实的申请材料通过绿色生态住宅小区评定获得标识的；

对被撤销绿色生态住宅小区标识的工程项目和建设单位，自撤销之日起三年内不再进行绿色生态住宅小区的评定工作。

第五章 监督检查

第二十三条 申请单位以假冒手段或其他不正当手段取得绿色生态住宅小区评定结果的，一经发现，撤销其取得的评定结果并承担相应责任。

第二十四条 凡伪造、盗用、买卖和转让绿色生态住宅小区证书或标志，或利用标识进行虚假宣传的，按照国家和地方有关法律法规予以处罚，触犯刑律的，依法追究刑事责任。

第二十五条 检测机构未按有关标准和规定出具检测报告，造成不良影响的，将予以通报并承担相应责任。检测机构工作人员违反有关标准和规定，弄虚作假，造成不良后果的，将予以通报并承担相应责任。

第二十六条 市建设技术发展中心未按有关标准和规定出具评审报告，造成不良影响的，将予以通报并承担相应责任。市建设技术发展中心工作人员违反有关标准和规定，弄虚作假，造成不良后果的，将予以通报并承担相应责任。

第二十七条 建设行政主管部门有关人员未按规定履行其职责的，将按照有关规定进行处理。

第六章 附则

第二十八条 本办法由市建设行政主管部门负责解释。

第二十九条 本办法自发布之日起施行。

附录六：

重庆市建设委员会关于进一步明确《重庆市绿色生态住宅小区评定管理办法》有关内容的通知

渝建发［2008］148号

各区县（自治县）建委，北部新区建设管理局，有关单位：

为大力发展循环经济，加快建设资源节约型、环境友好型社会和社会主义生态文明，推进我市绿色生态住宅小区建设，提高建设工程品质和居住环境质量，我委于2008年8月14日印发了《重庆市绿色生态住宅小区评定管理办法》（渝建发［2008］139号，以下简称《管理办法》）。为更好的贯彻落实好《管理办法》，现就有关内容明确如下：《管理办法》中“第二十条　市建设行政主管部门将每年对取得绿色生态住宅小区证书和标志的项目组织检查。”内容进一步明确为：

“第二十条　绿色生态住宅小区评定有效期为10年。评定有效期内，市建设行政主管部门将每年对取得绿色生态住宅小区证书和标志的项目组织检查。对不符合绿色生态住宅小区标准的项目，相关单位应限期整改。逾期不予整改或整改不合格的项目，市建设行政主管部门可吊销其绿色生态住宅小区证书和标志。评定有效期截止后，相关单位可向市建设行政主管部门申请续用标识”。

《管理办法》中的其他内容不变。

二〇〇八年九月八日

附录七：

重庆市建筑能效测评与标识管理办法

渝文审〔2008〕4号

第一章 总 则

第一条 为了大力发展节能建筑，推行建筑能效测评与标识制度，规范建筑能效测评与标识管理，根据《重庆市建筑节能条例》有关规定，结合实际，制定本办法。

第二条 本市行政区域内新建居住建筑和公共建筑（包括工业建设项目中具有民用建筑功能的建筑）的能效测评与标识，适用本办法。

第三条 本办法所称建筑能效测评，是按照建筑节能有关标准和技术要求，对单体建筑采取定性和定量分析相结合的方法，依据设计、施工、建筑节能分部工程验收等资料，经文件核查、软件复核计算及必要的检查和检测，综合评定其建筑能效的活动。本办法所称建筑能效标识，是按照建筑能效测评结果，对建筑能效进行明示的活动。

第四条 市建设行政主管部门负责全市建筑能效测评与标识的监督管理。

市建设技术发展中心受市建设行政主管部门的委托，负责市管建筑工程的建筑能效测评与标识的组织实施，对区县（自治县）建设行政主管部门组织实施建筑能效测评与标识进行指导。

区县（自治县）建设行政主管部门依照管理权限，负责本行政区域内除市管建筑工程外的建筑能效测评与标识的组织实施与监督管理，也可委托其所属建筑节能管理机构从事建筑能效测评与标识的组织实施。

第五条 本办法所称市管建筑工程是指以市建设行政主管部门为主负责实施建筑管理的新建居住建筑和公共建筑（包括工业建设项目中具有民用建筑

功能的建筑）。

第二章　建筑能效测评

第六条　建筑工程项目竣工且建筑节能分部工程验收合格后，建设单位应当填写《重庆市建筑能效测评与标识申请表》（见附件一），向建设行政主管部门申请建筑能效测评，提供以下资料，并对其真实性负责。

（一）初步设计审批意见；

（二）施工图审查机构审查通过的施工图设计文件（包括建筑、暖通、电气、给排水专业设计图及节能设计模型，节能计算报告书，空调热负荷及逐项、逐时冷负荷计算书）；施工图建筑节能专项审查意见及设计单位的回复资料；施工图建筑节能工程设计变更文件（包括变更图说、建筑节能设计模型、节能计算报告书和相应的审查文件）；

（三）重庆市民用建筑节能设计审查备案登记表；

（四）涉及建筑节能分部工程的竣工图、施工变更、施工质量检查记录、验收报告等相关资料；

（五）与建筑节能相关的设备、材料、产品（部品）合格证、进场复验报告，和法定检测机构出具的节能性能检测报告；

（六）已由法定检测机构进行了工程围护结构热工性能检测的，应提供检测报告；

（七）采用建筑节能新技术、新设备、新材料的情况报告及按照有关规定应进行评审、鉴定及核准、备案和技术性能认定的有关文件。

第七条　建设行政主管部门收到申请后，对资料不齐备的，应当场一次性告知申请人补齐相关资料；对资料齐备的，建设行政主管部门或受其委托的建筑节能管理机构，依据《重庆市建筑能效测评与标识技术导则》（见附件二）和相关规定，15 个工作日内完成建筑能效测评工作。经测评达到建筑节能强制标准要求的，根据测评结果发给相应的建筑能效标识和证书；经测评达不到建筑节能强制标准要求的，应当出具建筑能效不合格意见。

建筑能效测评不合格的，建设单位应整改后重新申请能效测评。

第八条　建筑工程项目未经建筑能效测评，或者建筑能效测评不合格的，不得组织竣工验收，不得交付使用，不得办理竣工验收备案手续。

第三章　建筑能效标识

第九条　建筑能效标识等级分为Ⅰ级、Ⅱ级、Ⅲ级。节能率≥70%，标识为Ⅰ级；节能率≥65%且<70%，标识为Ⅱ级；节能率≥50%且<65%，标识为Ⅲ级。

第十条　建筑能效标识应当包括以下内容：

（一）建筑能效标志；

（二）建筑能效标识等级；

（三）编号；

（四）颁发单位；

（五）颁发日期。

第十一条　建筑能效证书应当包括以下内容，并加盖“重庆市建设委员会建筑能效测评标识专用章”，或者“××区县（自治县）建设委员会（建设局）建筑能效测评标识专用章”。

（一）项目名称；

（二）编号；

（三）建设单位；

（四）建筑能效标识等级；

（五）颁发单位；

（六）颁发日期。

第十二条　建筑能效标识、证书的式样、制作标准、编码规则（见附件三、四、五），由市建设行政主管部门统一制定。区县（自治县）建设行政主管部门或受其委托的建筑节能管理机构应按本办法规定进行编号，并依照管理权限分级制作、发放建筑能效标识、证书。

第十三条　建设单位应将建筑能效标识置于每栋建筑主入口等显著位置。

第四章　监督管理

第十四条　建筑能效测评申请及能效标识、证书发放应统一办理。市管项目纳入市建委政务中心统一办理，实行一站式窗口服务。

第十五条　对建筑能效测评结果有异议的，建设单位可在收到测评结果后，15个工作日内向建设行政主管部门申请复核。

第十六条　当出现下列情形之一时，应当重新进行建筑能效测评与标识。

（一）造成建筑节能措施损坏或失去作用的；

（二）对建筑的围护结构进行改造的；

（三）对建筑的用能系统或用能设备进行改造的。

第十七条　区县（自治县）建设行政主管部门应将建筑能效测评与标识的组织实施情况，每季度报市建设技术发展中心；市建设技术发展中心汇总后上报市建设行政主管部门。

第五章　附　　则

第十八条　实施节能改造后的既有建筑的能效测评标识可参照本办法执行。

第十九条　本办法由市建设行政主管部门负责解释。

第二十条　本办法自 2008 年 2 月 13 日起施行。

主要参考文献

1. 康艳兵：《建筑节能政策解读》，中国建筑工业出版社，2008 年。

2. 美国能源部能效和可再生能源局网（http：//www. eren. doe. gov）。

3. Craig Kneeland, New York State Energy Research and Development Authority. New York State's Green Building Tax Credit [R]. 2006.

4. Yudelson Associates, NAIOP. Green building incentives that work: A look at how governments are incentivizing green building [R]. 2007.

5. DENA. German financial incentives and innovative, financing methods [R]. 2006.

6. Buildings Energy Data Book: table1. 1 Buildings Sector Energy Consumption, table 6. 1 Electric Utility Energy Consumption, http: //buildingsdatabook. eren. doe. gov/.

7. 康艳兵：《建筑节能政策及推进机制研究》，国家发改委能源研究所内部报告，2008 年。

8. 武涌等：《中国建筑节能经济激励政策研究》，中国建筑工业出版社，2007 年。

9. 财政部财政科学研究所：《鼓励节能的财税政策研究》，财政部财政科学研究所内部报告，2005 年。

10. 康艳兵：《美国节能管理工作特点及对我国的启示》，国家发改委能源研究所内部报告，2003 年。

11. 建设部科技发展促进中心：《关于民用建筑能效测评相关资料》，建设部科技发展促进中心内部资料，2009 年。

12. 国家统计局网站，http：//www. stats. gov. cn/。

（本项目完成于2009年9月）

项目课题组成员

课题组组长：苏　明

课题组副组长：康艳兵　吕石磊　郝有志　傅志华

本项目主要研究人员：康艳兵　韩凤芹　刘海燕　谷立静　张　扬
张建国　郁　聪　陈明生　李亚平　魏庆芃
尹志芳

项目三

推动绿色建筑的经济激励政策研究

一、绿色建筑的定义、基本内涵及意义

（一）绿色建筑的定义

绿色建筑 green building，是指在建筑的全寿命周期内，最大限度地节约能源（节能、节地、节水、节材）、保护环境和减少污染，为人们提供健康、适用和高效的使用空间，与自然和谐共生的建筑。

（二）绿色建筑的基本内涵

归纳起来，绿色建筑的基本内涵包括五大方面：

1. 舒适性

绿色建筑能够提供一个健康、舒适、安全的居住、工作及活动的空间，不会出现影响健康和造成身体不适的情况，如出现化学物质过敏、头痛、眼睛痛、呕吐、疲倦感等症状。

2. 经济性

绿色建筑从立项、设计、工艺、材料、建筑以及后期使用的全过程都能体现节约的特点，具体包括：（1）节能，比如空调设计要按照自然通风原理设置风冷系统，充分利用可再生能源等；（2）节地，尽量减少对土地的占用；（3）节水，比如设立中水系统，生活污水收集处理后可用于冲厕、洗车等，收集雨水用于冲洗便池，选择节水型马桶，采用低耗水的淋浴器、水龙头等；（4）节材，大量选用低能耗可再生“环保型”材料，减少木材的使用，将可再生垃圾用于发电等。

3. 生态性

绿色建筑强调与自然的和谐，尽量与周围的环境融为一体，避免和减少建造过程中对自然生态环境的损害，并设法改善和优化周围环境。比如建筑物周围种植树木，可以改善景观，保持生态平衡，并取得防风、遮荫等效果。

4. 地域性

绿色建筑强调采用本地的原材料，尊重本地的人文、自然、气候条件，在风格上完全是本地化的，产生出新的建筑美学和健康舒适的生活环境。

5. 社会性

绿色建筑的发展充分考虑人们的生活水平、审美要求和道德、伦理价值观的未来发展趋势，绿色建筑的理念也必须创新和“与时俱进”，发挥引领人类生活观念向更科学合理方向发展的作用，实现人与自然的和谐、人与人的和谐。

总之，绿色建筑遵循可持续发展原则，体现绿色平衡理念，通过科学的整体设计，集成绿色配置、自然通风、自然采光、低能耗围护结构、新能源利用、绿色建材和智能控制等高新技术。绿色建筑必须充分展示人文与建筑、环境与科技的和谐统一。它可以满足人们的生理和心理需求，能源和资源的消耗最为经济合理，对环境的影响最小。

（三）绿色建筑大力推广的意义

发展绿色建筑对于我国坚持走可持续发展道路具有重要的意义。大力发展绿色建筑能够大量地节约能源，节约土地、水、材料等资源，能够一定程度上缓解“中国社会对能源需求和利用的日益旺盛与中国自身能源供给的产能不够与储量不足日益严峻的矛盾，有利于中国社会经济持续、健康、稳定发展。此外，大力发展绿色建筑，能够对环境改善和优化起到促进作用，有利于人与自然和谐发展，处理好经济建设、人口增长与资源利用、生态环境保护的关系。

二、国内外绿色建筑发展现状分析

（一）国内外绿色建筑技术应用的比较分析

1. 国内绿色建筑技术发展概况

自20世纪70年代发生全球性的能源危机后，世界各国政府开始认识到建筑能耗是能源消耗的一个重要组成部分，纷纷开始重视绿色建筑技术的发展。相对很多发达国家，我国起步相对较晚，我国绿色建筑技术的发展现状可以归纳为以下两点：

（1）具有推广价值的绿色建筑技术体系初步建立。在住房与城乡建设部的推动下，我国近几年开展了一系列节能示范项目、康居示范工程项目的实践。包括轻质绿色建材ALC板性能及应用技术、ETS生态污水处理系统、FPW有机固体废弃物生化处理技术、节能环保型地源热泵空调系统、钢筋混凝土免拆技术、绿色环保隔热保温材料技术、小区智能化系统等在内的一批绿色建筑成套技术，已经初步成熟，具备了推广的价值。

（2）高端绿色建筑技术研究接近国际先进水平。中国已经陆续建成了一批高端绿色建筑示范工程，如上海生态建筑示范楼、清华超低能耗示范楼等。在这些建筑中大量应用了双层玻璃幕墙、真空玻璃、光导采光系统、溶液除湿空调系统等国际上先进的绿色建筑技术手段。

2. 与国外绿色建筑技术发展上的差距

虽然我国在绿色建筑技术发展上有了一定的成绩，但与其他发达国家相比，还是存在着不小的差距。

（1）节能标准上的差距。

瑞典在1967年就制定了《住宅标准法》，并规定使用按照瑞典国家标准制造的材料配件建造的住宅项目能获得政府的贷款。日本在1979年颁布了住宅建筑保温隔热标准，规定了建筑部分热阻，并对所用的各种保温材料规定了最小的限度。美国在1975年第一次颁布了ASHRAE（美国采暖、制冷及空调工程协会）标准——90－75《新建筑物设计节能》标准。以此为基础，1977年12月美国正式颁布了《新建筑物结构中的节能法规》，并在45个州收到很明显的节能效果。美国国家能源局、标准局及全国建筑法规和标准大会，不断地在建筑节能设计等方面提出新的内容，每五年便对 ASHRAE 标准进行一次修订。

相对而言，我国的节能标准工作起步较晚，目前已完成了《绿色建筑评价标准》、《夏热冬冷地区居住建筑节能设计标准》、《夏热冬暖地区居住建筑节能设计标准》、《采暖地区居住建筑节能设计标准》、《公共建筑节能设计标准》以及各个地方自己的节能设计标准，但从整体来看，标准化工作略显滞后，主要反映在：标准中必须强制执行的内容和推荐使用的内容界定不够科学；标准修订周期过长，往往出现标准滞后于工程实践的状况等。

（2）研发能力上的差距。

欧美等发达国家普遍对绿色建筑技术的综合研究能力较为重视。以美国为例，美国有劳伦斯伯克利国家实验室，其下有很多实验机构，分别从事新型建筑材料、能源、光源以至灯具等的相关研究，并通过企业及时将研究成果转化为生产力，由此显示了国家实验室强劲的综合研究实力和面向市场的敏锐意识。

目前，我国绿色建筑技术的研究机构、研究队伍比较分散，尚无一家类似美国劳伦斯伯克利国家实验室那样的综合性研究单位。

（3）建筑设计上的差距。

国外的建筑设计和国内有较大不同，不仅表现在所用材料、建筑形式上，还表现在通风系统设计等方面。这些设计对建筑的保温隔热会产生明显的影响。

20 世纪 80 年代初，“智能性房屋呼吸系统”开始进入欧洲家庭。“智能性房屋呼吸系统”，是在住宅的窗子上部、阳台门上部和外墙上安装的不太显眼的进风器，这是 20 多年来在发达国家推行的住宅送风系统。这种“房屋呼吸”，通过对通风量的控制，形成室内外正负压差，让新鲜空气先进入主要居室，然后经过卫生间和厨房，将污浊空气排出室外，从而使空气质量得到了进一步优化，住宅能耗进一步降低。

国内对于通风的讨论还在继续，自然通风目前是居民的首选，通风方式仍局限于开窗户、排气扇等传统方式。进入夏季以后，居民多使用空调。但现阶段我国住宅空调的技术，尚不足以很好地解决空调使用和自然通风之间的矛盾，舒适度极差。

（二）国内外绿色建筑评价实施的比较分析

1. 国外绿色建筑评价实施研究概述

近 10 多年来，围绕推广和规范绿色建筑，许多国家相继推出了各自不同绿色建筑标准和评估体系，例如，美国绿色建筑协会制定的 LEDE《绿色建筑评估体系》、英国建筑研究中心制定的 BREEMA《生态建筑环境评估》、日本环保省的 CASBEE《建筑环境效益综合评估》、澳大利亚的建筑环境评价体系 NABERS 等。这些评估体系的制定及推广应用对各个国家在城市建设中倡导“绿色”念，引导建造者注重绿色和可持续发展起到了重要的作用。

国际上对于绿色建筑的评价大致经历了三大阶段：第一阶段，主要是进行相关产品及技术的一般评价、介绍与展示；第二阶段，主要是对与环境生态概念相关的建筑热、声、光等物理性能进行设计阶段的软件模拟与评价；第三阶段，以“可持续发展”为主要评价尺度，对建筑整体的环境表现进行审定与评价，各个国家相继出现了一批作用相似的评价工具（见表 3－1）。

表 3－1　世界各个国家和地区绿色建筑评价体系的主要特征比较

评价体系	开发时间	开发国家或地区	评价对象	评价内容
BREEAM	1990 年	英国	新建建筑、既有建筑（商业建筑、工业建筑、住宅、商场、超市）	管理，健康与舒适性，能耗，交通，水耗，材料，土地利用，位置的生态价值，污染
LEED	1995 年	美国	新建建筑、既有商业综合建筑	场地可持续性，用水的利用率，耗能与大气，材料与资源保护，室内环境质量，创新与设计和施工
Ecoprofile	1995 年	挪威	已建办公楼，商业建筑，住宅	室外环境，资源，室内环境
HK－BEAM	1996 年	中国香港	新建和已使用办公建筑，住宅	场地，材料，能源，水资源，室内环境质量，创新
GBC	1998 年	加拿大	新建建筑、改建翻新建筑	资源消耗，环境负荷，室内环境，服务设施质量，经济性，管理，出入与交通
绿建筑解说与评估手册	2001 年	中国台湾	各类建筑	绿化指标，基地保水指标，水资源指标，日常节能指标，二氧化碳减量指标，废弃物减量指标，污水垃圾减量指标
CASBEE	2002 年	日本	新建建筑，既有建筑，短期使用建筑，改修建筑，热岛现象缓和对策	Q 建筑物的质量，L 环境负荷，建筑环境效率 Q/L

从总体上看，现有典型的绿色建筑评估体系的内容，均围绕“促进环境

可持续发展”和“保护人类健康”两大主题展开，并在能源、材料、水、土地、室内环境质量等主要指标项目的选择上形成一定的共识。同时，在指标项目的组织上，都采用了树状分支的多层级结构形式，并在实践中得到了较好的应用。但这些评估体系也存在一些问题：（1）在指标权重的设立方面，尚未找到一套公认的科学合理的办法，因而对各指标项目的整体相关性反映不足或存在偏差，从而影响其科学性、通用性；（2）在各单项指标的“评估标准”及“评估方法”方面所做的基础研究工作不足，尤其是在“材料含能”、“生物多样性”、“室内空气质量”等较新概念领域；（3）现有评估体系都很注重国民经济评价（尤其是对环境的影响），但对财务评价重视不足，甚至很少涉及；（4）对同一类型的建筑评价标准单一，不分性质、使用年限、功能，一刀切，与实际情况不符。

2. 典型国家绿色建筑评价体系介绍

（1）美国的能源及环境设计先导计划 LEED。

LEED（Leadership in Energy & Environmental Design）是目前世界各国建筑环保评价标准中最完善、最有影响力的标准。LEED 评定标准总体而言是一套比较完善的评价体系，结构简单。

①LEED 的发展。LEED 是美国绿色建筑委员会（U. 5. Green Building Couneil，USGBC）于 1995 年为满足美国建筑市场对绿色建筑评定的要求，提高建筑环境和经济特性而推出的一个绿色建筑评价体系。该评价体系经过 4 年编制，于 1998 年颁布。2000 年 3 月发布了它的 2. 0 版。2002 年 7 月发布了它的 2. 1 版，2003 年 3 月又对 2. 1 版进行了修订。LEED 针对不同建设项目制定了相应的评价标准。美国的 LEED 评级系统涵盖了新建和改建项目、已有的建筑、商业建筑室内、建筑主体和外壳、建筑运营维护系统、商业建筑室内装饰等项目评价标准。LEED 有着一整套完整的体系，整个体系包括专业人员认证，支持、培训服务，第三方建筑认证等等。

②LEED 评定体系的内容。LEED 作为条款式评价系统，从 5 个大的方面及一系列子项目对建筑项目进行绿色评定，包括可持续场地选择、水源保护和有效利用水资源、高效用能、可再生能源的利用及保护环境、材料和资源、室内环境质量。在每一大方面，USGCB 都提出了前提条件、目的和相关的技术指导。首先，前提条件必须得到满足，才能进入项目评分。在每一方面内，具体包含了若干个得分点，按各具体方面达到的要求，评出相应的积分，各得分点都包含目的、要求和相关技术指导 3 项内容。积分累加得出总评分，由此建

筑绿色特性便可以用量化的方式表达出来。LEED 根据每个方面对环境和住户影响的大小确定一个分值，其评定条款数目、所占分值、权重、认证评价等级如表 3－2 所示。

表 3－2　　LEED 评定分类评分及权重

		LEED2.0			LEED2.1			LEED CI			LEED EB		
		条款数	分值	权重	条款数	分值	权重	条款数	分值	权重	条款数	分值	权重
可持续场地选择		9	14	20%	9	14	20%	9	14	20%	9	14	20%
有效利用水资源		3	5	7%	3	5	7%	3	5	7%	3	5	7%
能源与环境		9	17	25%	9	17	25%	9	17	25%	9	17	25%
材料和资源		8	13	19%	8	13	19%	8	13	19%	8	13	19%
室内环境质量		10	15	22%	10	15	22%	10	15	22%	10	15	22%
创新设计		2	5	7%	2	5	7%	2	5	7%	2	5	7%
总　　计		41	69	100%	41	69	100%	41	69	100%	41	69	100%
评价得分	一般认证	26～32			26～32			21～26			28～35		
	银级认证	33～38			33～38			27～31			36～42		
	金级认证	39～51			39～51			31～41			43～56		
	铂金认证	>51			>51			>41			>56		

此外，LEED 评定体系还有一个符合能源和环境的创新设计，用以鼓励具有绿色建筑开创性的工作。根据最后得到的评价总得分，被评价建筑系统可以获得不同的认证等级：一般认证、银级认证、金级认证和铂金认证。铂金级是最高级别，迄今为止，只有为数不多的几个项目获此殊荣。

③LEED 评定体系的优缺点。与其他评估体系相比，美国 LEED 体系最为成功之处就是受到了市场的广泛认同，已成为一个非常具有影响力的商标，其优点主要体现在：第一，USGBC 作为开发者和独立的第三方，要求所评估的项目组中至少有一位主要参与人员通过 LEED 专业认证考试，为 LEED 带来极大的可信度和权威性；第二，评定标准专业化，评定范围已经扩展形成完善的链条；第三，评估体系非常简洁，便于理解、把握和实施。同时，LEED 作为评价环境冲击的综合手段，其适应性和可调节性还存在一定的缺陷：第一，没有对建筑全生命周期的环境影响作出全面准确的考察；第二，由于其对较差的环境性能打分不设负值，被评估者可能投机地基于成本或者达到要求的难易程度来决定选择哪些设计策略。

（2）英国绿色建筑评价体系介绍。

世界上第一个绿色建筑评估法是1990年由英国的“建筑研究所”（Building Research Establishment，即BRE）提出的“建筑研究所环境评估法”（Building Research Establishment Environmental Assessment Method，BREEMA）。BREEMA是一个开发最早的建筑环境影响评价系统，目的是为绿色建筑实践提供权威性的指导，以期减少建筑对全球和地区环境的负面影响。

①BREEMA的发展。BREEMA第一个办公建筑评价分册于1990年作为世界上第一个绿色建筑评价法由BRE公布使用。1992年英国的建筑研究院公布施行了BREEMA既有建筑分册。1993年BRE对BREEMA办公建筑分册进行了第一次修订，同年发布了现有办公建筑分册。1998年BREEMA完成了对办公建筑分册最近的一次修订，BREEMA98办公建筑分册把对“现有办公建筑”和“新办公建筑”的评价包括在一个框架里。BREEMA系统不断得到完善和扩展，可操作性大大提高，它已成为各国类似评估手册中的成功范例。受其影响启发，加拿大和澳大利亚出版了各自的BREEAM系统，中国香港特区政府也颁布了类似的HK－BREEMA评价系统。

②BREEMA98（新建、现有）办公建筑分册的评价体系。BREEMA98是为建筑所有者、设计者和使用者设计的评价体系，以评判建筑在其整个寿命周期中所有阶段的环境性能。通过对一系列的环境问题，包括建筑对全球、区域、场地和室内环境的影响进行评价，BREEMA最终给予建筑环境标志认证。

BREEMA认为根据建筑项目所处的阶段不同，评价的内容相应也不同。在BREEMA98中，建筑评价的内容包括3个方面：建筑性能、设计建造和运行管理。“建筑性能”部分评价建筑的结构及服务，包括建筑自身对环境的基本影响，是所有被评价建筑必须评价的基本核心部分；“设计建造”包括设计过程中可以决定的有关因素，如选址、地址的生态改变、部分材料等；“运行管理”则是为评估已经使用的建筑而设，包括管理政策和实施的评估。

3. 中国绿色建筑评价体系介绍

（1）中国绿色建筑评价体系概述。

我国绿色建筑起步较晚，但在最近几年，随着国家对发展绿色建筑、节能建筑的重视，有关绿色建筑评价相关方面的工作已经紧锣密鼓开展起来，逐步走入正轨。2001年10月，我国第一部生态住宅评估标准——《中国生态住宅技术评估手册》出台。在国家科技部和北京市科委领导和支持下，清华大学建筑学院等8个单位2004年完成了《绿色奥运建筑评估体系》。

2006年，住房和城乡建设部组织编制了《绿色建筑评价标准》；2007年8月出台了《绿色建筑评价技术细则（试行）》和《绿色建筑评价标识管理办法》；2008年4月，住房和城乡建设部科技发展促进中心与绿色建筑专委会共同成立绿色建筑评价标识管理办公室，负责绿色建筑评价标识的管理工作。由此，开始建立了适合中国国情的绿色建筑评价体系。

另外，执行绿色建筑的评价在中国已经不仅仅是政府行为，一些地产企业也逐渐意识到了绿色建筑评价的重要性，制定了利于自己企业内部执行操作的评价标准和技术手册，例如：万科地产就在2008年出台了《深圳区域绿色三星住区实施标准》、《绿色三星住区技术手册》，该标准和手册参考了美国的LEED评价标准和中国的《绿色建筑评价标准》，重点结合了万科地产在绿色建筑发展中的实际情况，将最终目标定位在《绿色建筑评价标准》的三星级，在此基础上对《绿色建筑评价标准》的指标体系进行筛选细化，量身打造出"万科版的《绿色建筑评价标准》"，这种个性化、针对性强的标准更易于在企业内部流通，可操作性较强，值得其他地产企业借鉴参考。

（2）中国绿色建筑评价体系重要组成。

①《绿色建筑评价标准》。2006年，住房和城乡建设部组织中国建筑科学研究院、上海市建筑科学研究院、中国城市规划设计研究院等单位编制了《绿色建筑评价标准》。《绿色建筑评价标准》着重评价与绿色建筑相关的内容，未涵盖通常建筑物应有的功能、性能要求，因此符合国家的法律法规与相关的标准是参与绿色建筑评价的前提条件。

《绿色建筑评价标准》用于评价住宅建筑和办公建筑、商场、宾馆等公共建筑，是按照全寿命周期原则制定的。绿色建筑要求在建筑全寿命周期内，最大限度地节能、节地、节水、节材与保护环境，同时满足建筑功能。《绿色建筑评价标准》编制原则是：第一，借鉴国际先进经验，结合我国国情；第二，重点突出"四节"与环保要求；第三，体现过程控制；第四，定量和定性相结合；第五，系统性与灵活性相结合。

绿色建筑评价指标体系由节地与室外环境、节能与能源利用、节水与水资源利用、节材与材料资源利用、室内环境质量和运营管理六类指标组成。各大指标中的具体指标分为控制项、一般项和优选项三类。其中，控制项为评为绿色建筑的必备条款；优选项主要指实现难度较大、指标要求较高的项目。对同一对象，可根据需要和可能分别提出对应于控制项、一般项和优选项的指标要求。根据建筑所在地区、气候与建筑类型等特点，符合条件的项数可能会减少，对一般项数和优选项数的要求可按比例调整，这具有较大的灵活性。

②绿色建筑评价标识。随着我国绿色建筑和建筑节能的迅速发展，有很多开发单位打出了绿色建筑、生态建筑的概念和口号。他们所依据的都是国外的一些评价标准，而这些标准并不一定适合于中国国情。为此，住房与城乡建设部于2007年10月发布了《绿色建筑评价标识管理办法》及《绿色建筑评价技术细则》，正式启动了我国绿色建筑评价工作，结束了我国依赖国外标准进行绿色建筑评价的历史。该评价标识工作是经过官方认可的，具有唯一性。自此以后，中国绿色建筑的称号要经过权威评价并颁发标识。

依据《细则》，绿色建筑评价标识要根据六大技术体系对住宅与公共建筑进行考核，即节地与室外环境、节能与能源利用、节水与水资源利用、节材与材料资源利用、室内环境质量及运营管理，并且根据考核内容对其六个方面执行标准的情况予以判定，并对六个方面的权重系数选择适宜的数据，最后进行归纳评价。

绿色建筑评价标识分为“绿色建筑设计评价标识”和“绿色建筑评价标识”。其中，“绿色建筑设计评价标识”对处于规划设计阶段和施工阶段的住宅建筑和公共建筑，按照《绿色建筑评价标识管理办法》进行评价标识，标识有效期为两年。“绿色建筑评价标识”对已竣工并投入使用的住宅建筑和公共建筑，按照《绿色建筑评价标识管理办法》进行评价标识，标识有效期为3年。

住房和城乡建设部委托建设部科技发展促进中心负责绿色建筑评价标识的具体组织实施等管理工作和三星级绿色建筑的评价工作。委托具备条件的地方住房和城乡建设管理部门开展所辖地区一星级和二星级绿色建筑评价标识工作。三星级“绿色建筑评价标识”和“绿色建筑设计评价标识”由住房和城乡建设部颁发，一星级和二星级的“绿色建筑评价标识”和“绿色建筑设计评价标识”由受委托的地方住房和城乡建设管理部门颁发。

2008年8月4日，在住房和城乡建设部建筑节能与科技司主办的“绿色建筑评价标识”记者见面会上，6个项目获得了行业主管部门认可的第一批绿色建筑设计评价标识，分别是上海市建筑科学研究院绿色建筑工程研究中心办公楼工程、深圳华侨城体育中心扩建工程、中国2010年上海世博会世博中心工程、绿地汇创国际广场准甲办公楼工程、金都·汉宫工程和金都城市芯宇工程。这标志着由政府部门主导的绿色建筑评价正式启动，结束我国依赖国外标准进行绿色建筑评价的历史。

2009年6月，绿色建筑评价标识管理办公室出台了《一二星级绿色建筑评价标识管理办法（试行）》，针对有一定的发展绿色建筑工作基础，依据《绿色建筑评价标准》制定出台了当地绿色建筑评价相关标准的省、自治区、直辖市、计划单列市，均可开展本地区一、二星级绿色建筑评价标识工作。

（3）中国《绿色建筑评价标准》与美国LEED评价体系的对比分析。

我国的《绿色建筑评价标准》在整体框架上借鉴了美国的LEED评价标准，但在具体内容和评分机制、评价方法等方面与LEED又截然不同。下面对两者进行一下简单的对比分析（见表3－3）。

表3－3　《绿色建筑评价标准》与LEED的比较

项目	美国LEED评价标准	中国《绿色建筑评价标准》
特点	➢ 具有透明性和可操作性 ➢ 指标要素考虑了可持续的要求 ➢ 对管理方面的规划、方案要求较高	➢ 重点突出“四节”和“一环保” ➢ 定性与定量相结合 ➢ 体现过程控制
评价对象	新建和已建的商业住宅、公共住宅和高层住宅建筑	住宅建筑和公共建筑中的办公建筑、商场建筑和旅馆建筑。（如果是新建建筑，要求使用一年以后才能进行评价）
评分机制	共69个得分点，分四级：①通过，26～32分；②银奖，33～38分；③金奖，39～51分；④白金，52～69分。	绿色建筑必须满足控制项的要求。按照满足一般项和优选项的程度，绿色建筑被划分为三个等级

这里重点分析一下两个标准的评分机制。中国的《绿色建筑评价标准》在建筑物六大系统上是有权重要求的，每一个系统只有满足控制项要求才能继续参评，否则不予考虑，综合考虑了建筑物的各个层面要求。而LEED评价标准是以总分制参评，如果在节能方面做得不够好，可以在其他方面弥补，有可能出现通过LEED认证的建筑不节能的情况。

（三）国内外绿色建筑经济激励体系的比较分析

1. 国外绿色建筑经济激励体系（见表3－4）

（1）美国绿色建筑经济激励体系。

美国的住宅建筑全部采取的是煤气作为燃料的分户供暖空调措施，房屋本身的节能水平与消费者的日常支出具有极大的关系，因此，在美国，建筑节能是一个非常市场化的指标。此外，美国施行的是“以判例法为主要形式”的英美法系，法律强制性较弱，所以，美国把市场引导放在更为重要的位置，大量采用经济激励措施推动建筑节能及绿色建筑的推广。

美国政府颁布了绿色建筑标准，成立了美国绿色建筑委员会（USGBC），推出了“领先性能源与环境设计评估体系”LEED评估标准，为绿色建筑发展提供了一部可度量、具体化的市场解决方案。美国能源部下属的劳伦斯伯克利研究所重点研究住宅节能技术，并和一些州政府合作建设“节能样板房”，比如在佛罗里达州合作建设“零能耗住宅”、“太阳能住宅”等，让住宅不再需要使用外来能源。此外，美国能源部提出“建筑技术计划”，从房屋建筑的每个细节出发，详细解释了如何才能做到节能，并推荐使用符合“能源之星”节能标准的建筑材料。

美国对绿色建筑的经济激励措施包括：一是税收减免。根据建筑采用节能型设备能效指标的不同，减税额度分别为10%和20%，比如，节能型洗衣机、热水器减免50～200美元，地热采暖、太阳能热水和采暖系统最多可减免1500美元。此外，美国各州政府还根据当地的实际情况，分别制定了地方节能产品税收减免政策，比如美国纽约州就设有绿色建筑税收优惠政策，纽约“宽频”建筑和发展公司在哈莱姆区修建了一栋有129个单位的“绿色智能公寓”，所有购买这些公寓的业主在5年内可以获得2.4万美元退税。二是抵押贷款。一些贷款机构在居民购买经“能源之星”认证的建筑时，采取抵押贷款、返还现金、降低利息等措施，刺激居民购买经“能源之星”认证的住宅。美国住房和城市发展部也提供了便于独户住宅翻新或装修时节省能源的高能源效率房屋抵押贷款。在可再生能源利用方面，美国各州也采取了相应措施，比如，加利福尼亚州为安装太阳能系统提供占成本7.5%的贷款。三是财政补贴。2001年，有56个州级政府部门和公用事业等组织实施高效家用电器和照明器具补贴，补贴总额达1.133亿美元。太平洋燃气电力公司2001年用于补贴（折让）的费用达2500万美元。每件器具的补贴金额为：电冰箱75～125美元，房间空调器50美元，洗衣机75美元，紧凑型荧光灯3.50～6.25美元，细管荧光灯2.30～4.25美元。在纽约州，向商业组织和个人征收的绿色建筑税为建筑一体化太阳能光伏发电（BIPV）项目提供100%的增量成本补贴，向非BIPV项目提供25%的增量成本补贴，上限是额定功率每瓦补贴3美元。宾夕法尼亚州的能源成果补贴计划（Energy Harvest Grant program）则为可再生能源的推广拨出500万美元的预算，并且对项目的规模没有限制。

（2）德国绿色建筑经济激励体系。

德国施行的是“以成文法为主要形式”的大陆法系，法律的强制性比较强，所以德国政府和社会为了减少住宅及所有建筑物的能源消耗量，首先是使用法律的强制规定。但是，目前德国并未单独针对绿色建筑制定相关法律，而是主要依靠绿色建筑节能信息的传播和宣传、技术研究及发展，此外还采取了经济激励措施。

德国积极发展低能耗和超低能耗的绿色建筑，如供热能耗为15千瓦时/平方米的太阳能被动式房屋，以零能耗、零排放建筑为未来的目标。德国的被动房屋研究所一直致力于“被动房屋”（Passive House）的研究和设计，提供技术支持，为德国被动房屋颁发证书，并建立了德国被动房屋数据库网站。为使房屋达到低能耗，被动房屋应从保温性能、三层玻璃、通风系统的热回收率、围护结构的气密性、防止热桥效应五个方面进行控制。通过以上几个方面，达到被动房屋最终的基本衡量指标。

德国采取的经济激励措施包括：一是提高年租金，为了减少室内采暖能耗而修改了租金条例，规定按照投资金额确定以一定的百分比来提高年租金，使房主能从节能方面的投资中得到足够的补偿。二是低息贷款，国家银行系统提供低息货款，资助节能技术的应用，如：UFW银行支持的“十万住宅太阳能发电项目”，特别是对于低收入社会群体给予较大资助；DTA银行支持环保节能措施的项目；各州政府的支持计划；建筑师优惠向老建筑提供节能措施的咨询；私人企业支持科研和节能应用；Wuestenrot，Schader，Betelsmann等基金会。三是税收政策。1999年，德国开始实行生态环保税收改革，目的是降低能耗，鼓励新电源技术的研发，并创造面向未来的新就业机会。1999年，政府适当提高了汽油和建筑采暖用油的税率。环境税收改革是通过逐步降低雇主和雇员的养老保险金（完全退还给纳税人）开始进行的。生态税的制定减轻了企业和个人的税收负担，加强了能源消耗的税收。这样一套相当复杂而巧妙的税收政策所达到的效果是大大提高了能源的价格，提高社会各界节约能耗的积极性，促进了各种节能技术的研发应用，同时又不增加广大民众的负担。

（3）加拿大绿色建筑经济激励体系。

自1987年起，加拿大政府通过各个组织代理机构制定鼓励机制和津贴来进一步提升可持续建筑的地位，尤其是在2002年12月东京条例签署之后，加拿大政府更是强调可持续建筑物的重要性。各类公立和私立的组织机构主要包括：

①加拿大住房抵押公司（CMHC）。加拿大住房抵押公司是加拿大绿色建筑的基础，其支持加拿大可持续房屋建筑业的发展。提高居住条件。其主要通过以下四方面来支持：房屋资金筹措，房屋援助，传递信息和进行科研，促进加拿大房屋出口。通过这些援助手段，CMHC 帮助加拿大建设可持续性城市体系。

②加拿大自然资源部（NRCAN）。NRCAN 是一个以经济和科学为基础的政府部门，致力于可持续发展和自然资源的利用。它提供科学技术的前沿科学研究，确保政府政策和规章制度的制定和实施，从而提高经济方面的贡献。比如，商业建造激励计划（Commercial Building Incentive Program）就是由 NRCAN 建立的，目的是为了鼓励能源的有效利用，以及推进加拿大的住宅设计和建造业的变革。该计划（CBIP）为商业和机构建筑设计上的能源的有效利用提供经济上的支持，以保证建筑物相对于国家能源规范而言能源消耗能下降 25%。

③加拿大环境部。加拿大环境部门保护加拿大的自然环境，保存可恢复资源，保护水资源，调整加拿大政府环境政策和计划。

（4）英国绿色建筑经济激励体系。

采用经济和政策的手段对绿色建筑进行扶持。一方面对没有达到设计规范所规定的环保要求的新建项目进行处罚；另一方面对积极使用绿色技术的建设项目给予审批上的优先权和一定的经济资助，包括减免土地增值税和发放低息贷款等。英国早先制定了“洁净天空和太阳能”计划，2006 年更名为“低碳建筑”计划，对安装太阳能蓄热、小型风力发电、地热和生物能源等装置的项目给予一次性的财政补贴。该计划的预算每年达 600 万英镑。

（5）日本绿色建筑经济激励体系。

日本政府为了鼓励对新能源的使用，推行住宅用太阳能发电补助金制度，另外在保证生态空间、有效利用能源、废弃物处理、关心人的健康、材料的选择和规划方面日本都有一系列的政策和措施。具体包括：①日本经济产业省每年都有专项资金用于补贴家庭能源管理系统、能源服务公司（ESCO）以及采用高效热水器等；②对节能、环保、绿色产品（包括建筑物）实行特别折旧（包括加速折旧）和税收减免的优惠；③制定相关政策，可以享受银行的政策性低息贷款；④精神奖励；⑤政府投入开发节能、环保、绿色等新技术。

表 3－4　　国外有关财税的政策措施

政策措施	特　点
税收减免	实行低税，甚至给予一定时期和范围的免税
加速折旧	通过加大对固定投资的前期应纳税扣除额，以延期纳税的优惠方式
开征新税	对不同能耗产业、耗能和环境污染行为相应地开征能源税或者环境税，通过征税或差异税率来加大其生产成本，促使企业工艺和设备更新和优化
低息贷款	通过政策性银行贷款或给予财政贴息
现金回扣补贴	对购买使用节能、节水和环保产品和设备的用户直接给予财政补贴
政府采购	通过直接购买的方式，引导和示范相关产品的使用，促进技术商业化和快速普及，提供一定的市场，通过扩大生产规模和降低产品流通和营销成本，降低技术的成本
抵押贷款	对购买和使用大型、符合一定认证标准的产品（包括建筑物）时，购买者可向有关机构申请抵押贷款服务
科研资助	对节能、节水和环保技术的研究开发与推广使用给予一定的资金支持与政策优惠，分担一定的技术研究与推广方面的风险
收费	提高生产成本，促使外部成本内部化，促进相应的投资，改善生产和消费
中介机构扶持	对咨询、服务、信息处理与传播以及产品能效标准认证等有关节能的中介机构，提供一定的经费资助或税收优惠，以促进相关技术、意识和信息的规范化与普及
资源协议	工业界整体或单个企业在自愿的基础上，为提高能效、水资源利用率和环保与政府签订的一种协议，政府给予承诺方以某种形式的激励

2. 国内绿色建筑经济激励体系

我国政策法规对绿色建筑可持续发展的影响力度还远远不够。20 世纪 90 年代颁布的《建筑法》、《节约能源法》都涉及建筑节能，但缺乏强制性规定。《建筑法》对建筑节能规定为“支持”、“鼓励”和“提倡”，没有具体条款来约束。《节约能源法》关于建筑节能的两条规定是近几年来全国实施建筑节能的根本依据，但这一规定过于笼统，缺乏可操作性，而且《节约能源法》的罚则部分并未规定法律责任。2008 年 4 月 1 日起施行的新修订的《节约能源法》有鼓励在建筑中应用可再生能源的规定，同样没有强制性规定。这些法律规定约束企业行为的效果并不明显。

我国目前关于绿色建筑的地方性配套法规的制定是相对滞后的，且多数法规只有强制性的法规要求，没有激励性的经济政策。我国曾经有过的唯一的与绿色建筑相关的节能优惠政策，是节能建筑可以减免固定资产投资方向调节税，但此税种于 2001 年 1 月 1 日停止执行。此外，对于多年以来用于墙改和建筑节能的新型墙体材料专项基金，2002 年国家经贸委、财政部又发文作出新规定，新用途内不包括建筑节能。2004 年建设部制定了《全国绿色建筑创新奖管理办法》和《全国绿色建筑创新奖实施细则》。从 2006 年开始，建设部会同财政部开展了可再生能源在建筑中的应用工作，中央财政对示范项目给予资金补助建立了再生能源建筑应用示范管理办公室，全面推进可再生能源在建筑中的应用工作。2007 年，我国建设部颁布了《绿色建筑评价标识管理办法》（试行）和《绿色建筑评价标识实施细则》（试行）。对于那些经过评审、认证获得绿色建筑评价标识的申请单位，将会给予一定的鼓励措施和激励政策。然而目前，相关激励政策还在研究当中，尚未正式出台。

3. 国内外绿色建筑经济激励体系比较

（1）国外绿色建筑经济激励的特点。

①制定行政法案和强制性行业规范。国外很多国家都通过立法手段来制定建筑业必须达到的最低标准。当然，发达国家的建筑行业大多是由私有性质的协会来领导的，因此任何强制性的措施只有和自愿性很好地结合才是有效的。

②启用财政补贴、税收调节等经济杠杆。一些政府采取了必要的鼓励措施，补偿绿色建筑的初期投入是适当的。相对于建筑业的巨大投资，补助和减免税收的数额是微不足道的，但是经济补偿可以影响投资者的行为，可以作为减少负面行为的工具。

③绿色建筑标志和建筑物分级计划。很多国家开展了建筑物分级计划，用来区分各种建筑物的性能水平。这些本质上都是一种分类标志，用来向消费者传递重要信息。如果市场认同，那么就可以发掘建筑物设计和运行方式重大改善的潜力。这是公共管理有效施加于私有领域的有益尝试。

④吸引社会投资，建立示范计划。吸引社会资金参与绿色建筑计划，是把社会关注的问题和个人价值有效整合的一种投资方式。具体是指由私人承包能源改善方案，其回报从节能收益里收取。这样可以使政府部门不花钱或少花钱，避免预算上的麻烦。另外政府可以建立示范项目，推广使用新技术和新材料，通过实实在在的例子展示绿色建筑的性能优势，降低发展绿色建筑中的不确定性和风险。

（2）国内经济激励体系的不足。

总体看来，我国引导绿色建筑实践的政策法规缺乏可操作性，激励性的政策措施还在试点发展阶段，与发达国家在税收减免、加速折旧、低息贷款、现金回扣补贴、政府采购、抵押贷款、科研自主、资源协议等方面成熟完善的措施相比还有很大的差距。因此，国内绿色建筑经济激励体系的构建任重而道远，需要经过一系列探索、建立、规范、完善的过程才能真正建立起来。

三、绿色建筑开发与运营分析

（一）绿色建筑项目市场开发与运营流程概述

目前，房地产行业的竞争日益激烈，以绿色建筑为核心的“科技地产”成为房地产企业产品转型中的一支新军。随着中央关于发展节能省地型住宅相关政策的发布，以及与之相配合的《绿色建筑评价标准》、《绿色建筑技术导则》及《绿色建筑评价标识管理办法》等文件相继出台，绿色建筑日益成为中国房地产从资本外延型产业向技术内涵型产业转化进程中，一个重要的产品发展方向。

与普通房地产项目一样，绿色建筑项目的市场开发与运营同样需要按一定程序进行，但在具体环节和内容上又与普通建筑有所区别。首先，在开发与运营流程上，绿色建筑主要包含“项目前期可行性研究、项目规划设计、项目施工建设、项目销售、项目运营管理、绿色建筑评价标识申报”等多个阶段；其次，在每个阶段的具体操作中，绿色建筑项目实施难度更大、困难更多、涵盖内容更加广泛。以下将作具体分析。

1. 可行性研究阶段

开发商需要对绿色建筑的市场进行调查、供求分析和市场预测，寻求合适的投资机会。对开发项目进行策划，针对绿色建筑的特点（“四节”、“二环保”）以及受众人群，确定开发项目的位置、规模、市场前景和技术等方面，汇总成可行性研究报告。

2. 项目规划设计阶段

开发商需要组织委托规划设计单位进行针对绿色建筑项目的具体设计工作。常规的规划设计工作要在满足目前国家出台的《民用建筑节能条例》以及对应的节能设计标准要求基础之上，与绿色建筑相关的其他设计一同展开，其中具体的要求可参见《绿色建筑评价标准》和“绿色建筑评价标识证明材料要求及清单”。

3. 项目施工建设阶段

需要施工单位、监理单位和产品供应商在满足国家出台的《民用建筑节能条例》、《绿色施工管理规程》、《绿色建筑评价标准》中对应部分的基础之上，开展施工建设和产品的供应。

4. 项目销售阶段

要求开发商向购买人明示所售商品房的能源消耗指标、节能措施和保护要求、保温工程保修期等信息。

5. 项目运营管理阶段

需要物业公司提供物业管理文档、物业日常管理记录等相关文件。

6. 绿色建筑评价标识申报阶段

需要开发商按照《绿色建筑评价标识管理办法》对其进行标识申报。开发商需要根据项目自身情况决定参评星级和标识类型，根据“绿色建筑评价标识申报指南”、“绿色建筑评价标识证明材料要求及清单”对应的要求进行具体的申报工作。

（二）典型绿色建筑项目分析

按照可行性研究、规划设计、建设施工、绿色建筑评价标识申报、房屋销售、运营管理等六个阶段，分别从北方采暖地区、过渡地区、南方地区选取了3个典型绿色建筑项目，对具体的开发和运营流程各环节存在的问题进行了详细分析。

1. 绿色建筑A项目

（1）项目概况。

选取夏热冬暖地区中的深圳某绿色建筑项目（以下简称项目A）作为分析案例一。A项目总用地面积为96201平方米，建筑面积为125986平方米，住宅面积121817平方米（以别墅和高层为主），幼儿园面积3454平方米，物业面积215平方米，容积率1.31，总户数835户。

A项目参加了中国建科院组织的《绿色建筑评价标准》草案意见反馈，经过试评估，可达到3星级评价标准要求；2006年获得“国家十大重点节能工程”绿色建筑的综合示范项目称号，并通过国家发改委审批，列入“2006年资源节约和环境保护（国家十大重点节能工程）国债备选项目计划”第一批3个示范项目之一，并且是唯一的绿色建筑综合示范项目；该项目还申报成为中荷可持续示范项目、深圳市循环经济示范项目、深圳市绿色建筑示范项目。该项目2006年开工，目前已经进入后期运营管理阶段。

（2）项目开发流程分析。

①项目可行性研究阶段。

早在 1999 年，该地产企业（以下简称 A 企业）就成立了建筑研究中心，对绿色建筑和工业化进行探讨；2005 年，A 企业已具有较强的研发能力、自主的技术观和核心技术、众多的外部资源以及多个生态项目实践运作经验，对绿色建筑的特性及实施的认知也更为系统。

A 项目的实践探索是从 2005 年开始的，历时三年。从立项开始项目就定位为国家绿色建筑示范项目，在前期可行性研究阶段主要经历以下几个步骤：

第一，项目目标、指标的确定和项目研讨会的召开。

2005 年下半年，通过召开 A 项目研讨会，邀请荷兰专家、国内专家共同分析 A 项目内外环境、深圳自然条件、A 企业过往技术及项目实践的成果，形成了项目的绿色目标、技术指标和解决方案。

研讨会上，荷方专家介绍了荷兰可持续建筑的政策法规、评估体系、过程管理；中方专家介绍中国绿色建筑创新奖评估体系；A 企业技术研发中心介绍了 A 企业以前和正在开发的生态和绿色建筑项目。中荷专家对 A 项目的外部环境、内部环境、宏观目标实现的可能性、不同群体的需求进行分析，最终形成了 A 项目的各项目标和指标：将 A 项目建设成为国家十大重点节能工程示范项目、国家级的绿色建筑示范项目，为国家推广绿色建筑技术积累经验；得到建设部与荷兰住房部认可成为中荷可持续示范项目。

第二，A 项目可行性研究报告的编写。

参照项目研讨会上确立的各项技术指标以及 A 项目的实际情况，A 企业委托第三方机构编写了 A 项目可行性研究报告，对各指标进行了细化，并从环境、节能、节水、节地、节材几个方面进行了方案的模拟分析计算，其中多项绿色目标、指标及技术措施为华南地区首次提出，包括：建筑节能 65%、小区中水回用达到 30% 以上、人工湖补水不采用自来水、人工湖水质达到地表四类水质标准、系统进行遮阳设计支持节能并提升室内环境质量、采用功能涂料保障室内空气质量、采用有机垃圾生化处理装置、采取人性化的土建装修一体化。

通过以上两个步骤，A 项目在可行性研究阶段形成了一份初步的技术方案成果。

②项目规划设计阶段。

第一，指标的落实。

经过 A 项目的前期可行性研究阶段，参照可行性研究报告的结果，A 企业委托设计单位对A项目的初步规划设计方案进行了相应的调整，对已确立的目标指标体系在施工图中进行了具体的落实（见表3－5）。

表3－5　　A项目关键目标及指标

系　统	目　标	指　标
节地与室外环境	室外风环境	小区1.5米高处风速小于5米/秒
	室外声环境	达到国家《区域环境噪声标准》的二类标准要求
	交通	公交车站距小区出入口500米范围内
	透水地面	透水地面比例46.57%
节能与能源利用	节能65%	围护结构节能60%，自然通风5%
	可再生能源使用率大于5%	别墅采用太阳能平板热水系统、高层采用太阳能真空管热水系统，使用户数占总户数27%，可再生能源利用率大于5%
节水与水资源利用	中水利用	中水利用率达到35.6%
	生态水具	景观用水采用再生水
		生态水景水质不低于地表4类
	节水器具	节水器具使用率100%
节材与材料资源利用	精装修	土建装修设计施工一体化
	废弃物利用	加气块中废弃物粉煤灰所占比例达到34%
	可再循环材料利用	可再循环材料利用率13.3%
室内环境质量	隔声	楼板计权标准撞击声声压级不大于70分贝
		楼板和分户墙空气计权隔声量大于45分贝
	调光	采用可调节遮阳百叶
	功能性涂料	采用具有空气净化功能的涂料
运营管理	垃圾分类收集	垃圾分类收集率100%，采用有机垃圾生化处理
	智能化	达到《居住小区智能化系统建设要点与技术导则》三星级标准

第二，设计标准化。

A企业更讲求产品设计的标准化，从设计开始，到施工，到建材的使用，全是集中使用几种规格，通过彻底的标准化追求最大规模的产品复制。

在规划设计阶段，很多在华南地区属于开创性的技术问题得以解决，具体包括：（a）不同建筑类型的围护结构节能60%，控制了窗墙比，充分利用遮阳，采用LOW－E玻璃；高层采用加气混凝土＋无机保温砂浆，低层建筑采用加气混凝土砌块，节能60%以上。（b）夏热冬暖地区使用的自然通风设计，通过自然通风模拟分析，优化小区规划及户型设计；将窗的可开启扇占房间地面面积比例调整到10%。（c）遮阳与建筑一体化设计，如与建筑一体化设计的可调百叶外遮阳装置，并综合考虑节能、自然通风、调节光线、室内舒适度。

③项目施工建设阶段。

A项目在2006年5月进入施工阶段。对建材的选择严格遵守相应产品质量国家或行业标准。其中材料中有害物质含量满足《室内装饰装修材料有害物质限量》GB18580－18588和《建筑材料放射性核素限量》GB6566的要求；使用高性能、低材耗、耐久性好的建筑材料：Townhouse墙体材料采用加气混凝土砌块，高层住宅墙体采用加气混凝土砌块及EPS板内保温；部分现浇楼板、梁、柱的受力钢筋采用新三级钢，减少钢筋的应用量，减少资源的占用。

综合考虑就地取材，减少对现场的噪声影响，克服现场搅拌的扬尘，采用商品混凝土；主要建筑材料加气混凝土砌块、砂、石、门窗等就近采购，高效利用当地的资源，同时也能够减少对环境的影响。

整个施工过程严格遵守施工图的各项指标要求，在外墙施工中非承重墙采用200毫米厚的蒸压加气混凝土砌块，墙体内外各抹20毫米厚的防水砂浆，外墙平均传热系数K＝1.51瓦/平方米；高层住宅外墙非承重墙采用200毫米厚的蒸压加气混凝土砌块，同时所有的外墙采用25毫米厚EPS外墙内保温措施，外墙平均传热系数K＝1.08瓦/平方米。在屋面施工中采用25毫米厚的XPS板作为隔热层，主体为100毫米的钢筋混凝土，屋面传热系数为0.91瓦/平方米。

在外窗施工中，所有的外窗都采用遮阳系数为0.53的铝合金LOW－E中空玻璃窗（或者SUN－E单层玻璃窗）。同时东、西向的外窗设置可调百叶；高层住宅所有外窗都采用遮阳系数为0.53的铝合金LOW－E中空玻璃窗（或者SUN－E单层玻璃窗）。

在施工建设阶段，同样解决了很多在华南地区属于开创性的技术问题：第一，土建与装修一体化设计施工，引入A企业多年成功实践总结出来的全面家居的土建装修一体化经验，打造玄关整合系统、厨房便捷系统、卫浴集成系统、卧室收纳系统及客厅明亮系统。A企业采用的这种装修一体化设计，不仅减少大量装修垃圾，而且为用户节省了大笔装修费用。第二，无机保温砂浆内保温在夏热冬暖地区特定气候下的应用。与厂家一道对于无机保温砂浆的导热系数、收缩率、耐水强度等性能进行论证并实地做样板进行验证，形成综合的隔热技术实施方案。第三，采用品牌家私，全面保障建材质量及整体品质，100%采用节水器具，选用防撞击门套、品牌衣柜、可视对讲+刷卡布撤防盗系统、玄关收纳空间，卫生间内设置排水渠，洗澡间内设置防滑措施等。

④房屋销售阶段。

A 项目竣工后，进入房屋销售阶段。A 企业主要完成了以下两方面的工作：

第一，A 项目的节能公示。

在 A 项目的销售现场对其进行了节能公示，对 A 项目建筑节能基本措施及性能指标进行了文件公示，具体内容包括建筑单位面积空调年耗电量指标、联排别墅的节能率、外墙、屋顶采用的保温措施，外窗的传热系数、遮阳系数等参数。

第二，开设 A 项目的生态品质展示厅。

在销售现场建立了一个以绿色为主题的品质体验馆，将在 A 项目中进行应用的绿色建筑技术，诸如生态水环境、遮阳、太阳能热水系统、隔音楼板、智能化系统等，通过实物、模型、构造、展板等进行展示，向社会开放，起到了宣传、教育的作用。

⑤运营管理阶段。

在 A 项目运营管理阶段，A 企业重点完成了以下两项工作：

第一，智能化系统。

2005 年 9 月，A 企业颁布了《企业 A 智能化配置标准》及《智能化设计标准》，其中《企业 A 智能化配置标准》是 A 企业智能化的底线标准要求，可实现《居住区智能化系统建设要点与技术导则》的二星级。

A 项目的智能化系统达到《居住小区智能化系统建设要点与技术导则》的三星级标准。智能化规划有八个系统：闭路电视监控及视频报警系统、周界防范报警系统、楼宇可视对讲系统、居家防盗报警系统、一卡通门禁管理系统、停车场自动管理系统、背景音乐紧急广播系统、防雷接地系统。

其中，A 项目的智能化创新有：（a）德国进口 KABA 防尾随装置，通过一台闸机配合门禁刷卡系统来实现对出入人员的控制；（b）刷卡布撤防，小孩及老人直接刷小区卡就可实现防盗系统；（c）室外报警红外探测器，当家中布防后可随意在室内活动而不怕误报警。

第二，垃圾分类收集与处理。

应用有机垃圾生化处理设备实现真正意义的分类收集、处理、利用，尝试在小区应用有机垃圾生化处理装置，垃圾100%分类收集、有机垃圾100%处理、有用垃圾卖给回收站。

⑥项目申报阶段。

A项目在申报绿色建筑称号的过程中，经历了以下几个阶段：

第一，试评估。

A项目在2005年11月参加了由中国建科院组织的《绿色建筑评价标准》（草案）的项目试评估，可达到三星级评价标准要求。

第二，参评十大重点节能示范工程。

A项目在2005年12月参加建设部组织的国家十大重点节能工程的专家评审，作为优秀项目代表向建设部王铁宏总工汇报。在2006年4月获得了“国家十大重点节能工程”绿色建筑的综合示范项目，国家发改委、建设部发布了有关通知。

第三，自评估。

2006年，A企业对A项目参照2006年6月颁布的《绿色建筑评价标准》GB/T50378—2006进行了绿色建筑自评估。经过自评估，A项目的高层、低层均满足《绿色建筑评价标准》三星级标准要求。

A企业制定了利于自己企业内部执行操作的评价标准和技术手册，在2008年出台了《深圳区域绿色三星住区实施标准》、《绿色三星住区技术手册》。该标准和手册参考了美国的LEED评价标准和中国的《绿色建筑评价标准》，重点结合了A企业在绿色建筑发展中的实际情况，将最终目标定位在《绿色建筑评价标准》的三星级，在此基础上对《绿色建筑评价标准》的指标体系进行筛选细化，量身打造出“A企业版的《绿色建筑评价标准》”，这种个性化、针对性强的标准更易于在企业内部流通，可操作性较强，值得其他地产企业借鉴参考。

第四，申报绿色建筑评价标识。

住房与城乡建设部于2007年10月发布了《绿色建筑评价标识管理办法》及《绿色建筑评价技术细则》，正式启动了我国绿色建筑评价工作。A企业在2008年决定对A项目进行绿色建筑评价标识的申报，于2008年11月邀请建设部领导、中方专家代表、绿色建筑评价标识管理办公室领导共同参加了A项目示范工程标识申报协调与专家咨询会。会议主要针对A项目在申请绿色建筑评价标识方面的有关事宜进行专家咨询和指导。会上，A企业代表介绍了项目的发展和现状，绿色建筑评价标识管理办公室代表对绿色建筑评价标识的具体流程和注意事项作了详细的说明。

A 项目在 2009 年初已经通过建设部“绿色建筑设计评价标识”三星级的认证资格审定，该项目已获得绿色建筑称号。

2. 绿色建筑 B 项目

（1）项目概况。

选取夏热冬冷地区中的重庆某绿色建筑项目（以下简称 B 项目）作为分析案例二。B 项目规划的总用地面积为 63900 平方米，建筑总面积约 100678 平方米，包括有两栋 26 层的高层以及 41 栋多层住宅。整个小区在规划及概念设计中将可持续理念贯穿始终。小区环境优美，建筑技术先进，管理完善，是人与自然和谐共生的现代绿色建筑居住区。

B 项目在 2006 年已经完成建设部对其绿色建筑示范项目的可行性研究报告评审工作，在 2007 年 12 月以 96.75 的高分成功通过参加了重庆市绿色生态小区评审，同时也被打造成重庆市政府小区执行节能标准的示范区。目前项目已经进入后期运营管理阶段。

（2）项目开发流程分析。

①项目可行性研究阶段。

B 项目的实践探索从 2006 年开始，从项目立项开始，B 企业就将项目定位于国家绿色建筑示范项目。B 项目在前期可行性研究阶段主要经历以下几个步骤：

第一，项目目标、指标的确定和项目研讨会的召开。

2006 年 3 月在重庆召开了 B 项目的 TOR 研讨会，建设部领导及 B 企业负责人和中荷双方专家参加了研讨会。研讨会上 B 企业代表介绍了 B 项目的基本情况及初步规划设计方案；荷方专家介绍荷兰可持续建筑经验及实践；中荷专家按照绿色建筑的 6 个方面对示范项目的总体规划设计提出意见和建议。B 企业和设计单位分析大家的意见和建议后，把新的并且可取的思路加入到规划设计方案中，并形成了 B 项目的绿色目标、技术指标和解决方案。总目标是：将 B 项目建设成为国家十大重点节能工程示范项目中的绿色建筑示范工程项目，为国家推广绿色建筑技术积累经验；得到建设部与荷兰住房部认可成为中荷可持续示范项目。

第二，B 项目可行性研究报告的编写。

参照项目研讨会上确立的各项技术指标以及 B 项目的实际情况，B 企业委托第三方机构编写了B项目可行性研究报告。可行性研究报告对各指标进行了细化，并从环境、节能、节水、节地、节材几个方面进行了方案的模拟分析计算，确立了多项绿色目标、指标及技术措施，包括：建筑节能65%、小区中水回用达到30%以上、小区采用分质排水、小区雨水经浅草沟和沉砂检查井分散处理后全部排入人工湖、非传统水源利用率达30%、条式建筑南向所有非阳台位置外窗设置活动百叶遮阳等。

通过以上两个步骤，B项目在可行性研究阶段已经形成了一份初步的技术方案成果。

②项目规划设计阶段。

经过B项目的前期可行性研究阶段，参照可行性研究报告的结果，B企业委托设计单位对B项目的初步规划设计方案进行了相应的调整，对已确立的目标指标体系在施工图中进行了具体的落实（见表3-6）。

表3-6　B项目关键目标及指标

<table>
<tr><th>系　统</th><th>目　标</th><th>指　标</th></tr>
<tr><td rowspan="4">节地与室外环境</td><td>室外风环境</td><td>小区1.5米高处风速小于5米/秒</td></tr>
<tr><td>室外声环境</td><td>满足《住宅设计规范》及《绿色建筑评价标准》中的要求</td></tr>
<tr><td>交通</td><td>公交车站距小区出入口500米范围内</td></tr>
<tr><td>透水地面</td><td>透水地面比例为59%</td></tr>
<tr><td>节能与能源利用</td><td>节能65%</td><td>围护结构节能65%</td></tr>
<tr><td rowspan="4">节水与水资源利用</td><td>中水利用</td><td>中水利用率达到37%，雨水利用率54.8%</td></tr>
<tr><td rowspan="2">生态水具</td><td>景观用水均来自中水和雨水</td></tr>
<tr><td>绿化灌溉采用高效滴灌系统</td></tr>
<tr><td>节水器具</td><td>节水器具使用率100%</td></tr>
<tr><td rowspan="3">节材与材料资源利用</td><td>就近取材</td><td>施工现场500千米以内生产的建材质量占建材总质量90%以上</td></tr>
<tr><td>废弃物利用</td><td>加气块中废弃物所占比例达到30%</td></tr>
<tr><td>可再循环材料利用</td><td>可再循环材料利用率10%以上</td></tr>
<tr><td rowspan="3">室内环境质量</td><td rowspan="2">隔声</td><td>楼板计权标准撞击声声压级不大于70分贝</td></tr>
<tr><td>楼板和分户墙空气计权隔声量大于45分贝</td></tr>
<tr><td>调光</td><td>采用活动遮阳百叶</td></tr>
<tr><td rowspan="2">运营管理</td><td>垃圾分类收集</td><td>垃圾分类收集率90%</td></tr>
<tr><td>智能化</td><td>达到《居住小区智能化系统建设要点与技术导则》三星级标准</td></tr>
</table>

在规划设计阶段，重点解决了以下技术问题：第一，围护结构节能65%。控制了窗墙比，充分利用遮阳，采用无色透明中空玻璃断热铝合金窗；高层采用页岩空心砖和挤塑聚苯板外保温系统、EPS外墙外保温系统和聚苯颗粒保温浆料，实现节能65%以上。第二，充分利用各种节水措施。小区内采用分质排水，优质灰水经过“毛发过滤器+接触氧化预处理池+人工湿地处理系统”工艺进行中水处理后由泵送入小区高位水箱，再由回用水管网送至小区各用水点。小区雨水经浅草沟和沉砂检查井等分散处理后全部排入人工湖，以补充人工湖景观用水。景观水在循环泵的作用下，在小区内部进行循环，并经湿地过滤，由泵送入小区高位水箱，再由回用水管网送至小区各用水点。为保证人工湖水水质，将小区的北部景观水体在重力作用下自流经过人工湿地处理，进入小区南部水体，在小区南部水体的末端设置循环水泵，将水提升至北部水体起端，以保证人工湖水的循环处理，使小区有一个清洁的活水环境。第三，严格控制室内外环境质量，对建设用地环境质量进行本底调查。除了工程地质和水文地质条件，还对建设用地的环境状况进行量化评估，重点对建设用地的土壤氡浓度进行控制。对室内环境空气质量进行预评价，最大限度地利用自然通风、增加室内的通风换气量，保证有足够的新风量和室内风系统的平衡。在设计中注明所采用建筑材料的类别和种类，对大面积集中使用的材料还应明确使用量。

③项目施工建设阶段。

B项目在2008年8月进入施工建设阶段。施工时对室内环境污染以预防为主，从源头上防范和控制建筑装修污染，严格控制污染物超标的建筑装修材料进入工地，编制详细、可行、具有可操作性的施工方案。方案包括：工程施工过程中可能产生污染的建筑装修材料明细及控制措施；避免产生室内环境污染所采用的施工工艺；保障施工人员的生命安全和身体健康所采取的措施等。工程施工完成后，监理督促建设单位对室内环境质量进行检测，不符合《民用建筑室内环境污染控制规范》要求的，不签署竣工报验单。具体从以下几个方面来实现：

第一，把好材料的进场检验关。

工程所用的建筑和装修材料有施工单位和监理单位的进场检验及相应的检查记录，材料进场检验单包含环境指标的控制内容。具体监督的内容包括：(a) 产品的合格证书。必须有质量检验合格证明和有中文标识的产品名称、规格、型号、生产厂厂名、厂址等。(b) 出厂环境检验（检测）报告。材料的供货厂家提供厂家产品的检验（检测）报告，报告的放射性指标、有害物质含量指标在设计允许范围内且符合《民用建筑室内环境污染控制规范》要求。

根据室内环境污染物种类和来源，在检查材料出厂环境检验报告时重点检查以下指标：（a）无机非金属建筑材料（包括掺工业废渣的建筑材料）和装修材料的放射性指标；（b）人造木板及饰面人造板的游离甲醛含量或游离甲醛释放量；（c）水性涂料、水性胶黏剂和水性处理机的游离甲醛和 TVOC 含量；（d）溶剂型涂料、溶剂型胶黏剂的苯和 TVOC 含量；（e）阻燃剂、混凝土外加剂的氨释放量，不应大于0.1%（质量分数）；（f）壁纸的 VOC 和游离甲醛释放量，应不大于 0.12 毫克/立方米；（g）地毯、地毯衬垫及地毯胶黏剂的甲醛和 TVOC 的释放量；（h）聚氯乙烯地板革的 VOC 和甲醛释放量。

第二，把好材料的复验关。

具体监督的内容包括：（a）已进场的无出厂检验报告的建筑装修材料，必须送有资质的检测单位进行检测或将其清退出场；（b）凡出厂检验报告的检验项目不全或检验结果有问题的建筑装修材料，必须送有资质的检测单位进行检测；（c）对大面积集中使用的建筑装修材料应送检测单位进行复验。

第三，把好施工工艺关。

在室内装修中，选择符合室内环境要求、不会造成室内环境污染的施工工艺，重点关注两方面问题：（a）地板铺装方面，实木地板和复合地板下面铺装衬板是一种传统施工工艺，由于铺装在地板下的大芯板和人造板含有甲醛，无法封闭处理和通风处理，对室内环境污染影响较大。（b）墙面涂饰方面。按国家规范要求，进行墙面涂饰工程时，要进行基层处理，涂刷界面剂，防止墙面脱皮或裂缝。避免施工人员选用低档清漆进行基层处理，在涂刷时如果加入大量稀释剂，会造成室内严重的苯污染。

第四，施工过程的污染防范和控制。

除了把好材料的进场检验和复验关外，还要把好在工程施工过程的污染防范和控制关。除了按照规范的施工要求施工外，还要做到以下几点：（a）有害物质材料的加工不在建筑物室内进行；（b）建筑装修过程中形成的各种固体、可燃挥发性液体等废弃物，及时清理出室内并清运出工地；（c）对容易造成室内环境污染的材料进行污染物质处理。

第五，室内装饰装修推行样板间制度。

对室内装饰装修多次重复使用同一设计的工程先做样板间，并检测样板间室内环境污染物的含量。一方面可以通过样板间检查装饰装修的施工工艺、材料品质、施工质量和装饰效果；另一方面可以及早发现问题，便于及时查找原因并采取相应措施。等样板间检测结果合格后，再大量定购样板间所采用的材料，进行大面积的施工。

④项目运营管理阶段。

B 项目在后期运营管理阶段的主要工作有以下两方面：

第一，智能化系统。

住户防盗报警系统。每户室内设置防宠物红外探测器，紧急报警按钮，瓦斯泄露报警探测器。红外探测器采用被动式红外。住户厨房内安装燃气泄露探测器，客厅或卧室较隐蔽处安装紧急按钮，当家中有紧急事件发生时，按下此按钮，小区物业管理中心接警进行紧急处理。

访客对讲系统。系统采用 4 通道技术和网络交换技术，实现小区主干网 4 通道联网，可以实现围墙门口机或管理中心同时呼叫，不同虚拟单元的住户不占线。每个住户可接多个防区，所有防区可局部布防或对某些防区进行 24 小时不间断布防，用户撤防可在中心记录，通过住户报警电子地图显示。

信息发布系统。住户可向小区入口主机发送信息，同时，物业管理中心也可通过数据网络向小区全部住户或单个住户发送信号，分机接受信息并贮存。

周围红外对射防范报警系统。周界围墙设置被动红外对射探测器和主动红外探测器。

车辆管理系统。在停车场每个出入口各设一套远距离 EM 卡读卡器，有车辆进入时，安装在路口的读卡器自动读取车内经过授权的 EM 卡，可以实时掌握车辆的进出情况。

物业管理中心。为了使所有子系统进行集中管理，拟在小区设置中央控制室，建立整个小区的中央集成管理系统。

数字电视系统。在小区配置数字电视，接广电总局数字电视网。在小区设置一个前端箱，根据用户要求设置用户终端，每户按广电总局设计要求配置到每户弱电箱，配置四个分配器。

第二，垃圾处理技术。

B 项目小区垃圾收集处理的目标是：垃圾分类收集率≥70%，回收利用率≥30%。小区采用的垃圾分类和收集方案如图 3－1 所示。

住宅垃圾的分类和收集。主要包括两大方面内容：一是垃圾分类。将户内垃圾分成有害物质、有机垃圾、可直接回收垃圾等三类。其中，有害物质，主要为干电池、废荧光灯管、水银温度计、废油漆、过期药品等，用黑色袋装；

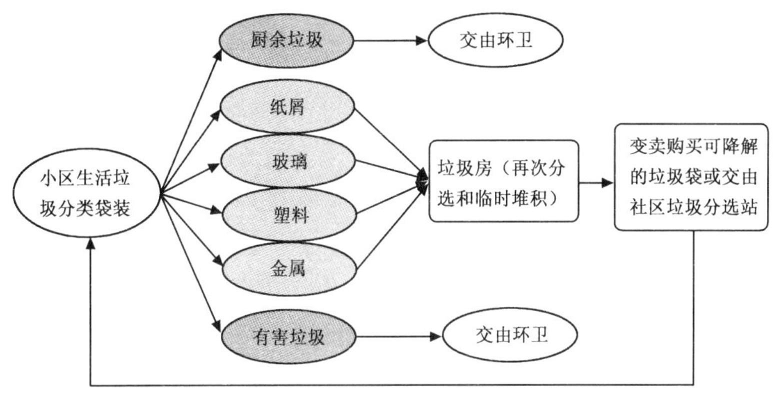

图 3－1　B 项目小区垃圾分选方式示意图

有机垃圾，即在自然条件下易分解的垃圾，主要是厨房垃圾，用绿色袋装；纸屑、玻璃、塑料、金属等可直接回收的垃圾，用黄色袋装。二是垃圾收集。每日产生的垃圾分类袋密封后，高层建筑住户于每天指定时间将其放在家门口统一规格的密闭垃圾贮放箱里，由物业保洁人员上门取走垃圾袋。

公共场所的垃圾分类和收集。主要包括两大方面内容：一是公共场所的垃圾分类，将公共场所的垃圾分为清扫小区公共区域的垃圾（植物残余、树叶和住户户外活动产生的垃圾）和小区内的商业垃圾两大类。在小区内每隔 70 米设置一个垃圾收集点，按分类要求设置不同颜色的垃圾箱，配备一定的人员定期对其收集。在垃圾收集点设置醒目的指示牌，对各类垃圾的分类标准进行说明，在对垃圾进行分类收集的同时提高了居民的环保意识。二是公共场所的垃圾收集。最终公共场所不可直接回收的垃圾由保洁人员统一收集后交由市政环卫，可直接回收的垃圾进入小区的垃圾房，进行再分离和临时堆积，最后将分离完全的可直接回收垃圾变卖。垃圾房与周边建筑保持 20 米距离，设置抽风除臭系统、给排水设施，并进行立体绿化。

⑤项目申报阶段。

B 项目在申报绿色建筑称号的过程中，经历了以下几个阶段：

第一，自评估。

2006 年，B 企业对 B 项目参照《绿色建筑评价标准》（送审稿）的要求进行了绿色建筑自评估。经过自评估，B 项目满足《绿色建筑评价标准》三星级标准要求。

第二，申报重庆市绿色生态小区。

B项目在2007年12月参加了重庆市绿色生态小区评选。绿色生态小区评选是重庆市住宅项目建设中评审标准最高、评审过程最严格的一项活动，评审标准涵盖九大系统及项目规划、设计、建设、验收及后期管理全过程。在此次评选中，B项目以96.75的高分成功通过评审，同时也被打造成重庆市政府小区执行节能标准的示范区。

第三，参评十大重点节能示范工程。

B项目于2005年12月参加建设部组织的国家十大重点节能工程的专家评审。在2006年4月获得了“国家十大重点节能工程”绿色建筑的综合示范项目，国家发改委、建设部发布了有关通知。

第四，申报绿色建筑评价标识。

住房与城乡建设部与2007年10月发布了《绿色建筑评价标识管理办法》及《绿色建筑评价技术细则》，正式启动了我国绿色建筑评价工作。B企业在2008年决定对B项目进行绿色建筑评价标识的申报，于2008年11月与建设部领导、中方专家代表、绿色建筑评价标识管理办公室领导共同召开了B项目示范工程标识申报协调与专家咨询会。会议主要针对B项目在申请绿色建筑评价标识方面的有关事宜进行专家咨询和指导。会上，B企业代表介绍了项目的发展和现状，绿色建筑评价标识管理办公室代表对绿色建筑评价标识的具体流程和注意事项作了详细的说明。

3. 绿色建筑C项目

（1）项目概况。

选取北方采暖地区中的北京某绿色建筑示范项目（以下简称C项目）作为分析案例三。C项目占地面积约13万公顷，建筑面积约41万平方米，其中申报绿色建筑示范的区域包括会所、东南区的公寓、写字楼及商业用楼，总建筑面积为71300平方米。

C项目在2006年已经完成建设部对其绿色建筑示范项目的可行性研究报告评审工作，目前项目已经进入后期运营管理阶段。

（2）项目开发流程分析。

①项目可行性研究阶段。

C项目的实践探索从2006年开始。从项目立项开始，C企业就将项目定位于国家绿色建筑示范项目。C项目的在前期可行性研究阶段主要经历以下几个步骤：

第一，项目目标、指标的确定和项目研讨会的召开。

2006年1月在北京召开了C项目的TOR研讨会，建设部领导及C企业负责人和中荷双方专家参加了研讨会。研讨会上C企业代表介绍了C项目的基本情况及初步规划设计方案；荷方专家介绍荷兰可持续建筑经验及实践；中荷专家按照绿色建筑的6个方面对示范项目的总体规划设计提出意见和建议。C企业和设计单位在分析了大家的意见和建议后，把新的并且可取的思路加入到规划设计方案中，形成了C项目的绿色目标、技术指标和解决方案。总目标是：将C项目建设成为国家十大重点节能工程示范项目中的绿色建筑示范工程项目，为国家推广绿色建筑技术积累经验；得到建设部与荷兰住房部认可成为中荷可持续示范项目。

第二，C项目可行性研究报告的编写。

参照项目研讨会上确立的各项技术指标以及C项目的实际情况，C企业委托第三方机构编写了C项目可行性研究报告。可行性研究报告对各指标进行了细化，并从环境、节能、节水、节地、节材几个方面进行了方案的模拟分析计算，确立了多项绿色目标、指标及技术措施，包括：建筑节能65%、采用集中式太阳能热水系统、会所采暖使用地源热泵系统、屋面雨水收集通过人工湿地过滤后用于景观水面、办公楼西立面采用可调式外遮阳等。

通过以上两个步骤，C项目在可行性研究阶段已经形成了一份初步的技术方案成果。

②项目规划设计阶段。

经过C项目的前期可行性研究阶段，参照可行性研究报告的结果，C企业委托设计单位对C项目的初步规划设计方案作了相应的调整，对已确立的目标指标体系在施工图中进行了具体的落实（见表3-7）。

表3-7　　　　C项目关键目标及指标

系　　统	目　　标	指　　标
节地与室外环境	室外风环境	小区1.5米高处风速小于3米/秒
	屋顶绿化	商业裙房和游泳池屋面采用屋顶绿化
	交通	公交车站距小区出入口500米范围内
	透水地面	透水地面比例不小于40%
节能与能源利用	节能65%	围护结构节能65%
	使用可再生能源	办公和公寓采用集中式太阳能热水系统，会所采暖使用地源热泵系统

续表

系　统	目　标	指　标
节水与水资源利用	雨水利用方案	屋面雨水收集通过人工湿地过滤后用于景观水面
	非传统水源利用	非传统水源利用率大于30%
	节水器具	节水器具使用率100%
节材与材料资源利用	就近取材	施工现场500千米以内生产的建材质量占建材总质量70%以上
	废弃物利用	加气块中废弃物所占比例不小于30%
	可再循环材料利用	可再循环材料利用率10%以上
室内环境质量	隔声	建筑平面布局合理，噪声干扰较少
	调光	办公楼西向采用可调节外遮阳
运营管理	垃圾分类收集	分类收集处理垃圾，做到无二次污染
	智能化	对建筑智能化系统设计及运行加以保证

在规划设计阶段，重点解决了以下技术问题：第一，围护结构节能65%，控制了窗墙比，充分利用西向遮阳，采用无色透明中空玻璃铝合金窗；外墙采用加气混凝土砌块和XPS聚苯板外保温系统，实现节能65%以上。第二，充分利用可再生能源，采用集中式太阳能热水系统。太阳能集热系统年节约能量3.39×10^{6}兆焦，年节约标煤144.6吨，年节电41.3万千瓦时；会所的采暖空调取消燃煤、燃油、电锅炉，直接从浅层低能及太阳能中提取热量，年节标煤205吨，年节电4.8万千瓦时；办公楼裙房采用热交换系统，公寓采用地板采暖方式。

③项目施工建设阶段。

C项目在进入施工阶段后，解决的问题主要有以下几个方面：

第一，废弃物的处理。将建筑施工、旧建筑拆除和场地清理时产生的固体废弃物分类处理，并将其中可再利用材料、可再循环材料回收和再利用；在旧建筑拆除后，尽量回收废旧建材，将其用于地下隔墙等美观要求不高的地方。将一些拆除的旧建材摆设于公共活动场地，以宣扬节约意识。

第二，建材的选用。在建筑底层受力较大处采用高标号混凝土、高强度钢。选用以废物为原料的蒸压粉煤灰砖和加气混凝土砌块作为主要外墙材料和内隔墙材料，用量占外墙建筑材料的比例不小于30%；使用可循环利用的轻钢龙骨石膏板作为主要内隔墙材料，可循环使用建筑材料的使用率大于10%。

采用干式施工方法，如户内隔墙采用板材（加气混凝土板）；使用优质建材，从建筑全寿命周期考虑，可达到降低建筑围护成本的目的，特别是关键部件（如建筑五金、管道阀门等）。

第三，其他。公寓和会所的土建和装修工程采用一体化设计施工，不破坏已有的建筑构建及设施，避免重复装修；办公楼和商业裙房的室内采用灵活隔断，减少重新装修时的材料浪费和垃圾产生；考虑建筑物全寿命周期内可能出现的功能变化对结构的要求，如公寓可能改为办公室，办公室可能改为公寓；针对隔声的设计要求，要对墙体楼板的施工质量、电插座盒、管线缝隙、空调安装孔洞等细部处理格外注意。

④项目运营管理阶段。

C 项目在 2008 年进入运营管理阶段，完成的主要工作有以下内容：第一，制定并实施节能、节水等资源节约与绿化管理制度；第二，建筑运行过程中无不达标废气、废水排放；第三，分类收集和处理废弃物，且收集和处理过程中无二次污染；第四，建筑施工兼顾土方平衡和施工道路等设施在运营过程中的使用；第五，物业管理部门通过 ISO14001 环境管理体系认证；第六，对空调通风系统按照国家标准《空调通风系统清晰规范》规定进行定期检查和清晰；第七，智能化系统定位正确，采用的技术先进、实用、可靠，达到安全防范子系统、管理与设备监控子系统与信息网络子系统的基本配置要求，信息网络系统功能完善；第八，建筑通风、空调、照明等设备自动监控系统技术合理，系统高效运营；第九，办公、商业裙房的建筑耗电、冷热量等实行计量收费。

⑤项目申报阶段。

C 项目在申报绿色建筑称号的过程中，经历了以下几个步骤：

第一，自评估。2006 年，C 企业对 C 项目参照《绿色建筑评价标准》（送审稿）的要求进行了绿色建筑自评估。经过自评估，C 项目满足《绿色建筑评价标准》二星级标准要求。

第二，参评十大重点节能示范工程。C 项目于 2005 年 12 月参加建设部组织的国家十大重点节能工程的专家评审，在 2006 年 4 月获得了“国家十大重点节能工程”绿色建筑的综合示范项目，国家发改委、建设部发布有关通知。

4. 绿色建筑项目对比分析

（1）案例背景分析。

目前国内的绿色建筑大体有两类：一类是以技术展示、科学研发为主要目的的实验楼，如清华的超低能耗楼、上海建科院的生态办公楼；另一类是实力资本较雄厚的开发商做的类似"科技地产"系列的项目，如"锋尚"、"MOMA"等。本文所选取的三个案例同属于第二类，三个案例所属企业为近几年国内房地产行业的优秀代表，在业界有较高的声望和实力。选取的这三个案例定位也很高，属于各企业投入精力较大的绿色建筑典型项目，同时也是国家用来做绿色建筑试点的示范样本项目，属于中国绿色建筑中较高水平的一批。但较高的定位、较大的投入成本，使得其客户群体必然是社会的中产阶级甚至金领阶层人士。从图 3－2 的增量成本对比即可看出，以 A 项目为例，每平方米的建筑造价大概增加 448 元，比不使用绿色建筑技术的普通住宅成本提高了近 20%。虽然通过节能、节水各项技术的应用每年可以节省 2560 万元左右的能耗，但由于整个建筑总造价很高，成本回收期相应也被加长。

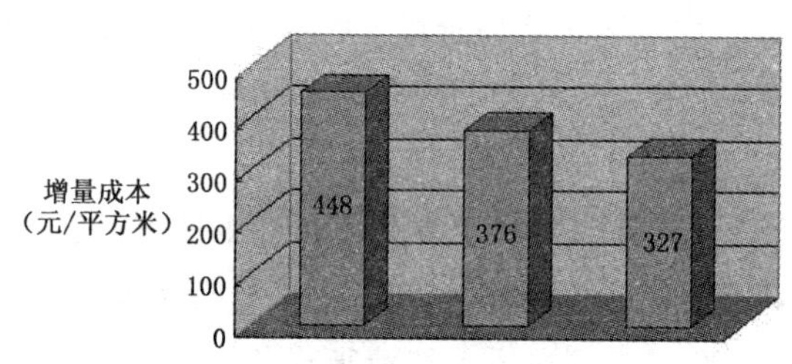

图 3－2　A、B、C 项目增量成本对比

出现这种"高档化"绿色建筑趋势的原因主要有以下几点：

①风险和利润。

开发商的主要目标就是赢利。在当前绿色建筑制度体系刚起步的情况下，开发商更愿意选择风险相对较小、利润空间更大的高端产品作为绿色建筑的切入点。由于低端绿色建筑的成本受到严格的约束，通常只能通过更多的类似调整建筑外形等牺牲美观为代价的被动式技术策略来实现成本的压缩，而消费者更看重的恰恰就是建筑的美观、舒适品质，因此低端的绿色建筑在缺乏政策支持的情况下，风险更大。

②意识和技术。

绿色建筑在中国刚刚起步，大众的认知程度还不够，普通消费者更关心的还是房子的价格和使用功能，对节能降耗减少污染这种看不见的效益基本不会去关注。而很多中产阶层或者成功人士的节能意识相对更超前，也不介意为此多花一笔钱，因此绿色建筑目前的受众人群更大程度是定位在中产阶级乃至金领阶层。国内绿色建筑技术也处于起步阶段，很多技术都是采用国外的设计、国外的工艺，而且由于示范建筑很多技术的展示作用，在技术的选择上也偏向高端化，这无形中也增加了成本。

（2）案例流程分析。

三个项目案例在整个房地产开发过程中的相似点与不同点如表 3－8 所示。

表 3－8　　三个项目阶段内容的比较

项目阶段	三个案例阶段内容相似点	三个案例阶段内容不同点
可行性研究阶段	项目目标、指标的确定和项目研讨会的召开；项目可行性研究报告的编写	无
规划设计阶段	经过项目前期可行性研究阶段，参照可行性研究报告的结果，企业委托设计单位对项目的初步规划设计方案进行了相应的调整，对已确立的目标指标体系在施工图中进行了具体的落实	A 项目实行从设计、施工到建材的选择的标准化流程
施工建设阶段	施工过程严格遵守施工图的各项指标要求，注意施工材料的节约利用、合理选择、资源再利用措施，减少施工对土壤环境、大气环境的影响	A 项目实行从设计、施工到建材的选择的标准化流程
销售阶段	无	A 项目在销售现场进行节能公示；开设 A 项目的生态品质展示厅
运营管理阶段	采用智能化系统和垃圾分类处理技术	无
申报阶段	项目自评估；申报国家绿色建筑示范工程	A 项目进行了试评估；A 项目在自评估时有自己企业内部执行操作的评价标准和技术手册；A、B 项目均申报国家绿色建筑评价标识

①可行性研究、规划设计、施工、运营阶段。

第一，住宅产业化的优势。在这几个阶段中，三个项目的重点工作流程大体相似，主要区别就在 A 项目的工作方式上。A 企业走的是住宅产业化道路，讲求产品设计的标准化，从设计到施工到建材的使用，全是集中于几种规格，通过彻底的标准化追求最大规划的产品复制，形成住宅产品体系，建立企业住宅标准，通过工厂化生产，提高住宅的品质、性价比和生产效率。而其他两个案例以及大多数国内绿色建筑开发案例均是按照常规模式进行的。我国基本建设领域最常见的市场模式是传统的沿革于计划经济条件下的模式，即建设单位分别对应勘察、设计、施工、监理等多个企业。这种模式下的建筑开发流程被严格分裂成项目前期可行性研究阶段、规划设计阶段、施工建设阶段和运营管理阶段等几大部分，阶段划分过于明显，每个阶段对应的企业只负责本阶段的工作，企业之间、阶段之间缺少沟通与协作。这种模式的直接后果就是割裂了建筑的全生命周期，“孤立地提高系统各部分的效率所带来的实际结果，往往是使整个系统的效率降低。”

而住宅产业化的兴起恰恰可以解决这个问题。住宅产业化，也可称之为工业化建房，1968 年起源于日本。联合国经济委员会给其下的定义是：生产的连续性；生产物的标准化；生产过程的集成化；工程建设管理的规范化；生产的机械化；技术生产科研一体化。按照实施住宅产业化国家的专家所言，住宅产业化具有“资金和技术的高度集中、大规模生产、社会化供应”三个特征。1999 年，国务院办公厅转发的建设部等八部委共同起草的《关于推进住宅产业现代化，提高住宅质量的若干意见》，就明确了我国推进住宅产业现代化的指导思想、主要目标、工作重点和实施要求，成为推进我国住宅产业现代化工作的纲领。

自 2000 年起，A 企业成立了专门的研究中心进行住宅产业化的研究。其在深圳的工业化生产试验表明，工业化生产将施工时间缩短了一半，而且节约了 80% 的劳动力并大大缩短了项目的设计规划时间。

然而，工业化建房不是单凭某个地产公司一家的力量就能做得起来的。虽然住宅产业化是一种趋势，但由于国内在设计施工及部品生产方面，存在诸多缺陷，住宅产业化之路不会一帆风顺，要想达到西方发达国家的发展。水平还需要政府、开发商、消费者以及建筑设计、施工、建材生产企业的共同努力。

第二，绿色建筑开发流程阶段的整合。虽然 A 项目实行了住宅产业化流程，但由于绿色建筑的特殊性，从前期可行性研究阶段到运营管理阶段，仍有一些需要加强和改进的方面。

从案例流程可以看出，绿色建筑开发流程中存在的主要问题是：在前期可行性研究阶段编写可行性研究报告时，需要参照规划设计图来进行详细的能源、水、材料、环境等的设计，也就是说需要在初步规划设计完成后展开可行性研究的工作，而此时有关项目选址、建筑物朝向等大的因素已经确定，不可能改变了。而完成可行性研究分析之后，需要规划设计单位依据可行性研究的分析结果来修改施工图，此时如果有场地及环境方面的问题则很难再作调整和修改。进入施工阶段关注的是承建单位的操作方式，但很多诸如选材和施工工艺的问题在前期可行性研究阶段也会有所涉及，如果和施工监理单位无法达成一致，则可行性研究报告中的指标目标就有可能难以真正落实。运行管理阶段同样面临这个问题，前期可行性研究阶段对后期运营管理阶段也会提出具体的建议措施和指标，到了实际的后期运营阶段，物业管理单位很可能会无法落实这些指标，各个阶段各个主体的严重分裂会导致最终绿色建筑的成果无法达到预期目标。具体分析可参见图3－3。从图中可以看出，众多主体中真正参与到可行性研究中的只有设计单位和开发商，而且通常都是在施工图完成后再交由可行性研究报告编写单位展开绿色建筑可行性研究。在可行性研究的过程中，会根据绿色建筑的要求对施工图、选材等各个方面提出技术建议，规划单位再根据可行性研究报告调整之前的设计。这种方式费时费力，而且有一些调整在施工图完成后是无法实现的。其他主体，如材料设备商、施工单位、监理单位、物业管理单位没有参与到可行性研究阶段，因此就不能很好地将可行性研究报告中对应的技术要点在实际操作上真正落实，导致前后脱节、“绿色建筑”不“绿色”的现象发生。

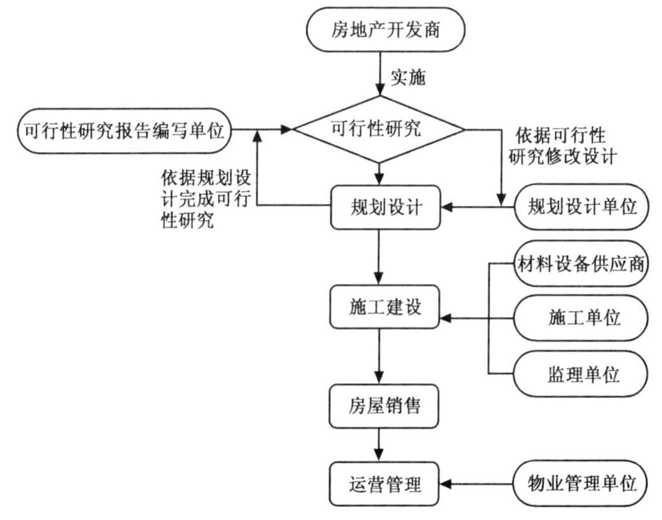

图3－3　绿色建筑开发流程图

针对这种现象，本文提出将绿色建筑整个开发流程进行整合的思想，具体内容可参见图3－4。从图中可以看出，可行性研究阶段在整个开发流程中占据了比较重要的位置。在可行性研究阶段，绿色建筑开发的几个主体联系到了一起。在项目开发前期，通过几家主体单位的共同配合，形成初步的绿色建筑建设理念，用来指导下一步的规划设计。根据施工图确定关键的绿色建筑技术体系，整合并确定下一步的绿色建筑施工、装修、材料等方面的设计，可行性研究单位将在整个开发流程中发挥作用。通过可行性研究报告和各家主体共同完成的技术方案，将绿色建筑理念在“一张图纸”里切实有效地落实，并把它作为建筑产业链中的技术链的核心。通过“一张图纸”，整合各个环节技术，解决各专业与工艺间的衔接，解决生产厂家的登台标准，解决工厂加工与现场操作的协调工作，真正做到产品生产过程中的标准化、规模化。

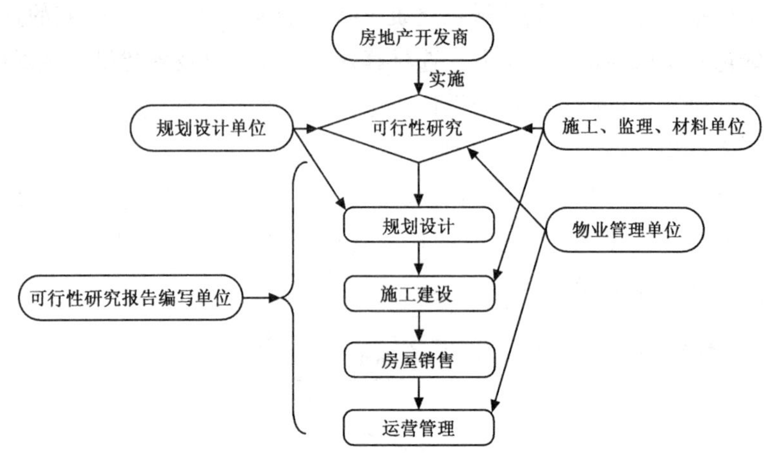

图 3-4　绿色建筑整合开发流程图

②销售阶段。

在三个项目的销售阶段，A 项目除了完成了节能公示，还开设了项目的生态品质展示厅，将在 A 项目中进行应用的绿色建筑技术进行展示，向社会开放，起到了很好的宣传、教育的作用。A 项目建立生态展示厅后，销售人员发现一个现象：过去消费者更多关注于住宅中能够看得到的技术，如太阳能、遮阳；如今许多消费者已开始关注保障住区环境品质的技术，如室外的景观水质保障措施、室外微环境（如渗水路面）改善措施、垃圾处理措施等。

随着生活水平和消费水平的不断提高，消费者对居住的需求也提升到更高的层面，不再仅仅局限于住宅的产品感观，对舒适性、健康性和安全性的要求也在提高。因此建议更多的绿色建筑项目在销售阶段可以多开展一些类似的对公众开放的宣传、教育活动。

③申报阶段。

我国绿色建筑起步较晚，绿色建筑的评价体系也是在近期刚刚成形，目前主要由2006年颁布的《绿色建筑评价标准》和2007年颁布的《绿色建筑评价标识管理办法》、《绿色建筑评价技术细则》组成。其中《绿色建筑评价标准》是评定住宅建筑和办公建筑等公共建筑是否满足绿色建筑要求的标准依据，《绿色建筑评价标识管理办法》及相关规定的诞生则是国内绿色建筑评价唯一官方认可的流程，只有通过了绿色建筑评价标识，才能最终被认定为绿色建筑。由于绿色建筑评价标识是近期刚刚开始执行的，因此在几个项目中，只有A项目和B项目准备了绿色建筑评价标识的申报工作。A项目已在2009年2月获得绿色建筑称号。

A项目在申报绿色建筑评价标识之前首先在企业内部进行了自评估。除了《绿色建筑评价标准》之外，他们还使用A企业在2008年出台的《深圳区域绿色三星住区实施标准》、《绿色三星住区技术手册》。这两部标准是A企业内部流通的技术标准，主要参考了美国的LEED评价标准和中国的《绿色建筑评价标准》，重点结合了A企业在绿色建筑发展中的实际情况，将最终目标定位在《绿色建筑评价标准》的三星级，在此基础上对《绿色建筑评价标准》的指标体系进行筛选细化，量身打造出“A企业版的《绿色建筑评价标准》”。由于A企业本身就实施了产业化模式，从设计、施工到产品都实行统一管理，因此出台这样一部针对性较强的适用于企业内部实际情况的绿色建筑评价标准就格外重要。根据A企业的特点，从源头抓起，控制每一个环节，确保从设计到施工到管理的全寿命周期内满足各项绿色指标的要求，这种个性化的方式使得其操作性更强，大大节省了效率。在通过了企业自评估后，去参评国家的绿色建筑评价标识就会很容易通过。

建议其他企业也可以参照这种模式，制定出属于企业内部的绿色建筑技术标准和实施手册，根据企业自身的情况来编写，可以定位在绿色建筑一星级、二星级或者三星级，这样就可以根据最终的星级来筛选《绿色建筑评价标准》中的各种选项，保留下来的选项再根据企业自身可以达到的要求进行扩充加强。当然在同样星级下尽可能多的满足一般项和优选项要求越有利，在这里就是各家企业自己发挥的空间了。通过企业评价标准的约束，可以更有针对性地在绿色建筑开发的各个阶段对各种绿色建筑指标进行约束，这些要求甚至可以细化到对材料、厂家的选取上。企业实行住宅产业化模式，将更有利于这种企业内部标准的编写和执行。

制定完标准后，在企业内部进行员工培训，让整个企业内部人员真正掌握技术标准和手册。在以后绿色建筑的开发流程中，严格按照企业内部的标准守则开展，使每个项目从源头开始就走上绿色建筑的正轨。这样在下一步申报国家绿色建筑评价标识的过程中将会容易得多，避免许多反复修改、过后弥补的弯路。

（三）结论

通过对典型绿色建筑项目实地调研，经过仔细分析后，初步得出结论如下。

1. 提倡住宅产业化的模式

针对绿色建筑开发的特点，提倡住宅产业化这种工业化标准生产的模式，讲求产品设计的标准化，从设计到施工到建材的使用，全都集中于几种规格。通过彻底的标准化追求最大规划的产品复制，形成住宅产品体系，建立企业住宅标准。通过工厂化生产，提高住宅的品质、性价比和生产效率。

2. 绿色建筑项目开发与运营各阶段的整合

通过"一张图纸"，整合各项技术。从规划设计初期就形成完整的绿色建筑建设理念，确定关键的技术体系，整合并实现规划设计、建筑施工、装修、配套产品的"一张图纸"设计，将绿色建筑理念在这"一张图纸"里切实有效地落实，并把它作为建筑产业链中的技术链的核心。通过"一张图纸"，整合各个环节技术，解决各专业与工艺间的衔接，解决生产厂家的登台标准，解决工厂加工与现场操作的协调工作，真正做到产品生产过程中的标准化、规模化。

3. 提倡建立企业内部绿色建筑技术标准

根据企业自身的情况编写企业内部的绿色建筑评价标准和技术手册。在编写中，根据定位的星级来筛选《绿色建筑评价标准》中的各种选项，保留下来的选项再根据企业自身可以达到的要求进行扩充加强。通过企业评价标准的约束，可以更有针对性地在绿色建筑开发的各个阶段对各种绿色建筑指标进行约束。制定完标准后，在企业内部进行员工培训，让整个企业内部人员真正掌握技术标准和手册。在以后绿色建筑的开发流程中，严格按照企业内部的标准守则开展，使每个项目从源头开始就走上绿色建筑的正轨，这样在下一步申报国家绿色建筑评价标识的过程中将会容易得多，避免许多反复修改、过后弥补的弯路。

4. 绿色建筑项目实施与评价保障体系不健全

目前，国内绿色建筑项目实施与评价保障体系主要包括绿色建筑相关政策法律法规、技术标准规范、绿色建筑评价体系等三方面内容。但在实践操作过程中，存在着缺少配套措施、执行力度不够、受认可程度不高等一系列问题。

5. 绿色建筑经济激励手段单一，激励措施有待落实

（1）激励手段单一。目前，国内针对绿色建筑项目开发与运营的经济激励手段主要包括：2004 年建设部制定的《全国绿色建筑创新奖管理办法》及实施细则、2006 年建设部会同财政部开展的“中央财政对可再生能源在建筑中的应用示范项目给予资金补助”两方面内容。与发达国家在税收减免、加速折旧、低息贷款、现金回扣补贴、政府采购、抵押贷款、科研自主、资源协议等成熟完善的绿色建筑经济激励手段相比，显得过分单一，而且可操作性不强。

（2）激励措施有待落实。通过对三个项目的分析，可以发现，针对绿色建筑项目的经济激励主要包括：一是申报并获得绿色建筑示范项目称号，包括“‘国家十大重点节能工程’绿色建筑综合示范项目、绿色建筑 3 星级评价标准、资源节约和环境保护（国家十大重点节能工程）国债备选项目、中荷可持续示范项目、循环经济示范项目、绿色建筑示范项目”等，有利于企业日后绿色建筑项目的申报、开发及运作；二是获取国家针对绿色建筑示范项目所给予的奖励措施。但是，迄今为止，三家企业并未获得相关的奖励。

四、绿色建筑实施与评价及保障体系研究

（一）绿色建筑实施与评价体系研究

绿色建筑实施与评价体系主要指绿色建筑在规划设计阶段、施工建设阶段、房屋销售阶段、运营管理阶段和申报阶段所涉及的制度体系。

1. 绿色建筑实施与评价体系概述

（1）规划设计阶段。

在规划设计阶段，开发商要委托设计单位展开绿色建筑项目的规划设计工作。在此阶段开展的工作首先要满足《民用建筑节能条例》以及国家和地方出台的相关节能设计标准的要求，在此基础上需参照《绿色建筑评价标准》中对应部分的指标要求，尤其是控制项部分的要求进行设计，另外需要参照《绿色建筑评价标识管理办法》中对申报所要求提交的材料清单，如：项目环

境分析（建筑室内外风环境模拟分析、项目日照采光环境分析、热岛强度分析等、场地噪声强度分析）、节能计算书、围护结构保温隔热设计、项目给排水设计（雨水系统方案、非传统水源利用方案等）、可再生能源利用分析等几个方面。

（2）施工建设阶段。

在项目施工建设阶段，需要施工单位、监理单位和产品供应商在满足国家出台的《民用建筑节能条例》、《绿色施工管理规程》、《建筑材料放射性核素限量》、《绿色建筑评价标准》中对应部分，以及一系列推荐目录和激励措施，如《建设部节能省地型建筑推广应用技术公告》、《绿色之星》标识、《建设事业“十一五”重点推广技术领域》和《建设部“十一五”可再生能源建筑应用技术目录》的基础之上，开展施工建设和产品的供应。需要提交的文件包括：实施单位编写的环境保护计划书、公布/公示的施工规程（包括控制扬尘及大气污染、土壤侵蚀和污染、污水、噪声、光污染、现场围挡设置）；实施记录文件（包括实地照片，实时连续录像等）；环境保护结果自评报告等。

在竣工验收阶段，建设单位应当将建筑是否符合民用建筑节能强制性标准作为查验的重要内容。对不符合民用建筑节能强制性标准的，不得出具竣工验收合格报告。

（3）房屋销售阶段。

在房屋销售阶段，要求房地产开发商向购买人明示所售商品房的能源消耗指标、节能措施和保护要求、保温工程保修期等信息。

（4）运营管理阶段。

在项目运营管理阶段，需要物业公司及开发商根据《绿色建筑评价标准》中“运营管理”部分对应指标项开展工作，尤其要满足其中控制项内容要求，需提供物业管理文档、物业日常管理记录（化学药品的进货清单与使用记录；垃圾分类收集率）等相关文件，需要参照《绿色建筑评价标识管理办法》中对申报所要求提交的材料清单。

（5）申报阶段。

绿色建筑评价标识分为“绿色建筑设计评价标识”和“绿色建筑评价标识”。“绿色建筑设计评价标识”对处于规划设计阶段和施工阶段的住宅建筑和公共建筑，按照《绿色建筑评价标识管理办法》进行评价标识，标识有效期为两年。“绿色建筑评价标识”对已竣工并投入使用的住宅建筑和公共建筑，按照《绿色建筑评价标识管理办法》进行评价标识，标识有效期为3年。

住房和城乡建设部委托建设部科技发展促进中心负责绿色建筑评价标识的具体组织实施等管理工作和三星级绿色建筑的评价工作。委托具备条件的地方住房和城乡建设管理部门开展所辖地区一星级和二星级绿色建筑评价标识工作。

开发商需要根据项目自身情况决定参评星级和标识类型，根据“绿色建筑评价标识申报指南”、“绿色建筑评价标识证明材料要求及清单”对应的要求进行具体的申报工作。开发商需提供建设单位、设计单位、施工单位、监理单位、物业单位的相关介绍和资质证书。对于“绿色建筑评价标识证明材料要求及清单”中涉及的检测报告、检验报告、评价报告均由相关管理机构或通过国家计量认证（CMA）及国家实验室认可（CNAS）的第三方检测结构提供。

此外，对新建的国家机关办公建筑和大型公共建筑，要求国家机关办公建筑和大型公共建筑的所有权人应当对建筑的能源利用效率进行测评和标识，并按照国家有关规定将测评结果予以公示，接受社会监督。

2. 存在的问题及建议。

在之前典型案例分析的基础之上，针对绿色建筑各阶段实施评价体系上的某些问题进行分析研究，得出如下分析和建议：

（1）标准规范应该因地制宜，考虑全面。

①多主体参与绿色建筑制度编制。

目前国内绿色建筑处于发展初期，主要还是依靠绿色建筑相关制度法规对整个产业进行指导和规范，因此绿色建筑相关制度体系的发展具有举足轻重的作用。

绿色建筑是与众多主体相关联的，开发商、设计单位、业主、政府、施工单位、产品供应商等每个主体都有各自需要遵循的规则、目标、利益，使得绿色建筑这个产业变成一个相对复杂的系统产业。

目前国内绿色建筑制度体系的状况是：编写队伍成分相对比较单一，以《绿色建筑评价标准》为例，参与编制的 9 家单位中，8 家是科研院所与大学，只有 1 家来自中国建筑工程总公司；参与编制的 32 名专家成员里，只有 1 人来自建筑工程总公司，其他均来自科研院所与高校。这使得我们的标准更多地停留在科研和书本层面，与实际还是有一定脱节的。而在美国负责开发 LEED 标准的 USGBC 委员会中，参与人员更多是直接参与实践的基层工程师、建筑师，还包括了结构、市场运营、开发商、环境工程等多方面人士，几乎囊括了绿色建筑产业所涉及的各个行业人群，在标准制度中很好地体现了各个主体的需求。

前面所提到：提倡住宅产业化这种工业化标准生产的模式，建议绿色建筑项目开发与运营各阶段的整合，通过“一张图纸”，整合各项技术，从规划设计初期就形成完整的绿色建筑建设理念，确定关键的技术体系，整合并实现规划设计、建筑施工、装修、配套产品的“一张图纸”设计等。而技术的整合首先需要从执行标准制度上抓起，即从源头进行整合，让绿色建筑产业相关的主体都参与到标准的编制中，更好地体现各主体的需求，更多地邀请参与实际项目开发的工程技术人员、开发商等，这样才能更好地解决标准与实践层面相脱节的问题，标准在实际中的可操作性、易用性都将获得更好的完善。

②标准规范应与时俱进。

现行的主要绿色建筑以及节能设计标准有：《绿色建筑评价标准》、《采暖地区节能设计标准》、《夏热冬暖地区节能设计标准》、《夏热冬冷地区节能设计标准》、《公共建筑节能设计标准》以及各地方的节能标准等。其中，采暖地区的设计标准是在20世纪90年代初期制定的，对采暖地区的建筑只考虑了采暖负荷、围护结构热工性能等指标；夏热冬冷和冬暖地区的标准则更多是针对空调的COP值制定的；标准里对计算能耗的边界条件设定得并不科学，导致规范里计算出的能耗要比实际能耗高出很多来，使得很多建筑轻易就会满足规范里的节能要求。而《绿色建筑评价标准》以是否采用某项节能技术为评价准则，必然将绿色建筑的概念局限到了几项技术、几个指标上，而割裂了其作为一个整体产品的特征，让人很容易误解用了某些技术、满足某些指标要求就是绿色建筑。《绿色建筑评价标准》没有将采用被动式技术作为评分点，很多建筑是可以通过简单的体型设计、自然采光设计等最简单最廉价但却又是最有效的方法来满足节能要求的，采用这些技术手段要比花费大力气高投入去做太阳能光电板效果来得更明显。但由于标准中没有规定，因此做了这个不会有得分点，开发商还是宁愿花钱去做“高级技术”以获得得分点，绿色建筑最终会被误解为“昂贵的建筑”。

当然产生这些问题是有各种原因的。我国绿色建筑起步较晚，很多标准规范都是在早期经验较少的情况下完成的。而近些年来，国家逐渐重视节能减排，重视发展绿色建筑，我们也逐渐积累了很多理论与实践的经验。作为肩负引导绿色建筑发展重要使命的相关制度体系应该随时进行内容的完善和更新，以免出现理论标准与实际情况严重脱节的问题，以更有效地规范、指引绿色建筑朝着正确的方向发展。

③不应照抄照搬国外的标准。

作为国际上商业化最成功的绿色建筑评估体系，LEED 在 2003 年前后进入中国，依仗其庞大的市场运作能力，以及来自美国最具国际影响力的“绿色建筑标准”的无形标签，在近几年中得到了国内房地产开发项目的极大追捧。

但实际上 LEED 并不适应中国的实际国情，而且在科学性上也有待考察。比如，针对绿色建筑的节能、节水、节材等六大体系，LEED 里并没有针对每一个单项性能最低分的约束，结果只是按照总分约束，实际应用中带来不少问题，甚至有不少完全不合理的现象出现。如果项目在节能方面的性能不太好，完全可以通过在创新设计、室内环境质量等方面获得高分而同样达标，这已经偏离了绿色建筑各方面性能均衡发展的本质和初衷。根据最近 USGBC 的 Brendan Owens 以及新建筑研究所的 Mark Frankel 和 Cathy Turner 对实际运行的 LEED 建筑进行了调研和回访，结果出乎意料：第一，仅 30% 的 LEED 建筑运行能耗比预期良好；第二，25% 的 LEED 建筑运行能耗比预期差；第三，许多建筑存在严重高能耗问题；第四，越是高级别的示范性、实验性建筑，其建筑能耗水平越是比预期高，一般能高出一倍左右。

由此可见，LEED 并非一套科学的绿色建筑评估体系，在市场上的成功并不能掩饰其评价体系中的诸多不足，而且目前我国建筑环境质量现状和要求存在很大差异，不像发达国家总体水准较高、差别较小，问题的主导方面是能源、资源与环境代价的最小化。因此我国的绿色建筑评估体系不能像 LEED 那样允许其中节省能源、节省资源、保护环境的条款与室内舒适性、服务水平的条款彼此相加或相抵。

中国现有的建筑标准、法规还存在条文有漏洞，管理、执法不到位等问题，阻碍了绿色建筑的全面发展。现有的绿色建筑评价标准在定量化评价方面还有改进的地方。但是从科学、平稳地推进我国城镇可持续建设的角度出发，我国绿色建筑评估体系研究和编制还是强调了因地制宜和分阶段控制。一方面充分吸收国际上最先进、最科学的绿色建筑评估体系的优点；另一方面注重国内不同地区的气候特点、经济技术水平和建筑类型，通过开展标准体系评价框架、评价指标适应性、权重系数等问题的研究，来解决评估标准的不适应问题。

（2）基于公共建筑用能定额的全过程节能管理。

①存在的问题。

主要包括四个方面：一是规划阶段缺少项目定位依据，开发商决定将某块刚拿到的地做绿色建筑项目，此时没有任何设计数据供参考，必然会将项目定位在一些节能技术措施的罗列上面，比如做水源热泵、呼吸幕墙等。而随着项目的深入，会发现很多技术措施并不适用甚至起反作用，此时不得不为了补偿产生的负效应而投入额外的投资，导致“节能建筑不节能”。二是设计阶段审查依据的合理性有待检验。在完成了规划设计后，通常要经过国家的相关节能审查，而节能审查的依据主要是各地方的节能规范标准，规范标准里的强制性要求更多的是着眼于一些材料、设备的性能参数和指标，比如更多的是看墙体的传热系数、外窗的遮阳系数、空调的 COP 值是否符合要求，不符合要求的就视为不通过，这种审查依据的合理性有待于检验。三是施工阶段无法确保系统设备的初调试以及系统和设备的整体性能是否满足要求。四是运行管理阶段同样很难判别用能的合理性。

②对策及建议。

性能指标只是产品整体的外部特性指标，是最终要满足追求的目标，如 COP 值；推荐的技术措施是实现外部特征指标的措施。而建筑是一个整体的产品，最终评判建筑节能与否的指标只有一个，就是建筑物的能耗指标，所以应该以建筑的能耗指标作为衡量的标尺。

《公共机构节能条例》和《民用建筑节能条例》明文规定，公共机构和公共建筑重点用能单位应当制定能源消耗定额，作为能源合理使用的判断准则。同时《条例》规定建设项目必须从规划、设计、竣工验收、运行管理等各阶段执行相应的建筑节能相关标准，全过程落实节能管理。因此目前急需研究公建的能耗定额，并考虑如何在现有节能标准体系前提下，将“能源消耗定额管理”分解落实在建设的各个阶段。

在不同阶段，建筑节能的目标和本质是一样的，都是将建筑能耗控制在一定的合理水平上，即各个阶段均应满足“建筑用能定额”的总控制目标。建筑全过程是一个逐步明确、逐步实践的过程，可以获得的节能指标也越来越具体。因此建筑用能定额指标随着建筑全过程的进行，可以层层往下分解，分解的指标也越来越具体。大体可分为三个层次：能耗定额指标、系统性能指标、设备性能指标。各个不同层次的节能指标本质上是互相吻合的，可以通过简单的加减乘除计算，互相推导。因此建筑用能定额指标既是不同阶段节能的总目标，也通过指标内在逻辑关系的阶梯结构兼顾了不同阶段各自的节能工作特点，使得各阶段在不同层次上制定相应的指标。各阶段的任务大致有如下五个方面：一是项目立项，由开发商对建筑投入使用后的各分项能耗作出承诺，审查其承诺数值是否低于同功能建筑的用能定额指标。二是设计与方案投标，要求投标设计方案必须详细论证是否兑现了项目立项时承诺的节能指标以及如何实现这些节能指标。中标后，承诺的定额方案要按照专业分配下去，相应的指标也在设计单位分配下去。三是施工设计，建立新建建筑节能审查制度，通过模拟计算等方法，得到设计方案的具体能源消耗量，审查其是否达到承诺的节能数值。四是竣工验收，建立工程竣工验收节能审查制度，通过现场测试各设备与子系统的性能，进而估算全年能耗，考察是否达到立项时的承诺要求。五是运行管理，实行分项计量监测，杜绝由于管理造成的疏忽而增加能耗水平。

通过全过程的节能管理就省去了节能诊断的步骤，通过最初的定额目标和整个的阶段主线就能找到过程中是哪里不足导致了最终能耗水平的上升，简单易行。

（二）绿色建筑保障体系研究

有关研究表明，影响我国绿色建筑推广的主要因素包括五个方面，分别为：绿色建筑的成本、绿色建筑的识别、绿色建筑的政策体制、社会的绿色需求环境、绿色建筑的专业机构及管理。目前，政府、房地产开发商、消费者是参与绿色建筑开发运营的主要主体，是决定绿色建筑能否得到大力推广和发展的决定性力量。因此，要想建立绿色建筑保障体系，就必须建立一种能够使得政府、房地产开发商、消费者三者各尽其责、紧密配合的交互动态支撑体系。

1. 推进绿色建筑过程中的政府职能研究

政府是推动绿色建筑发展的指挥员。在建立绿色建筑保障体系时，它的主要职能有三：一是制定规划和战略，让绿色建筑的相关利益主体能够明确努力的方向；二是实施经济激励，提升相关主体的参与绿色建筑开发的信心和积极性；三是健全法律法规，规范和监督相关主体的行为。

（1）健全法律法规体系。

绿色建筑的推广必须有完善的法律体系作为保障。但由于我国绿色建筑起步较晚，目前我国还没有专门的绿色建筑法，而且相关的绿色建筑方面的法律法规也不完善。因此，中央政府和地方政府应着力于以下几个方面的工作：

①抓紧研究相关法律法规。研究绿色建筑开发、建设、运营、管理、税收、市场准入、信息资源管理等方面的法律法规。运用法律手段理顺建筑业责权利关系，完善责任追究制度与相关理赔制度，规法市场行为；要积极引导和扶持咨询服务业的发展，充分发挥其积极作用；完善建筑行业准入制度，严格

行业管理与资质管理认定。

②尽快提出修订法力较强的法律法规的意见。修订已有的《建筑法》、《城乡规划法》，增加有关发展绿色建筑的内容并拟定有关条例；尽快实施《建筑节能管理条例》（建设部令第76号）的修订条例，对《房屋建筑工程和市政基础设施工程竣工验收备案管理暂行办法》（建设部令第78号）以及《房屋建筑和市政基础设施工程施工图设计文件审查管理办法》（建设部令第134号）关于建筑节能、节地、节水、节材和环境保护作出补充要求。

③加大执法力度。这需要从两方面入手：一是加大绿色建筑法制宣传力度，各级政府要将绿色建筑法规的宣传工作列入重要议事日程；二是要严格执行，执法必严，违法必纠。

（2）制定并实施经济激励政策。

从经济学属性上分析，传统建筑具有不经济性的特点，而绿色建筑具有外部经济性的特点，导致传统建筑的市场生产量高于社会最优产量，绿色建筑的市场生产量低于社会最优产量。因此，需要制定经济激励政策来引导人们的决策行为，实现推广绿色建筑、鼓励绿色建筑技术的创新及扩散的目的。从手段上来讲，绿色建筑经济激励主要分为两类：

①补贴政策。

具体思路为：一是对绿色建筑产品的生产者进行补贴，调动生产者的积极性，增加生产能力，扩大产业规模；二是对绿色建筑产品的消费者进行补贴，扩大市场需求；三是对绿色建筑产品的生产者和消费者同时进行补贴。

②税收政策。

具体思路为：一是税收优惠政策，对绿色建筑的生产者给予税收优惠，降低生产者的成本；二是对非绿色建筑产品的生产者实行高标准、高强度的收费政策，降低非绿色建筑的不经济性。

（3）加强宏观管理和综合协调力度。

①制定绿色建筑发展规划和战略。

结合我国资源、能源现状，我国目前的经济实力和社会总体发展水平，借鉴其他国家的经验和教训，制定一个我国发展绿色建筑的总体目标及科学的发展战略，在此基础上架构起一套切实可行的制度体系。

②建立统一的管理机构。

绿色建筑是一项庞大的系统工程，不是哪一个部门能够单独完成的，它需要很多部门和单位的共同参与。为了提高工作效率，需要建立一个统一的管理机构协调不同政府部门之间的工作。目前，建筑节能的工作由建设部负责，而墙体材料革新工作则由国家发展改革委员会负责；全国各省、市有一半的墙体材料革新职能在建设部门，有一半在发改委。根据责权利统一的原则，应把两者统一起来建立绿色建筑管理机构。

③加强绿色建筑的培训工作。

从教育入手，加强对建筑行业专业人才的培养，使他们对绿色建筑有充分的认识，把绿色建筑的理念贯穿于规划设计、施工到拆除等全过程。在相关的职业资格考试中适当增加对绿色建筑知识的考核，改变以往的思维模式，树立绿色理念，与各行业密切配合，拓展绿色建筑设计技能。

④完善绿色建筑服务体系。

主要从以下几个方面做起：一是积极发展绿色建筑科技中介组织。政府通过制定政策，鼓励和支持建立科技中介组织，科学划分政府科技管理部门与科技中介组织的职能，通过简政放权，把信息咨询、成果评价、融资活动、技术交易等大量事务性、服务性的职能从政府职能中剥离出来，由科技中介组织承担。政府部门则对科技中介组织的发展进行统一规划和指导，引导中介组织的发展与市场规模、市场结构及产业结构相适应。二是培育行业协会。行业协会作为一种自愿性的民间组织，在协调企业与政府之间的关系、规范市场行为、维护市场秩序等方面起着重要作用。行业协会一方面制定行业标准，甚至可以转化为法律；另一方面，向政府反映企业的意见，为政府制定政策、法律提供建议，提供决策参考。三是搭建国内外绿色建筑合作交流平台，积极进行国际交流与合作。绿色建筑要求从全局而不是从局部考虑问题，要求从全人类历史发展的角度出发，谋求经济发展与社会人口和生态环境的协调，在一定程度上超越各国的文化差别。

2. 推进绿色建筑过程中的企业职能研究

绿色建筑开发过程中涉及的企业非常多，比如房地产开发公司、规划勘察单位、设计单位、施工企业、监理公司、物业公司、中介服务机构等。在建立绿色建筑保障体系时，企业需要从三个方面作出努力：一是保障绿色建筑开发资金充足、到位及时，以确保绿色建筑能够顺利开发。二是保障绿色建筑技术合理，以确保绿色建筑从建筑材料、规划设计、建设施工等都满足可持续发展的要求，满足《民用建筑节能条例》、《绿色施工管理规程》、《建筑材料放射性核素限量》、《绿色建筑评价标准》、《建设部节能省地型建筑推广应用技术公告》、《绿色之星》标识、《建设事业“十一五”重点推广技术领域》和

《建设部“十一五”可再生能源建筑应用技术目录》等相关文件、节能标准、推荐目录的要求。三是保障绿色建筑管理到位，以确保企业合理配置资源、节省生产成本、提高建设效率。此外，企业为保障绿色建筑的开展，还需积极开展技术创新、管理创新、营销创新及其他创新，做到与时俱进。

3. 推进绿色建筑过程中消费者职能研究

在建立绿色建筑保障体系时，消费者的主要职能包括：一是购买绿色建筑。因为绿色建筑产品只有被售出和使用才能体现自身的价值，才能保证整个绿色建筑产品产业链条的形成，绿色建筑市场才能形成并发挥作用，所以在经济条件允许的情况下，消费者购买并使用绿色建筑产品是推进绿色建筑发展的最直接、最重要的保障。二是反馈意见。在使用绿色建筑产品过程中，消费者可能会遇到很多突发事件或者意外情况，这些情况可能是在绿色建筑规划设计、建设施工、售后服务等阶段所没有想到的，因此消费者应该及时将此类信息以及个人在绿色建筑产品使用过程中的意见反馈到相关部门。三是配合相关部门统计建筑能耗数据，以利于主管部门掌握不同地区不同建筑的实际能耗数据，降低能源浪费，增加节能潜力。

五、绿色建筑经济激励政策机制研究

（一）绿色建筑适用经济激励政策工具目录

根据我国能够使用的经济激励手段，在充分研究其作用规律、激励效果的基础上，提出能够适用于绿色建筑经济激励的政策工具菜单。

1. 我国推动绿色建筑发展的政府干预措施概述

政府有一系列措施来解决绿色建筑发展中的市场失灵问题，从大的方面讲可以分为强制性政策（即管制手段）和经济激励政策（即经济手段）。

（1）强制性政策。

强制性政策是通过各类法律法规和行业标准的制定与强制执行来达到一定的目标。这种政策应用于绿色建筑的推广，目标明确，可以直接影响企业的行为，效果往往迅速而明显。但是这种强制性政策实现目标的手段不够灵活，而且对每个生产者都实行同一个标准，没有考虑各个生产者之间的成本差异问题，如果某些生产者的执行成本过大的话，会对绿色建筑的推广产生负面作用，应慎重使用。目前这方面的政策主要包括：

①法规和法规性文件。

《中华人民共和国建筑法》是我国第一部建筑法规，但由于受时代和国情等因素的影响，这个法规不可能具备后来才有的可持续发展要素。在这之后，我国又先后发布了《中华人民共和国城乡规划法》、《中华人民共和国能源法》、《中华人民共和国节约能源法》、《中华人民共和国可再生能源法》等多项与绿色建筑内容相关的行政法规，以及《关于加快发展循环经济的若干意见》、《关于做好建设资源节约型社会近期工作的通知》、《关于发展节能省地型住宅和公共建筑的通知》、《节能中长期规划》等法规性文件。

②国家和地方绿色建筑的标准体系。

国家和地方绿色建筑标准体系主要包括已发布的、与绿色建筑有关的技术标准与技术规范、绿色建筑评估体系、绿色建筑施工技术导则、绿色建筑评价标识制度和体系等。具体内容包括：一是绿色建筑技术标准与技术规范，主要包括《民用建筑热工设计规范》、《民用建筑节能设计标准采暖居住建筑部分》、《夏热冬冷地区居住建筑设计节能标准》、《绿色建筑评价技术细则试行》、《建筑节能工程施工质量验收规范》等数十项技术标准与技术规范。二是绿色建筑评估体系，主要包括《绿色奥运建筑评估体系》、《中国生态住宅技术评估手册》等。三是绿色建筑施工技术导则，主要包括《绿色建筑技术导则》、《绿色施工导则》等，确定了绿色施工的原则、总体框架、要点、新技术设备材料工艺和应用示范工程。四是绿色建筑评价标识制度和体系。《绿色建筑评价标识管理办法》及《绿色建筑评价技术细则》的出台，结束了我国依赖国外标准进行绿色建筑评价的历史；《环境标志产品技术要求——生态住宅住区》标准，对房地产开发各个环节的住宅节能、环保指标作出明确规定；《建筑门窗节能性能标识试点工作管理办法》旨在保证建筑门窗产品的节能性能，促进建筑节能技术进步；《建筑能效测评与标识技术导则》、《建筑能效测评与标识管理办法》等按照建筑节能有关标准和技术要求，对建筑物用能系统效率和能源消耗量，以信息标识的形式进行明示。

（2）经济激励政策。

制定绿色建筑经济激励政策的主要目的是：增强绿色建筑项目的吸引力，提高绿色建筑项目的投资竞争力，使经济杠杆真正发挥向绿色建筑的倾斜作用，低成本、高效率地推动绿色建筑技术的应用、创新及推广。从理论上来说，设计得当并得以实施的经济激励政策能以更低的社会成本实现绿色建筑的推广。

非绿色建筑具有负外部性，导致非绿色建筑的市场供给量高于帕累托最优产量；而绿色建筑具有正外部性和代际外部性，导致绿色建筑的市场供给量低于帕累托最优产量。因此，在制定绿色建筑经济激励政策时，应采取鼓励性政策与限制性政策并举的方式，实施“胡萝卜加大棒”的经济激励机制。

①补贴政策。对绿色建筑产品的生产者进行补贴。由于生产绿色建筑产品存在正外部性，对绿色建筑产品的生产者给予一个合适的补贴，可以调动生产者的积极性，增加生产能力，扩大产业规模。对绿色建筑产品的消费者进行补贴，其实是对绿色建筑产品的生产者进行间接的补贴。

②税收政策。有两种不同的税收政策：一种是税收优惠政策，另一种是强制性税收政策。对绿色建筑给予税收优惠政策实际上是降低了绿色建筑产品生产者的成本，从理论上来说，税收优惠政策与对绿色建筑产品的生产者进行补贴是相同的。但是减免税收不需要政府拿出大量资金来进行补贴，只是减少一部分中央或地方的收入，因而比补贴政策易于实施。强制性税收政策是对非绿色建筑产品的生产者实行高标准、高强度的收费政策。如环境法规，对建筑主要是针对其污染而言，常见的环境法规包含“绿色税”和“谁污染谁赔偿”原则等。

2. 我国绿色建筑公共财税政策的现状与问题

（1）已有的绿色建筑财税政策。

绿色建筑跟一般建筑一样，需要依法纳税。但由于绿色建筑具有节能、环保的特点，绿色建筑开发商可以享受一定的税收优惠和相关的国家优惠政策。

①目前税制中与建筑开发及运营相关的税种及收费。

在绿色建筑开发阶段，开发商获得土地并从事建筑物开发，要交纳城镇土地使用税、土地出让金。如果占用的是耕地，还要交纳耕地占用税。

在绿色建筑施工阶段，开发商要购买建筑材料及相关产品，需要交纳增值税。

在绿色建筑销售及转让阶段，需要交纳营业税、城市维护建设税、教育费附加、土地增值税、印花税、契税、房产税（原有针对外商及外国人的城市房地产税现已并入房产税）、固定资产投资方向调节税（暂停征收）。此外，建筑业企业需要交纳企业所得税。个人转让房产除了要交纳营业税、契税等上述税种外，还要交纳个人所得税。

②现有与绿色建筑开发及运营相关的税收优惠政策。

第一，增值税优惠。为了加快新型墙体材料产业的发展，适应建筑节能市场的需要，推动建筑节能战略的实施，财政部和国家税务总局共同颁布了多项增值税优惠政策，有效地激励了新型节能建材产品的大规模生产和使用。

1992 年 11 月《关于加快墙体材料革新和推广节能建筑的意见的通知》（国发［1992］66 号）规定，对新型墙体材料产品继续免征增值税，对实心黏土砖一律不得减免税。1995 年发布的《关于对部分资源综合利用产品免征增值税的通知》（财税［1995］44 号）规定，自 1995 年 1 月 1 日起，对企业生产的原料中掺有不少于 30% 的煤矸石、石煤、粉煤灰、烧煤锅炉的炉底渣（不包括高炉水渣）的建材产品，在 1995 年底以前免征增值税。

从 1998 年 1 月 1 日起，在国家鼓励和支持发展的外商和国内投资中，对节约能源和原材料、资源综合利用、防止环境污染、新能源和可再生能源等项目的进口设备，免征关税和进口增值税。

《关于部分资源综合利用及其他产品增值税政策问题的通知》（财税［2001］198 号）规定，自 2001 年 1 月 1 日起，在生产原料中掺有不少于 30% 的煤矸石、石煤、粉煤灰、烧煤锅炉的炉底渣（不包括高炉水渣）及其他废渣生产的水泥实行增值税即征即退的政策；自 2001 年 1 月 1 日起，对部分新型墙体材料产品实行按增值税应纳税额减半征收的政策。对此还专门明确了产品的类别、规格及相关要求。自 2001 年 12 月 1 日起，对增值税一般纳税人生产的黏土实心砖、瓦一律按适用税率征收增值税，不得采取简易办法征收增值税。

2004 年 2 月，发布《关于部分资源综合利用产品增值税政策的补充通知》（财税［2004］25 号），补充通知规定，自 2004 年 1 月 1 日起，为解决西部地区新型墙体材料产品生产企业因达不到财税［2001］198 号文件附件中对建筑起砌块和建筑板材规定的生产规模标准，无法享受增值税减半的优惠政策的问题，对西部地区内的企业生产销售的列入财税［2001］198 号附件的建筑砌块和建筑板材产品，在 2005 年 12 月 31 号之前不再限定企业的生产规模，均可享受新型墙体材料产品增值税减半征收的优惠政策。

第二，企业所得税优惠。1994 年发布的《关于企业所得税若干优惠政策的通知》（财税字［1994］001 号）规定，企业利用本企业外的大宗煤矸石、炉渣、粉煤灰作主要原料，生产建材产品的所得，自生产经营之日起，免征所得税 5 年。该项激励政策的主要目的在于促进资源综合利用，对建筑节能中发展新型墙体材料和限制使用实心黏土砖等起到了极大的推动作用。

企业购置并实际使用《环境保护专用设备企业所得优惠目录》、《节能节水专用设备企业所得税优惠目录》和《安全生产专用设备企业所得税优惠目录》规定的环境保护、节能节水、安全生产等专用设备的，该专用设备的投资额的10%可以从企业当年的应纳税额中抵免；当年不足抵免的，可以在以后5个纳税年度结转抵免。

企业以《资源综合利用企业所得税优惠目录》规定的资源作为主要材料，生产国家非限制和不禁止并符合国家和行业相关标准的产品取得的收入，减按90%计入收入总额。

在进口设备方面，从1998年1月1日起，在国家鼓励和支持发展的外商和国内投资中，对节约能源和原材料、资源综合利用、防治环境污染、新能和可再生能源等项目的进口设备，免征关税和进口增值税。

第三，固定资产投资方向调节税优惠。1991年《中华人民共和国固定资产投资方向调节税暂行条例》规定，对“北方节能住宅”（即满足《民用建筑节能设计标准》规定的住宅）的固定资产投资方向调节税执行零税率。

1993年国家计委、国家税务局发布《关于北方节能住宅投资征收固定资产投资方向调节税的暂行管理办法》（计投资［1993］653号文），规定了具体的执行标准，其中凡年日平均温度低于或等于5摄氏度的天数在90天以上的采暖地区，按《民用建筑节能设计标准（采暖居住建筑部分）》（以下简称《标准》）的要求，主要设计指标达到《标准》要求，且采用新型墙体材料或新型复合墙体的新建、扩建、改建的采暖住宅，可视为北方节能住宅，其固定资产投资方向调节税的税率为零。该政策的实施对北方采暖地区开展建筑节能工作，推广节能建筑起到了极大的推动作用。但2000年1月1日该税种停征，其对建筑节能的激励作用也随之消失。

③现有与绿色建筑开发及运营相关的其他经济激励政策。

第一，专项资金。与绿色建筑开发及运营相关的专项资金主要包括三种：一是新型墙体材料专项基金。为推动禁止使用实心粘土砖、促进节能建筑材料的生产应用，国家先后出台了一系列关于新型墙体材料专项基金的征收和使用管理办法。1992年，国务院下发《关于加快墙体材料革新和推广节能建筑意见的通知》（国发［1992］66号），明确建立发展新型墙体材料“专项用费”。随后，有20多个省、直辖市、自治区陆续采用“专项用费”的形式推进墙材革新工作。2000年，国务院办公厅下发《关于推进住宅产业现代化 提高住宅质量的若干意见的通知》（国办发［1999］72号），确定了直辖市、沿海城市和人均耕地面积不足0.8亩的省份的170个大中城市2003年6月30日前禁用实心粘土砖，省会城市在2005年底禁用实心粘土砖的目标。2002年，国家经贸委、财政部联合发布了《新型墙体材料专项基金征收和使用管理办法》（财综［2002］55号），对新型墙体材料专项基金的征收对象、范围、标准、程序，使用范围、支出方式、审批程序，法律责任、处罚规定、监督检查等作出了明确规定。2007年，国家重新制定了《新型墙体材料专项基金征收使用管理办法》和《新型墙体材料目录》，支持节能建材行业发展，自2008年1月1日起执行。二是可再生能源建筑应用示范项目资金。2006年，财政部和建设部制定了《财政部、建设部关于可再生能源建筑应用示范项目资金管理办法》（财建［2006］460号）和《建设部、财政部关于推进可再生能源在建筑中应用的实施意见》（建科［2006］213号）。2007年，下发了《财政部 建设部关于加强可再生能源建筑应用示范管理的通知》（财建［2007］38号），鼓励在建筑领域推广应用太阳能、浅层地能等可再生能源。三是国家机关办公建筑和大型公共建筑节能专项资金。2007年，国家有关部门制定了《国家机关办公建筑和大型公共建筑节能专项资金管理暂行办法》，财政部、建设部下发了《财政部关于印发国家机关办公建筑和大型公共建筑节能专项资金管理暂行办法的通知》（财建［2007］558号）和《关于加强国家机关办公建筑和大型公共建筑节能管理工作的实施意见》（建科［2007］245号），以节能专项资金方式支持国家机关办公建筑和大型公共建筑节能工作，对国家机关办公建筑和大型公共建筑实施的节能改造以及可再生能源建筑应用示范项目予以补助。

第二，奖励。与绿色建筑开发及运营相关的奖励主要包括三种：一是住房和城乡建设部设立的全国绿色建筑创新奖。绿色建筑奖创新分为工程类项目奖和技术与产品类项目奖。工程类项目奖包括绿色建筑创新综合奖项目、智能建筑创新专项奖项目和节能建筑创新专项奖项目；技术与产品类项目奖是指应用于绿色建筑工程中具有重大创新、效果突出的新技术、新产品、新工艺。目前，已经成功评审并发布了两届绿色建筑创新奖。二是节能技术改造财政奖励资金。“十一五”期间，国家安排专项资金支持企业节能技术改造，并制定了《节能技术改造财政奖励资金管理暂行办法》（财建［2007］371号）。主要支持《“十一五”十大重点节能工程实施意见》（发改环资［2006］1457号）中确定的燃煤工业锅炉（窑炉）改造、余热余压利用、节约和替代石油、电机系统节能和能量系统优化等项目。采取奖励方式，实行资金量与节能量挂钩，对完成节能量目标的项目承担企业给予奖励。东部地区节能技术改造项目根据节能量按200元/吨标准煤奖励，中西部地区按250元/吨标准煤奖励。三是北方采暖区既有居住建筑供热计量及节能改造奖励资金。根据《国务院关于印发节能减排综合性工作方案的通知》（国发［2007］15号）中提出的“十一五”期间推动北方采暖区既有居住建筑供热计量及节能改造1.5亿平方米的工作任务，2007年12月，财政部印发了《北方采暖区既有居住建筑供热计量及节能改造奖励资金管理暂行办法》（财建［2007］957号），并预拨了部分奖励资金。2008年5月，住房和城乡建设部制定了《关于推进北方采暖地区既有居住建筑供热计量及节能改造工作的实施意见》（建科［2008］95号），对推进北方采暖地区既有居住建筑供热计量及节能改造工作的实施提出了工作部署。

第三，财政补贴。与绿色建筑开发及运营相关的财政补贴主要是指高效照明产品财政补贴。2007年底，国家发改委会同有关部门制定了《高效照明产品推广财政补贴资金管理办法》及推广方案。采用财政补贴方式，计划在未来3年中每年用高效照明产品替代5000万只白炽灯。对大宗用户的节能灯产生企业补贴30%，对分散用户的节能灯产生企业补贴50%。

第四，贴息、优惠贷款政策。在鼓励企业技术改造的国债贴息政策中，节能项目列入技术发行的内容之一，享受投资贷款贴息的优惠。各地方政府也纷纷出台相关贴息、优惠贷款政策，鼓励企业使用新型节能建筑材料。

2001年9月颁布的《北京市建筑节能管理条例》提出：建立对新型建筑结构体系和供暖技术的科研与试点示范工程；利用工业废渣、城市废渣和农作物秸杆生产新型墙体材料；其他与推动建筑节能发展有关的材料、设备的生产应用技术开发与技术改造项目享受贷款贴息、资金补助等政策支持。《郑州市建筑节能与墙体材料革新办公室文件》（郑墙字［2007］11号）规定：新建、改建、扩建新型墙体材料企业和科研开发项目可以向节能墙改主管机构申报新型墙体材料专项基金项目贴息、补贴。

广州将对国有投资项目的既有建筑改造，将采取财政补贴50%的方式，而纯商业既有建筑则以8%的贴息优惠鼓励改造。

深圳市贸工局已修改制定了新的《深圳市资源综合利用专项资金使用和管理办法》（草稿），将把以往节能贴息的单一途径改为贴息、资助、奖励等多种手段，从而加大对节能的资金扶持力度。

（2）绿色建筑财税政策相对不足及带来的问题。

①相关法规政策配套体系不够完善。

国家政策不配套，缺乏激励机制和工作力度；缺少建筑节能与企业和公众的直接经济利益联系，使得节能工作缺乏内在经济利益推动力。2007 年 1 ~ 10 月，地方财政大幅超收，但对建筑节能的财政支持力度明显不够，仅有 14 个省级政府对建筑节能安排财政资金共 2 亿元左右，有 16 个省级政府没有安排，部分省必要的工作经费也没有落实。大多数省级政府没有出台相关经济激励政策①。

随着国家对节能减排的大力倡导和积极推进，许多开发商已经认识到建筑节能的重要性，然而节能建筑会使成本增加，同时，百姓对建筑节能带来的效益感受不深，还需要一个广泛普及的认识过程。在执行建筑节能标准过程中，对高于现行标准的节能建筑没有相关激励财税政策，使得开发商在节能方面的投入缺乏相应回报，影响了房地产商开发节能建筑、消费者购买节能建筑的积极性。

②针对绿色建筑的税收优惠政策严重缺失。

目前，针对绿色建筑的税收优惠政策十分零散，且大多是蜻蜓点水、力度有限。对绿色建筑优惠力度最大的是已经暂停征收的固定资产投资方向调节税，该税种曾对绿色地产或者节能产品只收 5% 的固定资产投资方向调节税，而普通地产的税率为 10%，工建税率为 30%。在这一税收政策激励作用下，1991 ~ 1999 年设计建造的住宅较 1991 年以前建造的住宅节能 30%。从中可以看出财税政策对于绿色建筑开发的积极推动作用。该税种停征后，其他税种并未补上，带来了鼓励绿色建筑发展的政策空白，这应引起相关部门的重视。

③相关激励政策的力度不够，导致大众对绿色建筑的需求不旺。

绿色建筑的财政补贴及相关建筑节能产品和节能建筑消费补贴的政策缺失，阻碍了绿色建筑的发展步伐。开发商是绿色建筑的建造者，而不完全是使用者。在绿色建筑市场体系尚未完善时，开发商一般不会过多考虑节能、节地、环保等问题，不会过多顾及深层次的节能技术应用。消费者接受绿色建筑存在认识上的误区，更关注建筑在园林、景观、建筑外形设计等内容，加上政府在相关税费政策上并无引导和优惠政策，导致大众对绿色建筑的需求不旺。

3. 绿色建筑公共财税政策工具菜单

（1）限制性绿色建筑财税激励工具。

①开征新税。对不同能耗产业、耗能和环境污染行为相应地开征能源税或者环境税，通过征税或差异税率来加大其生产成本，促使企业工艺和设备更新

---

① 参见 2007 年全国建设领域节能减排专项监督检查建筑节能工作检查报告。

和优化。

②收费。提高生产成本，促使外部成本内部化，促进相应的投资，改善生产和消费。

（2）鼓励行绿色建筑财税激励工具。

①税收方面。具体包括两大方面：一是实行低税，甚至给予一定范围和时期的免税；二是加速折旧，通过加大对固定投资的前期应纳税扣除额，以延期纳税。

②政府采购。通过直接购买的方式，引导和示范相关产品的使用，促进技术商业化和快速普及。提供一定的市场，通过扩大生产规模和降低产品流通和营销成本，降低技术的成本。

③财政投入。具体包括三大方面：一是专项基金；二是现金补贴，对购买使用节能、节水和环保产品和设备的用户直接给予财政补贴；三是科研资助，对节能、节水和环保技术的研究开发与推广使用给予一定的资金支持与政策优惠，分担一定的技术研究与推广方面的风险。

④金融支持。具体包括两大方面：一是低息贷款，通过政策性银行贷款或给予财政贴息；二是抵押贷款，购买和使用大型、符合一定认证标准的产品（包括建筑物）时，购买者可向有关机构申请抵押贷款服务。

⑤中介机构扶持。对咨询、服务、信息处理与传播以及产品能效标准认证等有关节能、绿色建筑的中介机构，提供一定的经费资助或税收优惠，以促进相关技术、意识和信息的规范化与普及。

⑥绩效协议。工业界整体或单个企业在自愿的基础上，为提高能效、水资源利用率和环保与政府签订的一种协议，政府给予承诺方某种形式的激励。

若将上述财税政策工具落实到具体的政策激励点，并从开发商及购房者角度归纳，可以形成如下政策工具菜单（见表3－9）。

表3－9　绿色建筑公共财税政策工具菜单

<table>
<tr><th colspan="3">激励点</th><th>激励内容</th><th>做法说明</th><th>激励程度</th><th>对应面积</th><th>总额</th></tr>
<tr><td rowspan="4">开发商</td><td rowspan="3">获得土地</td><td>鼓励节地</td><td>城镇土地使用税</td><td></td><td></td><td></td><td></td></tr>
<tr><td>鼓励节地</td><td>土地出让金</td><td></td><td></td><td></td><td></td></tr>
<tr><td>限制占用耕地</td><td>耕地占用税</td><td></td><td></td><td></td><td></td></tr>
<tr><td colspan="2">建设过程：鼓励使用节能产品</td><td>增值税</td><td></td><td></td><td></td><td></td></tr>
</table>

续表

<table>
<tr><th colspan="3">激励点</th><th>激励内容</th><th>做法说明</th><th>激励程度</th><th>对应面积</th><th>总额</th></tr>
<tr><td rowspan="12">开发商</td><td colspan="2" rowspan="3">鼓励绿色建筑、相关产品和材料的研究开发与建设</td><td>专项资金支持</td><td></td><td></td><td></td><td></td></tr>
<tr><td>奖励及补贴</td><td></td><td></td><td></td><td></td></tr>
<tr><td>政府采购</td><td></td><td></td><td></td><td></td></tr>
<tr><td colspan="2">拓宽绿色建筑融资来源</td><td>低息贷款、财政贴息</td><td></td><td></td><td></td><td></td></tr>
<tr><td rowspan="8">降低绿色建筑企业税负</td><td>降低交易成本</td><td>营业税</td><td></td><td></td><td></td><td></td></tr>
<tr><td>降低交易成本</td><td>城市维护建设税</td><td></td><td></td><td></td><td></td></tr>
<tr><td>降低交易成本</td><td>教育费附加</td><td></td><td></td><td></td><td></td></tr>
<tr><td>鼓励节地</td><td>土地增值税</td><td></td><td></td><td></td><td></td></tr>
<tr><td>降低交易成本</td><td>印花税</td><td></td><td></td><td></td><td></td></tr>
<tr><td>降低交易成本</td><td>契税</td><td></td><td></td><td></td><td></td></tr>
<tr><td>鼓励投资绿色建筑</td><td>固定资产投资方向调节税</td><td></td><td></td><td></td><td></td></tr>
<tr><td>鼓励绿色建筑企业发展</td><td>企业所得税</td><td></td><td></td><td></td><td></td></tr>
<tr><td rowspan="10">购房者</td><td rowspan="3">交易环节</td><td>降低交易成本</td><td>营业税</td><td></td><td></td><td></td><td></td></tr>
<tr><td>降低交易成本</td><td>印花税</td><td></td><td></td><td></td><td></td></tr>
<tr><td>降低交易成本</td><td>契税</td><td></td><td></td><td></td><td></td></tr>
<tr><td rowspan="2">个人</td><td>鼓励购买绿色房产</td><td>低息贷款</td><td></td><td></td><td></td><td></td></tr>
<tr><td>鼓励购买绿色房产</td><td>个人所得税</td><td></td><td></td><td></td><td></td></tr>
<tr><td rowspan="2">中介机构</td><td>鼓励绿色建筑信息及普及</td><td>专项资金</td><td></td><td></td><td></td><td></td></tr>
<tr><td>税收优惠</td><td>营业税、企业所得税</td><td></td><td></td><td></td><td></td></tr>
<tr><td colspan="2" rowspan="3">鼓励企业购买、使用绿色房产</td><td>房产税</td><td></td><td></td><td></td><td></td></tr>
<tr><td>企业所得税</td><td></td><td></td><td></td><td></td></tr>
<tr><td>绩效协议</td><td></td><td></td><td></td><td></td></tr>
</table>

（二）绿色建筑经济激励政策体系设计

随着国民经济发展速度的加快，我国能源供需缺口将逐渐拉大，人们对生活质量水平要求将进一步提高，开发和消费绿色建筑将成为未来房地产业开发的必然趋势。针对目前绿色建筑房地产市场尚处于初级阶段的现实，亟需政府采取宏观调控手段进行干预和引导，“胡萝卜”与“大棒”政策并行。政府不仅仅要落实对绿色建筑房地产开发商的监管机制，严格控制绿色建筑产品的评价标识和等级评定，避免滥竽充数者扰乱市场秩序，同时还要积极实施绿色建筑经济激励措施，包括对绿色建筑开发商的激励和对绿色建筑消费者的激励等。随着绿色建筑房地产市场的逐步成熟和人民收入水平的不断提高，政府将逐步降低对绿色建筑的扶持力度，加大对非节能建筑的惩罚力度，提高对绿色建筑市场培育的重视程度，让市场成为自发调节和配置资源的主要手段。

1. 经济激励目标

绿色建筑经济激励的总体目标：一是调动开发商开发绿色建筑、消费者购买绿色建筑以及其他相关主体参与绿色建筑建设的积极性；二是大力培育绿色建筑房地产市场，建立起推动绿色建筑发展的长效机制。

2. 经济激励对象

激励对象不同，激励效果是不同的。激励机制设计首先要识别与区分激励对象，根据不同主体的经济行为特征，制定有区别的激励政策规则，以实现激励目标。

绿色建筑开发与运营涉及的所有相关利益主体都应该划入经济激励对象的范畴，其中房地产开发商、消费者是主要激励对象，规划设计单位、材料设备供应商、施工单位、监理单位、物业管理单位等是次要激励对象。

以我国目前形势来看，从事绿色建筑市场开发的房地产商大多是有实力的、行业领袖级的大企业，他们具有资金、技术、市场等方面的优势，开发绿色建筑的边际成本相对较低，在绿色建筑必将成为房地产业未来的发展趋势下，参与绿色建筑开发的积极性相对较高。绿色建筑开发需要投入大量的人力、物力、财力，导致其销售价格过高，绿色建筑的消费群体大多集中在高端用户上，经济激励对其房地产消费决策的影响程度相对较小，经济激励的效果相对较差。因此，现阶段我国绿色建筑经济激励机制应以供给端为导向，重点考虑对绿色建筑开发商的激励，尤其要重点考虑那些绿色建筑开发热情很高、具有一定经济实力但又急需国家支持的房地产开发商，制定相应的激励政策，充分发挥“利益驱动”效应，增加绿色建筑产品的供给，启动并完善绿色建筑开发市场。

此外，绿色建筑经济激励机制在以供给端为导向的同时，应对规划设计单位、材料设备供应商、施工单位、监理单位、物业管理单位等辅以必要的激励措施。

3. 经济激励手段

受国际金融危机的影响，全球经济出现大衰退。在此背景下，政府通过增加政府支出来刺激经济时，并不一定能刺激消费。（1）政府支出增加，但如果政府赤字规模并没有超过政府当期债券发行量，会造成货币余额及利率的不稳定，消费暂时不会发生改变。（2）政府支出增加，如果政府赤字规模超过政府当期债券发行量，有效需求增加，使通货紧缩，货币保有的机会成本上升，消费水平会得到一定程度的提高，但同时会不可避免地引起货币需求增加。在货币发行量不变的情况下，货币有效供给小于货币有效需求，由货币余额边际效用的弹力性和消费对风险回避力度的弹力性性质可知，消费会减少，甚至可能会比原来的消费还少，即财政支出的“挤出效应”过大，导致公众消费减少。

政府若通过金融政策来刺激经济，出于社会稳定等各方面因素的考虑，一般会采取价格稳定政策和价格调整政策。（1）如果追求价格稳定，即价格的调整速度有限，在短时间内价格的绝对水平不会发生变化，这时增加货币存量，只使得货币供给量增加，消费不会受到影响，货币供给的增加全部被货币需求的增加所吸收；从长期来看，增加货币存量，货币保有的机会成本增加，社会消费水平会提高，经济状况能向景气化方向发展。（2）如果价格调整速度过快，增加货币存量，价格的上升和利率的下降会使得通货膨胀严重，公众对经济状况会感到悲观，此时可能出现“滞胀”现象，使得经济不景气进一步恶化。

从不同的角度分析，房地产开发商和消费者都可以视作绿色建筑开发中的消费者。（1）房地产开发商需要向政府购买土地，向规划设计单位、施工单位、监理单位、物业管理单位等购买劳务，向材料设备供应商购买材料设备，所以，在要素市场上房地产开发商也属于消费者。（2）在产品市场上，消费者为了满足自身的需求，需要向房地产开发商购买绿色建筑产品，当然属于消费者。因此，政府完全可以从刺激消费的角度选择针对绿色建筑房地产开发商和消费者的经济激励手段。根据上面的分析可知，通过财税政策调整来刺激二者参与绿色建筑开发的积极性是相对有效的手段。

结合我国目前公共财税政策体系的内容及特点，本文认为财政专项资金、补助、政府采购、税费政策能都应该并可以成为推动绿色建筑发展的经济激励手段。

4. 经济激励政策设计原则

（1）目标导向性原则。目标导向性原则是指绿色建筑经济激励政策的设计应围绕经济激励目标展开，一切措施都应以调动相关主体参与绿色建筑开发、运营、使用的积极性和培育绿色建筑房地产市场为目标。

（2）灵活性原则。灵活性原则是指绿色建筑经济激励政策应能够随着公众节能环保意识、节能技术和产品、绿色建筑市场开发及运营成本等因素的变化及政策实施效果的反馈，及时进行调整和修改，不能一成不变。

（3）有效性原则。有效性原则是指必须确保绿色建筑经济激励政策是有效的，即通过政策的实施能够有步骤、按计划地达到经济激励政策的阶段性目标，以期最终实现全社会的可持续发展。

（4）可行性原则。可行性原则是指绿色建筑经济激励政策是可行的，政策的制定应符合市场经济运行机制、适合建筑节能和社会经济发展现状并充分考虑实施过程中可能遇到的风险及解决办法，确保能够顺利推行。

5. 近期经济激励政策建议

基于以上分析和论述，我们提出以下五项近期政府可以实施的政策措施建议。

（1）设立绿色建筑专项资金。

财政专项资金是指由财政部门安排的具有专门指定用途或特殊用途的资金。鉴于发展绿色建筑的重要性及其在中国还处于最初的发展阶段，绿色建筑的市场化程度较低，资金缺口较大，因此中央政府应设立绿色建筑专项资金，加大对绿色建筑的补贴力度与方式，直接通过财政资金鼓励绿色建筑的开发与使用。该专项资金的具体使用方向包括：

①以科研经费的形式鼓励相关主体从事与绿色建筑有关的研究工作。一是研究绿色建筑技术，比如外墙外保温技术体系、可再生能源利用技术体系、非传统水源利用技术体系、节水绿化灌溉技术体系等，并形成绿色建筑技术体系目录；二是开发绿色建筑产品，比如节水器具、节能电器、Low－E 玻璃等，并形成绿色建筑产品目录；三是资助建立绿色建筑技术产品认证机构，认证机构根据产品检验结果和工厂审查结论进行综合评价，然后发布绿色建筑技术产品推荐使用目录；四是搭建绿色建筑技术产品推广平台，通过开展技术产品博览会、业务洽谈会等各种形式，推动绿色建筑技术产品的推广。

②针对使用绿色建筑技术产品推荐使用目录的房地产开发项目，给予适当的贷款贴息、担保补贴等。

（2）充实已有的墙改专项基金，在资金使用上向绿色建筑倾斜。

“墙改基金”是发展新型墙体材料专项基金的简称，它从 1986 年就开始设立了。2002 年经国务院批准，“墙改基金”被列入 26 项保留的政府性基金之一，这充分肯定了该基金在禁止使用粘土实心砖、逐步限制以粘土为主要原料的墙体材料、发展推广新型墙体材料方面的积极作用。

①继续保留、巩固墙改基金，并不断加大其支持力度。实践证明，墙改基金既是一种引导新墙材发展的经济调控手段，也是一种强有力的政策导向。未来我们应继续充实这项基金，不断做大、做实这项基金。

②严格执行墙改基金的征收和管理。作为政府性基金，除国务院、财政部规定外，任何地方、部门和单位不得减、免、缓征，以充分保证这项基金的顺利征收和工作开展。

③在资金上不断向节能、绿色建筑倾斜。征收墙改基金的目的在于增加使用粘土质墙材的成本，引导和支持非粘土质新墙材的科研、生产和应用。墙体材料的更新换代需要大量的科研投入、生产和应用方面的试验性投资、广泛的宣传引导和政策补贴等，其资金的来源之一就是墙改基金。今后，这项基金应更多地向符合绿色建筑标准的墙体材料倾斜，以支持绿色建筑的发展。同时，绿色建筑作为低耗能的建筑，可以享受墙改基金的部分或全部返还。

（3）在土地出让金上给予绿色建筑优惠政策。

土地出让金是政府以土地所有者身份将土地使用权在一定年限内让与土地使用者时所收取的全部货币或其他物品及权利折合成货币的补偿。从性质上说，土地出让金是一种“租”收入，其高低与土地的用途、位置和土地出让年限紧密相关。土地出让金一般一次性支付。但有时因金额巨大、办理时间较长，也有多次支付的形式。

由于绿色建筑的特征之一是节地，房地产开发企业开发绿色建筑会少交部分土地出让金。为进一步激励开发商节地，政府可以规定：开发商应交纳的土地出让金，可在节地带来的土地出让金减少的基础上再减征 50%。开发商每节约 1 平方公里的土地，可少交 1.5 平方公里的土地出让金。若房地产开发企业在建筑设计阶段较好地满足了绿色建筑设计施工要求，主管部门将降低一定额度的土地出让金。如果在建筑施工及建成后仍然能按照绿色建筑标准实施，并达到“绿色建筑星级标准”，主管部门将给予进一步的奖励，以此来鼓励和约束房地产开发商重视“节约土地”的要求。

（4）政府采购向绿色建筑倾斜。

按照政府采购法的定义，政府采购是指各级国家机关、事业单位和团体组织，使用财政性资金采购依法制定的集中采购目录以内的或者采购限额标准以上的货物、工程和服务的行为。在实际中，目前工程类采购还没有进入政府采购管理的范围，因此，未来应首先把政府采购扩展到公共工程，明确及细化采购要求。

政府在积极推进、建设经济适用房时，要积极邀请绿色建筑开发商招标。在招标过程中，首先明确房屋在设计、施工、运营、管理等各个环节必须满足部分的绿色建筑要求，比如优先使用绿色建筑技术、产品等。同时，比较绿色建筑工程标底加上绿色建筑所带来的节能效益、环境效益、社会效益的数额和普通建筑工程标底的大小，如果前者小于等于后者，那么优先选用绿色建筑开发商进行绿色建筑开发。

（5）税收优惠。

税收优惠政策是重要的财政支持手段。如前所述，绿色建筑的研究、开发、销售、购买环节涉及多个税种。结合税制改革的总体方向，从政策的可操作性角度建议重点实施以下税收减免：

①减征契税。建议在绿色建筑需求端，即消费者购买环节给予适当的契税优惠，优惠幅度建议为40%。

②减征营业税。建议在绿色建筑生产端，即减免开发商所交纳的部分营业税，优惠幅度建议为10%。目前房地产开发商适用5%的营业税，优惠后税率为4.5%。

③减征未来的物业税。尽管目前物业税尚未开征，但该税种的出台已明确被国务院列为相关工作目标。未来在开征物业税时，应充分考虑对绿色建筑的优惠减免，优惠幅度建议为20%。

6. 中长期经济激励政策建议

从中长期来看，市场的成长阶段可从销售和竞争的增加得到明证，当所有竞争者都试图发现并满足市场的各个细节和部门时，市场就步入了成长阶段。当绿色建筑市场将由卖方市场转入买方市场，根据市场营销学“市场 = 人口 + 购买欲望 + 购买力”的观点，此时制约绿色建筑市场的关键因素是人们绿色建筑消费需求和购买能力的大小，这要求绿色建筑开发商开始深入分析消费者的绿色建筑消费需求，深入挖掘绿色建筑概念，通过报纸、房展会、路牌条幅、互联网络、电视广播、宣传单页以及业主联谊等各种形式宣传新兴绿色建筑理念，满足并引导消费者的绿色建筑消费需求。在绿色建筑市场成长阶段，绿色建筑经济激励的主要机制应侧重于“以需求端激励为导向的、激励力度逐渐降低”。

当每个细分市场的需求都已被满足，而竞争者开始蚕食彼此的销售份额时，市场就进入了成熟阶段。在此阶段市场，成为决定绿色建筑产品供给和需求的唯一方式，政府需要做的重点是推动绿色建筑理念的升级和创新。因此，在绿色建筑市场成熟阶段，绿色建筑经济激励的主要激励对象应为规划设计单位、材料设备供应商、施工单位、监理单位、物业管理单位等绿色建筑开发辅助单位。根据绿色建筑开发辅助单位的反馈，制定更加详尽、严格的绿色建筑开发标准，形成全面、完善的绿色建筑监管制度。给予绿色建筑开发辅助单位的激励手段应侧重于研发奖励及补助的方式。

附　　录

绿色建筑相关主体动态博弈分析

对绿色建筑相关利益主体进行博弈分析，有助于中央政府选择合理的激励对象，设定科学的激励目标和激励程度，并制定相应的经济激励方案。

（一）绿色建筑相关主体动态博弈分析

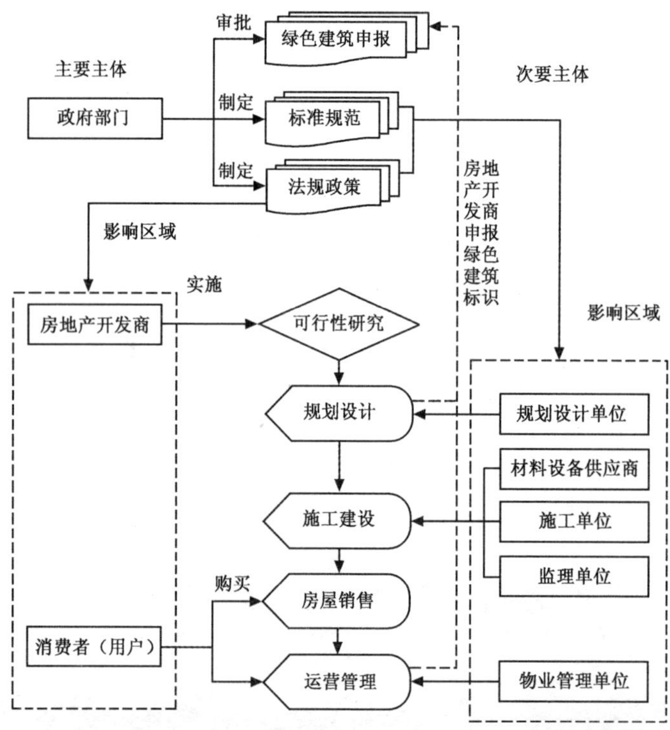

图 1　绿色建筑开发相关利益主体关系图

绿色建筑的概念高于节能建筑，它不仅要实现节能，还要实现节地、节水、节材；不仅要重视保护外部生态环境，降低对大自然的干扰和破坏，而且还强调对室内环境的保护，确保居住者的健康、提高居住者的舒适度。因此，为了保证可持续理念和绿色理念贯穿于绿色建筑开发的全过程，绿色建筑开发是一个规划、设计、施工、检测、改进不断循环的一个过程。所以，绿色建筑开发涉及到的相关利益主体也非常多。按照参与程度的不同，将绿色建筑开发与运营所涉及的全部相关主体划分为主要主体和次要主体两类，其中：主要主体包括政府部门、房地产开发商、消费者（用户）；次要主体包括规划设计单位、材料设备供应商、施工单位、监理单位、物业管理单位等（见图1）。

（二）中央政府和房地产开发商的完全信息动态博弈分析

1. 博弈模型的构建

中央政府和房地产开发商之间的博弈符合完全信息动态博弈模型，如图2所示。

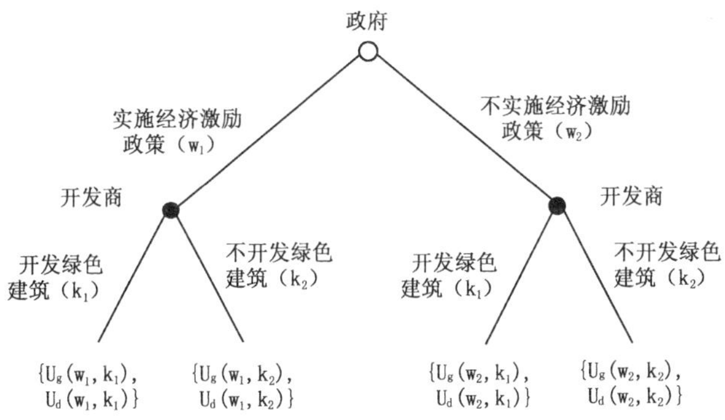

图2 中央政府和房地产开发商的博弈

2. 模型的战略式表述

（1）参与人：中央政府和房地产开发商。

（2）参与人的行动顺序：中央政府先行动，房地产开发商观察到中央政府的决策之后再行动。

（3）参与人的行动空间：中央政府是否选择对房地产开发商开发绿色建筑实施经济激励，用W表示，$W = \{W_1, W_2\} = \{$实施，不实施$\}$；房地产开发商是否选择进行绿色建筑开发，用K表示，$K = \{K_1, K_2\} = \{$开发，不开发$\}$。

（4）参与人的战略空间：中央政府只有一个信息集，两个可供选择的行动，其战略空间为：$S_g=\{W_1, W_2\}$；房地产开发商有两个信息集，每个信息集上有两个可供选择的行动，因而共有四个纯战略，其战略空间为：$S_d=\{(K_1, K_1), (K_1, K_2), (K_2, K_1), (K_2, K_2)\}$。

（5）参与人的支付函数：假设房地产开发商建筑产品的销售收入用 S_b 表示，b=（m，n）=（绿色建筑，其他建筑），其中：$S_m>S_n$；房地产开发商进行房地产开发的成本用 c 表示，c 由其自身的开发策略决定，即 $c=c(K_i)$，其中 i=1，2；中央政府付给房地产开发商的经济激励政策额度（激励成本）用 r 表示，中央政府实施经济激励的产出用 π 表示，r 和 π 由中央政府和房地产开发商的行动策略共同决定，即 $r=r(W_i, K_i)$，$\pi=\pi(W_i, K_i)$，其中 i=1，2。则中央政府和房地产开发商的支付函数 U_g 和 U_d 分别为：

$$U_g(W_i, K_i)=\pi(W_i, K_i)-r(W_i, K_i),$$

$$U_d(W_i, K_i)=r(W_i, K_i)+S_b-C(K_i)$$

3. 模型求解

可运用逆向归纳法求解子博弈精炼纳什均衡。经过求解，存在三组纳什均衡：一是{（实施，不实施），开发}，当 $S_m-C(K_1)\geqslant S_n-C(K_2)$ 时；二是{（实施，不实施），不开发}，当 $S_m-C(K_1)<S_n-C(K_2)$，且 $r(W_1, K_1)<(S_n-C(K_2))-(S_m-C(K_1))$ 时；三是{实施，开发}，当 $S_m-C(K_1)<S_n-C(K_2)$，且 $(S_n-C(K_2))-(S_m-C(K_1))\leqslant r(W_1, K_1)\leqslant\pi(W_1, K_1)$ 时。

4. 结果分析

通过对中央政府和房地产开发商之间动态博弈模型的求解结果进行分析，得出结论：（1）经济效益是房地产开发商是否开发绿色建筑的关键影响因素，如果开发绿色建筑比其他建筑能够带来更大的利润，不管中央政府是否实施绿色建筑经济激励，房地产开发商都会开发绿色建筑；（2）如果中央政府经济激励政策设置不当，无法保证房地产开发商开发绿色建筑获取的净收益大于开发其他建筑获取的净收益，尽管中央政府实施了经济激励，房地产开发商也不会开发绿色建筑；（3）激励效果是中央政府是否实施绿色建筑经济激励的关键影响因素，只有激励产出大于激励成本，中央政府才会实施经济激励；（4）如果激励程度超出了中央政府的承受能力，即使激励效果明显，中央政府也不实施经济激励。

（三）开发商和消费者之间的不完全信息动态博弈分析

1. 博弈模型的构建

开发商和消费者之间的博弈为信号传递博弈，模型如图 3 所示。

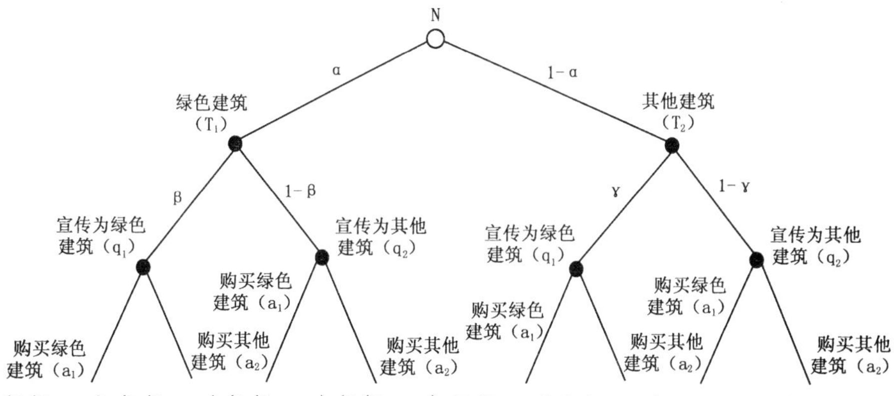

图 3　开发商和消费者之间的博弈

2. 模型的战略式表述

（1）参与人：市场中建筑产品的供求方。开发商为信号发送者，消费者为信号接收者。

（2）参与人的行动顺序：自然首先选择建筑产品的类型，与之相对应的是开发商的行为：开发绿色建筑和开发其他建筑，类型集 $T = \{T_1, T_2\} = \{$绿色建筑,其他建筑$\}$。开发商清楚其中的概率分布：$P(T_1) = \alpha, P(T_2) = 1 - \alpha$。

（3）参与人的行动空间：开发商如何选择对建筑产品进行广告宣传，即如何发送信号；消费者选择购买何种类型的建筑。

（4）参与人的战略空间：开发商观测到建筑产品类型后，从信号集 $Q = \{q_1, q_2\}$ 中选择发送信号，其中 q_1 表示开发商将建筑产品宣传为绿色建筑，q_2 表示开发商将建筑产品宣传为其他建筑；消费者观测信号后，从行动集 $A = \{a_1, a_2\} = \{$购买,不购买$\}$ 中选择一个行动。

（5）参与人的支付函数：假设 C_b 表示建筑产品的总成本，$b = (m, n)$，$C_m > C_n$；I 表示开发商将其他建筑宣传为节能建筑额外花费的伪装成本；S_b 表示建筑产品的销售收入，$S_m > S_n$；V_b 表示购买建筑产品给消费者带来的收益。则房地产开发商和消费者的支付函数 U_g 和 U_d 分别为：

$U_d(T_i, q_i, a_i) = S_b(T_i, q_i, a_i) - C_b(T_i, q_i, a_i)$

$U_p(T_i, q_i, a_i) = V_b(T_i, q_i, a_i) - S_b(T_i, q_i, a_i)$

3. 模型求解

经过求解，在分离均衡条件下的最优解为（T_1, q_1, a_1）和（T_2, q_2, a_2）；在混同均衡条件下的最优解为（T_1, q_1, a_1）和（T_2, q_1, a_1），（T_1, q_2, a_2）和（T_2, q_2, a_2）。

4. 结果分析

对房地产开发商和消费者的不完全信息动态博弈模型的求解结果进行分析，得出结论：一是伪装成本的大小决定开发商的宣传策略。如果伪装成本大于绿色建筑产品和其他建筑产品之间的销售差额，开发商将按照实际情况进行广告宣传，消费者也可以根据个人偏好和收入状况自主选择不同类型的建筑产品，竞争公平合理，市场秩序良好。如果伪装成本小于绿色建筑产品和其他建筑产品之间的销售差额，开发商会将其他建筑宣传为绿色建筑，以提高销售价格，消费者受到迷惑，不公平竞争和欺诈行为存在，市场秩序混乱。二是绿色建筑产品价格是消费者购买行为的关键影响因素。虽然绿色建筑能给消费者带来更大的价值和效用，但是，如果销售价格过高，超出了消费者愿意支付的最大金额（期望效用），消费者宁可购买其他建筑而不会购买绿色建筑。对于开发商而言，若价格较高的绿色建筑销售不利，为避免产生巨大损失，可能会将绿色建筑按其他建筑对外销售，从而出现市场上绿色建筑和其他建筑以相同价格对外销售的局面，这样必将大大挫伤绿色建筑开发商的积极性，导致下一轮开发周期内绿色建筑开发比例的下降，甚至不会再有开发商进行绿色建筑的开发。

主要参考文献

1. Jing Liang, Baizhan Li, Yong Wu, et al. An investigation of the existing situation and trends in building energy efficiency management in China [J]. Energy and Building, 2006 (12): 1~9.

2. 仇保兴："建立五大创新体系，促进绿色建筑发展"，《建筑学报》，2006年第8期，第5~7页。

3. 吕石磊、武涌："北方采暖地区既有居住建筑节能改造工作的目标识别和障碍分析"，《暖通空调》，2007年第9期，第20~24页。

4. Akiyama E, Kancko K. Dynamical systems game theory and dynamics of games [J]. Physical D Vol. 147, Issue: 3～4, 2000: 221～258.

5. Topenergy 绿色建筑论坛：《绿色建筑评估》，中国建筑工业出版社，2007 年。

6. 蔡伟光、武涌："需求端导向的大型公共建筑节能激励机制设计"，《暖通空调》，2007 年第 8 期，第 23～27 页。

7. 武涌、刘长滨：《中国建筑节能经济激励政策研究》，中国建筑工业出版社，2007 年，第 63～71 页。

8. 张仕廉、李学征、刘一："绿色建筑经济激励政策分析"，《生态经济》，2006 年第 5 期，第 312～315 页。

9. 金占勇、武涌、刘长滨："基于外部性分析的北方供暖地区既有居住建筑节能改造经济激励政策设计"，《暖通空调》，2007 年第 9 期，第 14～19 页。

10. Henri L. F de Groot, Erik T. Verhoef and Peter Nijkamp. Energy saving by firms: decision－making, barriers and policies [J]. Energy Economics, 2001 (23): 717～740.

11. Jorgen Sjodin. Modelling the impact of energy taxation [J]. International Journal of Energy Research. Vol. 26, 475～494, 2002.

（本项目完成于 2009 年 9 月）

项目课题组成员

课题组组长：苏　明

课题组副组长：郝有志　康艳兵　吕石磊　傅志华

本项目主要研究人员：郝有志　王桂娟　金占勇　廉　龚

项目四

公共建筑节能改造的经济激励政策研究

我国既有建筑面积超过420亿平方米，其中公共建筑面积60亿平方米以上。“十一五”期间，我国建筑节能目标为节能1亿吨标准煤左右，包括新建建筑节能和既有建筑节能改造。由于北方采暖和公共建筑用电的能耗高、节能潜力大，因此，我国既有建筑节能改造主要集中在对北方采暖地区住宅及供热系统的节能改造和对公共建筑的节能改造上。其中，国家机关办公建筑和大型公共建筑节能目标为总能耗下降20%，节约1100万~1500万吨标准煤。

公共建筑节能改造主要是对包括商业楼宇和政府公共机构在内的公共建筑所进行的系统空调、照明等能源系统的改造。仅以对大型公共建筑的节能改造为例，目前我国大型公共建筑约3亿~4亿平方米，每年新增3000万~5000万平方米。除采暖外，单位面积年能耗（折合为用电量）平均约150千瓦时，如果改造50%，达到30%节能效果，则每年可节电67.5亿~90亿千瓦时，折合240万~320万吨标煤，按改造成本2000~3000元/吨标煤计算，需要投资约50亿~100亿元。

公共建筑的改造主体主要包括政府、能源服务公司、开发商或建筑业主。调研结果表明，目前节能服务公司的主要项目线为中央空调、照明、电机、锅炉、余热回收、节能控制等与公共建筑节能改造密切相关的内容。目前中央国家机关的公共建筑节能改造取得了一定进展。2007年以来，中央财政累计投入改造资金1.1亿元；北京、上海、广东、广西等地也积极开展各项工程、出台相关政策，支持政府机构和商业建筑的节能改造工作，如北京市开展的“政府机构节能工程”等。本文综述了公共建筑节能改造的总体进展情况，并具体分析了北京市人民政府行政办公楼、建设银行总行办公楼和陕西省西安市西京医院3个节能改造典型案例。

在对国内外公共建筑节能改造激励政策回顾的基础上，本文对公共建筑节能改造的特点、相关利益主体及成本效益进行了分析，针对目前关于公共建筑节能改造缺乏针对性政策的问题以及推动公共建筑节能改造的节能服务公司面临的突出障碍，本文按照行政单位公共建筑、事业单位公共建筑和商业单位公共建筑划分，对公共建筑节能改造的经济激励政策方案进行了研究，提出了公共建筑节能改造的经济激励政策的目标、总体思路、财政资金支持方案思路及合同能源管理会计制度的完善思路。

一、我国公共建筑节能改造市场分析

（一）我国建筑节能改造概况

目前，我国正处在建筑业快速发展时期。2005年，我国既有民用建筑面积约420亿平方米（不含工业建筑）。其中，住宅面积约365亿平方米（城镇约145亿平方米，农村约220亿平方米），占全部建筑的80%以上；公共建筑面积约55亿平方米[①]。同时，随着我国城市化水平的发展以及人们生活水平的提高，2007年与1995年和2000年相比，城镇化率分别提高24.1%和54.8%，人均GDP增加141%和275%，人们对城镇住房需求持续不断增长（见表4-1）。

表4-1　我国建筑业及城市化水平发展情况

		1995	2000	2001	2002	2003	2004	2005	2006	2007
人口	亿人	12.11	12.67	12.76	12.85	12.92	13.00	13.08	13.14	13.21
城镇化率	%	29.04	36.22	37.66	39.09	40.53	41.76	42.99	43.90	44.94
人均GDP	万元	0.50	0.79	0.86	0.94	1.05	1.23	1.41	1.62	1.89
新增建筑面积	亿平方米	1.52	8.07	9.78	11.02	12.28	14.74	15.94	17.97	20.40
住宅	亿平方米	0.76	4.97	5.79	6.37	6.90	8.19	8.95	10.29	11.93

资料来源：中国统计年鉴2008；中国统计摘要2009，2003。

---

① 数据来源：建设部。

2007年，我国房屋建筑竣工面积约为20.4亿平方米，其中58.5%为住宅，面积11.9亿平方米。2000年至2007年，住宅面积年均增速为13.3%，远高于其他国家，每年新增建筑面积超过部分发达国家的总和（见表4-2）。

表4-2　　2002~2007年主要国家住宅竣工面积比较　　单位：万平方米

国家和地区	2002	2003	2004	2005	2006	2007
俄罗斯联邦	3383	3644	4104	4361	5056	6098
法国	3442	3366	3984	4334	4512	4493
日本	11018	10978	11177	11242	11455	
美国	32076	32659	35770	31298	32076	24381
英国	1601	1799	1769	1973	2015	
中国	63710	69040	81860	89470	102940	119330

注：法国、英国为开工面积，美国、日本为按“套”及“平均面积”计算所得。

资料来源：国际统计年鉴，2009；中国统计摘要2009，2003。

建筑面积的迅速增加及采暖、空调、家用电器的普遍使用，导致建筑能耗持续上升。根据全国能源消费总量的情况和建筑能耗的特点，本文认为，在不考虑工业能耗中应属于建筑能耗的部分非生产用能的情况下，2005年，建筑终端能耗约为2.7亿吨标准煤，折合为一次能源约为4亿~4.5亿吨标准煤，占全国能源消费总量的比重约为20%左右，其中采暖和空调能耗约占50%~60%。北方地区的采暖能耗超过了当地社会总能耗的20%~40%（见图4-1）。而近年来形成电力尖峰负荷的空调设备快速增长，在许多大城市，夏季空调负荷占高峰期电力负荷的30%~40%，是导致我国“十五”期间电力紧张、拉闸限电的主要原因之一。此外，冬季采暖和夏季空调制冷，已成为城市大气环境的一个主要污染源。清华大学的研究成果也显示①，近年来我国的建筑能耗占全国总能耗的比重总体上为20%左右。

由于北方采暖能耗和公共建筑用电能耗高、节能潜力大，因此，我国既有建筑节能改造主要集中在北方采暖地区住宅及供热系统节能改造和公共建筑节能改造方面。“十一五”期间，我国建筑节能目标为节能1亿吨标准煤（见表4-3）。目前，我国建筑节能工作取得了积极进展，并形成了初步的建筑节能

① 清华大学建筑节能研究中心：《中国建筑节能年度发展研究报告（2008）》，中国建筑工业出版社，2008年。

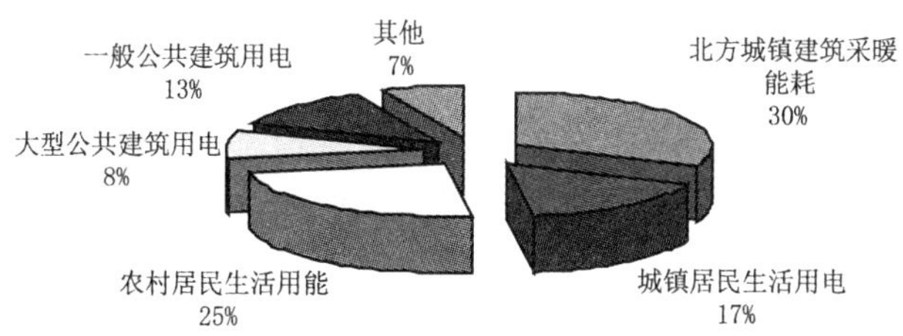

图 4－1 当前建筑物用能的构成方式

政策框架。对新建建筑，主要通过实施标准与标识达到节能，如对新建居住建筑、公共建筑、绿色建筑、终端用能设备等都制定了相应的设计标准、评价标准和能效标准。目前，我国民用建筑节能标准为在 1980～1981 年当地通用设计的基础上节能 50%，并逐步向 65% 标准过渡。2007 年，我国城镇新建建筑在设计阶段执行节能标准的比例为 97%，施工阶段执行节能标准的比例为 71%，同比提高 1 和 17 个百分点①。

表 4－3　　我国“十一五”建筑节能目标

建筑类别	内容	节能目标（万吨标准煤）
• 新建建筑	新建节能 50% 建筑 15.92 亿平方米	7030
#住宅建筑	13.42 亿平方米	4750
#公共建筑	2.50 亿平方米	2280
• 既有建筑	改造 5.54 亿平方米	3100
#住宅建筑	4.89 亿平方米	2100
#公共建筑	0.65 亿平方米	975
合　计		1130

资料来源：国家发展改革委：《〈“十一五”十大重点节能工程实施意见〉读本》，中国发展出版社，2007 年。

（二）我国公共建筑节能改造市场分析

“十一五”期间，国家机关办公建筑和大型公共建筑节能目标为总能耗下降 20%，节约 1100 万～1500 万吨标准煤。公共建筑节能改造主要是对包括商业楼宇和政府公共机构在内的公共建筑进行系统空调、照明等能源系统的改造，尤其是对大型公共建筑的节能改造。

① 数据来源：建设部。

1. 公共建筑能耗特点

公共建筑，从所有权角度看，包括商业建筑和政府公共机构建筑①；从功能类型角度看，包括办公建筑（如写字楼、政府部门办公楼等），商业建筑（如商场、金融机构等），旅游建筑（如旅馆饭店、娱乐场所等），科教文卫建筑（包括文化、教育、科研、医疗、卫生、体育建筑等）；从建筑规模和用能特点角度看，包括大型公建②和一般公建。2006 年，我国公共建筑面积约 60 亿平方米，除采暖外的耗电量约为 3000 亿千瓦时。

公共建筑单位面积耗电量大、节能潜力大，尤其是大型公共建筑。目前，我国的大型公共建筑约 3 亿 ~4 亿平方米，除采暖外的耗电量约为 500 亿千瓦时，并且每年以 3000 万 ~5000 万平方米的速度快速增长。在大型公共建筑（特别是高档办公楼、高档旅馆及大型商场）的全年电耗中，大约 40% ~60% 消耗于空调系统，20% ~30% 用于照明（见图 4 -2）。大型公共建筑能耗密度高，除采暖外每年能耗折合用电量在 70 ~300 千瓦时/平方米，平均年耗电量约为 150 千瓦时/平方米，是普通居民住宅的 10 ~15 倍③（见图 4 -2）。

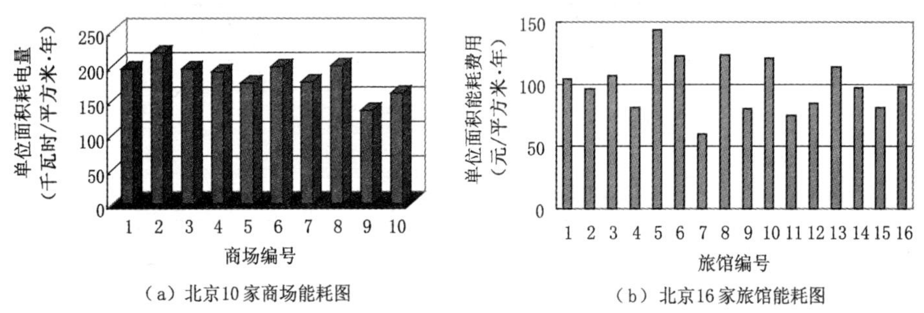

（a）北京10家商场能耗图　　（b）北京16家旅馆能耗图

图 4 -2　同类型公共建筑的能耗差异

2. 公共建筑节能改造项目线

对公共建筑的节能改造，主要是对空调系统、照明系统、楼宇控制系统、变频调速等进行节能改造。尤其是对大型公共建筑，在用电方面普遍存在 30% 以上的节能潜力（见图 4 -3）④。据调查，在许多大型商业建筑的中央空

---

① 公共机构是指全部或者部分使用财政性资金的国家机关、事业单位和团体组织。

② 大型公建是指单栋超过 2 万平方米、采用中央空调供冷方式的公共建筑。

③ 清华大学建筑节能研究中心：《中国建筑节能年度发展报告（2009）》，中国建筑工业出版社，2009 年。

④ 薛志峰：《既有建筑节能诊断与改造》，中国建筑工业出版社，2007 年。

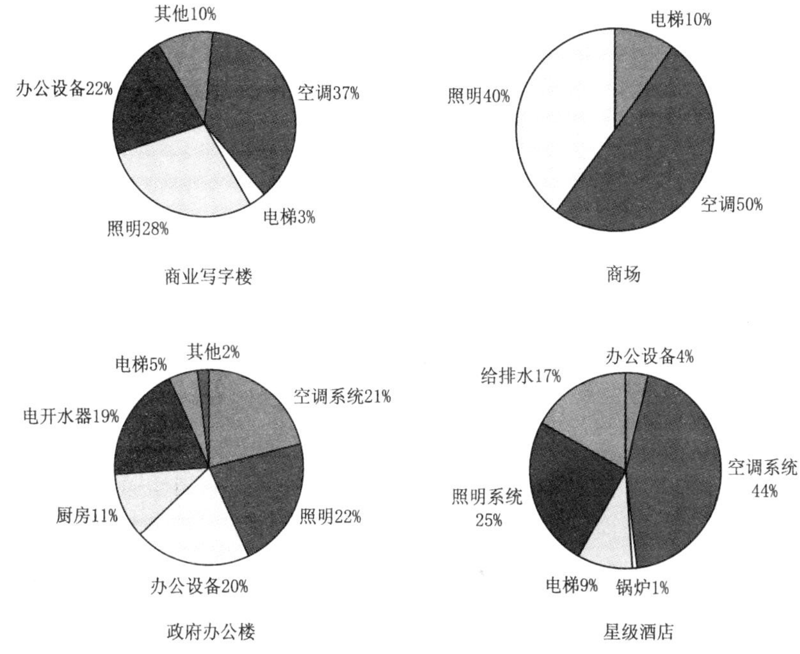

图 4－3　典型公共建筑分项耗电量及比例

调系统中，输配系统（风机、水泵）的能耗占了 40% ~50%。而由于存在“大马拉小车”的匹配不合理问题和缺乏节能控制措施，许多风机、水泵的实际运行效率不到 40%，导致了极大的能源浪费。

（1）空调系统。

空调的主要能耗为终端电力，空调的快速普及使空调用电负荷占夏季电力高峰期负荷的比重越来越大，在许多城市为 30% ~40%①。预计 2010 年，我国公共建筑集中空调总装机冷量达 5.26 亿千瓦，其中电力空调总装机冷量 4.7 亿千瓦，平均每年增加装机电力需求 1000 万千瓦②。

在大型公共建筑中，空调系统耗电量占 30% ~50%，空调系统已成为除采暖外能耗最大的部分。不同公共建筑空调系统耗电量存在明显差异，典型商场、酒店、写字楼空调系统用电能耗见表 4－4。

① 康艳兵：《建筑节能政策解读》，中国建筑工业出版社，2008 年。

② 薛志峰：《既有建筑节能诊断与改造》，中国建筑工业出版社，2007 年。

表 4－4　　典型公共建筑空调系统耗电量及比重　单位：千瓦时/平方米·年

	政府办公楼	商业写字楼	商场	星级酒店
耗电量	14.3	44.4	100	52.3
比重（%）	21	37	50	44

资料来源：清华大学建筑节能研究中心：《中国建筑节能年度发展研究报告（2009）》，中国建筑工业出版社，2009 年。

空调系统能耗包括冷机电耗、冷冻水泵电耗、空调风机电耗、冷却水泵和冷却塔风机电耗等。各类风机、循环水泵的电耗占空调系统耗电量 40% ~ 60%。采用变频技术，对风机水泵进行变频调节，可以使风机水泵全年的运行能耗降低 40% 以上，从而使中央空调的电耗降低 20% ~30%。

目前冷冻水的“变水量运行”已成为一项非常有效的节能技术，在相当多的大型公建中成功推广。采用变频技术对中央空调系统实现自控，按需使用空调，能节约大量电费；软启动，软停止，减少对电网和设备电气及机械的冲击；降低设备磨损 15% 以上，减少设备维修维护；减少用电高峰，避免增加电网的压力。同时通过选择合理的冷热源、冷机类型与搭配、台数调节策略以及运行维护等，提高全年实际运行效率、降低电耗。

（2）照明系统。

2008 年，我国全社会总用电量为 34268 亿千瓦时，照明用电量为 4112 亿千瓦时，且每年以 13% ~14% 的速度递增。预计到 2010 年，照明用电量将超过 5000 亿千瓦时[①]。目前照明用电约占全国用电量的 12%，高效节能荧光灯与普通白炽灯用电量之比为 1 ：2.6，用高效节能荧光灯替代白炽灯可节电 70% ~80%，用电子镇流器替代传统电感镇流器可节电 20% ~30%。“十一五”期间，重点在公用设施、宾馆、商厦、写字楼中推广高效节电照明系统、稀土三基色荧光灯，对高效照明电器产品生产装配线进行自动化改造，可节电 290 亿千瓦时[②]。在公共建筑（特别是高档办公楼、大中型商场及高档旅馆）的全年能耗中，大约 20% ~30% 的能耗用于照明。不同类型公共建筑照明耗电量及比重有所不同（见表 4 －5）。

---

① 宋东等：《中国节能照明政策及市场分析》，http://blog.china.alibaba.com/blog/bersongdong/article/bo－i4902679.html。

② 康艳兵：《建筑节能政策解读》，中国建筑工业出版社，2008 年。

表 4－5　　典型公共建筑照明耗电量及比重　　单位：千瓦时/平方米·年

	政府办公楼	商业写字楼	商场	星级酒店
耗电量	14.4	33.6	80	29.8
比重（%）	22	28	40	25

资料来源：同表 4－4。

降低公共建筑照明能耗的措施包括：通过建筑设计充分利用自然采光以减少开灯时间，保持人走灯关的习惯，选用节能灯具；使用高效节能型灯具，降低照明功率密度值；增加工位照明光源，减少大面积照明光源等。

（3）节能综合改造。

公共建筑能源消耗情况复杂，除空调、照明外，不同性质建筑内综合服务设备、办公设备耗电不同。一般中央空调系统的能耗占整个大楼能耗的 20%～50%，照明系统的能耗占整个大楼能耗的 30% 左右，而建筑内综合服务设备如电梯等，耗电量在建筑中占到 5%～10%。因此，在对大型共建的节能综合改造工作过程中，可以通过提高楼宇智能化水平，使建筑系统内各设备的使用效率提高，降低电耗。

目前，我国楼宇建筑智能化水平较低，大部分只局限于安防、门禁系统，对建筑内其他机电设备基本无智能控制系统。与美国和日本相比，我国还有很大差距。美国智能建筑超过万幢，日本新建大楼中 60% 以上是智能建筑。在中国兴建的大型建筑将占全球的一半①，因此大型公建楼宇控制系统的节能显得很重要。此外建筑内综合服务设备、办公设备用电很大程度上和建筑使用者的节能意识有关。提高使用者的节能意识也很重要。

3. 公共建筑节能改造潜力及资金需求

以大型公共建筑为例，全国既有大型公建面积为 3 亿～4 亿平方米，除采暖外，单位面积能耗（折合为用电量）平均水平约为 150 千瓦时/平方米·年。如果改造 50% 的大型公建，达到 30% 节能效果，则每年可节电 67.5 亿～90 亿千瓦时，折合 240 万～320 万吨标煤②，减排二氧化碳 675 万～900 万吨。按照改造成本 2000～3000 元/吨标煤计算，则需要投资约 50 亿～100 亿元。

---

① 王再英等："楼宇自动化与智能建筑的起源与发展"，《中华建筑报》，2005 年 12 月。

② 按供电煤耗 357 克标准煤/千瓦时计算。

二、我国公共建筑节能改造现状

（一）公共建筑节能改造概况

中央国家机关既有办公建筑500万平方米，2008年单位建筑面积能耗为73千瓦时/平方米。中央国家机关既有办公建筑改造任务平均为15栋/年，重点针对空调等用能系统。

目前大型公共建筑的改造主体主要包括政府、能源服务公司、开发商或建筑业主。从目前公共建筑改造的模式来看，主要包括以下几种模式：

政府融资模式。2007年以来，中央财政累计投入1.1亿元用于办公建筑节能改造，并已经完成了外交部等23家单位的办公楼空调系统节能改造，在农业部等12家单位实施了用电分项计量改造，在中央国家机关所有96家单位实施了节能灯更换、食堂燃气灶具改造等工作。2010年，拟全面开展信息机房空调系统、电开水器、食堂冷库等节能改造。如，北京市人民政府节能改造所需资金统一由市发展改革委固定资产拨款解决。实施节能改造后节能率为20.8%，每年可节约能源费用122.9万元。

物业或产权单位融资模式。产权单位融资模式，是指产权单位组织改造，改造主体为项目产权单位的物业公司，除中央和省级财政补贴外，其他资金由物业公司和受益群众共同承担的模式。项目改造后，降低了采暖能耗，节约了物业公司的供热成本，改善了居民的室内热舒适度；物业公司节约能源费用，居民节约热费。

合同能源管理模式。合同能源管理（Energy Management Contracting，简称EMC）是指节能服务公司（简称ESCO）通过与客户签订节能服务合同，为客户提供能源系统诊断、节能项目可行性分析、节能项目设计、帮助节能项目融资、选择并采购节能设备、承接施工安装调试、进行项目管理、培训操作人员、合同期内设备运行管理及维护、节能量监测等一系列服务，并从客户节能改造后获得的节能效益中按合同约定收回投资和取得利润的一种市场化节能机制和商业运作模式。按照资金投入和收益分享方式的不同，主要有以下几种模式：

节能量（或节能率）保证型：由客户提供节能项目的全部或部分资金，

节能服务公司负责提供全过程的服务，并且合同规定节能指标及检测的确认节能量（或节能率）的方法。合同中将明确规定：如果在合同期项目没有达到承诺的节能量，由节能服务公司赔付全部未达到的节能量的经济损失；如果节能量超过承诺的节能量，节能服务公司与客户按约定的比例分享超过部分的节能效益。

节能效益分享型：节能服务公司提供节能项目的全部资金和全过程服务，并按照合同规定的节能指标检测和确认节能量（或节能率）。合同期内，节能服务公司与客户按照合同约定分享节能收益；合同结束后设备和节能效益全部归客户所有，客户的现金流始终是正的。

能源系统托管型：节能改造工程资金的投入和风险由节能服务公司承担，节能服务公司管理用能设备。项目实施完毕后，在合同期内，双方按比例分享节能效益。按约定，用户定期支付节能公司管理费用，节能服务公司负责用户能源系统的日常运营和后勤人员管理及设备的维修、维护等工作。项目合同结束后，先进高效节能设备无偿移交给用户使用，以后所产生的节能收益全归用户。风险由节能服务公司承担，效益由节能服务公司和用户共享，能源系统由节能服务公司托管。

业主自筹融资模式。自筹资金融资方式是指节能建筑项目的开发商或建筑业主作为改造主体，自筹节能项目的增量投资，并通过节能项目的增量收益回收其投资的融资模式。

（二）部分省市公共建筑节能改造进展

1. 北京市

北京市不同管理部门都针对不同公共建筑类型制定了相应的节能改造相关政策。

（1）政府机构节能工程。

对市级国家机关办公建筑，2005 年至 2008 年，北京市开展了“政府机构节能工程”，下发《加快发展循环经济建设资源节约型环境友好型城市行动计划》（2005 ~ 2008），开展政府机构节能示范改造，聘请节能专业机构开展节能诊断、提出针对性改造方案。采用市政府固定资产投资全额支持的方式，完成了 10 家政府机构节能改造、54 家政府机构计量系统改造，启动了 30 家政府机构节能改造。

（2）商场/超市节能改造补贴。

对商场超市等大型商业建筑，2008 年 7 月，北京市财政局和市商务局联合印发《北京市商场/超市节能改造资金管理实施办法》，对营业面积 1 万平方米及以上的商场、营业面积 2000 平方米及以上的超市，且列入商务局年度改造计划的商场超市节能改造项目，给予支持，项目包括中央空调系统、照明系统、电梯等 3 个类别，补助资金额度为：中央空调系统不超过投资额的 35%，其他不超过 30%。改造具体内容和补助标准见表 4－6。

表 4－6　北京市商场/超市节能改造补助项目的改造内容及标准

改造项目	改造内容	补助标准
空调系统	空调系统水泵更新、水泵加装变频控制；空调主机采取节能改造；空调风机系统更新、加装变频控制；空调末端水系统调平衡；管道保温更新等更新、改造。	中央空调主机设备更新：不超过 800 元/冷吨；中央空调系统改造：不超过 150 元/冷吨。
照明系统	加装照明节电器，改用先进照明技术而降低能耗	不超过 3 万元/1000 平方米照明面积
电梯系统	扶梯更新	不超过 6 万元/台
	扶梯安装变频节电器	不超过 0.6 万元/台
	直梯更新	不超过 6 万元/台
	直梯节电改造	不超过 2 万元/台

注：冷吨为制冷学单位，又名制冷吨，指将 1 吨水冷冻为冰所需要的能量。

资料来源：北京市商务局。

截至 2009 年 6 月，北京市共有 19 家企业的 24 家门店完成节能改造工作，其中，第一批和第二批 14 家企业的 19 家门店已通过验收评审，节能改造涉及中央空调系统、照明系统、电梯系统项目共计 24 项（见表 4－7）。

表 4－7　实施补贴的北京市商场/超市节能改造情况

（截至 2009 年 6 月）

改造项目	改造内容	项目数/规模	年节电量（万千瓦时）	节电率（%）
空调系统	中央空调主机更新及系统改造	9 项；15763.7 吨	167.5	19.7
照明系统	照明灯具更新、照明系统加装节电器	9 项；153428 平方米	320.4	22.3

续表

改造项目	改造内容	项目数/规模	年节电量（万千瓦时）	节电率（%）
电梯系统	电梯更新改造	6 项； 电梯 67 部。	50.7	24.9
合计		24 项	538.6	21.6

资料来源：北京市商务局。

通过验收的 14 家企业在节能改造后，年节电总量 538.6 万千瓦时，折合减少标准煤消耗 2175.9 吨，平均节电率达到 21.6%。政府部门将为节能改造企业提供 643 万元补贴资金，直接引导企业在照明、电梯和中央空调系统节能改造重点领域投资总额 5341.15 万元。

（3）对公共建筑采用合同能源管理节能改造的补贴。

2008 年 6 月，北京市建委、财政局、发展改革委、市政管委、农委、规划委、北京住房公积金管理中心联合发布《北京市既有建筑节能改造项目管理办法》（京建材［2008］367 号）。大型公建及普通公共建筑采用合同能源管理方式融资进行既有建筑节能改造的项目，可申请中央财政的贴息资金。不带中央空调的普通公共建筑，安装楼栋热表、散热器恒温阀和进行平衡调节每平方米建筑投资 10 元，更换外门窗每平方米建筑投资 100 元，墙体和屋面保温每平方米建筑投资 100 元；大型公共建筑和带中央空调的普通公共建筑，安装楼栋热表、散热器恒温阀和供热系统平衡调节每平方米建筑投资 10 元，中央空调系统低成本节能改造每平方米建筑投资 10 元。

2009 年 6 月，北京市发展改革委发布《合同能源管理项目扶持办法（试行）》（京发改［2009］1171 号），针对北京市公共机构、2 万平方米以上大型公共建筑和年耗能 2 千吨标准煤以上的其他用能单位开展的合同能源管理项目，将区别不同类型予以政府资金支持。对由项目单位投资为主（投资比例超过 50%）实施的属于固定资产投资范畴的合同能源管理项目，安排市政府固定资产投资予以补助。原则上，投资补助总额不超过项目建设投资的 30%。其中，对实施节能改造后节能率在 15% ~25% 的项目给予不超过项目建设投资 20% 的补助，对实施节能改造后节能率在 25% 以上的项目给予不超过项目建设投资 30% 的补助。对单个项目的补助资金原则上不超过 500 万元。对节能服务公司投资为主（投资比例超过 50%）实施的合同能源管理项目，安排市节能减排专项资金予以节能量奖励[①]。

2. 上海市

（1）概况。

上海市住宅建筑总量是3.8亿平方米，公共建筑（包括有办公建筑、商场以及学校旅馆医院等）总量是1.35亿平方米。根据上海目前建筑用能水平，到2010年，建筑总能耗将达到1600万吨标准煤，公共建筑的能耗将占到建筑总能耗的58%，即970万吨标准煤。根据上海市“十一五”节能规划的要求，到2010年，上海的建筑用能将总体下降15%，即控制在1360万吨标准煤以内。

2008年，上海市完成改造面积近700万平方米，比上年增长20%，其中既有住宅节能改造357.6万平方米，既有公共建筑节能改造338.9万平方米。

上海公共建筑用能结构以用电为主，接近用能总量的80%，其次是燃油和燃气。从全年用能情况来看，其用能高峰是在夏季的6、7、8三个月。上海公共建筑的平均用能水平为163千瓦时/年，与全国公共建筑平均用能水平比较接近，但是能耗极差值很高，抽样调查的最高能耗值达到393千瓦时/年，是平均值的2.4倍，与最小值相比相差6.4倍之多。一些办公楼从体量到结构设计都比较接近，但是耗能水平相差比较大。目前的公共建筑在用能系统优化和运行优化方面的节能潜力非常大。另外，不同功能建筑的能耗差异也比较大。如医院，由于对空调、照明等用能系统有特殊的要求，所以耗能量较大，平均耗能量达到212千瓦时/年。又如商场，很多属于半开放式的状况，所以耗能量也比较大。

（2）相关政策。

为推动既有建筑节能改造，上海市组织制定《上海市国家机关办公建筑和大型公共建筑节能监管体系建设工作方案》，可再生能源与建筑一体化利用试点项目取得重要进展，试点建筑面积超过160万平方米[②]。

2008年9月，上海市经济委员会、市财政局印发《上海市合同能源管理项目专项扶持实施办法》（沪经节［2008］560号），对符合条件的合同能源管理项目的前期诊断费用进行专项扶持，对由合同能源服务公司投资运行的合同能源管理项目，按实际节能量进行奖励。符合办法的合同能源管理项目所发

① 资料来源：北京市发展改革委。
② 资料来源：上海年鉴2008。

生的项目前期诊断费用，由专项资金给予一次性资助。其中，对合同金额高于200万元、项目实施后年节能量超过500吨标准煤的项目，给予一次性资助5万元；对其他项目给予一次性资助2万元。

根据合同能源服务公司全额投资运行的合同能源管理项目实施后年实际节能量，按照每吨标准煤300元的标准对合同能源服务公司进行专项奖励；根据合同能源服务公司与项目实施单位共同投资的合同能源管理项目实施后年实际节能量和合同能源服务公司的投资比例，按照每吨标准煤300元的标准对合同能源服务公司进行专项奖励。单个项目的奖励金额最高不超过200万元。

3. 广西壮族自治区

（1）概况。

"十一五"期末，广西计划通过国家机关办公建筑和大型公共建筑节能运行管理与改造，在全区范围内节能50.0万吨标准煤。为此，广西省组织实施规划节能技术、建筑围护结构节能技术、建筑设备节能技术、可再生能源利用技术和区域能源综合利用技术、既有建筑节能改造技术等大型公建节能技术的研发。组织实施一批国家机关办公建筑和大型公共建筑节能示范工程，完成350栋重点建筑能耗监管体系的建设和节能改造，创建150个节能型校园和150所节能型宾馆。

2007年12月底，广西壮族自治区完成20栋区直国家机关办公建筑、10栋南宁市国家机关办公建筑、20栋南宁市大型公共建筑和5所高校的能源统计，并已公示，接受社会监督。目前，已经完成对广西建设大厦、广西建筑科学研究院办公楼、广西大学图书馆三栋建筑的能耗动态监测试点工作，并取得了实质性成果。2008年，全区14个设区城市国家机关办公建筑和大型公共建筑的建筑基本情况和建筑能耗的统计、初步审计以及40~50栋建筑的能耗动态监测系统（包括分项计量安装）建设工作已经启动。

（2）相关政策。

2008年10月，自治区建设厅制定的《广西壮族自治区国家机关办公建筑和大型公共建筑节能运行管理办法（试行）》（桂建科［2008］45号），适用于辖区内8000平方米以上的国家机关办公建筑和面积大于2万平方米的大型公共建筑。

该办法要求各级建设行政主管部门加强本辖区内的大型公共建筑节能运行管理工作的领导，积极培育相关的节能服务市场，推动相关节能技术的开发应用。鼓励和扶持在新建大型公共建筑和既有大型公共建筑的节能改造中采用太阳能、地热能等可再生能源。县级以上建设行政主管部门应当组织编制本行政区域的大型公共建筑节能运行管理计划并认真实施。自治区建设行政主管部门应在2012年前建立并逐步完善全区大型公共建筑能耗监管体系，各市县建设行政主管部门给予配合，并努力建设本辖区内大型公共建筑的能耗监管体系。

大型公共建筑所有权人或者使用权人，应当保证建筑用能系统的正常运行，不得人为损坏建筑围护结构和用能系统。应当建立健全民用建筑节能管理制度和操作规程，对建筑用能系统进行监测、维护，并以适当方式定期将分项用电量报县级以上地方人民政府建设主管部门。各大型公共建筑的年度用电限额原则上由县级以上地方人民政府节能工作主管部门会同同级建设主管部门确定。

县级以上建设行政主管部门应当对本行政区域内大型公共建筑用电情况进行调查统计和评价分析，并依照法律、行政法规和国家有关规定，采取适当方式向社会公布各大型公共建筑采暖、制冷、照明的能源消耗情况。大型公共建筑的所有权人或者使用权人应当对县级以上建设行政主管部门的调查统计工作予以配合。

2008年，广西自治区财政投入500万元对30栋国家机关办公建筑和大型公共建筑的能耗进行动态监测。

4. 广东省

（1）概况。

2007年，广东省机关、事业单位和社会团体共有58567个，其中机关、事业单位51867个。全省地级以上国家机关办公建筑约有2200栋，总面积约2100万平方米。

2008年全省公共机构的用电量为116.3亿千瓦时，同比增长9.3%，占全省总用电量的3.3%。2005年至2008年全省公共机构用电量年均增长22.2%[①]。省直机关抽样调查数据表明：电力约占党政机关总能源消费量的70%；汽油、柴油约占27%，主要为公务车辆消耗；天然气、管道煤气及液化石油气约占3%，主要为职工食堂消耗。

2008年，全省公共机构人均年用电量为3342千瓦时[②]。全省公共机构单

① 2008年电力消费数据为快报数。

② 计算方法为人均年用电量＝总用量/总工作人员数目。一些公共服务性质的单位，总工作人员数目仅为本单位员工数，如医院工作人数为医院在职员工人数。

位面积用电量差距较大，其中政府机关办公建筑平均单位面积年总用电量分布为 20 ~ 200 千瓦时/平方米，平均为 47.3 千瓦时/平方米；文化教育类建筑单位面积年总电耗为 16 ~ 125 千瓦时/平方米；大型医疗卫生类建筑单位面积年总电耗为 36 ~ 132 千瓦时/平方米；大型体育类建筑单位面积年总电耗为 30 ~ 359 千瓦时/平方米。

广东省不同地区的公共机构能耗相差较大。广州、深圳、东莞、佛山等经济发达地区公共机构的平均能耗较高，是广东省其他地区公共机构平均能耗的 2 ~ 3 倍。同一地区公共机构由于建筑类型、系统设计、设备选用及运行管理不同，能耗差异也较大。同一地区公共机构中能耗最高的公共机构的能耗指标是能耗最低公共机构的 5 ~ 10 倍。

全省公共机构电力消耗流向差距较大。从全省抽样统计数据来看，空调、照明及办公设备各占总用电量的 30% 左右，加热设备及电梯等约占 10%。有中央空调的单位，空调用电所占比重明显高于采用分体空调的单位。

广东省既有公共建筑的建筑热工性能较差，公共建筑有 20% 的屋面没有任何隔热措施，外窗热工性能差。墙体不满足隔热要求。大部分建筑通过改善外遮阳设施等低成本改造，可以降低约 40% 由太阳辐射造成的冷负荷。

省直机关有 44% 的单位采用中央空调制冷。中央空调在设备选型上普遍存在装机容量偏大、管道直径偏大、水泵配置偏大等问题。对部分建筑的能源审计结论表明，通过合理匹配冷水机组的运行、控制水系统流量、及时清洗各种热交换设备等管理控制措施，可实现中央空调节电 10% 以上，年节约用电 2 亿千瓦时。

全省公共机构的变压器有相当一部分属于国家明令淘汰的产品，用新型变压器替代后，每台每年平均可减少损耗 7166 千瓦时，全年 200 台可减少损耗 143 万千瓦时。照明电器产品的选用还不能满足“绿色照明”的要求，省直机关白炽灯比重达到 13%。通过更换白炽灯等低效照明器具及采用智能开关控制方式等措施，全省公共机构可实现照明节电 10% 以上，每年可节约用电 2 亿千瓦时。在用电梯约有 1/3 为交流双速、交流调压调速等老旧电梯。采用变频调速技术、永磁同步电机、能量回馈技术等进行改造或替换可节能 50% 以上。电脑、复印机、打印机等办公器具也没有全部满足节能、高效的要求。其中电脑作为办公系统用电量最大的设备，不使用时多数处于待机状态，能耗巨大。按照全省 20 万台保有量计算，如果其中 80% 每天减少待机时间 4 小时（含午休时间），每年可节电 1040 万千瓦时。

（2）相关政策。

2009年7月，广东省经济贸易委员会发布《“十一五”后两年公共机构节能计划》（粤经贸环资［2009］634号）。提出到2010年，全省公共机构人均年用电量在2008年基础上降低8%，实现节电10.3亿千瓦时。新建公共机构建筑100%按照省建筑节能标准进行设计和运行。通过开展节能技术改造，“十一五”后两年实现年节电8300万千瓦时。

空调系统改造。选择省内100万平方米（约100栋）政府办公建筑和广州大学城100万平方米高能耗建筑建设空调节能示范工程。对既有建筑的通风与空调系统进行节能诊断和改造，实现年节电5000万千瓦时。

照明系统改造。更换白炽灯和T8以上直管荧光灯50000个（支），优化照明系统设计，改进电路控制方式，推广应用智能调控装置，严格控制建筑物外部泛光照明以及外部装饰用照明，实现年节电300万千瓦时。

建筑节能综合技术改造试点项目。完成200万平方米既有建筑节能改造，实现年节电3000万千瓦时。

5. 其他省市

（1）山东省青岛市。

2010年1月，山东省青岛市实施《青岛市民用建筑节能条例》，除选用其他可再生能源实现热水供应外，对新建12层及以下的居住建筑和实行集中供应热水的医院、学校、宾馆等公共建筑，建设单位应采用太阳能热水系统与建筑一体化技术设计，并按照相关规定和技术标准配置太阳能热水系统。具备太阳能集热条件的新建12层及以下住宅建筑，建设单位如果不能为全体住户配置太阳能热水系统，则不得通过建筑节能专项验收。此外，由于技术条件所限，对12层以上的住宅建筑不强制执行，但将出台相应的优惠政策鼓励开发单位为新建住宅楼配置太阳能热水系统。这标志着太阳能热水系统将成为建筑设计中的“标准配置”。

解决“太阳能”的成本问题可行的方案有两个：一是将安装太阳能热水器的费用纳入工程成本核算；二是收取配套费，即另行收费。无论如何收费，使用1平方米太阳能热水器，相当于每年节电310度。太阳能热水器的费用只有燃气热水器的1/7，电热水器的1/6，其经济效益十分明显。而且，太阳能热水器一次性投资，长期受益。

（2）山西大同市。

大同市建筑节能有四项重点：新建建筑节能监管、既有建筑节能改造、可再生能源利用、政府办公建筑和大型公共建筑监管体系的建设。目前，已办理节能备案460项，施工图设计阶段执行节能标准率和施工阶段执行节能标准率均达100%，县区施工阶段执行节能标准率达91%，全市新建节能建筑面积达800多万平方米，年节约标煤40万吨，折合1.4亿元。

大同市在全国地级市中率先出台《大同市建筑节能条例》，促进了建筑节能工作有序、高效的开展。市政府出台的《大同市人民政府关于加强建筑节能工作的意见》等也明确了该市建筑节能的目标，推进了建筑节能的实施步伐。

（3）无锡市。

2010年起，无锡市将实施绿色建筑“4610”计划，建立建筑节能专项资金，扩建、改造和加层的既有住宅、机关办公用房和大型公共建筑必须进行建筑节能改造，每一份用地合同中都要增加建筑节能条款。

市建设部门正抓紧制定民用建筑节能实施细则，今年起实施绿色建筑“4610”计划，即4项扶持政策：可再生能源开发利用的政策奖励、获国家绿色建筑星级标准的政策支持、既有建筑节能改造的政策支持、绿色节能公共建筑的政策支持；6大节能技术：地源热泵应用、太阳能利用、雨水收集与水资源利用、新型墙体材料应用、节能门窗应用、地下空间利用；10大亮点工程。

市政府将每年从城建资金、墙改基金等渠道安排资金，专项用于资助既有建筑节能改造、建设项目可再生能源利用、绿色建筑和建筑节能科学研究等。市老新村整治领导小组将制定《既有住宅节能改造工作实施意见》，节能改造遵循先易后难原则，优先采用屋面保温改造、屋顶“平改坡”、门窗改造、增加遮阳、改装节能灯、统一安装太阳能热水器，最后再围护结构改造。扩建、改造和加层的既有住宅、机关办公用房和大型公共建筑必须进行建筑节能改造。

政府投资建设和管理建设项目将严格执行建筑节能标准，起到表率作用。无锡市在全省首开在土地拍卖条件中增加建筑节能条件的先例，今后仍将继续选择一些有条件的地块，在土地拍卖条件中增加建筑节能、可再生能源利用的条件，建设示范项目。每一份用地合同中都要增加建筑节能条款，规范建设项目业主建筑节能的行为。鼓励江、湖、河附近的建筑物使用地表水源热泵系统，并按照有关规定减免水资源费。

（4）厦门市。

为更好地建设资源节约型、环境友好型的和谐社会，进一步挖掘厦门市建设领域节能潜力，厦门市制定了《2009～2010 厦门市建筑节能专项规划》并分步实施，确定了厦门市未来三年建筑节能工作的减排目标及工作重点，全面推进厦门市建筑节能工作向纵深发展。根据规划，厦门市 2009～2011 年的建筑节能减排的总目标是节约 68.81 万吨标准煤，减少二氧化碳排放 169.27 万吨。该减排目标由以下几个部分组成。

新建建筑节能：通过加强新建建筑的节能工作，厦门市预计在 2009～2011 年间，每年可节省能源 11.79 万吨标准煤，三年共可节约标煤 35.37 万吨。

国家机关办公建筑和大型公共建筑节能改造：根据能耗统计结果，厦门共有 63 栋超过 5 千克标准煤/平方米的国家机关办公建筑和大型公共建筑。这些建筑总面积为 160 万平方米，通过节能改造，三年共可节约 8.3 万吨标煤。

国家机关办公建筑和大型公共建筑节能运行管理：目前，共有 21 栋建筑需要通过加强节能运行管理以达到节能要求，这些建筑的总面积为 46.16 万平方米，潜在节能量为每年 0.14 万吨标煤。2009～2011 年累计可节约 0.42 万吨标煤。

新型墙体材料推广：厦门市 2008 年已经出台《厦门市建设与管理局关于在本市建设工程中限制使用粘土制品的通知》，从 2009 年 1 月 1 日起禁止设计使用粘土制品，新开工的建设工程鼓励优先选用自保温轻质墙体材料，禁粘后每年可为厦门市节约 7.44 万吨标煤。

可再生能源应用：到 2011 年末，太阳能、水源热泵、浅层地能等可再生能源在建筑中的应用面积将占新建建筑面积的 20% 以上。太阳能热水器将以每年一万户的规模进行推广，2009～2011 年累计可节约 2.4 万吨标准煤。

农村建筑节能：积极挖掘农村建筑的节能潜力，开展农宅节能技术集成与工程实践研究，积极利用秸秆、薪柴等生物质能源，大力推广太阳能、风能和小水电等无污染可再生能源。

（三）公共建筑节能改造案例

1. 北京市人民政府行政办公楼节能改造（财政补贴）

（1）项目概况。

北京市人民政府位总建筑面积约为 50623.9 平方米，供暖面积 45552 平方米，工作人员约 2480 人。共有 15 个独立建筑组成，其中部分建筑年代久远。西门门楼为 1903 年建造，6 号楼为国家文物保护对象（日本使馆旧址），8 号楼为古建筑，大多数建筑为20世纪70~90年代建造。北京市人民政府主要用能包括水、电、天然气、采暖。

（2）项目改造方案。

围护结构：基建处、9号楼、警卫连楼、西门综合楼、加油站的外窗的传热系数大于《公共建筑节能设计标准》，计划在原有铝合金窗内侧加一层塑钢中空玻璃平开窗，减少外窗的热损失；更换1号楼、2号楼、大食堂等将外门窗的密封条，减少空气通过缝隙渗入量。

采暖系统：将1号楼高区采暖主干管进行保温；原为珍珠岩或石棉保温瓦的采暖主干管及其他管道，更换为铝箔超细玻璃棉保温；在暖气罩上开启百叶片，加大对流及散热量提高采暖效果；暖气片更换为散热量较高的暖气片，更换2号站的采暖水泵，以达到适合工况。大楼冬季主要使用散热器集中采暖，因此计划对各个办公室和会议室的散热器进行管路改造后安装恒温阀，以实现各自的温度控制。个性化的室内温度包括办公室和会议室的温度控制。可以设定室内温度，在冬季使用散热器系统时，也可根据使用人员的舒适感觉调节室内温度。

照明系统：将目前所使用的不同功率规格的T8型荧光灯具改造成相应功率规格的T5型荧光灯具。而对于部分楼道所使用的白炽灯，改造成节能型的荧光灯具。将目前使用的电感镇流器改造成电子镇流器。每盏荧光灯具安装1个电子镇流器，即对于三个光源的灯具，选用一拖三的电子镇流器。对于两个光源的灯具选用一拖二的电子镇流器。将40瓦白炽灯改造成11瓦U型节能日光灯。对未安装声控系统的楼道和楼梯照明系统，安装声控开关。

其他用能系统：将洗车房循环水池加大，过滤设备维修、保养。加一个水处理系统，水池容积达到4~6立方米，可以缓解水质不好的现象及节约用水。

（3）项目融资模式。

本项目为“北京市30家政府机构节能改造项目”之一，项目所需资金统一由市发展改革委固定资产拨款解决。项目统筹工作由北京节能环保中心负责，项目竣工验收后由业主单位负责运行管理。

（4）项目实施效果。

节能效果：根据北京市人民政府节能改造方案，市人民政府实施节能改造后年可节约热量7250.4GJ，折算成标准煤247.7吨；年可节约电量736549.6千瓦时，折算成标准煤240.8吨，总节能量合计488.5吨标准煤。可减少排放碳粉尘332.2吨，二氧化碳1217.8吨，二氧化硫36.7吨、氮氧化物18.3吨。

经济效果：根据北京市人民政府节能改造方案，市人民政府实施节能改造后节能率为 20.8%，每年可节约能源费用 122.9 万元，投资回收期为 4.3 年。

（5）项目总结。

“30 家政府机构节能改造项目”是北京市节能改造工作中的率先示范工程，有效地贯彻和落实了节约能源基本国策，充分发挥政府在节能工作中的率先垂范与导向作用。市人民政府办公楼改造工程不仅节约了能源，改善了环境，而且积极引进和推广了节能技术及产品，进一步提高了政府机构在节能减排工作中的示范效应，确保了节能工作在北京市的合理有效实施。

2. 建设银行总行办公楼节能改造（效益分享）

（1）项目概况。

中国建设银行总行办公楼能源资源消耗种类包括电、天然气、水、采暖热量。2006 年，总能耗为 8352.85 吨标煤，能源消耗量较大。

（2）项目改造实施情况。

建立能源信息管理平台。利用安装的能源管理信息系统软件，对能源消耗进行实时采集、计量、统计、诊断，为节能提供专业解决方案，同时通过网络对建筑楼宇的能源设备及能源消耗进行实时监测。在天然气、水、电、空调等系统中安装分项计量采集模块、信号接收器、传输线缆、信息管理中心，通过通讯网络实现远程集中监控、管理，节能率约为 6% ~8%。

空调通风系统节能改造。安装全热交换器及线控器，与户外接通户内与户外新风、排气、回风管道；安装智能控制装置及二氧化碳探测器、电动风阀等，联动系统运行直至功能实现。全热交换器具有热湿处理功能，同时还可对能源回收利用，在夏天可以将进气预冷及除湿，在冬天可以将进气预热与加湿。其能源回收能力可以达到 75% 以上，因此降低了空调系统中冷量供应及耗电量。而利用智能控制装置通过对室内空气品质（可用二氧化碳的浓度作指标）探测比较，可实现冷量节约与通风电机用电量的节约。综合节能率可达 30% 左右。

冷凝器自动清洗节能改造。对冷凝器铜管内壁的水垢、藻类、锈渣等热阻大的污垢进行在线清洗，可祛除大热阻结垢物，有效降低压缩机运行电流，减少电量损耗，实现节能。节能率可达 6% ~10%。

照明系统节能改造。用新型高效节能灯替代老式电感镇流器灯具。BM－T5 组合式电子镇流器系统是一个发光效率高达 120 流明/瓦、光通量衰减小、在点燃 10000 小时后光通量维持率高达 92% 的高效节能灯具组合，可 1 瓦替代5瓦汞灯和钠灯。地面照度比原汞灯和钠灯提高1.5~2倍。

智能控制技术。将智能照明调控装置与微机进行智能联合控制，通过内置的专用优化控制软件，可以随时采集、分析和计算，控制内部的综合滤波电路，控制电流波形，补偿功率因数，吸收内部失真电流并循环转化为有用的能量，提高整体电源效率。节电率在25%以上。

蓄冷空调技术。安装双工况主机1000RT两台，TSC-296M冰盘管18台，乙二醇泵、冷却泵、负载泵各3台，板式交换器2台，500RT冷却塔2台，完成风、水、电三大系统制作、安装及与冷原设备的接驳与试运行。节能率可达34%。

（3）项目融资模式及经济效益分析。

2006年为项目改造基年，年总电耗为1061万千瓦时，热用量约65700吉焦，自来水用量约为20.5万吨，总计能源资源费用约为1518.73万元。节能改造后预计年能源费用为1176.34万元，年节能效益342.39万元（见表4-8）。

表4-8　　2006基年改造前后资源消耗及经济效益情况

能源资源类型	单位	单位价格	2006年		改造后预期	
			耗量	费用（万元）	耗量	费用（万元）
电	千瓦时	0.88元	10611680	933.83	8016290	705.43
天然气	立方米	2.2元	1459824	321.16	1174517	258.39
		炊事燃气2.4元			33510	8.04
水	吨	3.25元	205045	66.64	174289	56.64
采暖热量	吉焦	30元	65700	197.10	49275	147.83
合计				1518.73		1176.34

项目总投资1000万元，其中ESCO公司承担20%，其余80%为世界银行贷款。项目收益按不同时期确定（见表4-9）。

（4）项目实施后效果。

项目实施后，年可节约电259.54万千瓦时，天然气25.18万立方米，水3.08万吨，采暖热量16425吉焦，折合1962.97吨标准煤，可减排二氧化碳2766.74吨。

（5）经验总结。

节能效益分享型合同能源管理在实施时，应建立分项计量系统，避免节能量难以界定问题。在向银行融资过程中，由于融资困难，影响了项目的进度。

表 4 –9　　项目分享比例

分享年份	ESCO 公司		建设银行	
	分享比例	分享金额（万元）	分享比例	分享金额（万元）
1 ~3	90%	924.453	10%	102.717
4 ~6	80%	821.736	20%	205.434
7 ~8	70%	479.346	30%	205.434
9 ~10	60%	410.868	40%	273.912
合计		2636.403		787.497

3. 陕西省西安市西京医院节能改造（能源系统托管）

（1）项目概况。

陕西省西安市区第四军医大学第一附属医院（简称西京医院）建筑面积 45 万平方米，有床位 2200 张。2006 年，医院支出的水、电、蒸汽费用超过 4900 万元。不断攀升的能源费用不仅提高了医院的运营成本，也在一定程度上影响和制约了医院主业的发展。同时，后勤社会化改革是目前国家和军队大力倡导的后勤改革方向。其目标是引进市场机制，打破旧后勤体系，建立起高效率、低能耗的新后勤体系（见表 4 –10）。

表 4 –10　　2006 年改造前医院水、电、蒸汽具体用量和费用

年份	费用合计（万元）	水		蒸汽		电	
		用量（万吨）	支出（万元）	用量（万吨）	支出（万元）	用量（万度）	支出（万元）
2006	4397	248.90	675.58	25.55	2022.79	4073.12	1698.63

资料来源：北京奥天奇科技发展有限公司。

（2）项目实施情况。

2006 年，奥天奇公司与西京医院签订节能服务合同，节能改造工程资金的投入和风险由奥天奇公司承担，奥天奇公司管理西京医院的用能设备。项目实施完毕，在项目合同期内，双方按比例分享节能效益。按约定，用户定期支付节能公司管理费用，节能公司负责用户日常运营和后勤人员管理及设备的维修、维护等工作。项目合同结束后，先进高效节能设备无偿移交给用户使用，以后所产生的节能收益全归用户享受。风险由节能服务公司承担，效益共享，

能源系统进行托管。

奥天奇公司出资对医院能源系统整体改造并管理，管理期为 15 年，医院把原属于后保中心和营房科管理的水、电、蒸汽系统的运行、维护、技术改造、设备小修、大修及对各科室、住户的各项维修工作和运行、维修人员管理，整体打包移交给奥天奇公司，将后勤与节能管理工作相结合。项目一期采取的节能技术措施有混合式换热技术、气候补偿技术等，管理措施有：建立 24 小时用能实时监测制度、巡查制度和消除缺陷制度，建立用能供应制度，与医院合作，开展节能宣传，加强计量管理，完善二、三级计量设施，加强运行技术管理，建立健全设备管理制度，加强运行管理人员的培养，提高供热队伍的整体素质。

改造技术具体包括：

混合式换热技术——激波加热器。激波加热器是以蒸汽为热源的加热、加压装置，是一种直接混合式汽水换热器。其运行机理为：在一定的几何形状空间，高速汽、水流瞬间混合，会形成流态复杂的超音速流体，流体在收缩截面末端克服音障，形成激波，激波锋面推动热水持续输出。因此在此设备中，流体间除了发生质量和热量的传递之外，也发生热能向机械能的转化。表现的结果是对液体的瞬间加热和产生单向的、大于原系统状态的输出压能。也就是说，激波加热器在系统中具有泵和换热器的双重作用。

激波加热器有如下特点：激波加热器换热效率接近 100%；换热效率恒定而传统间接式汽水换热器的换热效率随着负荷的增大和表面附着物的沉积而衰减；运行时系统封闭，隔绝氧气，防止腐蚀；兼有泵的功能，而传统间接式汽水换热器会增加系统阻力。

气候补偿控制系统。根据室外温度实时调节热媒水温度的成套自动控制系统控制思路，当室外温度变化时，一个供热系统能够根据采暖负荷随室外温度变化规律，对采暖用户供热系统运行参数（供水温度）适时进行调整，始终保持供热量与建筑物耗热量相一致，保证室内温度在不同室外温度情况下相对稳定，实现按需供热。在确保供热品质的前提下，实现供热机组最大限度地节能运行，避免热能浪费。

系统组成：气候补偿控制器、箱体、室外温度传感器，室内温度传感器，出、回水温度变送器，电动两通调节阀组成。

工作原理：气候补偿控制器中储存有针对西京医院炉设计开发的锅炉最佳运行曲线，锅炉根据最佳运行曲线运行。当室外温度降低时，为了维持原有的室内温度，系统会自动控制加大电动两通阀开度，使室外管网进入换热器的热水流量多一些。此时采暖用户的供水温度会升高。室外温度上升时，气候补偿控制器自动控制适当减小电动两通阀开度，使室外管网进入换热器的热水流量少一些，此时采暖用户的供水温度会降低，锅炉的回水温度会升高。这样可以减少锅炉机组的输出负荷，达到节能运行的目的。

节能效果：通过实施改造，加装气候补偿控制系统，根据气候的变化调节合适的供暖温度，节能率约为5%左右。

(3) 项目融资模式及效益分析。

项目资金来源：项目一期投资总规模1062万元，全部由ESCO公司自筹。

效益分享：西京医院的能源托管项目托管期为15年，在不同的时间段采用不同的比例进行分成。第一个三年2：8，公司得8；第二个三年3：7，公司得7；第三个三年4：6，公司得6；第四个三年5：5；第五个三年6：4，公司得4。

用户每年支付管理费用金额：200万元人民币。

在医院零投入、零风险情况下，与2006年同期相比，2007年、2008年医院全年节约能源费用分别为1145万元、1217万元（见表4-11）。

表4-11 西京医院改造后资源节约量及经济效益

日期	效益小计（万元）	水		蒸汽		电	
		节约量（万吨）	节能效益（万元）	节约量（万吨）	节能效益（万元）	节约量（万度）	节能效益（万元）
2006.12～2007.11	1145.87	38.93	140.20	8.71	956.45	65.80	49.22
2007.12～2008.11	1217.75	45.00	160.97	9.13	989.99	95.73	66.79
合计	2363.62	83.93	301.17	17.84	1946.44	161.53	116.01

(4) 项目实施效果。

从项目实施到2008年11月，该项目共计节约蒸汽约17.84万吨，节约电能161.53万千瓦时；节约自来水83.93万吨。合计节约折合标煤23738.36吨，减少二氧化碳排放60770吨。

ESCO公司到2008年底共计投入资金500万元，两年节能效益分成共计1890万元，公司年均实现利润460万元。（见表4-12）

(5) 项目经验。

在目前市场情况下，由于客户信用、节能公司技术资金实力等原因，采用合同能源管理机制仍然会面临很多风险与障碍。西京医院建筑节能改造项目，从其规模和操作难度角度看，以常规项目方式是很难实现的。采用“能源系统托管型”的运作模式，用户无后顾之忧，并极力配合，因此项目得以顺利实施，并在最短时间内，取得较好的节能效果。

表 4－12　　业主和 ESCO 公司项目收益情况

年投资计划	投资概预算（万元）	节能效益（万元）	医院节能分成（万元）	公司节能分成（万元）	备　注
2006 年度	300				投资、施工年
2007 年度	100	1145.87	229.17	916.70	年维护、零星改造按 100 万计
2008 年度	100	1217.75	243.55	974.2	
合　计	500	2363.62	472.72	1890.9	
医院节能效益	472.72 万元				
公司节能效益	1890.9－500＝1390.9 万元				

三、公共建筑节能改造经济激励政策回顾

目前，针对公共建筑节能，建设部采取的相关措施包括：一是把能耗标准作为建设大型公共建筑项目核准和备案的强制性内容，遏制高能耗建筑的建设。同时，加大对新建大型公共建筑和政府办公建筑执行节能强制性标准的监管力度，实行强制性能耗检测，并对其能耗指标进行标识，确保新建建筑符合节能强制性标准。二是加强对既有大型公共建筑和政府办公建筑的节能管理，建立节能运行管理制度、能耗统计制度、能效审计和披露制度。重点开展部分试点省（市）既有大型公共建筑和政府办公建筑能效测评，公布测评结果。在此基础上，逐步建立公共建筑能耗定额、超定额加价制度。

（一）财政补贴

政府补贴是一种政府行为，包括中央和地方政府的补贴，以及政府干预的私人机构的补贴等。政府补贴通常具有专向性，政府有选择或有差别地向某些企业或个人提供补贴。对建筑节能改造项目采取有效的财政补贴措施可以改变资源配置结构、供给结构和需求结构，有力推动建筑节能改造市场的发展。

我国目前在推动建筑节能方面的政策性补贴包括对大型公共建筑的节能监

管体系建设的补贴，高效照明产品推广财政补贴，可再生能源利用专项补贴等。

1. 大型公共建筑的节能监管体系建设的激励政策

（1）大型公共建筑的节能监管体系建设内容。

2007年10月，建设部、财政部发布《关于加强国家机关办公建筑和大型公共建筑节能管理工作的实施意见》（建科［2007］245号），目标是“十一五”期间，建立健全国家机关办公建筑和大型公共建筑节能监管体系，进一步强化监督管理，确保新建建筑全面执行建筑节能强制性标准，建立和完善能效测评、用能标准、能耗统计、能源审计、能效公示、用能定额、节能服务等各项制度，促进既有高耗能国家机关办公建筑和大型公共建筑节能运行和改造。争取“十一五”期末，国家机关办公建筑和大型公共建筑总能耗下降20%，节约1100万～1500万吨标准煤。逐步建立起全国联网的国家机关办公建筑和大型公共建筑能耗监测平台，对全国重点城市重点建筑能耗进行实时监测，并通过能耗统计、能源审计、能效公示、用能定额和超定额加价等制度，促使国家机关办公建筑和大型公共建筑提高节能运行管理水平，培育建筑节能服务市场，为高能耗建筑的进一步节能改造准备条件。

中央财政设立专项资金，支持建立国家机关办公建筑和大型公建节能监管体系，具体内容见表4－13。

表4－13　国家机关办公建筑和大型公建节能监管体系建设内容

项目	完成时间	工作内容
能耗监测	2007年底	北京、天津和深圳市三个城市要完成至少20%国家机关办公建筑和大型公共建筑的用电分项计量装置安装，并实现实时动态监测。
	2008年采暖期开始前	完成改造区域内锅炉房、换热站热计量装置安装。
	2008年底前	完成国家机关办公建筑和大型公共建筑能耗数据库建设；北京、天津和深圳市三个城市要完成重点建筑的用电分项计量装置安装，其他省市根据试点情况，依据当地实际情况，逐步推广。
	2010年底	完成大多数重点建筑的用电分项计量装置安装，搭建起全国联网的城市国家机关办公建筑和大型公共建筑能耗监测平台，实现对全国大多数重点建筑实现动态能耗监测。

续表

项目	完成时间	工作内容
能耗统计	2007 年 11 月底前	完成基本信息调查。
	2008 年开始	每年根据能源分类计量和用电分项计量实施情况，按季、年对能源分类计量和用电分项计量数据进行采集统计。
能耗审计	2007 年 11 月底前	审计不少于能效公示要求的各类别建筑项目数。
	2008 年开始	每年对各类型建筑单位面积能耗排名前 50% 的建筑进行审计，对能效高的建筑按类型各选取不少于 3 栋作为标竿建筑进行审计。
能效公示	2007 年 12 月底前	（1）国家机关办公建筑。示范省、自治区、直辖市应完成 20 个省直国家机关办公建筑的能效公示；示范计划单列市、省会城市应完成 10 个市直国家机关办公建筑的能效公示；（2）商业性大型公共建筑。四个直辖市和深圳市应完成至少 20 个商业性大型公共建筑（宾馆、商场、写字楼）的能效公示；示范的省会城市、其他计划单列市应完成至少 10 个商业性大型公共建筑的能效公示；（3）高等院校。除海南省之外的示范省、自治区、直辖市完成不少于 5 所高校的能效公示。
	2008 年开始	增加分项能耗指标、综合能效排名的公示，每年对各类型建筑单位面积能耗排名前 20% 的建筑进行公示，对能效高的建筑按类型各选取 3 个作为标竿建筑进行公示。

（2）对大型公共建筑的节能监管体系建设的资金支持。

2007 年 10 月，财政部出台《国家机关办公建筑和大型公共建筑节能专项资金管理暂行办法》（财建［2007］558 号），中央财政对建立能耗监测平台给予一次性定额补助。在起步阶段，中央财政对建筑能耗统计、建筑能源审计、建筑能效公示等工作，予以适当经费补助。地方财政应对当地建立建筑节能监管体系予以适当支持。其中，“国家机关办公建筑”是指国家各级党委、政府、人大、政协、法院、检察院等机关的办公建筑，“大型公共建筑”是指除国家机关办公建筑之外的单体建筑面积 2 万平方米以上的公共建筑。

专项资金使用范围包括：①建立建筑节能监管体系支出，包括搭建建筑能耗监测平台、进行建筑能耗统计、建筑能源审计和建筑能效公示等补助支出。搭建建筑能耗监测平台补助支出包括安装分项计量装置、数据联网等补助支出。②建筑节能改造贴息支出。③财政部批准的国家机关办公建筑和大型公共建筑节能相关的其他支出。在建立起有效的建筑节能监管体系、节能量可以计量基础上，中央财政对采用合同能源管理形式对国家机关办公建筑和大型公共建筑实施的节能改造，予以贷款贴息补助。地方建筑节能改造项目贷款，中央财政贴息50%；中央建筑节能改造项目贷款，中央财政全额贴息。

2. 合同能源管理项目激励政策

在对76家节能服务公司（ESCO）实施的节能项目调查结果表明（见图4－4）：建筑节能项目占实施的节能项目总数的60%左右，主要集中在商业楼宇的中央空调系统、锅炉和供热系统、照明系统、变频调速和综合节电等节能改造项目领域方面。这些节能改造项目大部分都收到良好的经济和社会效益，90%项目投资回收期在3年以内。

目前，中国的ESCO数量已经超过300家，大部分都参与了采暖、空调、照明、锅炉等建筑节能领域的节能改造项目。此外，由于大部分用户还未充分了解或接受ESCO采用的“合同能源管理”节能机制，目前大部分的商业楼宇节能改造项目仍然采用传统的商业模式，即节能改造工作主要由业主自筹资金进行。但是，由于商业楼宇节能目前在中国缺乏一个明确的部门来统筹管理，所以目前还没有关于商业楼宇节能改造的权威的统计数据。

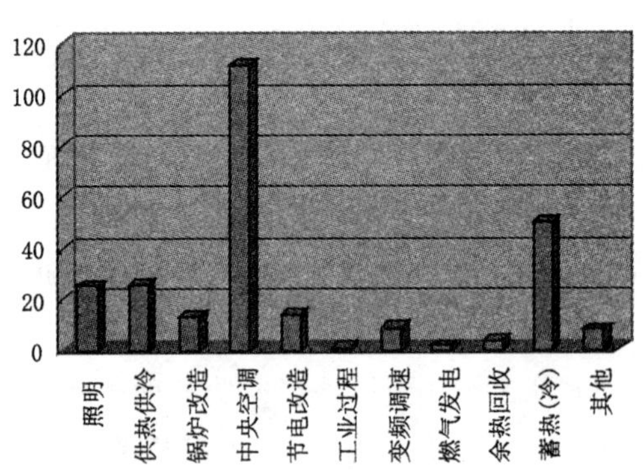

图4－4 ESCO节能领域节能项目线分布

资料来源：国家发展改革委能源研究所：《中国节能服务产业发展现状调查》，国家发改委能源研究所内部资料，2006年。

2010年4月，国务院办公厅转发《关于加快推行合同能源管理 促进节能服务产业发展的意见》（国办发［2010］25号），明确提出：各级政府机构采用合同能源管理方式实施节能改造，按照合同支付给节能服务公司的支出视同能源费用进行列支。事业单位采用合同能源管理方式实施节能改造，按照合同支付给节能服务公司的支出计入相关支出。企业采用合同能源管理方式实施节能改造，如购建的资产和接受的服务能够合理区分且单独计量，应当分别予以核算，按照国家统一的会计制度处理；如不能合理区分或虽能区分但不能单独计量的，企业实际支付给节能服务公司的支出作为费用列支。能源管理合同期满，用能单位将取得的相关资产作为接受捐赠处理，节能服务公司将其作为赠与处理。

该政策在解决公共机构能源费用财务会计制度障碍方面取得了积极性的突破，为专业化的节能服务公司大面积介入公共机构节能领域提供了财会制度基础。

2010年6月3日，财政部下发了《合同能源管理财政奖励资金管理暂行办法》，由中央财政预算安排财政奖励资金，对采用节能效益分享型合同能源管理方式实施的工业、建筑、交通等领域以及公共机构节能改造项目进行奖励。申请财政奖励资金的合同能源管理项目年节能量（指节能能力）在10000吨标准煤以下、100吨标准煤（含）以上，其中工业项目年节能量在500吨标准煤（含）以上。奖励资金由中央财政和省级财政共同负担：中央财政奖励标准为240元/吨标准煤，省级财政奖励标准不低于60元/吨标准煤。

在国家出台对合同能源管理项目财政支持政策之前，部分地方政府已出台相关优惠政策，对比情况见表4－14。

表4－14　　国家及部分省市合同能源管理激励政策对比

	支持范围	奖励办法
国家	采用节能效益分享型合同能源管理方式实施的工业、建筑、交通等领域以及公共机构节能改造项目。年节能量10000吨标准煤以下、100吨标准煤（含）以上，其中工业项目年节能量在500吨标准煤（含）以上。	由中央财政和省级财政共同负担，其中：中央财政奖励标准为240元/吨标准煤，省级财政奖励标准不低于60元/吨标准煤。
北京	公共机构、2万平方米以上大型公共建筑和年耗能2千吨标准煤以上的其他用能单位开展的合同能源管理项目，将区别不同类型予以政府资金支持。对由项目单位投资为主（投资比例超过50%）实施的属于固定资产投资范畴的合同能源管理项目，安排市政府固定资产投资予以投资补助。	改造后节能率在15%～25%的项目给予不超过项目建设投资20%的补助，对节能率在25%以上的项目给予不超过项目建设投资30%的补助。单个项目的补助资金原则上不超过500万元。

续表

	支持范围	奖励办法
上海	对符合条件的合同能源管理项目的前期诊断费用进行专项扶持；对由合同能源服务公司进行投资运行的合同能源管理项目，合同能源服务公司在本市地域内开展的合同能源管理项目。项目合同金额高于30万元，且项目实施后年节能量超过100吨标准煤。	前期诊断费用：合同金额高于200万元、年节能量超过500吨标准煤的项目，一次性资助5万元；其他项目2万元。项目奖励：根据项目实施后年实际节能量，按照每吨标准煤300元的标准。单个项目的奖励最高不超过200万元。

3. 高效照明产品补贴政策

绿色照明是中国政府提出的十大重点节能工程之一，绿色照明工程是我国实施的一项重点节能示范工程。1996年，国家经贸委会同国家计委、国家科委、建设部等13个部门和单位共同发起“中国绿色照明工程”，并制定发布了《“中国绿色照明工程”实施方案》。

2008年5月，财政部设立专项资金，制定《高效照明产品推广财政补贴资金管理暂行办法》，在3年内通过财政补贴方式推广1.5亿只高效照明产品。补贴主要用于支持高效照明产品替代在用的白炽灯和其他低效照明产品。补贴资金采取间接补贴方式，由财政补贴给中标企业，再由中标企业按中标协议供货价格减去财政补贴资金后的价格将中标产品销售给终端用户。中标企业必须按照中标协议供货价格减去财政补贴资金后的价格出售中标产品。大宗用户每只高效照明产品，中央财政按中标协议供货价格的30%予以补贴；城乡居民用户每只高效照明产品，中央财政按中标协议供货价格的50%给予补贴。2008年，计划推广节能灯5000万只，实际推广6200万只，财政补贴约2.8亿元①。

4. 推广可再生能源使用的补贴政策

2009年7月，住房和城乡建设部、财政部联合发布《可再生能源建筑应用城市示范实施方案》、《加快推进农村地区可再生能源建筑应用的实施方案》，对于具备较好的可再生能源应用条件的地级市（包括区、州、盟）、副省级城市、直辖市和农村，确定可再生能源建筑应用的重点领域和推广示范标准，同时予以适当资金支持。地级市应用面积不低于200万平方米，或应用比

① 数据来源：国家发展改革委。

例不低于30%；直辖市、副省级城市应用面积不低于300万平方米。对纳入示范的城市，中央财政将予以专项补助。资金补助基准为每个示范城市5000万元。农村可再生能源建筑应用补助标准为：地源热泵技术应用60元/平方米，一体化太阳能热利用15元/平方米，以分户为单位的太阳能浴室、太阳能房等按新增投入的60%予以补助。每个示范县补助资金总额最高不超过1800万元。

5. 节能专项资金补贴

（1）国家节能专项资金补贴。

从1981年开始，国家设立了节能专项资金，用于节能基建项目和节能技改项目。国家节能基建专项资金出自国家基本建设投资，用于基本建设性质的节能项目，由中国节能投资公司统管，中国建设银行、中国工商银行、中国农业银行承办。

节能专项资金由国家经贸委统管，由中国工商银行承办，由国家财政给予贴息优惠。1999年国家取消了节能专项贴息政策，将节能项目纳入技术改造项目、高新技术项目和科技创新项目的贷款贴息中。1999年财政部、国家经贸委印发的《技术改造项目贷款贴息资金管理办法》，以及2002年外经贸部、财政部发布的第26号令——《技术改造更新项目贷款贴息资金管理办法》，确定了对国家安排的“社会效益突出的节能降耗、综合利用等重点示范项目，促进环境保护的项目”进行息金专项补贴的原则。

2007年中央财政安排节能减排专项资金235亿元，其中共安排中央预算内投资和中央财政资金55.8亿元，支持了681个节能技术改造项目，项目完成后可形成2250万吨标准煤的节能能力；2008年中央财政又进一步加大资金额度。按照《节能技术改造财政奖励资金管理暂行办法》，对十大重点节能工程范围内的企业节能技术改造项目，实行“以奖代补”新机制，按改造后实际取得的节能量给予奖励。东部地区每节约1吨标准煤补助200元，中西部地区每节约1吨标准煤补助250元。据不完全统计，仅中央财政节能奖励资金就引导企业节能技术改造投入1500多亿元，预计可形成6000多万吨标准煤的节能能力。

（2）地方节能专项资金补贴。

通过地方节能专项资金对企业的节能改造项目进行投资补贴是地方政府投融资政策重要的内容。专项资金一般来源于地方财政，主要用于支持节能重大工程建设、淘汰高耗能落后设备。支持节能标准体系建设、节能奖励等节能公共管理工作，主要采取以奖代补、财政补贴和贷款贴息的方式。

2007 年，山东省出台《山东省节能节水专项资金使用管理暂行办法》，设立约 3 亿元的节能专项资金，用于支持节能、节水重大工程建设，包括三个“节能 100 项”工程、重大节能产品财政补贴试点项目、可再生能源开发利用项目及循环经济和清洁生产项目等。此外，济南（600 万元）等地市县财政也相应设立了总额约为 5 亿元的市县节能专项资金①。

2007 年，山西省加大政府专项资金的投入力度，全省用于节能的资金有 7.28 亿元，其中，省政府的节能专项资金 5.2 亿元，新型墙体材料专项基金 880 万元，国债资金 2 亿元②。

2008 年，《公共机构节能条例》正式施行，进一步要求公共机构采取合理技术降低能源消耗，各省市加大对公共机构节能管理力度，并列入考核指标。北京市政府安排固定资产投资 600 万元，专项用于开展项目前期诊断设计工作，并出具项目可行性研究报告。项目获得批复后，已拨付的前期费纳入项目总投资中。如北京市人民政府节能改造项目所需资金统一由市发改委固定资产拨款解决。项目统筹工作由北京节能环保中心负责，项目竣工验收后移交业主单位负责运行管理。该项目实施节能改造后节能率为 20.8%，每年可节约能源 122.9 万元③。

2009 年，福建省确定第一批省级节能专项资金项目，共 125 个项目，包括福安市穆云畲族乡人民政府太阳能应用、连江清禄鞋业有限公司电机系统变频节能改造等 125 个项目。节能奖励标准为每节约 1 吨标准煤奖励 150 元，奖励资金不超过项目固定资产投资额的 30%，且每个项目最高奖励金额为 200 万元④。

2009 年，河北省本级安排节能减排专项资金 6.79 亿元。“双三十”单位共筹划 937 个节能减排项目，其中节能项目 323 个，减排项目 614 个。此外，唐山等地市还设立了市级节能专项资金。

2009 年，江苏省财政安排省级节能减排（节能和发展循环经济）专项引导资金 2 亿元，支持节能与发展循环经济重大技术改造，新技术、新产品产业

---

① 戴彦德、周伏秋等：《中国节能融资现状调查分析报告》，国家发改委能源研究所内部报告，2007 年 11 月。

② 资料来源：山西省政府。

③ 数据来源：国管局。

④ 资料来源：福建省经贸委。

化、规模化推广，鼓励淘汰落后的高耗能设备。同时，江苏省还安排省级节能减排（建筑节能）专项引导资金1亿元，重点支持建立省级机关办公建筑和大型公共建筑节能监管体系，扩大可再生能源建筑规模化应用及低能耗建筑示范，加大对建筑节能成熟适用技术的推广及应用。

（二）税收减免

有关节能及相关产业投融资的税收优惠政策主要包括增值税减免、所得税投资抵免、研发费用税前扣除、加速折旧、所得税按低税率征收、营业税/进口增值税减免等。

2006年8月，国务院发布《关于加强节能工作的决定》。在增值税方面，国家出台支持资源综合利用产品的相关政策。对关键性的、节能效益异常显著且价格等因素制约其推广的重大节能设备和产品，国家在一定期限内实行一定的增值税减免优惠政策。

2008年，财政部、国家税务总局、国家发改委联合公布新版《节能节水专用设备企业所得税优惠目录》和《环境保护专用设备企业所得税优惠目录》。主要包括中小型三项电动机，空气调节设备，通风机，水泵，空气压缩机，配电变压器，高压电动机，节电器，交流接触器，用电过程优化控制器，工业锅炉，工业加热装置，节煤、节油等18类节能、节水产品。企业购置专用设备的投资额的10%允许抵税，并可以在以后5个纳税年度内结转抵免。

2008年，新《企业所得税法》对企业从事符合条件的环境保护、节能节水项目的所得，包括公共污水处理、公共垃圾处理、节能减排技术改造等，自项目取得第一笔生产经营收入所属纳税年度起，第一年至第三年免征企业所得税，第四年至第六年减半征收企业所得税。

（三）政策性贷款

国家政策性贷款主要是针对国家鼓励的产业，针对企业申请的贷款项目，给予一定优惠的贷款，一般贷款期限长、利率较低，并配合国家产业政策的实施。目前，国家政策性贷款主要包括国家开发银行贷款、中国农业发展银行贷款和中国进出口银行贷款。国家开发银行配置资金的对象是经国家有关部门批准立项的基础设施、基础产业和支柱产业、大中型基本建设和技术改造等政策性项目及其配套工程。

国家开发银行融资支持环境保护事业主要以贷款方式进行，分为环境保护项目贷款和建设项目环保“三同时”贷款两大部分。支持项目包括以流域治理、污水处理和清洁能源为重点的重大环保设施项目建设，如太湖、滇池综合治理、三门峡黄河风电等。2007 年共发放环境保护项目贷款 371 亿元，增长 34%，其中，发放污染减排贷款 109 亿元；2008 年发放环保及节能减排项目贷款 988 亿元①。

国家开发银行同时为中小企业提供贷款，采取统贷、直贷两种模式。统贷模式是指国家开发银行向地方政府指定并授权的企事业法人发放中小企业贷款，指定借款人以委托贷款等方式，向中小企业提供资金支持的贷款模式。直贷模式是指国家开发银行直接与中小企业签订借款合同，中小企业直接对国家开发银行承担还款责任的贷款模式。② 国家开发银行从 2003 年下半年开始探索开发性金融支持中小企业发展的新模式，通过在吉林、山东、山西、甘肃、江西和北京 6 个省市进行试点，健全完善了相关制度和管理办法。2004 年，中小企业贷款业务试点在 32 个分行全面推开。截至 2008 年，共发放中小企业贷款人民币 910 亿元③。

近年来，国家主要利用国债资金来支持节能重大项目和示范项目的实施，支持方式为投资补助和贷款贴息，支持重点为钢铁、有色、石油石化、化工、建材等高耗能行业节能技术改造，包括：洁净煤、天然气等替代燃料油；干熄焦；高炉炉顶压差发电；水泥中低温余热利用；燃煤工业锅炉（窑炉）节能改造；能量系统优化节能改造等。2004 年用于支持节能的中央国债资金共 2.51 亿元；2005 年用于支持节能的中央国债资金共 44970 万元；2006 年安排了 5.4 亿元国债资金支持了 98 个重点节能项目，预计可带动近 60 亿元能效投资。2007 年用于节能减排的中央财政性资金已达到 213 亿元④。

（四）其他

1. 公共机构节能管理

2008 年 10 月，国务院出台的《公共机构节能条例》，要求全部或者部分使用财政性资金的国家机关、事业单位和团体组织，采取以下节能措施：

---

① 资料来源：国家开发银行。

② 戴彦德、周伏秋等：《中国节能融资现状调查分析报告》，国家发改委能源研究所内部报告，2007 年 11 月。

③ 同①。

④ 姚培、付祥钊等：《建筑节能投融资机制与模式》，重庆大学内部研究文稿，2008 年 5 月。

公共机构应当建立、健全本单位节能运行管理制度和用能系统操作规程，加强用能系统和设备运行调节、维护保养、巡视检查，推行低成本、无成本节能措施。设置能源管理岗位，实行能源管理岗位责任制。重点用能系统、设备的操作岗位应当配备专业技术人员。可以采用合同能源管理方式，委托节能服务机构进行节能诊断、设计、融资、改造和运行管理。选择物业服务企业，应当考虑其节能管理能力。公共机构与物业服务企业订立物业服务合同，应当载明节能管理的目标和要求。实施节能改造，应当进行能源审计和投资收益分析，明确节能指标，并在节能改造后采用计量方式对节能指标进行考核和综合评价。

公共机构应当减少空调、计算机、复印机等用电设备的待机能耗，及时关闭用电设备。应当严格执行国家有关空调室内温度控制的规定，充分利用自然通风，改进空调运行管理。电梯系统应当实行智能化控制，合理设置电梯开启数量和时间，加强运行调节和维护保养。办公建筑应当充分利用自然采光，使用高效节能照明灯具，优化照明系统设计，改进电路控制方式，推广应用智能调控装置，严格控制建筑物外部泛光照明以及外部装饰用照明。应当对网络机房、食堂、开水间、锅炉房等部位的用能情况实行重点监测，采取有效措施降低能耗。

2. 大型公建的热计量改造工作

除上述针对性政策外，建设部强调，2010 年采暖期前，既有大型公共建筑全部完成供热计量改造并按用热量计价收费。所有北方城市新竣工建筑及完成供热计量改造的既有建筑，取消以面积计价收费方式，全面实行按用热量计价收费方式。全面推进供热计量改革的各项工作，坚决做到“三个同步”：新建建筑工程建设与供热计量设施安装同步，既有居住建筑供热计量改造与节能改造同步，供热计量设施安装与供热计量收费同步。

四、公共建筑节能改造政策障碍分析

（一）公共建筑节能改造的相关利益主体及成本效益分析

建筑分为工业建筑和民用建筑，建筑节能主要是对民用建筑而言。为便于统计建筑能耗及开展节能工作，根据使用性质和用能特点的不同，民用建筑可分为三类，如图 4 - 5 所示。

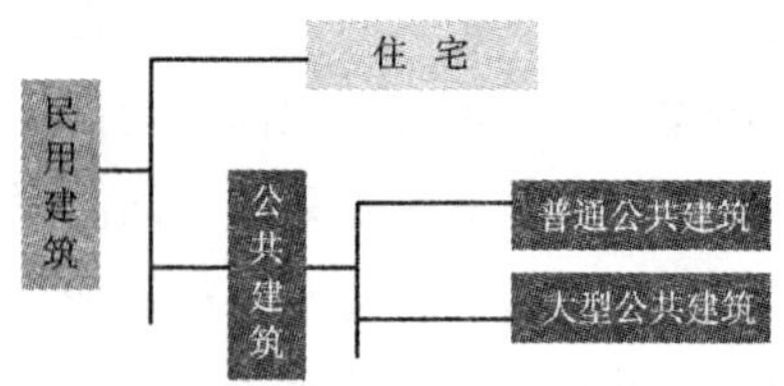

图 4 - 5　民用建筑分类

从与节能改造融资密切相关的建筑所有权及能源费用支出方式来看，公共建筑又可分为三大类。(1) 政府机关楼宇。财政提供能源费用，而“实报实销”的财务预算体制是突出问题。国家发改委、国管局具体负责，财政为节能改造提供相关补贴。(2) 学校、医院等，即事业单位楼宇及能源系统节能改造。财政提供能源费用，同时节能与其自身利益直接挂钩。涉及的部门可能包括国家发改委、教育部、卫生部、国管局、建设部等。(3) 商业性建筑，即业主无政府背景的纯商业化楼宇及能源系统节能改造。其能源费用由业主自身承担。涉及的政府部门非常广泛，哪个部门来具体负责推动这一领域的节能改造尚不清晰。

在对公共建筑进行节能改造的过程中，融资以客户自筹为主，同时，随着节能服务公司的不断发展，以及合同能源管理模式的不断推广，目前在一些公共建筑领域，如大学、医院、政府公共机构等，采用节能服务公司进行融资开展节能改造的项目较多。

公共建筑节能改造涉及的主体主要包括政府部门、业主、节能服务公司、设备供应商、金融机构（银行、担保机构等）等。

公共建筑涉及类型很多，从节能改造融资和公共建筑的所有权属性角度看，可分为三大类：

(1) 政府机关建筑。归政府所有，公共财政提供能源费用。

(2) 事业单位建筑，即学校、医院等教、科、文、卫、体事业单位楼宇及能源系统的节能改造。公共财政提供能源费用，但同时节能与其自身利益直接挂钩。

(3) 商业性建筑，即业主无政府背景的纯商业化楼宇及能源系统节能改造。其能源费用由业主自身或者承租单位承担。

1. 投资主体及资金来源

(1) 政府部门：包括中央政府和地方政府，资金来源为中央和地方公共财政。

（2）项目实施主体（贷款主体）的自有资金及其项目贷款：

①业主：由业主的自有资金及其项目贷款实施节能改造，业主的具体实施部门根据不同类型的公共建筑，包括后勤部门、工程部门、物业部门等，或者业主出资委托专业化节能服务公司，按照节能量保证商业模式实施节能改造。

②节能服务公司：由节能服务公司的自有资金及其项目贷款实施节能改造，与业主分享节能效益。

2. 节能改造获益方分析

（1）政府：节约资源、保护环境。

（2）业主：节约能源系统运行费用。

（3）节能服务公司：从节能效益中获益，取决于与业主之间达成的效益分享比例。

（4）承租用户：一些情况下，承租用户按照水、电、汽消费量给公共建筑业主缴纳能源费用。此时，承租用户从节能改造中获得节能效益，但是一般的承租用户自身不能够对能源系统实施节能改造，即节能改造投资并非来自于承租用户。公共建筑业主通常可通过适当提高承租费用（或者物业费用）来弥补节能改造的投资，或者公共建筑业主实施的节能改造项目效益体现在提高出租率方面。

（5）银行：获益于节能改造项目贷款利息。

一般情况下，大型公共建筑的节能改造内容主要围绕空调系统、照明系统等综合节电改造。形成 1 吨标准煤节能能力的节能改造成本约 2000 ~ 3000 元[①]，或者更高一些。

对学校、医院、政府机关建筑的水、电、汽（空调、照明、采暖、热水供应等能源系统）等综合节能改造，一般情况下，形成 1 吨标准煤节能能力的节能改造成本约 4000 ~ 6000 元[②]，主要与改造的内容及采用的技术有关。

在有些情况下，除了能源系统设备的节能改造，还包括部分围护结构的改造，这种情况下形成 1 吨标准煤节能能力的节能改造成本将有所增加。

---

① 国家发改委能源研究所：《中国节能促进项目评估报告》，国家发改委能源研究所内部报告，2006 年。

② 国家发改委能源研究所：《关于节能服务公司实施节能改造项目的调研》，国家发改委能源研究所内部报告，2009 年。

（二）公共建筑节能改造融资机制障碍分析

1. 现行公共建筑节能的经济激励政策障碍分析

（1）能源价格政策的障碍。

在市场经济条件下，能源价格直接影响到能源用户的能源费用，并能够影响到业主等相关主体在建筑节能改造上的成本收益判断。因此，能源价格政策制定是否合理，对公共建筑节能改造中业主的积极性有着重要的影响。现行能源价格政策对公共建筑节能改造的影响主要为：

①能源价格机制未能理顺。由于我国能源价格调整牵涉的相关利益主体众多，且资源性产品价格市场化改革进程缓慢，因此，能够反映能源资源稀缺程度、能源产品供求关系、能源生产和使用过程中的外部成本的能源价格形成机制未能真正建立。具体反映到公共建筑节能改造上，有利于建筑节能的电价、燃气价格等价格形成机制未能理顺，导致能源价格对建筑节能的引导和刺激作用尚没有得到充分发挥。

②与能耗定额相关的能源价格杠杆未能充分运用。制定符合中国国情的、切实可行的能耗定额体系，是加强建筑节能管理和实施相关节能政策的基础。根据公共建筑的能耗定额，实行超定额加价制度或低于能耗定额的补贴政策，可以通过价格杠杆对超额能耗进行控制，有效地推动建筑节能改造。但从目前来看，除部分地区外，超定额加价制度还没有在全国范围内得以建立，导致能源价格杠杆未能在公共建筑节能改造过程中充分发挥作用。

（2）财税政策的障碍。

通过财政补贴、税收优惠等相关财税政策来促进公共建筑节能，是国际通用的节能财税政策手段。我国目前也制定有部分直接或间接的与建筑节能改造相关的财税政策，但与公共建筑节能改造相关的财税政策仍然存在着一些问题和不足。

①财政投入力度有待加大。从中央来看，目前设立了国家机关办公建筑和大型公共建筑节能等专项资金，节能技术改造财政奖励资金等，在国家机关办公建筑和大型公共建筑节能监管体系建设、可再生能源建筑应用、北方采暖地区既有居住建筑供热计量及节能改造等方面给予财政支持。2009 年中央财政

共安排补助资金38.7亿元[①]。但是，从投入规模来看，这些财政资金作为引导性资金，与全国公共建筑节能改造的任务所需资金规模相比，还远远不足。同时，上述财政资金的投入在对象范围上有一定限制，如国家机关办公建筑和大型公共建筑节能等专项资金只针对"国家机关办公建筑"和"大型公共建筑"，而对其他公共建筑未能给予支持。节能技术改造财政奖励资金则对公共建筑节能改造的节能量有一定限制，达不到条件的公共建筑节能改造享受不到奖励。而从地方来看，目前国内有部分发达地区对建筑节能支持力度较强[②]。但对于一些经济不发达或落后地区来说，由于财力的限制，能够用于公共建筑节能方面的财政投入很少。

②税收政策有待完善。首先，从与公共建筑节能直接相关的正激励税收政策来看，目前实施节能改造的公共建筑与尚未制定对于相关的税收优惠政策。这导致实行过节能改造和未实行过节能改造的公共建筑在相关税收待遇上没有差别，不利于鼓励公共建筑节能改造活动。其次，从与公共建筑节能直接相关的负激励税收政策来看，目前与能源价格相关的资源税制度存在着税额偏低等问题，而环境税或碳税等与节能减排相关的税收制度也未能建立，这不利于形成促进公共建筑节能改造的税收外部环境。最后，从与公共建筑节能改造密切相关的市场机制，即合同能源管理来看，《国务院办公厅转发发展改革委等部门关于加快推行合同能源管理促进节能服务产业发展意见的通知》（国办发［2010］25号）规定了推进合同能源管理和节能服务产业发展方面的税收优惠政策，但除了企业所得税的节能项目的"三免三减半"政策已正式实施外，其他税收政策有待进一步的细化和明确。

③政府采购制度有待完善。目前，国内已经实施了节能产品的强制性政府采购政策，但节能产品的采购范围和标准还有待进一步的完善，政府采购的规模也需要进一步加大。同时，节能服务公司等提供的专业化节能服务也尚未纳入政府采购的范畴。

④其他财税制度方面。目前，《加快推行合同能源管理促进节能服务产业发展意见》提出要完善相关会计制度，就各级政府机构、事业单位和企业采

---

① 《关于2009年全国建设领域节能减排专项监督检查建筑节能检查的通报》（建科［2010］45号）。

② 北京、上海、内蒙古、山西、青海、江苏、湖北、广西、深圳等地对建筑节能的财政支持力度较大，安排了专项资金。《关于2009年全国建设领域节能减排专项监督检查建筑节能检查的通报》（建科［2010］45号）。

用合同能源管理方式实施节能改造的能源费用列支问题进行了明确，解决了原有节能服务公司不能与政府机构、事业单位等分享节能效益的问题，但具体的会计制度有待出台和细化。同时，在现有机关单位“实报实销”财务制度下，还存在如何合理制定能源费用预算，以解决政府部门因节能减少能源费用后会降低预算，从而导致增发机构缺乏节能改造积极性的问题。

（3）融资政策方面的障碍。

建筑节能改造行业具有市场大、技术性强、风险点分散等特点，难以满足一般性的贷款融资要求，必须利用有效的金融创新工具才能切实推进建筑节能改造市场的全面发展。目前，随着国内绿色信贷政策的发展，节能减排方面的融资环境有所改善，但仍然存在一定的障碍。

①建筑节能改造的信贷规模有待加大。目前，国内绿色信贷政策支持节能减排的总体信贷原则为：积极支持清洁能源和节能环保产业发展，重点支持重点节能减排工程项目建设；信贷资源向节能减排效应显著的地区和企业倾斜；严格控制“两高”行业中不符合国家节能减排要求的企业新增信贷，加快退出落后产能项目。从上述内容可以看到，绿色信贷的重点仍然是工业节能，对建筑节能的支持不足。

②对合同能源管理的金融政策支持有待完善。针对合同能源管理项目存在的融资障碍，《加快推行合同能源管理促进节能服务产业发展意见》已经提出：“鼓励银行等金融机构根据节能服务公司的融资需求特点，创新信贷产品，拓宽担保品范围，简化申请和审批手续，为节能服务公司提供项目融资、保理等金融服务。节能服务公司实施合同能源管理项目投入的固定资产可按有关规定向银行申请抵押贷款。积极利用国外的优惠贷款和赠款加大对合同能源管理项目的支持。”可以看到，上述政策内容仍然是一些原则性的提法，如果真正实施还需制定更加具体和细化的政策措施。

（4）其他配套政策。

经济激励政策对公共建筑节能改造作用的发挥，离不开其他相关制度的协调配合，包括公共建筑强制性节能标准、能效测评、用能标准、能耗统计、能源审计、能效公示、用能定额、节能服务等制度，以及公共建筑节能监管体系。目前，国内已经制定了《公共建筑节能设计标准》，逐步建立起国家机关办公建筑和大型公共建筑能耗监测平台，能效测评、用能标准、能耗统计、能源审计、能效公示、用能定额、节能服务等方面也制定了一些相关制度。但仍然需要根据公共建筑节能的需要，进一步对上述制度进行完善。同时，需要进一步加强监督管理，保障上述标准和制度真正得以执行。

2. 分类指导下的不同公共建筑节能改造的经济激励政策障碍分析

公共建筑的产权单位可以划分为行政单位、事业单位和商业性单位三类。产权单位的性质不同，尤其是公共建筑节能改造费用的承担主体不同，这三类公共建筑在节能改造中所面临的经济激励政策障碍也有一定的区别（见表4－15）。

（1）行政单位公共建筑。

行政单位公共建筑，就是国家机关办公建筑。由于国家机关办公建筑的能源费用都是列入预算实行“实报实销”，且预算制定中并未就国家机关能源费用支出比例设定强制性的标准，因此能源价格和税收政策，尤其是电价的调整对于国家机关办公建筑的节能改造来说相对缺乏激励。同时，《民用建筑节能条例》规定，国家机关办公建筑的节能改造费用，由县级以上人民政府纳入本级财政预算。较其他单位办公建筑的节能改造费用相比，国家机关办公建筑的节能改造在资金来源上有保障，金融政策对国家机关办公建筑的节能改造也缺乏激励性。此时，实行强制性的建筑能耗标准在作用上要大于能源价格政策、税收政策和金融政策的作用。

但是，从不同层级和地区来看，国家机关办公建筑在节能改造的资金保障上存在差别，一些基层政府或不发达地区政府可能因财力限制而无力进行国家机关办公建筑的节能改造。此时，通过中央财政的投入来引导或支持地方财政投入就有其必要性。因此，中央财政的投入规模对国家机关办公建筑节能改造有着一定的影响。此外，从在国家机关办公建筑节能改造中引入合同能源管理市场机制的角度来看，现行国家机关在能源费用预算和支出上的规定是否合理，会对采用合同能源管理进行节能改造产生影响。例如，国家机关采用合同能源管理方式实施节能改造，按照合同支付给节能服务公司的支出能否作为能源费用进行列支还未可知；国家机关因实施节能改造而导致能源费用预算支出下降，从而缺乏积极性。目前，《加快推行合同能源管理促进节能服务产业发展意见》已经明确了合同能源管理项目支出视同能源费用，但对第二个问题尚缺乏一定的激励措施。

（2）事业单位公共建筑。

事业单位根据接收财政拨款上的不同，可以划分为全额财政拨款、差额财政拨款和财政不拨款（视同企业管理）三种类型。其中，全额财政拨款的事业单位在能源费用支出和节能改造费用支出上与国家机关相同，在相关经济激励政策的影响上也是类似的。

差额财政拨款和财政不拨款的事业单位，需要自己承担相关能源费用支出。《民用建筑节能条例》规定，居住建筑和教育、科学、文化、卫生、体育等公益事业使用的公共建筑节能改造费用，由政府、建筑所有权人共同负担，即自身需要承担部分节能改造费用。此时，能源价格政策、财税政策、金融政策实际上都能够对此类公共建筑的节能改造产生影响。

（3）商业单位公共建筑。

商业单位公共建筑主要是指商场、超市、酒店等公共建筑，此类公共建筑的能源费用完全由企业自己承担。建筑的节能改造费用按规定是由政府和建筑所有权人共同负担，但实际上主要由产权单位自己负担，财政只给予一定的补贴。根据商业单位公共建筑能源费用和节能改造费用承担主体的特点，相关建筑节能的经济激励政策能够对其产生影响，而且商业性公共建筑应该成为经济激励政策的重要调控对象。

经济激励政策对各类公共建筑节能改造的影响情况见表 4－15。

表 4－15　不同公共建筑节能改造的经济激励政策影响表现

公共建筑类型	能源价格政策	财税政策	金融政策	其他管理政策
行政机关公共建筑	在实报实销制度下，能源价格政策影响小。	中央财政投入对地方公共建筑节能改造有影响； 能源费用预算制度对合同能源管理项目有影响；税收优惠政策影响不大。	节能改造费用纳入财政预算，金融政策影响小。	实行能耗定额和强制性节能标准等制度，影响大。
事业单位公共建筑	对全额拨款的事业单位影响小； 对部分拨款和不拨款的事业单位影响较大。	对全额拨款的事业单位影响同行政机关； 对部分拨款和不拨款的事业单位影响同商业单位。	对全额拨款的事业单位影响同行政机关； 对部分拨款和不拨款的事业单位影响同商业单位。	对全额拨款的事业单位影响同行政机关； 对部分拨款和不拨款的事业单位影响同商业单位。
商业单位公共建筑	实施超能耗定额加价制度影响大。	财政投入、补贴、奖励和税收优惠等政策影响大。	各类减弱融资困难的金融政策影响大。	实行能耗定额和强制性节能标准等制度，影响大。

五、公共建筑节能改造激励政策国际经验

（一）国外公共建筑节能的主要经济激励政策情况

1. 美国

（1）联邦能源管理计划（FEMP）。

美国政府从1973年开始实施联邦能源管理计划（Federal Energy Management Program，FEMP），旨在推动联邦政府，通过实施合理划算的能源管理和投资以加强国家的能源和环境安全。联邦政府作为全美国最大的能源消费者，有潜力和义务成为节能的榜样。FEMP是这项义务的核心，它可以指导各机构更加有效地使用资金达到联邦和各种特殊机构的能源管理目标。自FEMP确立以来，联邦政府依次颁布了多项法律法规，以配合该计划的实施，如表4-16所示。

表4-16　　FEMP的确立

法规或行政命令	颁布年份
能源政策和节能法案	1975
能源部组织法	1977
国家节能政策法	1978
联邦能源管理改进法	1988
美国总统行政命令12759号	1991
能源政策法案	1992
美国总统行政命令12902号	1994
美国总统行政命令13123号	1999
总统指示	2001
美国总统行政命令13221号	2001

资料来源：龙惟定、张蓓红："美国政府的联邦能源管理计划FEMP"，《暖通空调》，2004年第2期。

FEMP重点关注联邦消费者的需求，开发了项目办理服务、应用技术服务和决策支持服务三大类产品。项目办理服务主要是资助能效和可再生能源项目。应用技术服务包括设计、运行和维护高性能的建筑，评估并实施能效项

目，实施可再生能源技术，管理能效和可选择燃料的交通工具。决策支持服务主要是帮助机构达到法律和标准的要求。

FEMP 提供了四类可供选择的经济激励政策：

①Energy Saving Performance Contracts（节能效益合同）。

该机制允许联邦机构在实施能源项目时不进行前期投入，从而使所需财政拨款最小化。该合同反映了联邦机构与能源服务公司（ESCO）之间的合作关系。ESCO 负责设计、建设节能项目，并提供必要的资金。联邦机构将节省下来的费用支付给 ESCO，这些费用来自联邦机构的拨款基金。合同期满后，额外的节约费用都归机构所有。合同期最长 25 年。

2007 财年，共有 460 多个、总计 23 亿美元的 EPC 项目获批，覆盖 47 个州 19 个联邦机构。这些项目每年将节约 18.5 万亿 Btu 相当于拥有 201600 户家庭或 518000 人口的城市的能源消费；将节约 71 亿美元的能源费，其中 57 亿用于支持项目投资，其余 14 亿是联邦政府的净节约量。

②Utility Energy Service Contracts（公共事业能源服务合同）。

联邦机构与公共事业公司签署合同，帮其实施与能源和水资源相关的改善工作。联邦机构可以用拨款资助项目，或者公共事业公司对项目进行初期投资，之后在合同期内用节省的能源费用偿还。采用这种方式，联邦机构可以和公共事业公司合作开展节能工作，且无需初始投资，减少机构花销，并节省时间和资源。

Federal Utility Partnership Working Group（联邦公共事业合作工作组）协助 UESC 和其他公共事业公司进行合作，将联邦机构、公共事业公司和 ESCO 召集在一起商讨合作的可能性和进展。

③Power Purchase Agreements（电力购买协议，PPAs）。

该模式主要用于支持现场的可再生能源项目，已在私有部门普遍应用，目前也被许多联邦政府采用。PPAs 是联邦政府与可再生能源开发者之间的长期合同。依据合同，联邦机构提供一定比例的设施或场地，可再生能源开发者在该场地上安装可再生能源系统，联邦机构购买这些可再生能源系统产生的电力，通过购买合同期内的电力来购买该可再生能源系统。而可再生能源开发者将在合同期内拥有、操作并维护该系统。该合同的最大好处是联邦政府不需要前期投入。合同期限决定能源价格的高低和能源系统的回购方式。

④Energy Incentive Programs（能源激励计划）。

无论交通机构选择何种合同对其设施进行必要的投资，FEMP 都会鼓励他们使用激励计划以及当地公共机构提供的服务。这些服务是没有成本或低成本的，并受到资金或市场优惠价格的支持。需求反映和负荷管理项目是公共激励计划的一种形式。在这些项目中，公共事业公司提供价格激励或者回报，以削减高峰期的能耗需求，从而提高系统的稳定性，减少对新建电力设施的需求。

通过 FEMP 计划，美国政府机构取得了显著的节能效果。实施节能项目的政府楼宇，平均用能下降 15%，且工作环境得到了改善。1992 年美国联邦政府通过的能源政策法案，要求政府机构与 ESCO 合作进行合同能源管理，达到既不增加政府预算，又取得节能效果的目的。为了指导政府机构与 ESCO 的合作，政府通告了已通过美国能源部资格审查的 ESCO 名单，并发布了各种类型合同的标准模式，编制了《联邦政府能源项目的方法和验证指南》，举办了各种类型的培训班和研讨会，发行了大量的录像培训教材。目前政府楼宇节能改造项目的投资回收期一般在 10 年以内，合同到期后，联邦政府将得到全部节能效益。

（2）能源政策法案（EPACT）。

美国 2005 年出台的能源政策法案（Energy Policy Act of 2005，EPACT），对采取提高能效措施的投入的商业建筑提供商业税减免政策。2008 年的紧急经济稳定法案（Emergency Economic Stabilization Act）延长了 EPACT 中的政策。法案规定了以下税收激励：

①安装在商业建筑中的能效设施的费用减免。

比满足 ASHRAE 90.1－2001 标准的建筑的采暖空调能耗节约 50% 以上的建筑，可获得最多 1.8 美元/平方英尺的税收减免。一些影响建筑围护结构、照明、采暖空调系统的节能措施，也可以获得最多 0.6 美元/平方英尺的部分税收减免。该法案已将此项减税政策延至 2013 年 12 月 31 日。

②延长能源投资税减免。

太阳能和符合要求的燃料电池投资可获得 30% 的投资税减免的政策延长到 2017 年 1 月 1 日。该减免政策还扩展到符合要求的小风能投资。符合要求的燃料电池的减税上限提高到了每 500 瓦 1500 美元。此外，新增了热电联产系统和地源热泵系统获得 10% 投资税减免的政策。

③智能电表和智能电网系统加速折旧。

纳税人通常 20 年回收智能电表和智能电网系统的设备投入。该方案允许纳税人 10 年回收投入，除非有些项目本身就具有更短的回收计划。

（3）州政府经济激励政策。

美国州政府也出台了各自的经济激励政策。例如加州政府1998年通过的一个法案，可以推动ESCO参与政府机构节能改造。该法案规定，ESCO以节能效益分享方式所应得到的资金，可直接从政府机构原本应向能源供应部门（如电力公司）交付的账单中取得。也就是说，ESCO应得的那部分节能效益由电力公司作为政府机构应交的电费的一部分收取，再转给ESCO，这样ESCO的资金回收更有了保障。

有些州政府还形成了比较有特点的节能项目运作模式，例如佛蒙特能效中心。佛蒙特是位于美国东北部的一个小州。1999年该州政府批准成立了能效中心（Energy Efficiency Utility，EEU），目的在于以最少的公共基金实现最多的电力节约。该项目由一个独立的公司——佛蒙特能源投资公司来实施，该公司通过竞标，获得与州电力调节机构和佛蒙特公共服务理事会签订合同的资质，并在合同条款下具体实施项目。合同期为3年，但可以再追加3年。根据该州法律，每6年需要重新进行一次合同竞标。佛蒙特中心的运行模式如图4－6所示。

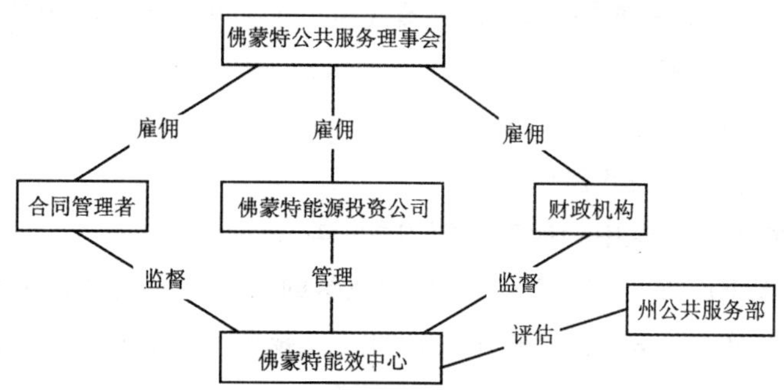

图4－6　佛蒙特能效中心运作模式

公共服务理事会雇佣一个合同管理者，对合同的所有细节和能效中心的运行进行监督。合同融资来自对该州所有电力用户缴纳的额外费用，大约占所有电费的2.82%。公共服务理事会还雇佣了一个财政机构，额外电费基金从该州各电力公司收缴上来，并根据财政机构指定的合同条文，支付给EEU项目的合约者。州公共服务部负责对EEU项目实际节约的电量进行严格详细的监控和认证。基于节能效果支付给合约者费用，独立的节能量认证机构是一个重要因素。

EEU项目被认为是美国各州能效项目中最成功的。节电量在稳定的增长。2007年，节电量完全抵消了该州电力需求的增长，与电力供应费10.7美分/

千瓦时相比，平均节约2.4美分/千瓦时。EEU所采取的一个特别的成功措施是它的商业账户管理项目。该项目中，EEU给每个参与项目的大用户配备了一个专门的联络员，这些联络员是EEU的员工，他们通过技术和资金方面的协助，为用户量身定做能效解决方案。其他项目还包括：①社团项目，通过学校或宗教团体组织开展，旨在提高节能意识和积极性；②促进CFL和LED照明的项目；③对安装主要的高效设备进行补贴。近年来，佛蒙特州政府还通过EEU开展了额外的节能项目，比如在电力紧缺地区节电，避免消费者为增加电力设施支付更多的费用；通过提高居民家庭采暖效率，实现化石燃料节约，缓解了该州很多居民因油价上涨而负担很重的状况。

2. 加拿大

（1）ecoACTION计划。

加拿大政府设立了一项ecoACTION计划，旨在促进加拿大的节能环保工作。其中名为ecoENERGY的部分主要对建筑和能源领域进行资助，由加拿大自然资源的能源效率办公室负责实施。ecoENERGY Retrofit项目是专门针对既有建筑改造的，涉及的建筑包括住宅、商业建筑和公共机构以及工业设施。

商业建筑和公共机构部分，针对的是中小规模建筑，补助额度为以下三种算法中最低的：每吉焦预计年节能量补贴10美元；符合条件的项目费用的25%；每个项目5万美元（每个组织机构25万美元）。项目申请之前，需要对相应建筑进行能源审计；在考虑各种激励补贴之后，项目回收期至少在一年以上；补贴在被核准的项目完工并得到认证后发放。采取全面的改造措施可使建筑年运行能耗和费用平均降低20%；改造费用的回收期在1~10年。能够申请激励基金的建筑包括商业和公共机构建筑（包括非营利机构和宗教机构）、各级政府建筑、多单元的居住建筑（有公共入口，并且至少4层高或者footprint建筑基层面积在600平方米以上）、多用途的商住楼。每个建筑的面积不能超过2万平方米，一个项目中最多可包括10个建筑，每个建筑用于相似的目的至少3年，在项目批准后有12个月的时间用于完成工程（Yukon，Nunavut和Northwest Territories地区18个月）。

（2）省内建筑节能激励政策。

除联邦政府补贴外，加拿大几乎每个省都有建筑节能激励政策，例如：加拿大安大略省有一项数据中心节能激励计划（Date Center Incentive Program，DCIP）。认证后的每千瓦峰值负荷节约量可获得300美元补助，总补贴额度最多为项目成本的50%。如果项目参与者在DCIP项目范围外还采取了其他被认证的节能措施，还可享受 PowerStream's 的电力改造激励项目（Electricity Retrofit Incentive Program）的支持。所有的节能量加上各种激励资金，可以使整个项目的回收期在 2 年以内。每年仅电力一项的节约量就可达到总节约量的 30%。

Manitoba Hydro 公司是 Manitoba 省的主要能源企业，它由 Manitoba 水电董事会管理，其成员由副州长指定。该公司设立了 Power Smart 项目对各类建筑节能活动进行资金补贴。激励的项目涉及围护结构、暖通空调系统、照明、商用耗能设备、可再生能源利用、能源管理软件等，新建和既有建筑均有所涉及。例如：对于改造项目而言，如果提高保温性能，Manitoba Hydro 将补贴增加费用的 75%；如果采用了高能效的窗户，Manitoba Hydro 将补贴增加费用的 80%。如果购买能源之星的商用洗衣机，每台补贴 180 美元，每台商业厨房用油炸锅补贴 1250 美元，每台商业厨房蒸汽机补贴 2500 美元。

New Brunswick 州成立了专门的能效机构——Efficiency NB，该机构设立了建筑节能激励项目，对新建或既有的居住、公共和工业建筑的节能活动进行资金支持。对既有公共建筑节能改造而言，该项目可提供最多 3000 美元的节能潜力评估费用补贴，可提供最多 50000 美元的项目节能改造费用补贴。激励范围包括 New Brunswick 地区的所有公共建筑（零售建筑、宾馆、餐馆、办公楼、食品杂货商店、学校、医院、大学等公共机构、大型多单元的住宅建筑（基层面积大于 600 平方米）、娱乐设施）。

①一类建筑（小规模）：小于等于 1394 平方米，前期能源审计补贴 1000 美元，每吉焦年能耗节约量补贴 15 美元（最多补贴 30000 美元）；

②二类建筑（中等规模）：1394 ~ 6968 平方米，前期能源审计补贴 2000 美元，每吉焦年能耗节约量补贴 10 美元（最多补贴 50000 美元）；

③三类建筑（大规模）：大于等于 6968 平方米，前期能源审计补贴 50% 的审计费用（最多 3000 美元），每吉焦年能耗节约量补贴 10 美元（最多补贴 50000 美元）。

这些项目的补贴申请和实际改造过程大多由专业的 ESCO 参与，它们会帮助业主进行能源审计、提交补贴申请报告、提出改造方案并具体实施、编制项目节能报告、申请改造补贴等。项目申请实施程序如下[①]：

①国家层面的 ecoACTION 改造项目（商业建筑和公共机构）的申请实施

---

① 信息来自 Enerplan 公司网站。

程序（见图4－7）。

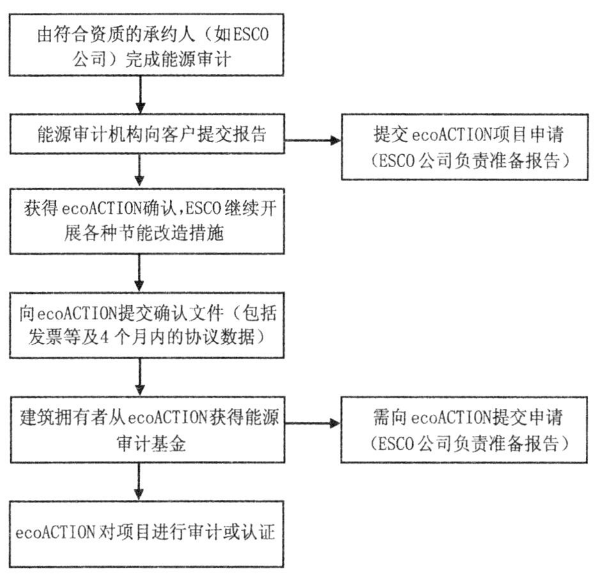

图4－7　ecoACTION改造项目的申请实施流程

②省级层面的项目，如New Brunswick省Efficiency NB ENERGYSmart项目，申请实施程序如图4－8所示。

加拿大联邦政府也非常支持ESCO的发展，要求政府机关大楼带头接受ESCO的服务。1992年，加拿大联邦政府开始实施“联邦政府建筑物节能促进计划”，其目的是帮助各联邦政府机构与ESCO合作进行办公楼宇的节能工作，并制定了2000年前联邦政府机构节能30%的目标。计划规定节能省下来的资金留给政府机构，但要求政府机构只能与通过资格审查的ESCO进行合作。该计划的实施有助于政府在节能工作中起到表率作用，并可节省20%～30%的政府财政开支。引入ESCO，解决了节能资金的问题，推动了ESCO的发展，促进了新兴产业的形成，创造了更多就业机会。除鼓励政府机构与ESCO合作外，加拿大政府还鼓励企业和居民接受ESCO的服务。加拿大的六家大银行都支持ESCO，会优先给予贷款。

3. 其他国家

（1）日本。

日本在一系列节能激励政策的推动下，从20世纪80年代开始，逐渐成为世界上能源利用效率最高的国家之一。日本在节能法中，专门规定建立节能基

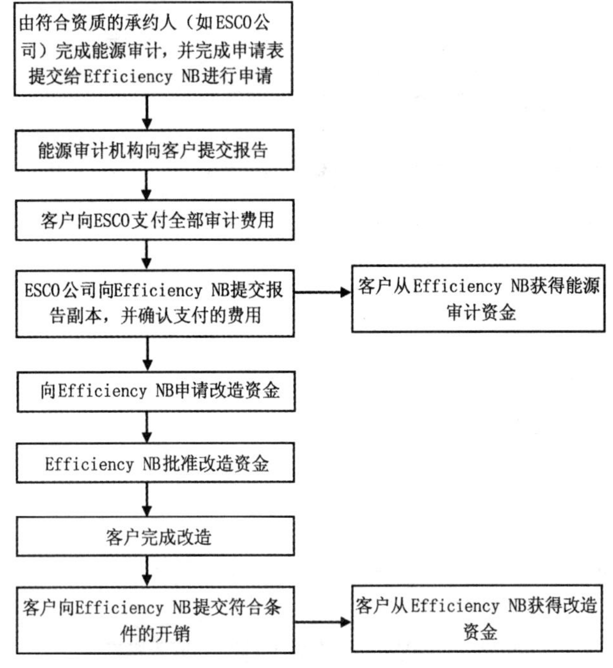

图 4－8　省级节能改造项目的申请实施流程

金，并授权建立专门机构负责收集、管理、分配基金。如日本的新能源与产业技术综合开发组织（NEDO）就是由政府出资专门对节能及新能源技术的开发利用进行资助的机构。节能财政拨款主要用于节能技术研发、贷款贴息、法规标准的制定和实施、宣传、教育、培训等方面。对于节能达标的单位，日本政府在一定期限内给予减免税的优惠。

日本政府资源能源厅将每年财政预算的 40% 用于节能和新能源工作，对使用列入目录的节能设备实行特别折旧和税收减免优惠，减免的税收约占设备购置成本的 7%。日本政府还对节能设备推广和节能技术开发给予补贴。日本经济产业省每年投入约 380 亿日元，用于节能设备推广和示范。政府对节能技术先导性的基础性研究给予 100% 的补贴，对实用化开发给予约 80% 的补助，对实证研究给于 50% 的补助。日本政府对节能的金融政策支持主要有低息、贴息贷款和贷款担保。节能设备更新改造和技术开发可从政府指定的银行贷款，利率比商业银行贷款利率低 20% ~30%。对企业购置节能设备、开展建筑节能及节能技术开发项目的贷款，政府给予贴息。对向商业银行贷款的项目，政府通过产业基础准备金提供担保。日本政府对 ESCO 事业非常支持，从政策和资金层面都给予了大力支持。

政策方面，日本政府2002年修改了《节能法》，对所有大型高能耗的工业企业和商业楼宇的能效指标提出强制性要求，并要求这些用能大户定期提交能源消费报告。日本政府还规定，2000平方米以上非住宅建筑物的所有者必须报告所采取的节能措施，各级地方政府可根据需要进行检查、指导或处罚。这些规定推动了全社会的节能行动，也为ESCO的业务发展开拓了市场。日本地方政府大力扶持ESCO事业，其中大阪府的工作开展最早、最有成效。大阪府住宅城建部公共建筑设备课负责针对公共机构实施节能改造。公共建筑设备课选定拟改造项目，通过招标确定ESCO，由ESCO实行全过程改造。大阪府还将ESCO的诊断、设计、施工、检测等服务作为特定劳务，而不作为建筑工程，签订服务合同，以“委托费”的方式支付，从而避免了与基本建设方面的法律、程序冲突，更为有效地推进了ESCO事业。日本节能改造的平均节能率约为20%。

资金方面，政府通过为项目初始投资提供部分补助金、提供低息贷款等支持ESCO事业进入私营企业和政府部门，2004年经济产业省的办公大楼率先实施了ESCO项目。政府将补助金拨给NEDO，由NEDO具体实施对ESCO的补助。ESCO项目的实施单位可以提出补助申请，比如引入新节能设备的项目、在住宅或商业建筑引入高效节能系统的项目，均可以申请达到项目金额1/3的补助金，最高限额为5亿日元（约合500万美元）。

（2）欧洲国家。

法国的建筑能效政策相对完善。主要的建筑物节能措施及鼓励政策有：家庭进行有效的设备采购可抵免25%～50%的税款；建筑改造或新建工程零利率贷款；能源供应商有为消费者节能的义务；建筑物实行强制性节能诊断；培训建筑节能专业人才；设立地方建筑节能信息中心等。法国环境与能源控制署还设立了能源管理投资担保基金。

德国建筑节能所采取的措施主要是改革生态环保税，提高建筑采暖用油等价格，同时对热电联产等新技术应用实施税收减免。德国的《关于新建筑物节能法》于1976年实施生效，要求新建筑物必须隔热保温，违反此法律者罚款5万马克。1999年，德国开始实行生态环保税收改革，同时政府适当地提高了汽油和建筑采暖用油的税率，提高社会各界节约能耗的积极性，促进了各种节能技术的研发应用。德国计划2008年施行税收同环保挂钩的做法，耗能大户企业只有执行能源管理系统，才能获得生态税减免的优惠。

英国的建筑节能工作开始于石油危机的1976年。为节约能源、降低能耗，英国政府制定了强制性的建筑节能标准，并且每隔四五年修订一次，每次均提出更新更高的标准。英国政府历来十分重视建筑节能的设计工作，除制定最低节能标准外，还采取了税收杠杆政策限制用能，对新建项目进行设计节能审查及施工抽查，确保工程符合节能要求。与此同时，政府还提出统一的设备能耗分级标准，并拨款资助建筑节能咨询机构为设计、施工单位和业主提供咨询服务等。

（二）对我国的借鉴意义

综上所述，国外公共建筑节能改造和其他领域节能的顺利开展和取得的成绩主要得益于以下几方面的工作。

1. 完善的经济激励政策体系

一些国家设有国家级的、较全面的节能激励项目，例如美国的FEMP计划、加拿大的ecoACTION计划。这些计划包含各种各样的政策、法案，以现金补贴、减免税、低息贴息贷款等方式资助社会各领域（工业、建筑、交通等）的节能和可再生能源项目。对建筑节能的资助中，有专门针对既有住宅和公共建筑节能改造的激励计划，具体激励措施包括对能耗审计进行补贴、对节能改造投资实行补贴或税收减免、对实现的节能效果进行补贴、对购买节能产品进行补贴、对设备折旧进行补贴、为节能改造项目提供低息或贴息贷款等。除国家外，各州/省级政府也出台了相应的节能激励政策，由于各地区情况不同，激励政策涉及和侧重的节能领域也有所不同。一些地区更为重视建筑节能，出台了专门针对建筑节能改造的政策，通过类似的激励措施资助本地区的建筑节能改造。国家和地方政府的节能激励补贴是国外公共建筑节能改造资金的重要来源之一，对公共建筑节能改造起到了强有力的推动作用。

2. ESCO的积极参与

ESCO按照合同能源管理方式为社会各界提供节能服务。国外建筑节能改造的成功案例往往少不了ESCO的参与。它们帮助业主进行能源审计、申请项目补贴、设计改造方案、实施改造工程、进行运行服务、开展项目融资。ESCO的介入为业主提供了技术支持，同时也提供了资金支持，解决了业主节能融资的问题。ESCO的项目资金主要来自银行贷款，因此调动更多社会资金向节能领域投资。很多国家政府都非常支持ESCO的发展。为了促进ESCO事业，一些国家以政府名义或政府专项基金为其进行贷款担保，并鼓励政府机构率先引入 ESCO 服务。可见，ESCO 和合同能源管理机制是国外公共建筑节能改造的又一重要推动力。

3. 配套机构建设

基于能源审计结果、节能量进行补贴，对购买节能产品进行补贴，以及对节能技术进行推广，都需要依托能源审计、能耗监测、节能产品认证、项目管理等配套机构来完成。国外这类配套机构相对成熟，为建筑及其他领域节能项目的顺利实施提供了有力保障。

4. 政府的表率作用

美国、加拿大、日本等国家都非常重视政府在节能中的表率作用。政府机构通常是国家的耗能大户，政府办公楼以及由政府财政支持的医院、学校、研究机构等往往属于能耗密度高、能耗总量大的大型公共建筑。因此很多国家政府都在节能法案中对政府机构提出了节能目标，促使它们进行节能改造，要求它们优先采购节能产品，鼓励它们率先引入 ESCO 服务。该做法使政府不仅扮演了节能领导者的角色，也扮演了节能先行者的角色，对全社会的节能起到了垂范和带动作用。同时，节能也为政府降低了能耗，节省了能源费支出，实现了形象、能源和效益的三重收益。

5. 节能专项基金

国外往往设有各种名目的节能专项基金，为节能工作提供了资金保证。这些基金，有的来自财政拨款，有的来自征收的附加能源费或能源环境税。后者可提高人们的节能意识，也可起到惩罚浪费行为的作用。收上来的税款用于资助节能工作的开展，形成了节能资金取之于民用之于民、专款专用的运作模式，不仅调动了社会资金，减少了政府财政负担，也间接带动了全社会共同参与节能。

6. 重视节能技术研发

美国每年有相当可观的研究经费投入到建筑节能技术研发中。日本对不同类型的节能技术研究也给予不同程度的经费补贴。可见这些国家都非常重视节能技术的研发。节能只有技术不断创新，才能为节能工作不断注入新的推动力，形成节能长效机制。所以，重视节能技术研发是发达国家节能工作取得成功的又一重要经验。

上述成功经验，无论是专门针对公共建筑节能改造的，还是涉及其他领域节能工作的，都非常值得我国借鉴。我国在政府节能表率方面已开展了大量工作，并获得了显著收益。未来，我国还应结合国情，进一步汲取国外其他成功经验，推动我国公共建筑节能改造和其他领域的节能工作取得更大的成就。

六、公共建筑节能改造的经济激励政策方案研究

（一）公共建筑节能改造经济激励政策的总体思路

1. 公共建筑节能改造的经济激励政策的目标、原则及基本思路

（1）制定经济激励政策的目标和原则。

以支持实现国家“十一五”和“十二五”节能要求和支持建设节能型社会为战略目标，以提高公共建筑能源利用效率为具体目标，全面发展和完善经济激励政策，构建完善的公共建筑节能改造的经济激励政策体系，并加强市场机制的运用和其他公共建筑节能政策的协调配合，建立推动公共建筑节能的长效机制，调动公共建筑的相关主体实施节能改造的积极性。

根据上述目标，制定公共建筑节能改造的经济激励政策应遵循的相关原则。

①激励与约束相结合的原则。在公共建筑节能改造的经济激励政策上，既要注重运用正向激励的政策，即通过财政投入、补贴、税收优惠等政策来促进节能改造，也要注重反向激励政策的作用，即通过对超过能耗标准的公共建筑采取提高能源价格、增加税收负担等手段进行惩罚，形成“胡萝卜加大棒”的经济激励机制，一推一拉，更好地发挥激励作用。

②中国实际国情与国际经验相结合的原则。中国制定公共建筑节能改造的经济激励政策，不可避免地要借鉴国外的成功经验。但我国目前与发达国家之间在经济发展水平、科技水平和管理水平上有着一定的差距，同时在经济社会环境等其他方面也存在着差别。因此，制定经济激励政策应遵循我国的基本国情，不能盲目照抄照搬他国的做法。

③经济激励政策协调配合及与其他节能政策有机结合的原则。各类有关公共建筑节能改造的经济激励政策有着各自的适用范围和对象，因此，需要通过合理设计，保证内部各种政策措施之间相互协调配合。同时，各项经济激励政

策还需要与其他节能政策之间有机结合，形成合力，共同发挥在公共建筑节能改造上的积极作用。

④适度性与可行性相结合的原则。经济激励政策手段在促进公共建筑节能上能够发挥重大积极作用，但也同样存在着局限性。在市场经济体制下，政府的相关经济激励在促进公共建筑节能上更多地是起引导作用，因而在政策运用上需要把握适度性。同时，缺乏可行性的政策是毫无意义的，甚至可能带来巨大的经济和社会成本。在制定促进公共建筑节能的经济激励政策过程中应充分考虑政策带来的影响、政策的执行能力以及财政的承受能力等多方面的问题，确保政策能够顺利推行。

（2）制定经济激励政策的基本思路。

基于制定公共建筑节能改造的经济激励政策的目标和原则，针对目前财税政策在促进节能上存在的问题与不足，加强和完善公共建筑节能改造的经济激励政策的基本思路是：

①消除目前不利于公共建筑节能改造的经济激励政策问题。经济激励政策即使不能对公共建筑节能改造给予支持，也不应该对其发展造成阻碍。从前面的分析可知，在现行的能源价格政策、财税政策和金融政策中，仍然存在着不利于公共建筑节能改造的相关制度障碍，因此，有必要消除这些政策上的障碍，为公共建筑节能改造创造良好的政策和制度环境。

②制定有利于公共建筑节能改造的新的经济激励政策。应根据公共建筑节能改造的发展要求，准确定位各类经济激励政策的支持作用范围，按照能源价格、财税和金融等经济激励政策的不同特点，针对不同类型的公共建筑，合理选择和制定新的经济激励政策手段，实现对公共建筑节能改造的有效支持。

③注重市场机制的运用。运用公共建筑节能改造的经济激励政策，不仅仅强调经济激励政策本身所能发挥的作用，更重要地是通过经济激励政策来支持市场机制发挥作用，包括通过财政政策引导社会对公共建筑节能改造的投入，以及发挥合同能源管理等市场机制在公共建筑节能改造中的应用。

④构建完善的公共建筑节能改造的经济激励政策体系。能源价格、财税和金融等经济激励政策在公共建筑节能改造中各有侧重，相互影响，共同作用，需要实现各类经济激励政策之间的协调配合。同时，还需要协调经济激励政策与节能法规、标准以及必要的行政手段等之间的关系，从而构建完善的公共建筑节能改造的经济激励政策体系，充分发挥其在支持公共建筑节能上的整体效能。

⑤加强经济激励政策实施的监督管理。为了保证公共建筑节能改造经济激励政策的有效实施，需要强化制度约束，加强对经济激励政策实施全过程的监督管理。同时，需要建立科学的监测评价体系，以效益（包括经济效益和社会效益）为核心对共建筑节能改造经济激励政策的实施效果进行动态评估，及时发现问题，进行必要的政策调整。

2. 公共建筑节能改造经济激励政策体系构成

根据上述思路，未来我国公共建筑节能改造的经济激励政策的目标框架应该是由多种经济激励政策构成的相互协调、相互配合的政策体系。各类经济激励政策的基本改革内容如下。（见图4－9）

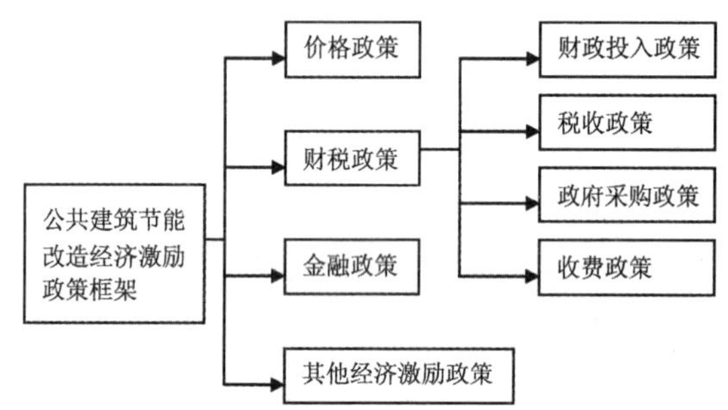

图4－9　中国公共建筑节能改造经济激励政策的目标框架

（1）能源价格政策。

除了理顺和建立国家的能源价格形成机制外，能源价格的主要改革内容是根据公共建筑的能耗定额，制定超能耗定额的加价制度或低于能耗定额的补贴政策。具体来看，可以参考现有对高耗能企业的差别电价制度，制定基于公共建筑能耗定额的加价制度。按照超过能耗定额的不同比例幅度，对电价实施累进的加价制度。而对于低于能耗定额的公共建筑，可以实行一定程度的优惠电价。一方面可以通过增加能源用户的能源支出，改变其在节能改造上的成本收益预期，激励其进行节能改造；另一面可以将通过加价制度获取的资金作为节能改造专项资金或基金的来源。

（2）财税激励政策。

财税激励政策的改革内容包括消除现有的政策或制度障碍和制定的新的激励政策两个方面。

①财政投入政策。一是为了能够提供稳定来源的财政引导资金，有必要建立“既有建筑节能改造专项资金”或“公共建筑节能改造专项资金”，专门用

于公共建筑的节能改造补贴。在对各类不符合能耗定额的公共建筑实行限期节能改造的基础上，制定规定期限的财政资金补贴制度。对于按照规定期限进行节能改造的公共建筑，给予财政补贴；而对于未能在规定期限内进行节能改造的公共建筑，取消财政补贴，并实施其他惩罚性政策。二是逐步加大公共建筑节能改造的财政投入规模，加大投入力度，以满足国内公共建筑节能改造任务的需要。

②税收政策。一是研究和制定直接针对公共建筑本身的相关税收优惠政策，包括对符合能耗定额的公共建筑在保有和交易环节上设计相关税收优惠，包括城镇土地使用税、房产税和契税等方面的减免政策。二是尽快在全国范围推行资源税改革，以及实施碳税和环境税的改革等。

③政府采购政策。一是将实施节能改造的合同能源管理项目纳入到政府采购的范围。二是加大政府采购对节能产品的支持。

④预算等制度规定。主要是制定政府机关、全额预算拨款的事业单位的办公建筑的能耗预算支出管理办法，根据公共建筑的能耗定额逐步减少政府机关和事业单位的能源费用预算支出，并将节约的能源费用资金作为公共建筑节能改造专项资金。

（3）节能服务产业的培育政策。

对于公共建筑节能改造领域的节能服务产业的培育，主要涉及税收政策、金融政策、政府机构的财务会计制度和相关合同能源管理的管理制度的完善。具体来看：一是要加快落实和完善《加快推行合同能源管理促进节能服务产业发展意见》中针对节能服务产业和合同能源管理的相关税收优惠和金融政策；二是改革合同能源管理模式下的现有机关单位“实报实销”能源费用支出预算制度，制定和完善政府机构有关合同能源管理项目的能源费用支出的财务会计制度；三是为推进合同能源管理而需要解决“合同能源管理”格式合同、节能量测评等问题。

从我国现阶段公共建筑节能改造的现实需要和经济激励政策改革进程出发，本文将重点选择公共建筑节能改造的财政补贴政策和合同能源管理下的政府部门的财务会计制度，设计相关改革方案。

（二）公共建筑节能改造投融资激励政策的完善思路

1. 公共建筑节能改造工作推动思路

（1）对于政府机关建筑，政府全额出资，并鼓励节能服务公司按照节能量保证方式实施项目。主要问题是地方政府如何保证落实项目资金以有效推动节能改造项目实施。

（2）对于其他公共建筑，以节能效果为出发点，对节能改造项目给予财政奖励支持，并鼓励节能服务公司按照市场机制实施或者参与实施节能改造项目。主要问题是尽快针对公共建筑节能改造项目比较分散的特点研究制定可操作的公共建筑节能改造财政奖励政策（包括“以奖代补”的项目要求、奖励标准、项目申报等）。

2. 公共建筑节能改造融资模式方案

（1）由政府出资（对于政府机关建筑）。

采用节能量保证商业模式，由节能服务公司实施。政府提供节能项目资金并配合项目实施，节能服务公司提供全过程服务并保证项目节能效果。按合同规定，相关政府部门向节能服务公司支付服务费用。如果项目没有达到承诺的节能量，按照合同约定由节能服务公司承担相应的责任和经济损失。

（2）由节能服务公司融资（出资或者向商业银行贷款）。

①采用节能效益分享商业模式，由节能服务公司实施。节能服务公司提供项目改造资金（出资或者向商业银行贷款）和全过程服务，在客户配合下实施节能项目。在合同期间与客户按照约定的比例分享节能收益；合同期满后，项目节能效益和节能项目所有权归客户所有。

②采用能源系统委托商业模式，由节能服务公司实施。客户委托节能服务公司进行能源系统的节能改造和运行管理，并按照合同约定支付能源托管费用；节能服务公司通过提高能源效率降低能源费用（扣除新增的管理费用），并按照合同约定拥有全部或者部分节省的能源费用。

（3）由业主融资（出资或者向商业银行贷款）针对学校、医院、商业楼宇。

①采用节能量保证商业模式，由节能服务公司实施。客户提供节能项目资金并配合项目实施，节能服务公司提供全过程服务并保证项目节能效果；按合同规定，客户向节能服务公司支付服务费用；如果项目没有达到承诺的节能量，按照合同约定由节能服务公司承担相应的责任和经济损失。

②按照传统工程项目的商业模式由业主自己组织实施节能改造项目。业主融资（来自自有资金或者向商业银行贷款），并自己组织能源设备供应商实施项目或者工程实施单位按照传统工程项目的商业模式实施节能改造项目。

（4）由业主和节能服务公司共同融资针对学校、医院、商业楼宇。

采用节能量保证商业模式，由节能服务公司实施。客户提供节能项目资金并配合项目实施，节能服务公司提供全过程服务并保证项目节能效果。按合同规定，客户向节能服务公司支付服务费用。如果项目没有达到承诺的节能量，按照合同约定由节能服务公司承担相应的责任和经济损失。

（三）公共建筑节能改造的财政资金支持方案思路

1. 公共财政资金支持节能改造项目实施

（1）支持政府机关节能改造。需要研究支持的门槛条件和项目申报及管理办法。

（2）通过“以奖代补”方式支持其他类型公共建筑的节能改造项目。需要研究支持的门槛条件、“以奖代补”的标准和项目申报及管理办法。

（3）设立公共建筑节能改造融资担保基金，为节能服务公司实施节能改造项目提供担保。需要研究制定公共建筑节能改造融资担保基金管理办法。

（4）支持相关配套政策和能力建设，为顺利推动公共建筑节能改造提供良好的政策平台。

2. 需要公共财政支持的配套政策和能力建设

（1）尽快研究关于公共建筑节能的工作推进机制，理顺部门之间的关系。

（2）完善政策机制，调动用户的节能积极性，克服节能改造市场障碍。

①开展针对不同类型公共建筑业主的节能宣传和培训活动，提高公共建筑业主的节能意识。

②开展不同类型公共建筑的能耗统计与监测，建立实施公共建筑的能源利用状况报告制度。建议以建立实施公共机构的能源利用状况报告制度为突破口，逐步扩展到其他类型公共建筑。

③开展不同类型公共建筑的能源审计活动，研究公共建筑能效对标方法，研究制定公共建筑能效对标的相关政策，使公共建筑业主清楚了解节能潜力和可能的实现途径。

④研究制定“公共建筑节能改造技术推广目录”，为公共建筑业主提供具有权威性和公益性的节能技术信息。

⑤研究不同类型公共建筑的能耗定额，为实施公共建筑的节能考核和出台公共建筑的阶梯电价政策奠定基础。

⑥研究不同类型公共建筑的节能考核办法，并建立相应的奖惩制度。提高用户的节能改造动力，为推动实施节能改造项目消除市场障碍。建议以公共机

构节能为突破口。

⑦研究公共建筑的阶梯电价政策。提高用户的节能改造动力，为推动实施节能改造项目消除市场障碍。

⑧研究制定各省市公共建筑节能改造的任务与规划。提高用户的节能改造动力，为推动实施节能改造项目消除市场障碍。

（3）解决节能改造项目操作过程中的技术问题。

①研究改变“实报实销”公共财政预算制度的可行性。提高用户的节能改造动力，为推动实施节能改造项目消除市场障碍。

②研究制定公共建筑节能改造项目的节能量审核和监测标准，支持组建一批公共建筑节能改造项目的节能量审核和监测标准的第三方机构。解决在实施节能改造项目过程中存在的用户与节能服务公司之间的节能量纠纷问题，促进更多的节能改造项目得到顺利实施。

（4）制定按照市场机制推动公共建筑节能改造的优惠政策。

①研究促进节能服务公司实施公共建筑节能改造的激励政策。促进节能服务公司按照市场机制实施更多的节能改造项目。

②筛选确定实施公共机构节能改造项目的节能服务公司目录。根据各节能服务公司的资质、能力及主要业务领域，采用政府节能服务采购方式，选定并逐年更新节能服务公司，为推动实施公共机构节能改造项目提供优质服务。同时，可进一步带动这些节能服务公司在其他类型公共建筑从事节能改造业务。

（四）完善合同能源管理会计制度的思路

国务院办公厅转发国家发展改革委等部门《关于加快推行合同能源管理促进节能服务产业发展意见》的通知（国办发［2010］25号，以下简称《意见》），提出了合同能源管理模式下政府机构、事业单位与企业进行节能改造的会计交易与事项的核算与处理的总体框架，即各级政府机构采用合同能源管理方式实施节能改造，按照合同支付给节能服务公司的支出视同能源费用进行列支。事业单位采用合同能源管理方式实施节能改造，按照合同支付给节能服务公司的支出计入相关支出。企业采用合同能源管理方式实施节能改造，如果购建的资产和接受的服务能够合理区分且单独计量，应当分别予以核算，按照国家统一的会计准则制度处理；如果不能合理区分或虽能区分但不能单独计量，企业实际支付给节能服务公司的支出作为费用列支，能源管理合同期满，用能单位取得的相关资产作为接受的捐赠处理，对节能服务公司而言作为赠与处理。但截至目前，我国尚未就这一会计问题作出详细的规定。完善思路如下：

对于行政单位，在对支付给能源服务公司的能源费用进行列支时，应按照基本支出和项目支出设置二级科目，并按政府收支分类科目中“支出经济分类”的款级设置明细账，进行明细核算。

对于事业单位，在对按照合同支付给节能服务公司的支出进行列支时，应当正确划分经营支出和事业支出。无法明确划分的，应当按照合理的标准在经营支出和事业支出之间予以分配。正确划分事业支出与经营支出、能源支出之后，按照实际发生的数额计入相关科目。

七、公共建筑节能改造的近期经济激励政策建议

（一）关于推动公共建筑节能改造的财政奖励政策建议

1. 目标与思路

（1）节能目标。

目前，我国公共建筑面积约60亿~65亿平方米，耗能约1亿~1.2亿吨标准煤[①]。建议“十二五”期间，对“潜力大、成本低”的重点环节实施节能改造，到2015年形成1500万吨标准煤的节能能力，降低当前能耗的15%左右。

（2）工作思路。

①对于政府机关节能改造，以节能改造能够实现的节能效果为出发点，由相应的各级财政提供补助。中央机关节能改造由中央财政支持，地方政府机关节能改造由地方财政支持。

②对于不属于政府机关的公共建筑节能改造，注重节能投资效益，以节能改造能够实现的节能效果为出发点，给予财政奖励。

a. 政府提出节能量要求的同时提供财政奖励，让市场主动来申请财政奖励。前提是通过完善政策环境，给市场主体留出一定利润空间。

---

① 清华大学建筑节能研究中心：《中国建筑节能年度发展研究报告（2009）》，中国建筑工业出版社，2009年。

b. 改造内容由节能改造项目的实施主体根据项目实际情况来选择确定，充分发挥市场主体的积极性和能动性。

c. 由节能改造项目的实施主体提出节能改造财政奖励申请，经地方初评筛选汇总，上报中央部门评审批准。

d. 节能量较大的项目由中央财政奖励支持，节能量较小的项目由地方财政奖励支持。

e. 节能改造项目申报流程，采取项目投资主体或者项目实施主体向政府部门逐级上报方式。对于不属于地方的事业单位节能改造项目，需经所属的中央部委有关部门进行初步筛选、汇总，再报到节能主管部门和财政部。具体可参考现行的《节能技术改造财政奖励资金管理暂行办法》，结合公共建筑节能改造项目的特点进一步完善。考虑到公共建筑节能改造项目较分散，允许把由同一个项目实施主体（或投资主体）实施的多个公共建筑节能改造项目作为一个打捆项目来申报公共财政奖励资金，但是项目申报主体应该为同一家单位。

③政府部门对技术改造能够形成的实际节能量进行严格审核。

2. 融资方案

（1）公共财政支持方式。

政府机关节能改造由相应的各级财政全额支持。

对于不属于政府机关的公共建筑节能改造项目，采取“以奖代补”方式给予财政奖励，根据改造内容，奖励标准为每形成1吨标准煤节能能力奖励800元[①]。根据项目形成的节能量规模分别由不同级别的财政列支。

①对于年节能量超过1000吨标准煤的节能改造项目和不属于地方的事业单位节能改造项目，由中央财政奖励支持。奖励标准为每形成1吨标准煤节能能力奖励800元，从中央节能专项资金中列支。

②对于年节能量为500～1000吨标准煤的节能改造项目，由省级财政奖励支持。奖励标准为每形成1吨标准煤节能能力奖励800元左右，从省级节能专项资金中列支。

③对于年节能量小于500吨标准煤的节能改造项目，由地市级财政奖励支

---

① 考虑到公共建筑节能改造项目分散性特点突出，节能改造利润空间相对较低，并且在节能服务公司参与实施的情况下，只能分享一部分节能效益，利润空间会更小。考虑到政策的可操作性，该奖励标准约为节能改造增量成本的20%～30%左右。

持。奖励标准为每形成1吨标准煤节能能力奖励800元左右，从地市级节能专项资金中列支。

为完成建议的“十二五”节能目标，公共财政总计需要投入120亿元。

（2）实施主体。

项目的实施主体可以是各种市场主体，包括产权单位、承租单位、节能服务公司等。

考虑到一些情况下项目的实施主体不一定是项目的投资主体（例如节能公司按照“节能量保障”商业模式实施节能改造项目），建议由项目投资主体或者项目实施主体向政府部门逐级上报（对于不属于地方的事业单位节能改造项目，需经所属的中央部委有关部门进行初步筛选、汇总，再报到节能主管部门和财政部），来申报公共财政奖励资金。但是，对于以“打捆”形式申报公共财政奖励资金的节能改造项目，申报主体应该为同一家单位。

公共建筑节能改造项目的直接获益方是能源系统的运营单位，一些情况下是产权单位，也可能是承租单位。但是，不少单位不具备专业的节能改造能力，需要由节能服务公司来实施节能改造项目。此时，由于能源系统的运营单位要分享一部分节能效益或者财政奖励资金，所以节能服务公司参与的积极性可能会有所降低。不过，目前相关政府部门正在研究制定发展节能服务产业的指导意见，如果该政策能够近期出台，节能服务公司实施节能改造项目时就可以享受相关减免税政策，从而在一定程度上弥补节能效益损失的部分。

（3）融资方案。

①公共财政奖励资金占节能改造增量成本的20%～30%。

②其余70%～80%的资金由项目实施主体自主筹集，或者由项目实施主体与能源系统运营单位协商解决。

③在经济比较发达的省市，鼓励地方财政设立节能改造融资担保，为节能改造项目实施提供担保。

（4）成本效益分析。

因为公共建筑节能涉及的改造内容比较复杂，例如大型公共建筑可能侧重于中央空调系统、照明系统的节能工作，而学校、医院等可能同时要考虑供热系统的节能改造，导致形成1吨标准煤节能能力的增量成本波动幅度较大，约为3000～5000元/吨标准煤。由于电价、煤价等不同品种的能源价格之间的比价也未和热值相匹配，因此即使是实现同样节能量的项目，节电和节煤的项目投资回收期也存在较大差别。

对于公共财政的成本效益而言，2011～2015年，通过投入120亿元公共财政，带动社会资金投入约300亿～450亿元，到2015年可形成1500万吨标准煤节能能力，每年可实现120亿元的节能经济效益（按照煤价计算），同时可实现约3600万吨二氧化碳的减排能力。

3. 配套政策建议

（1）加强节能量监测审核的能力建设。

为保障项目的节能效果，一方面，尽快研究制定科学合理的公共建筑节能改造的节能量监测审核方法；另一方面，加强适合于公共建筑节能改造节能量监测审核机构的能力建设。

（2）加强针对不同类型公共建筑的能源系统运行单位和金融机构的节能宣传培训。

因为客观上项目实施主体申报节能奖励项目需要一定的前期投入，而这种前期投入与项目的规模相关性并非很高，但是能够得到的财政奖励却与项目规模有直接的密切关系，所以，规模越小的项目，利润空间越小。

由于建筑节能改造项目的分散性非常强，尽管政策设计时已经考虑允许把由同一个项目实施主体实施的多个公共建筑节能改造项目作为一个打捆项目申报公共财政奖励资金，但是具体操作时仍然会有许多存在着较大节能潜力的分散性项目得不到节能改造。例如，许多公共建筑年总能耗还不到1000吨标准煤，甚至不到500吨标准煤，节能改造项目也不易“打捆”申报，此时财政奖励政策对项目是否能够得到实施所产生的影响较小。

由于能源系统运行单位（如物业公司、后勤部门等）是直接影响公共建筑能耗的主体，所以需要对不同类型公共建筑的能源系统运行单位进行节能宣传培训。一方面，大幅度提高其节能意识；另一方面，开展关于节能技术、能源系统高效运行管理措施等节能信息的一系列培训活动，促使操作人员形成节能运行的习惯，并在可能的情况下推动更多节能技术改造项目的实施。

此外，要加强开展针对金融机构关于建筑节能改造项目的培训，使其了解建筑节能改造项目的成本效益和相关特点，提高金融机构为建筑节能改造项目提供贷款的积极性。

（3）加快完善公共建筑节能配套政策。

公共建筑类型复杂，当前公共建筑节能推动工作尚处于起步阶段，需要从节能管理政策、节能激励政策、能力建设等诸多基础工作方面进一步加大力度。

①尽快研究关于公共建筑节能的工作推进机制，理顺部门之间的关系。因为公共建筑包含的类型非常多，既包括政府机关，又包括教科文卫体等事业单位，还包括纯商业性的宾馆、酒店、商场、超市、办公楼，亟需加强部门之间的统筹协调，进一步理顺节能工作推进机制。

②尽快研究改变当前“实报实销”的公共财政预算制度，提高公共机构能源用户的节能改造动力。

③加强不同类型公共建筑的能耗统计与监测，建立实施公共建筑的能源利用状况报告制度。建议以建立实施公共机构的能源利用状况报告制度为突破口，进一步扩展到其他类型公共建筑。

④研究不同类型公共建筑的节能考核办法，并建立相应的奖惩制度。建议以政府机关和教科文卫体等公共机构为突破口，建立节能考核和奖惩制度。

⑤研究制定各省市公共建筑节能改造的任务与规划，对地方公共机关（特别是政府机关）提出节能改造任务与规划要求。

⑥开展公共建筑节能自愿协议政策的研究和相关试点活动。

⑦开展不同类型公共建筑的能源审计活动，研究公共建筑能效对标方法，并研究制定公共建筑能效对标的相关政策。

⑧研究不同类型公共建筑的能耗定额，为实施公共建筑的节能考核和出台公共建筑的阶梯电价政策奠定基础。

⑨研究公共建筑的阶梯电价政策。

⑩研究制定公共建筑节能改造技术推广目录，为公共建筑业主提供具有权威性和公益性的节能技术信息。

⑪筛选确定实施公共机构节能改造项目的节能服务公司目录。根据各节能服务公司的资质、能力及主要业务领域，采用政府节能服务采购方式，选定并逐年更新节能服务公司，为推动实施公共机构节能改造项目提供优质服务。同时，由此可进一步带动这些节能服务公司在其他类型公共建筑从事节能改造业务。

⑫研究制定公共建筑节能改造项目的节能量审核和监测标准，支持组建一批公共建筑节能改造项目的节能量审核和监测标准的第三方机构，解决节能量纠纷问题，促进更多的节能改造项目得到顺利实施。

⑬研究公共建筑节能改造领域的 CDM（P－CDM）项目方法学，开展公

共建筑节能改造领域的CDM（P－CDM）项目的试点工程。

（二）关于完善与合同能源管理项目相关的财务制度规范的政策建议

1. 将节能改造费用列入公共机构的预算和采购，允许ESCo分享节能效益

建议有关部门出台相关政策规定，将节能改造费用视同能源费用列入政府公共机构的预算和采购，或者在一定时期内，对现行地方财政体制进行改革，对公立机构的能源费用实行固定额度预算制度，鼓励政府机构采购节能服务公司的服务，并且在公共机构不增加能源费用的前提下，把合同能源管理项目所节约的能源费用与节能服务公司分享。这样一方面可以破除现行财务管理制度对合同能源管理项目的政策壁垒，另一方面可以有效提高能源用户的节能积极性。

2. 加快出台具体会计核算制度

建议根据《关于加快推行合同能源管理促进节能服务产业发展意见》的通知（国办发［2010］25号）提出的思路与原则性指导，按照行政单位、事业单位、企业组织以及节能服务公司四类主体，进一步完善相关会计核算制度，利用合同能源管理机制，深入推动公共建筑节能改造。

（1）行政单位。

按照现行会计制度规定，行政单位应当以行政单位实际发生的经济业务为依据，客观真实地记录、反映各项收支情况及结果，具体会计核算以收付实现制为基础。行政单位的支出根据资金管理要求分为基本支出和项目支出。基本支出是指行政单位为保障正常运转和完成日常工作任务发生的支出，包括基本工资、补助工资、其他工资、职工福利费、社会保障费、公务费、业务费、修缮费、设备购置费、其他费用等。项目支出是行政单位为完成专项或特定工作任务发生的支出。支出类科目主要有501经费支出、502拨出经费以及505结转自筹基建等。第501号科目（经费支出）核算行政单位在业务活动中发生的各项支出。第502号科目（拨出经费）核算行政单位按核定预算拨付所属单位的预算资金。第505号科目（结转自筹基建）用于核算行政单位经批准用拨入经费拨款以外的资金安排基本建设，其筹集并转存建设银行的资金。

《意见》规定，在合同能源管理模式下，行政单位支付给能源服务公司的各项支出视同能源费用进行列支。按照上述三个科目的定义与各自的核算内容，能源费用应当计入第501号科目，按照基本支出和项目支出设置二级科目，并按《政府收支分类科目》中“支出经济分类”的款级设置明细账，进

行明细核算。借记“经费支出——基本支出”、“经费支出——项目支出”，贷记“现金”、“银行存款”等。年终清理结算和结账时，本科目借方余额应转入“结余”科目，年终转账后，本科目无余额。借记“结余”，贷记“经费支出——基本支出”、“经费支出——项目支出”。节能改造所实现的受益或者说所节约的成本自然体现在相关科目里，无需特别处理。

（2）事业单位。

事业单位会计核算一般采用收付实现制，但经营性收支业务核算可采用权责发生制。事业单位的支出包括事业支出、经营支出、对附属单位补助、上缴上级支出、基本建设支出等。其中，事业支出是指事业单位开展各项专业业务活动及其辅助活动发生的支出；经营支出是指事业单位在专业业务活动及其辅助活动之外开展非独立核算经营活动发生的支出。事业单位的各项支出，应当按照实际支出数或实际发生数记账；事业单位在实行内部成本核算中发生的各项费用应当正确予以归集。

按照《意见》的规定，事业单位采用合同能源管理方式实施节能改造，按照合同支付给节能服务公司的支出计入相关支出。目前事业单位支出类科目主要有：第501号科目（拨出经费）、第502号科目（拨出专款）、第503号科目（专款支出）、第504号科目（事业支出）、第505号科目（经营支出）、第509号科目（成本费用）、第512号科目（销售税金）、第516号科目（上缴上级支出）、第517号科目（对附属单位补助）、第520号科目（结转自筹基建）等。事业单位采用合同能源管理方式实施节能改造时，按照合同支付给节能服务公司的支出涉及的支出类科目则主要包括：第504号科目（事业支出）、第505号科目（经营支出）、第509号科目（成本费用）等。其中，第504号科目核算事业单位开展各项专业业务活动及辅助活动所发生的实际支出，事业支出应按以下科目进行明细核算：基本工资、补助工资、其他工资、职工福利费、社会保障费、助学金、公务费、业务费、设备购置费、修缮费和其他费用。第505号科目核算事业单位在专业业务活动及辅助活动之外开展非独立核算经营活动发生的各项支出，以及实行内部成本核算单位已销产品实际成本。经营支出一般应按以下项目进行明细核算：基本工资、补助工资、其他工资、职工福利费、社会保障费、助学金、公务费、业务费、设备购置费、修缮费和其他费用等。经营业务种类较多的单位，应按经营业务的主要类别进行二级明细核算。第509号科目核算实行内部成本核算的事业单位应列入劳务（产品、商品）成本的各项费用。

①有经营活动的事业单位应正确划分事业支出和经营支出的界限。对于能分清的支出，要合理归集，对于不能分清的，应按一定标准进行分配。不得将应列入经营支出的项目列入事业支出，也不得将应列入事业支出的项目列入经营支出。事业单位进行公共建筑节能改造，按照合同的约定支付给能源服务公司的相关支出应当正确划分经营支出和事业支出，无法明确划分的，应当按照合理的标准在经营支出和事业支出之间予以分配。正确划分应当计入事业支出与经营支出能源支出之后，按照实际发生的数额计入相关科目，借记“事业支出”、“经营支出”，贷记“现金”、“银行存款”等。

②事业单位进行建筑节能改造发生的，属于业务活动或经营过程中的，应当列入劳务（产品、商品）成本的各项费用，计入成本费用科目，借记“成本费用”，贷记“现金”、“银行存款”等。产品验收入库时，借记“产成品”，贷记“成本费用”。实行内部成本核算的事业单位结转已销业务成果或产品成本时，按实际成本入账，借记“事业支出”，贷记“产成品”。实行内部成本核算的事业单位结转已销经营性劳务成果或产品时，按实际成本入账，借记“经营支出”，贷记“产成品”。

③年终清理结算和结账。年终，“事业支出”和“经营支出”科目借方余额应全数转入“事业结余”和“经营结余”科目。借记“事业结余”，贷记“事业支出”；借记“经营结余”，贷记“经营支出”。年终转账后，两科目均无余额。

（3）企业。

《意见》对企业采用合同能源管理方式实施节能改造的会计处理进行了规定，但因合同能源管理双方采取的合作方式和费用结算办法不同，其会计处理方法也不尽相同。企业应当根据自身的实际情况，严格依照企业会计准则的规定进行会计核算。

第一，如果购建资产和接受服务能够合理区分且单独计量，应当分别予以核算，并照国家统一的会计准则制度处理。

①如果节能投资合同期限较短，建议根据购买节能设备的实际成本确定耗能单位节能投资成本。历史成本计量模式下，会计处理相对来说比较简单。企业收到设备时，按照实际支付的购买成本，借记“固定资产”，贷记“银行存款”、“现金”等。接受相关服务时，应按照服务受益对象的不同，合理划分费用承担对象和承担金额，借记“生产成本”、“制造费用”、“管理费用”等，贷记“银行存款”、“现金”等。

②对于节能效益分享性合同能源管理模式，由于固定资产和设备在合同期内属于节能服务公司，并由企业用节能受益向其支付节能费用，在合同期满后企业可无偿获得设备等的所有权，因而，可以将其认定为融资租赁。当节能投资合同期限相对较长，引进节能设备价款有可能会延期支付时，建议耗能单位节能项目投资额以购买（节能设备及技术）价款的现值为基础确定。具体可参考2006年企业会计准则中融资租入固定资产的相关规定处理。接收节能项目资产时，借记“固定资产”、“未确认融资费用”，贷记“长期应付款——应付融资租赁款”。后续期间支付节能服务费用、分摊融资费用并计提折旧，借记“长期应付款——应付融资租赁款”，贷记“银行存款”；同时借记“财务费用”，贷记“未确认融资费用”，借记“生产成本”、“制造费用”、“管理费用”等，贷记“累计折旧”。节能合同期满，节能资产无偿移交耗能企业。这样，既能为日后进行维护保养等服务提供管理上的便利，又能提醒耗能企业按期将节能项目资产的折旧额计入相关成本。

第二，如果购建资产和接受服务不能合理区分或虽能区分但不能单独计量，企业实际支付给节能服务公司的支出应作为费用列支。能源管理合同期满，用能单位对取得的相关资产按接受捐赠处理，节能服务公司按赠与处理。

在这种情况下，企业进行建筑节能改造可能涉及的会计分录主要有：

①企业将实际支付给节能服务公司的支出作为费用列支，借记“生产成本”、“制造费用”、“管理费用”等，贷记“银行存款”、“现金”等。

②能源管理合同期满，用能单位对取得的相关资产按接受捐赠处理，借记“固定资产”，贷记“营业外收入”。

（4）节能服务公司。

第一，如果购建的资产和接受的服务能够合理区分且单独计量，节能服务公司提供节能设备，应视同融资租赁，按相关企业会计准则或制度的规定进行处理。

①提供节能项目资产及初始直接服务时，形成应收款项，借记“长期应收款——应收融资租赁款”，贷记“融资租赁节能项目资产”、“未实现融资收益”、“银行存款”。

②分期收到节能服务费（即节能设备投资成本及获益）时，借记“银行存款”，贷记“长期应收款——应收融资租赁款”，同时借记“未实现融资收益”，贷记“主营业务收入”。

第二，如果购建资产和接受服务不能合理区分或虽能区分但不能单独计量，节能服务公司在合同期满向公共建筑业主转移固定资产视同赠与进行核算。

①收到节能服务款项时，借记“现金”、“银行存款”等，贷记“主营业务收入”，同时借记“主营业务成本”，贷记“累计折旧”。

②合同期满向公共建筑业主转移相关设备时，借记“营业外支出”、“累计折旧”，贷记“固定资产”。

主要参考文献

1. 国务院机关事务管理局：《节约能源资源政策法规汇编》，中国环境科学出版社，2009 年。

2. 国务院机关事务管理局：《公共机构节能条例释义》，中国环境科学出版社，2009 年。

3. 赵家荣：《〈“十一五”十大重点节能工程实施意见〉读本》，中国发展出版社，2007 年。

4. 康艳兵：《建筑节能政策解读》，中国建筑工业出版社，2008 年。

5. 清华大学建筑节能研究中心：《中国建筑节能年度发展研究报告》（2007 ~ 2010），中国建筑工业出版社，2007 ~ 2010 年。

6. 薛志峰：《公共建筑节能》，中国建筑工业出版社，2007 年。

7. 徐伟等：《公共建筑节能改造技术指南》，中国建筑工业出版社，2010 年。

8. 中国城市科学研究会：《绿色建筑》，中国建筑工业出版社，2007 年。

9. 国家统计局：《中国统计年鉴（2009）》，中国统计出版社，2010 年。

10. 《2008 中国电力年鉴》，中国电力出版社，2009 年。

11. 薛志峰：《既有建筑节能诊断与改造》，中国建筑工业出版社，2007 年。

12. 康艳兵等：“我国公共机构节能‘十一五’工作回顾与‘十二五’政策建议”，《中国能源》，2010 年第 11 期。

13. 康艳兵等：“中国空调节能发展现状、趋势展望和政策建议（上、下）”，《节能与环保》，2010 年第 7—8 期。

14. 王再英等：“楼宇自动化与智能建筑的起源与发展”，《中华建筑报》，2005 年 12 月。

15. 龙惟定、张蓓红：“美国政府的联邦能源管理计划（FEMP）”，《暖通空调》，2004 年第 2 期。

（本项目完成于 2010 年 10 月）

项目课题组成员

课题组组长：苏　明

课题组副组长：康艳兵　吕石磊　郝有志　傅志华

本项目主要研究人员：康艳兵　刘海燕　谷立静　张　扬　尹志芳
李亚平　陈明生　许　文　徐玉德　康琪雪
魏庆芃

项目五

北方采暖地区既有居住建筑节能改造的经济激励政策研究

一、北方采暖地区既有居住建筑节能现状和节能改造工作策略

（一）北方采暖区既有居住建筑节能现状

1. 北方采暖地区概况

按照中国国家标准——《建筑气候区划分 GB50176—93》，北方地区主要位于严寒地区、寒冷地区，主要包括以下地区：北京、天津市，黑龙江、吉林、辽宁、山东、河北、山西、青海 7 省，内蒙古、宁夏、新疆、西藏 4 个自治区，江苏、河南、陕西、甘肃 4 省北部，四川西部。这些地区居住建筑主要考虑冬季采暖问题。北方采暖地区累年日平均温度低于或等于 5℃ 的天数，一般都在 90 天以上，最长的满洲里达 211 天。这一地区也称为寒冷地区（包括建筑热工设计分区中的严寒地区和寒冷地区），其面积约占我国国土面积的 70%。

2. 北方采暖地区既有居住建筑能耗现状

（1）建筑能耗总量大。

我国北方采暖地区 15 个省、区、市占我国国土面积的 70%，城镇既有居住建筑面积从 1996 年的不到 30 亿平方米，到 2008 年已经增长到超过 88 亿平方米，70% 以上均为高能耗建筑；北方地区集中供热面积为 20 多亿平方米。

据中国建筑科学研究院研究数据，北方城镇住宅能耗约为2.07亿吨标煤，占全国城镇住宅能耗的76%，其中65%是采暖能耗。清华大学研究结果显示，北方地区采暖能耗2008年约为1.53亿吨标准煤，占全国建筑能耗的34%，可以说，北方地区建筑采暖能耗是我国建筑能耗的最大组成部分。

（2）能源利用效率低。

中国现在每年新建的房屋面积占到世界总量的50%，而建筑能耗占到中国全社会能耗总量的40%。我国目前单位建筑面积每平方米每年采暖能耗17.4公斤标准煤，而相同气候条件的德国每平方米建筑面积每年采暖能耗仅为4~9公斤标准煤，差距明显。造成这一问题的主要原因：一是既有建筑中相当部分没有考虑建筑节能的问题。由于过去经济社会发展水平低，建筑物供热采暖的规模不大，节能建筑设计的推广率不高。我国建筑围护结构保温性能差，外墙平均的保温水平仅为欧洲同纬度发达国家的1/2~1/4。二是历史形成的供热体制造成的浪费。长期以来实行福利供热、按面积收费的供热体制，楼房供热设计不合理，保温好坏、耗热量多少与采暖付费无关，无法利用市场机制推动北方建筑节能。三是集中供热系统效率低。集中供热锅炉房燃煤效率仅在55%~85%之间，管网损失达30%，供热效率差。

（3）能耗增长速度快。

主要有几方面原因：一是新建建筑增长迅速。目前我国城镇建筑面积以每年8~10亿平方米速度增加，导致采暖需求不断扩大。二是我国广大农村地区由于人民生活水平的提高，群众生活改善出现新需求，过去多采用薪柴、秸秆等生物质燃料采暖，如今越来越多地改用煤、天然气、电等商品能源采暖。而北方农村建筑保温性能普遍较差，采用简陋而又低效的采暖方式会浪费更多能源。

3. 北方采暖地区既有居住建筑供热现状

建筑节能的最终实现需要提高围护结构热工性能和供能系统能效，因此在我国北方地区，建筑节能改造与供热体制改革有着天然的关联。

从20世纪90年代开始，城市集中供热采暖、单户独立式采暖设备相继进入普通家庭，并迅速普及。北方城市建筑采暖大多形成了以热电联产集中供热和区域锅炉房为主，以燃气、电中央空调以及其他方式为补充的供热格局。集中供热是现在我国最基本的供热方式，1996年到2004年我国集中供热面积的平均增长率为14.91%。有采暖的建筑占建筑总面积的比例也有了进一步提高，目前北方城镇有采暖的建筑占当地建筑总面积的比例已接近100%。

2008 年建设部、财政部共同发布了《关于推进北方采暖地区既有居住建筑供热计量及节能改造工作的实施意见》，2009 年建设部发布了《北方采暖地区既有居住建筑供热计量及节能改造项目验收办法》，指导北方采暖地区进一步做好既有居住建筑供热计量及节能改造工作。从工作进展的方面来看，供热计量改革工作取得了三个方面的进展。

一是供热计量收费初见成效。目前开展供热计量的城市有 40 多个，已安装供热计量和温控装置的建筑面积达到 2 亿平方米，实现热计量收费面积 4600 多万平方米。尽管数量不大，但是实践证明，凡是实行供热计量收费的供热企业都在不同程度上节约了能源，凡是实施了供热计量的用户都节省了热费，计量收费得到了用户的支持。如天津市仅部分实施供热计量改革，就实现供热系统节能 10% ~15%，70% 以上的用户节省了热费，节费为 8% ~15%；榆中县供热系统节能了 26%，94.7% 的用户节约了热费，节费 18.3% 左右。

二是供热计量政策体系进一步健全。

三是既有居住建筑供热计量及节能改造的任务逐步推进。按照国务院《关于印发节能减排综合性工作方案的通知》要求，“十一五”期间北方地区应完成 1.5 亿平方米的既有居住建筑供热计量及节能改造任务。目前已完成及正在实施改造项目的总面积为 1.06 亿平方米，占“十一五”任务的 70%。虽然任务非常艰巨，但为改造后下一步实施供热计量收费奠定了基础。

4. 北方采暖地区既有居住建筑节能改造主体

我国北方地区既有居住建筑节能改造领域覆盖了 15 个省、直辖市，改造对象包含各种形式的供热系统和建筑本体，涉及的利益主体非常多，具体主体之间利益关系如图 5 - 1 所示。

5. 北方采暖地区既有居住建筑节能改造技术体系

（1）围护结构保温技术。

在我国北方地区，围护结构的保温措施可起到保温和防潮的双重作用，既减少了建筑的耗热又提高了室内的热舒适性能，因此是改造的重点技术领域之一。北方地区既有建筑的改造，相对于各种外墙保温技术，具有适用范围广、保温效果明显、保护主体结构、扩大室内的使用空间、对居民的日常生活干扰较小等诸多优势，是最佳的选择。

①外墙外保温。

我国北方大多数既有建筑仍为多层的（不超过六层）砖混结构建筑，保温防潮功能很差。近些年新建的住宅开始使用框架结构和框剪结构。针对这些

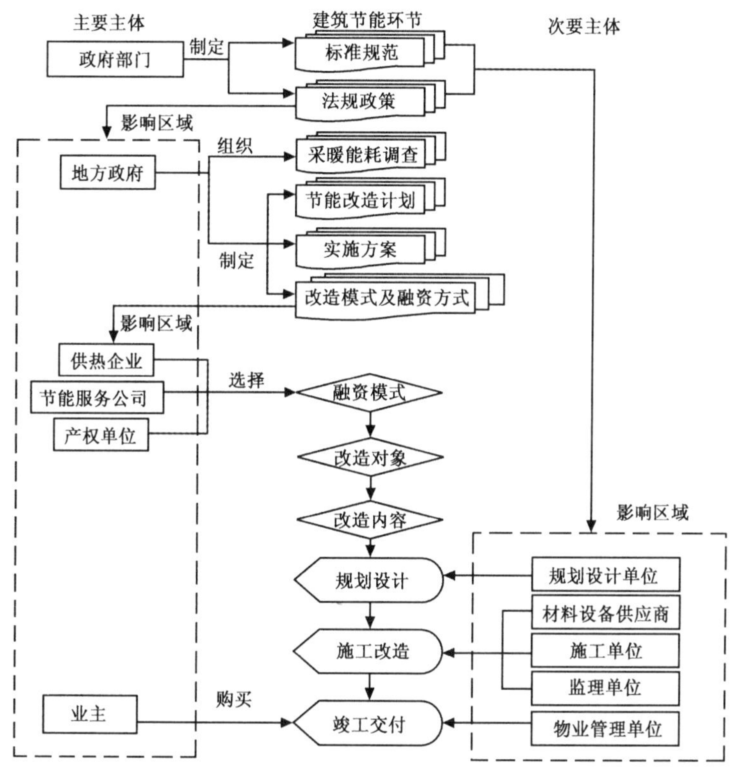

图 5－1　北方地区既有居住建筑节能改造相关利益主体

实际情况，可采用的技术有如下几种：

➢ EPS 板薄抹灰外墙保温系统。在 20 世纪 70 年代世界面临石油危机时，西方国家开始重视建筑物的节能，该技术开始大规模使用。我国在 20 世纪 80 年代末开始将该技术应用于建筑中。该保温系统由 EPS 板保温层、薄抹面层和饰面涂层构成，EPS 板用胶粘剂固定在基层上，薄抹面层中满铺玻璃纤维网。其中聚苯板在基层墙体上的固定方式有三种：一是采用粘结胶浆固定；二是采用机械固定物固定；三是以上两种固定方式的结合。固定方式可视改造项目的实际情况而定。该方法施工工艺简单，几乎适用于各种类型的墙体。目前，该做法已在我国北方大部分地区使用，是目前为止我国使用最多的一种外保温墙体。

➢胶粉 EPS 颗粒保温浆料外墙外保温系统。该系统由界面层、胶粉 EPS 颗粒保温浆料保温层、抗裂砂浆薄抹面层和饰面层组成。胶粉 EPS 颗粒保温浆料经现场拌合后喷涂或抹在基层上形成保温层。薄抹面层中满铺玻纤网。近几年来，该项技术开始应用于外墙外保温。该方法具有以下优点：一是保温浆料用于外墙外保温时，对基层墙体平整度要求不高，易于在各种形状的基层墙体上施工；二是可利用回收的废聚苯颗粒将其作为轻骨料，节能利废。但由于保温浆料需要多层，在实际施工过程中的操作难度较大，影响了业内一线施工人员对该技术的认识。

➢ XPS 板薄抹灰外墙保温系统。该系统的结构与 EPS 板薄抹灰外墙保温系统类似。该保温材料较 EPS 板具有导热系数低、防水性能好的优点，在相同的保温效果的情况下，其保温板更薄。然而其粘结性较 EPS 板差，因此必须采用机械固定物固定。由于我国北方既有建筑多为三到六层的建筑，该系统也适用于既有建筑节能的外墙改造。

➢ 其他保温系统，如聚氨酯发泡外墙外保温系统，粘贴聚苯板复合胶粉聚苯颗粒外墙外保温系统，带尾槽聚苯板复合胶粉聚苯颗粒外墙外保温系统，带凹凸槽聚苯板复合胶粉聚苯颗粒外墙外保温系统。由于采用的材料和施工工艺有所不同，因此各自的适用范围也不尽相同。在实际的改造项目中，应考虑项目成本、外墙的具体情况等因素酌情选择。

➢ 采用薄抹灰层实现外墙防潮。我国北方有许多老旧建筑为清水外墙，墙体材料的吸水性强。由于建筑材料的吸湿性影响其导热系数，材料本体与环境温度差越大，相同吸湿率下其导热系数越大，因此防潮处理不仅可以防止室内结霜、霉变，还可以提高围护结构的热工性能。哈尔滨工程大学孙刚教授曾作过这方面的实践，据他测算，采取此法在哈尔滨可减少近 30% 的能耗。因此，在当地冬季湿度较大、建筑年代较早且改造费用较为紧张的情况下，可酌情考虑采用此法。

②节能门窗。

建筑物中的门窗、外墙、屋面和地面为建筑主要能耗的四大部位，而门窗排列首位，约占建筑外围护结构热损失的 40% ~50%，约占建筑外围护结构面积的 30%，在整个建筑能耗中占据相当大的比重。因此，应用新型节能门窗以改善围护结构总体的保温性能十分关键。近几年来，我国门窗工业发展迅速，为建筑节能改造提供了材料保障。结合北方地区既有建筑节能改造，可采用的门窗形式有：

➢ 铝合金中空玻璃节能门窗。在玻璃选择上，除了采用普通的平板玻璃，还可以选择中空玻璃或低辐射镀膜玻璃，以降低门窗的传热系数。

➢ 塑钢中空玻璃节能门窗。该种节能门窗的平均传热系数较铝合金中空玻璃节能门窗略低。

➢断桥铝合金中空玻璃节能门窗。由于全面考虑了玻璃和窗框的导热性能，该节能门窗是目前传热系数最低的。

③屋顶保温。

屋顶是建筑的重要组成部分，屋面工程是房屋建筑的重要组成部分，屋面的防水、保温隔热问题长期以来一直对房屋的使用功能有着重要的影响。目前，屋面节能技术有很多，比如保温屋顶、平改坡、架空板隔热屋面、蓄水屋面、绿化屋面等。结合北方地区既有建筑节能改造，最常用的技术有：

➢平屋顶的保温技术。主要做法有两种：一是传统的正置做法，二是倒置做法。前一种由楼板、隔气层、保温层（如水泥膨胀珍珠岩、水泥蛭石、矿棉岩棉、EPS 保温板）、水泥砂浆找平层、防水层、水泥砂浆保护层组成。该种方法除了构造较复杂之外，最重要的问题在于一旦防水层破损，保温层也可能吸湿老化，且维修困难。后一种由楼板、找平层、防水层、憎水性保温层（如 XPS 板）、保护层组成。其最大的优势便是防水层的工作环境得到了改善。由于倒置式屋面为外隔热保温形式，能够很好地避免外界环境因素对其使用功能的不利影响，同时对自身的使用寿命和其他屋面结构的使用功能都是有利的。因此，改造工程中宜采用这种做法。

➢平改坡。屋顶的主要作用是保温隔热和防水渗漏。平改坡可以很好地解决渗漏问题。具体做法为在原平顶上加轻钢骨架、屋面板。由于使用的材料多为可回收再利用的材料，节约了建材。

④热桥处理。

计算和实测表明：墙体耗热占总能耗的比例已经由 40% 下降到 15%，而热桥耗热占总能耗的比例却由 7% 提高到 20%。此外，热桥的危害还在于其增加了墙体局部传热性，降低墙体平均热阻，恶化围护结构内表面的温度环境，导致节露、结霜、霉变的发生。因此，在既有建筑节能改造的过程中，应对热桥进行准确的分析，采取有效的措施对热桥部位进行保温处理。容易产生热桥的部位主要包括窗口、挑檐、檐口、阳台、圈梁、构造柱、勒脚、飘窗、墙角、过街楼、老虎窗等部位，其中窗口与四周墙间密封不严、女儿墙保温不闭合、阳台保温不当等为最常见问题。

（2）供热系统的调节技术。

供热系统的调节技术是节能建筑的节能效果的保障。在既有建筑节能改造中，供热系统的改造需要达到的目的有三：其一，消除水力失调，提高系统的热效率；其二，实现系统的可调，为热用户的行为节能提供技术保证；其三，对用热进行计量。目前，我国北方城镇既有居住建筑所采用的供热系统室外管网部分主要为直连网、间连网和混连网的形式，小区锅炉多采用直连网，而区域锅炉房和城市热力多采用间连网或混连网。供热系统的室内部分主要分为垂直单管系统（包括普通和带跨越管的系统）和双管系统。20 世纪 90 年代末以前的建筑多为单管系统，90 年代末 21 世纪初的建筑多为双管制，预留了户用热计量表的安装位置。由于供热系统较为陈旧，绝大多数都采用的是定流量调节，没有在相应位置安装平衡阀，水力失调严重。供热系统节能改造的具体技术措施包括：

➢ 每组散热器上安装温度控制阀。这样热用户才能对末端散热器进行调节，实现行为节能。而安装温度控制阀后热网就会跟着热用户的实际需求不断调节，因此对热网的运行模式有极大的影响。

➢ 根据系统的形式，在热力入口处安装相应的流量控制设备。这些设备包括流量控制阀、压差控制阀和平衡阀等，具体的选择根据供热系统的形式确定。

➢ 采用分栋供水温度可调的方式。在每座楼的热力入口安装热交换器，对楼内实行间接连接或混水方式，通过阀门调节或循环水泵变频调节楼内的供水温度。采用该方式可以很好地解决同一供热系统中不同采暖建筑的需热量不等时的调节问题。

➢ 安装热计量装置。对不同的室内系统，热计量方式也不同。如室内系统为户内双管系统，也可采用热分配表；如室内系统为带跨越管的单管系统，就只能用热分配表。另外需要在换热站或热力入口处安装热费结算表。

➢ 改造室内管网系统。我国传统的采暖系统多为单管顺流式，要想使用分户热计量和室温分室调节的要求，必须对室内系统进行改造。可考虑成本、扰民程度等诸因素，决定改造的形式。

（二）北方采暖地区既有居住建筑节能改造现状

1. 北方地区既有居住建筑节能改造工作取得的成绩

截至 2009 年采暖季前，北方 15 省市已经完成节能改造面积共计 10949 万平方米，其中 2009 年完成改造面积 6984 万平方米，超额完成了国务院确定的 6000 万平方米的年度改造任务。据测算，完成节能改造的项目可形成年节约 75 万吨标准煤的能力，减排二氧化碳 200 万吨。通过对既有建筑的节能改造，采暖期室内温度提高了3～6℃，部分项目提高了10℃以上，室内热舒适度明显改善。

2. 北方采暖地区既有居住建筑节能改造的相关政策

（1）国家已出台的主要政策。

针对既有建筑节能改造举步维艰、改造费用筹集困难、改造进展缓慢等问题，2007年国务院通过了《民用建筑节能条例》，并于2008年10月1日起正式施行。条例确立了既有建筑节能改造的原则及费用的负担方式，明确规定了既有建筑节能改造的标准和要求，强化了对既有建筑节能改造的管理。

2008年为顺利完成《国务院关于印发节能减排综合性工作方案的通知》（国发［2007］15号）明确提出的“十一五”期间推动北方采暖区既有居住建筑供热计量及节能改造1.5亿平方米的工作任务，建设部、财政部共同发布了《关于推进北方采暖地区既有居住建筑供热计量及节能改造工作的实施意见》，以进一步推进北方采暖区既有居住建筑供热计量及节能改造工作。2009年建设部发布了《北方采暖地区既有居住建筑供热计量及节能改造项目验收办法》，以指导北方采暖地区进一步做好既有居住建筑供热计量及节能改造工作。

（2）地方省市出台的主要政策。

北方各省市为了推广既有建筑节能改造的发展，先后制定了一系列相关的地方性法规、规划、标准和相关方面的通知。

➢《北京市既有建筑节能改造专项实施方案》2008.3.20

➢《北京市既有建筑节能改造项目管理办法》2008.5.30

➢《天津市建筑节能管理规定》2007.1.1

➢《天津市居住建筑节能设计标准》2007.6.1

➢《山东省新型墙体材料发展应用与建筑节能管理规定》2005.11.1

➢《山东省墙体材料革新与建筑节能“十一五”发展规划》2007.8.14

➢《山西省人民政府关于加强建筑节能工作的意见》2005.7.31

➢《山西省建筑节能条例》2007.1.1

➢《陕西省建筑节能“十一五”规划》2006.6.7

➢《陕西省建筑节能条例》2007.1.1

➢《河北省民用建筑节能条例》2009.10.1

➢《河北省关于全面推进供热计量改革促进建筑节能工作的意见》2009.12.24

➢《唐山市墙体材料革新和建筑节能管理规定》

➢《唐山市民用建筑节能管理实施办法》

➢《唐山市民用建筑节能验收规程》

➢《河南省人民政府贯彻国务院关于加强节能工作决定的实施意见》2006.9.29

➢《河南省建筑节能闭合式监督管理办法》2007.4.13

➢《黑龙江省民用建筑节能工程质量监督管理办法》2007.11.23

➢《黑龙江省民用建筑节能工程质量监督管理细则》2008.3.20

➢《哈尔滨市建设委员会关于实行民用建筑节能认定管理的通知》

➢《哈尔滨市建设委员会关于在新建在建节能建筑中全面使用三玻外窗的通知》

➢《哈尔滨市新型墙体材料发展应用和建筑节能管理条例》，2007 年 2 月施行

➢《哈尔滨市建设委员会关于印发哈尔滨市 2007 年既有建筑节能改造实施方案的通知》

➢《吉林省民用建筑节能管理实施细则》2005.11.21

➢《辽宁省“十一五”建筑节能工作规划》2006.10.20

➢《辽宁省居住建筑节能设计地方标准》2006.12.18

➢内蒙古自治区《关于做好我区既有建筑节能改造工作的通知》2008.6.18

➢《青海省居住建筑节能设计标准》2007.9.18

➢《民用建筑节能设计标准（采暖居住部分）青海省实施细则》2005.8.29

➢《乌鲁木齐市建筑节能管理条例》2005.12.1

➢《甘肃省建筑节能“十一五”规划》2006.7.10

➢《甘肃省民用建筑节能管理规定》2008.8.20

3. 北方采暖地区既有居住建筑供热体制改革工作进展

根据国务院的要求，2003 年建设部等 8 个部委发出文件，对北方 15 个省、市、自治区进行了供热体制改革的试点，有 43 个城市参与了试点。2005 年 8 个部委又总结了各个地方的经验，对供热体制改革相关问题进行总结，经国务院批准发布了《进一步推进供热体制改革的意见》。2010 年 2 月，4 个部委再次联合发布了《关于进一步推进供热计量改革工作的意见》，提出了下一

步工作的目标及要求，以进一步深化城镇供热体制改革，推进供热计量改革，促进建筑节能。

截至到 2009 年初，我国北方绝大部分省份都已开展了供热改革的工作，并取得了相当的成绩。具体情况如下：

（1）集中供热事业发展迅速。

自 2003 年开展供热体制改革以来，集中供热事业发展迅速。截至 2007 年，全国集中供热面积达 30 亿平方米，比 2003 年增长 59.1%，其中住宅 21.2 亿平方米，比 2003 年增长 62%；供热能力中，热水比 2003 年增长 31.2%，蒸汽比 2003 年增长 91.5%；供热总量中，热水比 2003 年增长 23%，蒸气比 2003 年增长 12.2%；热水管道比 2003 年增长 53.2%，蒸汽管道比 2003 年增长 18.2%。

（2）低收入困难群体冬季采暖有了一定程度的保障。

各地政府高度重视城镇低收入困难群体的采暖问题，分别采取政府拨出专款、供热企业减免采暖费用、社会救助等多种措施，使低收入困难群体冬季采暖得到进一步改善。如辽宁省自 1998 年建立城市供热专项调节基金以来，14 个省辖市累计拨付资金已达 22.67 亿元。自 2003 年开始，省财政累计拨款 2.64 亿元作为特困群体采暖补贴，其中 2007～2008 年采暖季拨款共计 1.72 亿元。

（3）供热计量改革取得一定进展。

2006 年，我国开始推行强制性的计量表安装。2007 年至 2009 年，供热计量收费面积以每年翻一番的速度发展（见图 5－2）。截止到 2009 年 11 月，开展供热计量的城市有 40 多个，已安装供热计量和温控装置的建筑面积达到 2 亿平方米，实现热计量收费面积 4600 多万平方米，比 2007 年增加 1800 万平方米。“十一五”期间，天津、河北、山东、山西、内蒙古、吉林、甘肃等地部分改造项目同步实施按用热量计量收费，住户平均节省热费支出在 10% 以上，初步形成了有利于改造的群众基础。如天津市仅部分实施供热计量改革，就实现供热系统节能 10%～15%，70% 以上用户节省了热费，节费 8%～15%；榆中县实现供热系统节能 26%，94.7% 的用户节约了热费，节费 18.3% 左右。

（4）供热计量政策体系进一步健全。

（5）热费制度改革大部分完成。

截止到 2009 年初，我国 15 个北方采暖省、自治区、直辖市中，有 11 个基本完成了热费制度改革，132 个地级城市有 90 个完成“暗补”变“明补”，

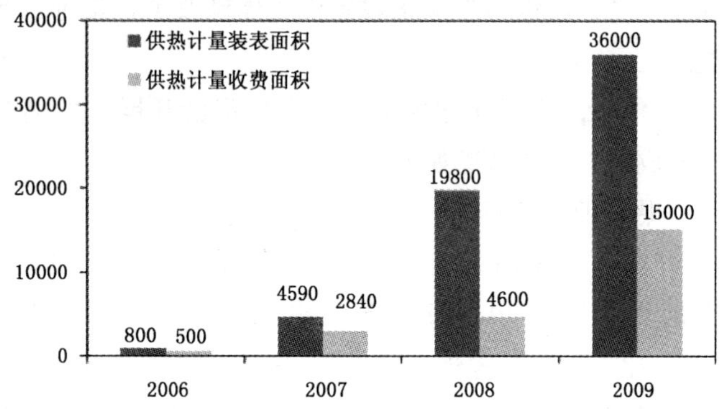

图 5－2　北方地区住宅供热计量面积（万平方米）

已经占到 70%。这些地区居民的“采暖缴费”意识明显增强，收费难的现象明显改变，热费收缴率由过去的 60% ~70%，上升到 90% 以上。供热管理得到加强，服务质量得到提高，群众满意度逐步提高。

4. 北方采暖地区既有居住建筑节能改造示范工程情况

截止到目前，已有许多城市开展了既有建筑节能改造的试点示范，其中唐山、乌鲁木齐、哈尔滨等城市开展的较有特色。唐山的典型示范项目为中德合作项目，验证了中国北方地区既有建筑节能改造理念和标准，并得到推广。哈尔滨的特色示范项目为中法合作项目，本项目尝试了探索市场化运作方式进行既有建筑节能改造的模式。乌鲁木齐示范的特色是针对当地的大气污染状况，将既有建筑节能改造扩展成改善居民居室热舒适环境、改善城市大气环境的“民心工程”。

（1）中德技术合作——既有建筑节能改造项目是中德政府间技术合作项目。

该项目旨在借鉴德国在相关方面的理念、政策技术等，通过示范项目探索出适合中国北方地区的既有建筑节能改造理念和标准，并在中国北方地区进行推广。项目从 2005 年 10 月开始，到 2010 年 9 月结束，执行期为 5 年。建设部和德国技术合作公司分别作为德方和中方的代表，共同负责项目的组织、实施与管理。项目第一个示范城市为唐山市，第一批示范改造楼选择在唐山市河北一号小区。该小区是唐山市 1978 年建设的第一批小区，共有 88 栋内浇外挂 5 到 6 层的板式建筑。共有 4650 套住房，建筑总面积 216152 平方米，95% 以上为产权房。示范项目选择了 3 栋居民楼，每个楼三个门洞计 45 户，每栋楼建筑面积约 2000 平方米。该示范工程已于 2006 年 8 月开始，2006 年 11 月结束。项目得到了建设部领导以及社会各界的广泛好评，取得了非常好的社会影响。

（2）中法合作二期项目——哈表小区既有居住建筑节能改造示范工程。

该项目是针对黑龙江省非节能居住建筑存量巨大、改造任务艰巨、改造资金巨大，完全依靠政府或企业投资无法在短期内完成节能改造这一现实问题而确定的以市场化运作方式解决既有居住建筑节能改造的一个科研项目。中法双方项目组成员在对哈尔滨市现有存量非节能居住建筑进行认真细致的分析后认为，在我国目前建立节约型社会的大背景下，对占相当部分的四、五、六层既有住宅，增建可居住阁楼，用新增阁楼出售所得利润对原建筑进行节能改造，以解决既有建筑节能改造资金匮乏的瓶颈问题，是一种切实可行的模式。本项目的目的就是采用这种模式，从政策上、技术上、方式上为黑龙江省大中城市既有居住建筑的节能改造探索出一条成功的路径。本节能改造项目由位于哈尔滨南岗区华平路的哈尔滨华北电工仪表研究所 5 栋职工宿舍楼组成，建筑面积为 18892 平方米。建筑物为砖混结构，木结构门窗，双层玻璃窗户，5～6 层，水泥水平屋顶，楼梯入口没门，建成于 1983～1993 年，因此改造前的建筑围护结构保温性能较差。按照项目原定计划，2004 年项目启动，按节能 50% 的标准进行，现已如期完成项目计划。

（3）乌鲁木齐既有建筑节能改造试点工程。

该项目是新疆乌鲁木齐市政府机关办公及住宅节能改造项目。办公建筑为 1983 年建成的框架 12 层，单框单玻双层钢玻窗，外墙为 300 厚加气混凝土砌块，饰面为面砖，采暖水平串联，建筑面积 9081 平方米。投资 282 万元改造，采用 60 厚聚苯板保温外贴面砖，窗改换为节能型中空玻璃塑钢平开窗，原铝合金外门改为隔热型材铝合金外门。采暖系统按东西向分环进行布置，各层采暖系统为跨越管水平单管式，总入口处设置压差控制阀，旁通阀及超声波热表计量装置。居住建筑 22 栋，多为 20 世纪 80～90 年代建成，由砖混、框架结构组成，外墙为 370 实心粘土砖和 300 厚加气混凝土砌块，外刷涂料或面砖，窗为单框单玻双层钢窗。室内采暖采用 760 铸铁散热器，水平串联，集中供热。投资 1611 万元改造外墙和外窗。外墙采用粘贴 80 厚聚苯板保温体系，外窗改为单框双玻节能塑钢窗。采暖系统改为跨越管水平单管式，分室增设稳控阀，每户设置热表计量装置，每栋采暖总入口设置压差控制阀及热表计量装置。

5. 北方采暖地区既有居住建筑节能改造工作存在的问题

（1）节能改造进度相对缓慢。

《国务院关于印发节能减排综合性工作方案的通知》（国发［2007］15号）明确提出“十一五”期间推动北方采暖区既有居住建筑供热计量及节能改造1.5亿平方米的工作任务，但整体进度还是相对缓慢。“十一五”还剩下最后一年，目前已完成的改造面积占全部改造任务的73%，仍有近5000万平方米任务没有完成，且改造项目验收工作滞后。“十一五”最后一年的工作压力较大。

（2）改造融资渠道尚未建立。

从目前各地进展看，基本上还是依靠中央及地方财政资金推动工作的开展，供热企业、居民、能源服务公司、金融机构等多渠道筹措资金的机制尚未建立。融资渠道狭窄，融资方式单一，市场前景和利润潜力无法充分展现，导致相关主体不愿把资金投入到既有居住建筑节能改造领域。根据2005年建设部组织的《建筑节能调查问卷》结果显示，愿意承担10%以下改造成本的居民占整个被调查对象的比例高达74%，而愿意承担超过20%改造资本的比例仅有6%（见图5-3）。目前，传统的政府投融资模式仍是北方采暖地区既有居住建筑节能改造最可能采取的融资方式，像股权融资、债券融资、项目融资、商业性贷款、内源融资等市场化投融资模式仍然很难在北方既有居住建筑节能改造领域出现并发挥作用。

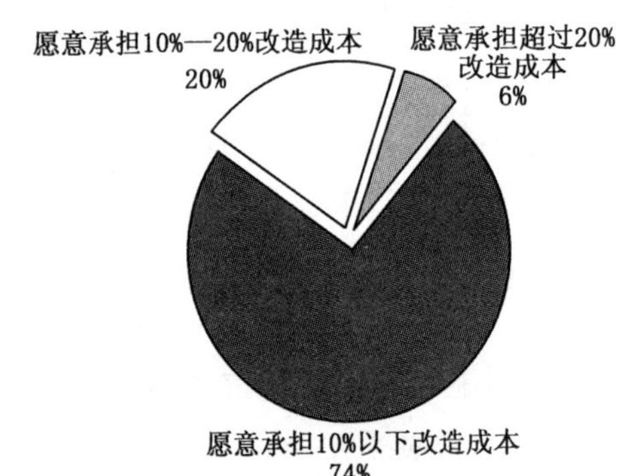

图5-3　居民对既有居住建筑节能改造愿意承担的成本

（3）供热计量改造进展缓慢，供热计量收费不到位。

热计量改造进展缓慢，各地对既有建筑热计量改造普遍缺乏统盘考虑，没有按照要求编制改造整体规划和计划，等待观望现象严重。除了天津、北京、沈阳、唐山、兰州、乌鲁木齐等少数城市外，其他城市基本上没有开展既有建筑热计量改造。同时，有些已开展既有建筑节能改造的工程项目只重视建筑墙体改造和分户控制，而没有同步实施热计量改造，没有安装热计量及调控装置，造成既有建筑节能改造和热计量改造脱节，将来实行热计量仍需二次改造。

供热计量收费制度滞后，改造收益无法充分体现。目前多数地方还没有实行热计量收费制度，已经安装的供热计量装置存在浪费现象。到 2009 年 10 月，北方地区 132 个地级以上城市中只有 20 多个城市出台了供热计量价格和收费政策。大多数城市没有计量热价，使得符合条件的新建建筑和既有建筑无法实施供热计量收费。有些地方即使开展了供热计量收费，总体上也还只是处于试点阶段，“试点”、“探索”、“模拟”成为欺骗上级领导的新名词。有的城市供热计量面积少，分布散，系统节能效果差。有些地方计量收费方法不规范，将“按用热量、分户计量”收费变成了“按楼计量、按面积分摊”收费，挫伤了用户行为节能的积极性。

（4）缺乏成功的经验和改造模式。

北方采暖地区既有居住建筑节能改造仍然处于起步阶段，缺乏能够广泛推广的成功经验和改造模式。造成此种现象的原因主要包括两个方面：一是既有居住建筑节能改造起步较晚，后期开展的很多示范且项目大多属于个例，特殊性相对较强，并不成熟，也不具有普遍性，在实际大规模推广过程中，许多经验仍然有待检验和改进；二是国外既有居住建筑节能改造经验无法照抄照搬，既有居住建筑节能改造是包含技术手段、融资管理、组织管理、政策制定等内容的复杂系统工程，不同国家和地区受经济、地理、政治等影响因素的限制，所能够实施的既有居住建筑节能改造策略和模式差别较大，导致国外既有居住建筑节能改造成功经验和模式的借鉴作用大打折扣。

（5）既有居住建筑能耗的底数不清。

只有掌握既有居住建筑能耗底数，才能够分清既有居住建筑节能改造的“轻重缓急”。首选对那些节能改造迫切、节能效果明显的既有居住建筑实施改造，进而提高既有居住建筑节能改造管理水平，实现“目标导向、过程控制”式的管理。但是，目前北方采暖地区既有居住建筑的结构形式、供热系统等基本信息严重缺失，造成此种现象的主要原因有二：一是能耗数据采集系统并未建立；二是部分主体进行能耗信息采集的意愿不高。

（6）尚未建立既有居住建筑节能改造评估机制。

由于不同主体实施既有居住建筑节能改造的目标并不相同，不同主体实施既有居住建筑节能改造的积极性和侧重点各不相同，其后果可能导致既有居住建筑节能改造“事倍功半”，达不到预期的目标和效果。比如政府的主要目标是“节约能源、保护环境、提高百姓的热舒适度”，居民的主要目标是“减少热费支出、提高居住热舒适度”，企业的主要目标是“利润最大化”。因此，要想确保既有居住建筑节能改造达到并超过既定目标和效果，必须加强管理和过程控制，规范各个主体在北方采暖地区既有居住建筑节能改造中的态度和行为，建立贯穿于改造实施前、改造实施过程中、改造实施完成后的全过程节能改造评估机制。

（三）北方采暖区既有居住建筑节能改造工作目标、策略及保障机制

1. 北方采暖地区既有居住建筑节能改造的目标

进一步加大工作力度，确保2010年完成北方采暖地区既有居住建筑供热计量及节能改造5000万平方米，2010年采暖期前，所有北方城市新竣工建筑及完成供热计量改造的既有建筑，一律取消以面积计价收费方式，全部实行按用热量计价收费方式。各省市都要分解落实今明两年供热计量改革的目标任务，并与相关责任单位责任人签订责任状。

各省级住房城乡建设主管部门要按照《关于推进北方采暖地区既有居住建筑供热计量及节能改造工作的实施意见》（建科［2008］95号）确定的改造任务，抓紧组织实施。尚未完成任务的，要尽快安排改造计划及改造项目。

各地住房城乡建设主管部门要加强改造项目的质量监管，对不符合《供热计量技术规程》，不能满足分户计量、不实行按用热量计量收费的改造项目，要限期整改。要按照《北方采暖地区既有居住建筑供热计量及节能改造项目验收办法》（建科［2009］261号）要求，做好已完成改造项目的验收评估工作。

2. 北方采暖地区既有居住建筑节能改造工作策略

（1）加大北方采暖地区既有居住建筑节能改造力度。

地方政府要以科学发展观为指导，进一步加大工作力度，确保2010年完成北方采暖地区既有居住建筑供热计量及节能改造5000万平方米，“十一五”期间完成1.5亿平方米改造任务。认真贯彻《北方采暖地区既有居住建筑供热计量及节能改造项目验收办法》，对已完成的改造项目进行验收，确保改造项目实现预期的节能环保效果。研究“十二五”开展既有居住建筑供热计量

及节能改造工作思路。

（2）拓展融资渠道，确保节能改造具有充足的资金来源。

督促和引导地方多渠道筹措改造资金实施既有居住建筑供热计量及节能改造，目前可以纳入考虑范围的资金来源渠道包括：一是中央财政和地方财政的财政补贴和税收优惠；二是供热企业的直接投资；三是产权单位的直接投资，以及经过业主大会通过后利用的"住宅专项维修资金"；四是利用国家应对世界金融危机、扩大投资、拉动内需的机会，申请的国家额外补贴和贷款贴息；五是申请可再生能源利用的奖励资金；六是燃油税起征后，申请的转移支付；七是申请的部分墙改基金；八是申请的能源利用超定额加价部分；九是采取合同能源管理方式融通的资金；十是既有居住建筑节能改造过程中减少的温室气体排放量核算成"可核证的排放削减量"，出售给具有巨大二氧化碳气体排放压力的发达工业国家和地区。

完善金融体系，促进节能改造融资方式的多样化。为了解决既有居住建筑节能改造所需要的巨额增量投资，必须充分发挥金融市场的融通作用，大力借助商业银行、保险公司、证券公司、基金管理公司、租赁公司以及私人的力量，拓宽既有居住建筑节能改造的融资渠道。同时，要大力发展专业政策性金融机构和贷款担保中介等金融机构，创新现金类、衍生类等多种金融工具，促进融资方式的多样化。

（3）全面推进供热计量改革各项工作。

全面推进供热计量改革的各项工作，将按热计量收费摆在突出位置，坚决做到：既有居住建筑分户供热计量改造与节能改造同步；供热计量装置安装与供热计量收费同步。

统一认识，加强领导。北方地区各级政府建立健全工作机制，统一协调财政、物价、质量技术监督、建设等主管部门，明确分工，建设主管部门主要领导是第一责任人。各级建设主管部门都应建立供热计量目标责任制和问责制，将供热计量改革成效列入领导干部综合考核评价，并作为对供热单位负责人业绩考核的最主要的内容。对不按标准规范安装供热计量装置的设计、施工、房地产开发单位和供热企业及其负责人应依法给予处罚。住房和城乡建设部将根据《节约能源法》、《民用建筑节能条例》等法律法规，处罚一批推行供热计量改革不力的建设部门、供热企业和企业领导人，并公之于众。

狠抓供热企业责任落实。各地严格执行《民用建筑供热计量管理办法》，强化供热单位计量收费实施主体责任。由供热企业负责供热计量和温控装置的选型、购置、维护、管理以及计量收费。对进行了热计量改造的既有建筑，供热企业必须按热计量收费。对拒不实施供热计量的供热企业，当地建设主管部门依法进行处罚。各地在供热计量收费中，将两部制热价中按面积收取的基本热价比例降到30%，将按用热量收取的计量热价比例提高到70%，以进一步提高用户行为节能的积极性。

（4）总结试点示范项目经验，探索优化改造模式。

进一步总结已开展的天津、内蒙古、吉林、唐山等地示范项目的成功经验，并结合我国现阶段的国情，逐步探索出适合我国北方采暖地区大规模推广的改造模式，为北方采暖地区既有居住建筑节能改造提供指导。在经验总结过程中，充分借鉴现有的国内外既有居住建筑节能改造成功经验和模式。比如德国既有住宅节能改造模式、波兰既有居住建筑节能改造模式、天津住宅楼改造项目经验、唐山“中国既有建筑节能改造”示范项目经验，研究几种模式的成功经验，哪些可以在以后的既有居住建筑节能改造时，继续使用，哪些问题需要在以后的既有居住建筑节能改造时，尽量避免。要创新，针对我国特殊的国情，通过技术创新、融资创新、管理创新，摸索能够适应中国北方采暖地区特色的既有居住建筑节能改造新途径、新模式。通过总结出的改造经验，指导各地因地制宜确定改造模式，促进地方政府加大力度，在政策、资金等方面给予支持。

（5）进行能耗调查，做好既有居住建筑节能改造规划。

根据《民用建筑节能条例》规定，县级以上政府建设主管部门对本行政区域内既有建筑的建设年代、结构形式、用能系统、能耗指标、寿命周期等组织调查统计和分析评价。只有对既有建筑进行摸底调查，才能清楚能耗现状和改造的潜力，同时对节能改造的必要性、可行性、投入收益比和投资回收期等进行科学论证。县级以上地方人民政府建设主管部门应结合本地的经济、社会发展水平和地理气候条件，提出既有建筑节能改造的范围和要求，制定既有建筑节能改造计划，明确节能改造的目标、范围和要求。既有居住建筑节能改造规划，要与城市总体规划、旧城改造规划等相衔接，使之更有科学性和可行性。调查要详细，规划更要详细：先改哪些，后改哪些，计量如何解决等。规划的可操作性越强，改造就进行得越顺利。

（6）完善经济激励方案，培育节能服务市场。

为了调动相关主体改造的积极性，进而促使节能服务市场体系的建立，国家需要进一步完善已有的经济激励方案，具体包括：一是落实激励资金。财政部印发的《北方采暖区既有居住建筑供热计量及节能改造奖励资金管理暂行办法》规定，采用因素法发放资金，需要综合考虑有关省（自治区、直辖市、计划单列市）所在气候区、改造工作量、节能效果和实施进度等多种因素以及相应的权重，因此需要有关部门抓紧建立既有居住建筑能耗统计、审计、公示以及传输系统，便于专项资金及时、准确发放。二是明确激励对象。一般来说，凡是积极参与北方采暖地区既有居住建筑节能改造的市场主体都可以纳入激励对象的考虑范围，比如供热企业、节能服务公司、业主等。但是，必须明确激励哪个对象才能取得最佳的激励效果。三是摸清激励政策体系及作用规律，准确了解既有居住建筑节能改造财税激励政策体系的构成及分类、特点及局限性，以便于在正确的时机采取正确的激励政策。

（7）建立节能改造考核监管体系。

一是在节能改造实施过程中，要实现项目申报、技术评估、审核、立项、实施等全流程的地方主管部门负责制，本着“谁负责组织，谁负责审核”的原则进行监督审核，地方建设主管部门及相关部门要明确各自在既有建筑节能改造和集中供热系统改造中所负责的具体任务，并处理好彼此之间的关系，确保在既有建筑节能改造和集中供热系统改造中“专人组织、专人负责、专人审核、专人协调”，以保证既有居住建筑和集中供热系统节能改造科学、合理、合格、顺利地开展并实施。二是在既有居住建筑节能改造实施完成后，要建立以“能耗统计、能源审计、能效公示、能耗定额”为核心内容的既有居住建筑节能监管体系，以监管推动节能改造管理水平，以监管促进节能改造市场化、产业化，逐步培育和完善既有居住建筑节能改造市场，逐步壮大既有居住建筑节能改造产业。

3. 北方采暖地区既有居住建筑节能改造保障机制

（1）加强北方既有居住建筑节能改造政策、法规、标准建设。

进行建筑节能政策法规体系、建筑节能标准体系、建筑供热改革及具体配套政策、建筑节能产业化现状及发展政策的分析与研究，加快既有建筑节能改造相关标准体系的完善。在吸收国内外先进的建筑节能技术、材料设备和管理经验的基础上，根据各地实际情况，编制地区性的节能技术设计通用图，节点详图，节能材料标准，施工技术规程，节能培训教材，产品推广、限制、淘汰目录等。编制适合各地的节能改造相关技术规程、图集、工法等，指导和规范节能改造项目的实施。

按照《供热计量技术规程》要求，出台地方性供热计量技术标准，选择经济适用的供热计量技术路线。没完成采暖费补贴“暗补”变“明补”的城市要抓紧落实，并同步建立个人热费账户。根据《节约能源法》、《民用建筑节能条例》等法律法规，将供热计量改革内容纳入地方法规或政府规章。处罚的条款要比国家的法律法规更加明确，更具可操作性。

（2）加强北方既有居住建筑节能改造组织管理，健全体制机制。

要有健全的组织体系：要从国家到地方各个阶层建立供热计量及节能改造领导小组，建立工作联席会议制度，统一研究、协调、部署中的重大问题，管理改造的实施，组织对各地改造方案进行评审及考核，提供技术支撑、培训与宣传等。

建立健全目标责任制。各地政府要切实履行政府在建筑节能领域的公共管理职责，把建筑节能纳入本地单位 GDP 能耗下降的总体目标中，明确任务，建立目标责任制，完善配套措施，落实经济激励政策，进行考核评价。建议把既有居住建筑节能改造作为市委、市政府为人民群众兴办的好事实事，纳入政府年度工作日程。

建立健全监督管理机制。进一步加强节能资金使用管理，实行公开、透明原则，接受社会监督。加强施工质量管理，通过严格的招投标程序选择施工单位，择优选派监理，严格执行有关基建程序，有效控制工程质量和安全。加强行业准入管理。建筑节能是一个新兴产业，要在其发展之初就构建有效的行政监管体系和准入制度，建立节能建筑材料市场准入制度，完善检测手段，从源头上把好质量关。

（3）采取相应的激励政策。

推行既有建筑节能改造，各级政府必须制定相应的经济激励政策，这是促进节能降耗目标实现，推进既有建筑节能改造的必要手段。

设立既有建筑节能专项基金。在公共财政预算中设立节能科目、国债，征收附加电费，征收碳税、资源税，并将既有建筑节能改造纳入支持范围，使用住宅公共维修基金支持节能改造。通过国际合作项目援助资金等方式筹措专项既有建筑节能改造基金。金融机构对既有建筑节能改造提供有财政贴息的优惠政策，国务院财政部门、税务部门会同国务院建设行政主管部门制定对既有建筑节能改造给予税收优惠等激励措施。

建立节能激励政策体系。对开发生产符合建筑节能要求的新型材料、推广使用高效先进的供暖空调技术、加强既有节能改造科研项目的研究和节能改造示范项目的建设，要加大专项基金的扶持力度。对节能改造有成效的建筑，可采取减免税收、费用及低息贷款或提供一定比例的财政补贴的方式进行激励。对高能耗的建筑所有者，限期进行节能改造，征收能源超量使用费。

（4）加大宣传力度，营造节能氛围。

一是在宣传方式上，要充分利用报纸、杂志、电视、网站等媒介，采取开辟专栏，开展社区活动等方式，向社会公众大力介绍建筑节能政策、技术和知识。

二是在宣传内容上，通过向全市居民普及建筑节能对改善人类生存环境的意义、建筑节能投入产出的经济社会效益、如何选择经济有效的节能方式等方面的节能科普知识，引导市民建立积极的节能意识和正确的节能方法，将节能与市民的日常生活紧密结合起来，使社会各个层面增强能源供给紧张的危机感，增加防止生存环境恶化的责任感，摆正眼前利益和长远利益的关系，形成全社会的节能意识、环境意识和参与意识。

三是在宣传策略上，除了从国家宏观形势入手外，还应强调建筑节能主要是提高居住者的生活舒适度，最终实现节能、舒适健康、生态三者的有机统一。同时，要主动为业主算好经济账，使老百姓心里有数，从而有动力支持既有建筑节能改造的进行。此外，要努力提高有关部门和单位贯彻建筑节能设计标准的自觉性，积极营造领导重视、部门理解支持、建设方积极主动、人民群众普遍关心的良好氛围。

二、“十一五”北方地区既有建筑节能改造经验总结和评价

（一）任务目标

“十一五”期间，需实现北方采暖地区1.5亿平方米既有居住建筑供热计量及节能改造任务：北京2500万平方米（含中央国家机关在京单位既有居住建筑）、天津1300万平方米、辽宁2400万平方米（其中大连500万平方米）、山东1900万平方米（其中青岛300万平方米）、黑龙江1500万平方米、吉林1100万平方米、河北1300万平方米、河南360万平方米、山西460万平方米、陕西200万平方米、甘肃350万平方米、内蒙古600万平方米、新疆700万平方米、宁夏200万平方米、青海30万平方米、新疆生产建设兵团100万平

方米。

（二）落实情况

根据《关于推进北方采暖区既有居住建筑供热计量及节能改造工作的实施意见》（建科［2008］95 号），改造的主要内容包括建筑室内采暖系统热计量及温度调控改造、热源及管网热平衡改造、建筑围护结构节能改造三项。北方采暖地区 15 省、自治区、直辖市均已将改造任务逐级分解到市（区、县），并分批、分年度将改造任务落实到具体项目。

（三）主要做法

1. 出台地方建筑节能条例

2008 年 9 月山西省人大颁布了《山西省民用建筑节能条例》，专门设立“既有民用建筑节能改造”章节，共 7 项条款，对既有建筑节能改造的原则、目标、范围、内容、实施主体、责任部门、费用分担等进行了规定。

2. 改造任务逐级分解

山西省建设厅制定了《山西省 460 万平方米既有居住建筑供热计量及节能改造实施方案》，将住房和城乡建设部分配给山西省“十一五”期间 460 万平方米的改造任务分解到市，明确改造任务、年度计划、技术方案和保障措施。

山东省建设厅制定了《关于推进既有居住建筑供热计量及节能改造工作的意见》（鲁建发［2008］15 号）。经省政府同意，山东省建设厅会同省财政厅、省发改委、省节能办联合印发给各市人民政府。该文件明确将全省 1900 万平方米节能改造任务分解下达给各市政府。

辽宁省建设厅下发了《关于下达辽宁省既有建筑供热计量和节能改造任务的通知》，根据各市供热面积和经济发展情况，对 2400 万平方米既有建筑供热计量和节能改造任务进行了分解。

宁夏自治区建设厅印发了《宁夏建设领域节能减排工作实施意见》，对全区 200 万平方米的既有居住建筑供热计量及节能改造工作任务进行分解。

3. 制定经济激励政策

山西省政府办公厅以《关于建筑节能有关资金落实情况的会议纪要》（［2008］20 次）形式，明确省级财政按照与中央财政奖励资金 1∶1 比例，配套补助既有居住建筑供热计量及节能改造资金 45 元/平方米。

宁夏自治区政府办公厅印发《自治区人民政府办公厅关于印发自治区财政支持节能减排工作意见的通知》（宁政办发［2009］45号），鼓励建筑节能工程，从财政上支持居民节能改造工作。

山东省2009年财政列专项资金1000万元用于节能改造。

4. 纳入责任目标考核机制

山西省、辽宁省将既有居住建筑供热计量及节能改造纳入市级人民政府节能目标责任评价考核指标体系中。山西省政府与各市政府签订《2008年第一批既有居住建筑节能改造责任书》，明确各市政府改造任务，加快推进改造进度，建立节能改造月报制度，及时了解和掌握各市的改造进展情况，保证项目顺利实施。辽宁省政府与地方14个市签署建设工作责任书，落实2009年市政府应完成的改造任务。

宁夏自治区将节能改造工作纳入省政府对建设主管部门的考核评价体系，以身作则，自我加压，扎实推进。

（四）主要经验

1. 政府重视，组织改造

山西省政府高度重视既有居住建筑供热计量及节能改造工作，出台了《关于加快推进既有建筑节能改造的意见》（晋办发［2008］10号），提出了既有建筑节能改造的指导思想和原则，明确了改造的目标、任务和保障措施。各地市机构体系健全，保证改造工作的组织实施。山东省副省长郭兆信作出重要指示，要求切实做好既有建筑节能改造工作。2009年初，省委常委、副省长王军民同志又对既有居住建筑供热计量及节能改造工作作出重要批示，要求总结节能改造典型进行推广。山东省政府的高度重视为此项工作的顺利进行指引了方向。北京、天津将既有建筑节能改造纳入政府为人民办实事工程、民心工程，从政府层面协调各部门落实政策、资金。唐山将节能改造作为市委、市政府提出“促进城市3年大变样”目标的重要内容，财政、规划、建设等部门形成合力，共同推进。吉林专门成立由省长挂帅的领导小组，部署实施“暖房子工程”的具体方案和措施，把“暖房子工程”建成惠及万家的民生工程。

2. 财政配套，激励改造

山西省级财政按照与中央财政1∶1的关系提供节能改造的省级配套奖励资金，2008年已经下达该部分资金2456万元。北京、天津、青海、河北、黑龙江、陕西、河南等省市财政也采用建筑节能专项资金、城市综合改造资金、财政借款等方式对节能改造项目给予资金支持。河北、黑龙江、宁夏、山东通过争取国家开发银行的贷款或采取合同能源管理等方式，积极探索利用金融机构及社会资金参与节能改造的新模式。宁夏在地方财政实力较弱的背景下，向受益百姓积极宣传节能改造的好处，调动受益居民积极性，筹集改造资金10~25元/平米，用于室内热计量改造。

3. 责任考核，推进改造

山西、辽宁、宁夏将既有居住建筑供热计量及节能改造纳入省级政府对市级政府或主管部门的节能目标责任评价考核指标体系中，明确责任和任务，促进地方政府和相关部门加大力度，在政策、资金等方面给予支持，确保完成任务要求。

4. 工作扎实，科学改造

山西省、辽宁省、山东省、宁夏自治区科学制定改造实施的技术路线，开展全省、区既有建筑基本信息和能耗普查，全面摸清既有建筑能耗现状，建立既有建筑节能改造项目库，为今后制定节能改造的科学规划打下坚实的基础。内蒙、北京、河北确定了“先易后难、先整后散、先近后远”的项目确定原则，具体来说就是将改造技术简单、产权单位经济实力强的项目，产权、住户结构、楼房分布相对集中的项目，建造年代较近的项目，优先列为第一批改造项目，率先实施。在取得了成功经验，在社会上形成有利于改造的舆论氛围后，再逐步对相对难度大的项目实施改造，有效地降低了改造阻力。

5. 因地制宜，创新改造

山西省、辽宁省、山东省、宁夏自治区积极创新改造模式，分别采取了由产权单位、物业公司、能源服务公司、居民业主等单位或群体组织改造的模式，并且调动受益群众积极性，筹集社会资金投入改造。注重将既有居住建筑节能改造与建筑抗震加固改造、旧城和城中村改造、小区综合整治相结合，在开展综合改造的同时进行节能改造。黑龙江采取对改造项目“增肥加高”的方式，对改造项目进行加层销售或租赁来弥补改造资金的不足，并将改造工作与市容市貌的整治相结合，同步实施，避免重复工作，有效地节约了资金。

6. 总结经验，宣传改造

山西省、辽宁省、山东省、宁夏自治区通过组织召开工作座谈会、节能改造现场会，推广各市在推动节能改造方面取得的成功经验。利用电视、报纸、网络等媒体对节能改造进行宣传，不断扩大社会影响，营造有利于改造工作的舆论氛围。

（五）改造的主要成效

1. 改善民生，造福百姓

一是室内温度得到提高。节能改造使居民住宅室内热环境质量、居住质量得到明显提高，采暖用户普遍反映室内采暖温度达到了国家规定的18℃标准以上，屋内长期存在的发霉、长毛、渗水情况得以消除。二是房屋品质得到提升。对墙体、屋顶加装保温和防水材料，延长了建筑的使用寿命周期，使既有建筑的房屋价值平均每平方米提升了500～1000元。三是生活品质得到改善。由于对门窗进行了更换，气密性和隔声效果得到加强，室内噪声明显降低，居民生活质量得到明显改善。广大居民从开始因不了解改造而“抵触改造”到尝到甜头后又“争相改造”，有利于改造的群众基础正在逐步形成。内蒙古煤田地质局职工住宅小区经节能改造，住户室内平均提高5℃以上，平均房产升值2万元，同时解决了内墙结露发霉、家居返潮结冰的现象。工程不仅得到了小区居民的多封感谢信，还激发了临近小区的改造愿望。

2. 节能减排，保护环境

据测算，已完成的10907万平方米改造项目可形成年节约75万吨标准煤的能力，减排二氧化碳200万吨，减排二氧化硫1.5万吨。吉林省通化县采取“四个一点”的方法，以国家奖励、地方配套、企业筹集和居民自筹的方式共筹集改造资金16988万元。在对全县的449栋既有建筑全部进行节能改造后，在寒冬低温天气条件下，单位用煤量降低22%，综合节能率达42%以上，预计整个采暖期可节约原煤2.4万吨，价值1200万元。

3. 经济社会，节约资金

已完成的节能改造项目每年可节约燃煤费用7000万元，同时增加了供热能力。据测算，每进行1平方米的节能改造可以使原有热源增加2平方米的供热面积，从而减少了市政基础设施投入。吉林省长春市一汽热力集团对供热系统进行高低温分区、增设平衡阀和混水泵以及无补偿直埋敷设等高技术改造。在不增加热源的前提下，供热面积从原先的500万平方米增加到900万平方米，对缓解城市供热矛盾具有重要作用。

4. 带动产业，扩大内需

既有居住建筑供热计量及节能改造成本约每平方米200元左右。中央财政资金每平米补贴50元，可带动3倍的社会资金直接投入改造，更可带动建材生产、仪表制造、建筑施工、工程咨询等相关产业的投入。

（六）需要进一步加强的工作内容

1. 提高认识，正确定位

要进一步提高对既有居住建筑节能改造工作紧迫性和重要性的认识。一是要将北方采暖地区既有居住建筑节能改造工作作为贯彻落实科学发展观，实现节能减排目标的重要抓手，加大对既有居住建筑节能改造工作的力度和投入，将该项工作纳入到地区节能减排责任目标考核体系；二是要将既有居住建筑节能改造工作作为拉动内需，保持经济又好又快增长的重要内容，通过组织实施改造，带动相关产业的发展，解决一批人员就业；三是要将既有居住建筑节能改造工作作为建设社会主义和谐社会，提高人民群众生活水平的重要举措，各级政府应将此工作纳入到本地区政府民心工程、实事工程的重要内容常抓不懈。

2. 科学组织，规划先行

要进一步总结科学的方法与程序。一是建立基线，扎实做好能耗统计工作，摸清本地既有居住建筑能耗水平及特点；二是入户调查，充分听取群众意见，把握群众改造意愿，着力做好群众思想工作；三是制定规划，按照改造项目的数量及分布，结合城市总体规划，科学制定节能改造规划；四是制定年度计划，根据改造项目库中项目特点及位置，结合前期工作基础，采取先易后难、逐步实施的方式制定改造年度计划；五是明确项目，综合考虑建筑寿命、节能潜力、投资回报等因素，科学分析出具有改造价值的居住建筑项目；六是遵循程序，深入小区、街道，充分征求群众意见，组织专家论证，按照建设程序对改造项目进行设计、施工及验收，并对改造效果进行评价；七是强化考核，将既有建筑节能改造工作作为省级政府对市级政府节能目标完成情况考核评价体系的重要内容，应委托能效测评机构对项目改造后的节能量和工作量进行评价；八是加强能力，协调财政、发改等相关部门积极配合，组织管理、技术及施工人员开展培训，提高业务水平，确保高水平、高质量地完成改造任务。

3. 完善政策，突出重点

要进一步完善相关配套政策，尤其是节能改造财政支持政策。一是按照《民用建筑节能条例》确立的既有居住建筑节能改造费用分担机制，落实县级以上人民政府承担既有建筑节能改造的财政责任；二是稳妥落实受益群众费用分担的责任，以谁投资谁受益为原则，动员群众参与改造，同时充分尊重群众意愿，合理确定群众费用分担比例，确保低收入人群利益；三是建立市场化的融资机制，采取能源合同管理等方式，积极吸收社会资金和力量，鼓励供热企业、物业单位、能源服务公司等机构投资参与改造，并从中获取回报；四是实施既有居住建筑节能改造应首先开展供热计量改造，并实施热计量收费制度，并根据条件及资金情况，同步开展管网热平衡改造和围护结构改造。

4. 因地制宜，创新模式

要依据气候区、自然资源条件、建筑能耗水平、居民生活习惯的不同，因地制宜，探索适合本地的节能改造新模式。一是结合城市发展规划，与旧城区改造、棚户区改造、城中村建设、小区综合整治等工程，同步开展既有居住建筑节能改造；二是充分利用当地可再生资源条件，在节能改造时应用太阳能、地热能等可再生能源技术，使节能效果更加突出；三是探索出适合本地的改造模式，通过扩容、加层、拆建等方式，鼓励多方参与，共同筹措节能改造资金，形成具有本地特色的改造模式。

5. 总结经验，加大指导

进一步加强对节能改造工作的指导力度，不断总结经验，准确把握发展趋势，理清共性问题，掌握规律，同时推广先进经验。一是加强各地区之间的交流学习，通过召开现场会、座谈会等，相互沟通，传授经验；二是加强本地相关人员的培训工作，对涉及节能改造工作的行政管理、技术、施工等相关主体开展宣传培训工作，提高其节能改造的业务能力；三是加强宣传工作，采取组织新闻媒体、召开座谈会、深入改造现场等方式，对居民百姓、供热公司等开展节能改造宣传，提高其对节能改造工作的认识。

三、国外既有建筑节能改造经济激励政策的先进经验及启示

（一）既有居住建筑节能改造经济激励政策的基本分析

理想中的市场经济是所有物品和劳务都能按照市场均衡价格自愿地以货币形式进行交换，而无需政府进行干预。然而，在现实世界中，这种理想化的状态很难实现。特别是建筑节能市场，由于其存在市场失灵，因此政府对其进行

干预和调整是十分必要的。在建筑节能市场经济中，政府的主要职能为：提高经济效率、维护市场公平。首先，政府采取促进竞争、控制环境污染以及能源消耗等活动来提高经济效率，引导社会闲置资本的投资方向和投资效果；其次，政府通过财政支出和税收等，向某些群体实行倾斜性的收入再分配，从而增进市场公平，鼓励建筑节能各相关执行主体的积极性。政府在间接干预市场经济过程中，主要采取财政政策和货币政策两种手段。通过这两种基本的经济政策，政府能够影响收入和支出水平、产出和增长率、就业率与失业率以及物价水平等。

1. 经济激励政策的基本类型

（1）财政政策。

财政是政府集中一部分国民生产总值或国民收入来满足社会公共需要所从事的收支活动，主要特征是通过收支活动调节市场失灵领域，达到社会供求平衡。财政政策是一国政府为实现一定的宏观经济目标而调整财政收支规模和收支平衡的指导原则及采取的相应措施。财政政策作为政府的经济管理手段，具有四个方面的功能：第一，导向功能，指对个人和企业的经济行业以及国民经济的发展方向起引导作用；第二，协调功能，指对社会经济发展过程中的某些失衡状态的制约和调节能力，可协调地区之间、行业之间、部门之间和阶段之间的利益关系；第三，控制功能，指对人们的微观经济行为和宏观经济运行进行制约或促进，以实现对整个社会发展的控制；第四，稳定功能，指调整总的支出水平，使支出水平恒等于产出水平，实现国民经济的稳定。财政政策工具主要有税收、公共支出和公债。

（2）货币政策。

货币政策是一国政府为实现一定的宏观经济目标所制定的关于调整货币供给量的基本方针及相应的措施，它通过政府对国家的货币、信贷及银行体制的管理来实施。货币政策的核心在于由中央银行控制一般商业银行的信贷活动，进而控制货币供给量，通过改变货币供给量来影响社会总需求与总供给，达到调节市场经济的目的。通常采用的货币政策工具包括一般性货币政策和选择性货币政策。

2. 既有居住建筑节能改造相关经济激励政策原理

结合既有居住建筑节能改造的特点，在可供选择的经济政策中，财政补贴政策、税收优惠政策、优惠贷款政策等是最能有效推动既有建筑节能改造实施的经济激励政策。其原因在于：首先，微观经济领域内的政府调控措施，财政政策优于货币政策。在推节能战略实施过程中，政府干预市场主要涉及的是企业和个人等微观主体。财政政策引导微观经济领域中市场主体的经济行为，优化产品的供求结构，调节和控制济波动，维护国民经济的稳定增长。而货币政策主要在失业和通货膨胀等宏观域发挥调控作用，虽然也有一些干预微观经济领域的政策工具，但作用效果比较差。其次，在政策的灵活性和易调整性上，财政政策优于货币政策。最为有效和适用的经济激励政策必须经得起实践的检验。政策确定之前，应率先在试点示范项目中应用，具备合理性和可行性后才能在全国广泛传播，这就需要政策具有较强的灵活性，能够结合实际情况随时进行修改。财政政策可由地方政府临时规定，具有较强的针对性，直接影响产品的生产和消费，影响的范围小；而货币政策由中央银行规定，必须在经过全局性考虑之后才能通过影响货币供给量再间接影响产品的生产和消费，受影响的范围大。财政政策的几种政策工具中，补贴政策和税收政策是各国政府最常用且效果显著的工具，因此，应建立以财政补贴和税收优惠政策为主，其他经济政策为辅的建筑节能政策体系。

（1）财政补贴政策。

财政补贴是政府为实现某种特定的发展目标，向企业或个人提供的无偿援助。该项支出对人们的实际购买能力产生影响，改变产品的相对价格结构，从而改变资源配置结构、供给结构和需求结构。财政补贴有狭义和广义之分。狭义的财政补贴是指政府直接对企业或个人提供的资金援助；广义的财政补贴除包括政府直接给予的资金外，还包括政府提供的各种间接的无偿援助，如财政贴息、税前还贷和税收支出等。按照政府介入市场的角度不同，财政补贴可分为供给方补贴和需求方补贴。供给方补贴是政府对产品的生产环节进行干预，对供给方提供资金补贴以刺激产品生产，扩大生产和增加产出数量；需求方补贴是政府对产品的消费环节进行干预，向需求方提供资金，刺激产品消费，提高购买能力和增加需求欲望。

财政补贴政策的经济学分析如图 5 - 4 所示，S 为供给曲线，D 为需求曲线，初始均衡点 E_0 处的产品数量为 Q_0，销售价格为 P_0。图 5 - 4（a）中，政府对产品的供给方提供补贴，生产成本相对降低，推动供给曲线向右移动。假设移动至 S’，达到新的均衡点 E_1，此时相对应的产品数量增至 Q_1，销售价格下降至 P_1。图 5 - 4（b）中，政府对产品的需求方提供补贴，收入水平相对提高，将推动需求曲线向右移动。假设移动至 D’，达到新的均衡点 E_2，此时相对应的产品数量增至 Q_2，销售价格上升至 P_2。由此可见，无论政府对市场的哪一方主体提供补贴，都可促进产品销售数量的增加，达到政策激励的目的。

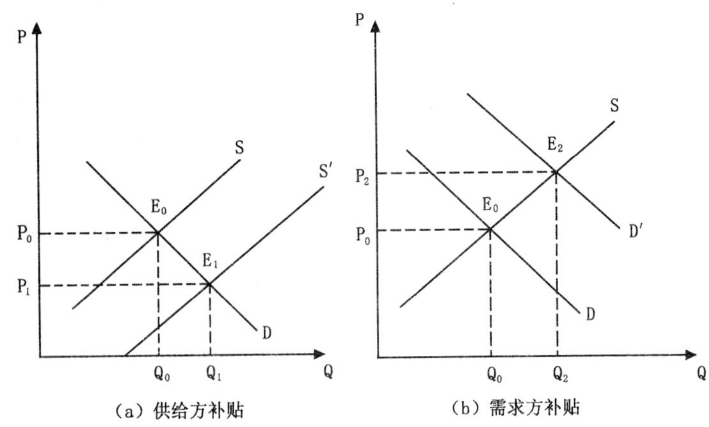

图 5－4　财政补贴政策的经济学分析

（2）税收优惠政策。

税收优惠政策的核心是税收支出，即利用税收制度的各项优惠规定，实现税款的减除或豁免。税收支出是一种隐蔽的财政支出，它通过减免税收对纳税人的某种特定行为给予补贴，间接达到政府实现公平和效率的政策目标。按照所发挥的作用，税收支出可以分为照顾性税收支出和刺激性税收支出两种。照顾性税收支出是对纳税人由于客观原因在生产经营中有了临时困难而无力纳税所采取的照顾性措施。例如，国家税法规定，当纳税人发生年度亏损时，可以用下一年度的税前所得弥补亏损，可以在 5 年内逐年延续；刺激性税收支出是对某项鼓励实施的行为而采取的税收措施以激励行为主体执行和提高执行效果，主要目的在于正确引导产业结构、产品结构、市场供求，促进开发新产品和新技术，优化资源配置和提高效率等。它是税收支出的主要内容，同时也是税收发挥调节经济杠杆作用的主要体现。税收优惠政策可采取的形式一般有税收豁免、税收扣除、优惠税率、延期纳税和退税等。

税收优惠政策的经济学分析首先是税收对投资水平的影响。西方一些经济学家在研究税收政策与投资行为之间的关系时，构建了标准的资本成本理论模型。根据这一理论，在特定阶段内，企业将不断积累成本，直到最后一单位投资的收入（即资本边际收益）等于资本全部经济成本（即资本使用成本）。当资本边际收益大于资本使用成本时，投资者就会考虑继续增加投资，扩大投资规模。因此，税收优惠政策将通过降低资本成本，进而影响投资决策，来鼓励投资行为。资本成本的计算公式为：

$$C = q(r+\delta)(1-uz-uy)/(1-u) \qquad 3.1$$

式中各符号的经济含义是：C 表示资本成本，q 表示资本的购买价格，r 表示市场利率（或贴现率），δ 表示实际折旧率，u 表示企业所得税税率，z 表示价值 1 元资本的折旧现值，y 表示价值 1 元资本的利息现值。

$$z = \alpha/(r+\alpha) \qquad 3.2$$

$$y = r/(r+\delta) \qquad 3.3$$

其中：α 表示税法规定的折旧率。

则式 3.1 可替换为：

$$C = q(r+\delta)[1-u\alpha/(r+\alpha)-ur/(r+\delta)]/(1-u) = q(r+\delta) + [qru(\delta-\alpha)/(1-u)(r+\alpha)] \qquad 3.4$$

采用以下几种方法，将实现资本成本的降低：

①提高折旧率。

若税法规定提高允许抵扣的折旧率 α，例如企业实际采用直线折旧法，而税法规定采用加速折旧法，使得 $\alpha > \delta$，即 $\delta - \alpha < 0$，则随着 α 的提高，资本成本随之减小。

②投资抵免。

包括两种情况：第一，允许企业在正常计算折旧和利息扣除外，按投资额的一定比例直接在应税所得中扣除。设 k 为扣除比例，此时资本成本公式为：

$$C = q[(r+\delta)(1-uz-uy-uk)]/(1-u) \qquad 3.5$$

第二，允许企业在正常计算折旧和利息扣除外，按投资额的一定比例直接在所得税中扣除。设 k 为税收抵免率，那么 qk 就是一单位投资的税收抵免值。资本成本公式为：

$$C = q[(r+\delta)(1-uz-uy-k)]/(1-u) \qquad 3.6$$

在这两种情况下，资本成本都将降低。

③税率降低。

若税法规定实行优惠税率，对企业所得税进行减免，在当前所得税税率小于 50% 的情况下，u 值下降，1 - u 值上升，则资本成本将随之降低。

因此，实施提高折旧率、投资抵免以及所得税税率降低等税收优惠政策，将达到降低资本成本，刺激投资增长的目的。税收主要是通过收入效应和替代效应对消费者的消费行为产生影响。按照经济学中的概念，收入效应指商品价格变化通过影响消费者收入，从而影响消费者对该商品的需求数量；替代效应指当商品价格变化时，消费者倾向于用价格低廉的商品替代价格昂贵的商品，从而改变对某种商品的需求数量。税收优惠政策的收入效应和替代效应表现为：当对一种鼓励生产的商品实施税收优惠时，商品的销售价格会因成本的减少而下降。对于消费者而言，一方面自身的购买能力相对提高，这是收入效应的结果；另一方面会用价格下降的商品替代其他价格保持不变的相似商品，这是替代效应的结果。两种结果将共同导致对税收优惠商品需求量的增加。

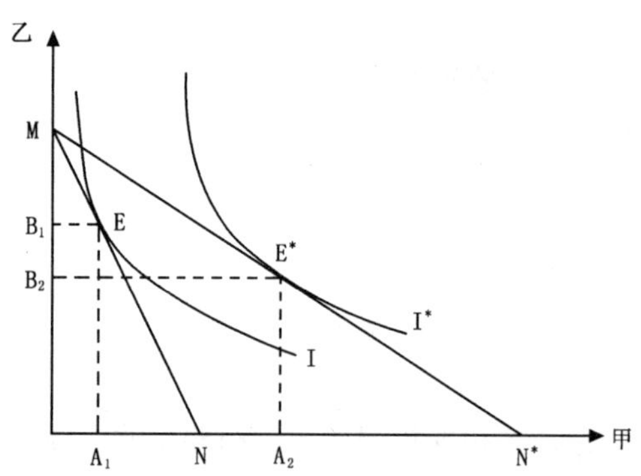

图 5-5　税收影响消费水平的经济学分析

如图 5-5 所示，甲和乙为市场上的两种可替代商品。初始情况下，I 为消费者的无差异曲线，MN 为消费者的预算约束线，均衡点为 E，此时消费者的最优选择是消费 A_1 单位的甲商品和消费 B_1 单位的乙商品。假定消费者的收入是固定的，设甲为鼓励生产的商品，政府决定对其实施税收优惠政策，乙为限制生产的商品。由于甲商品的销售价格随着优惠政策的实施而下降，在收入效应和替代效应的共同作用下，预算约束线由 MN 旋转至 MN^*，则均衡点变为 E^*，消费者的最优选择变为消费 A_2 单位的甲商品和消费 B_2 单位的乙商品，其中 $A_2 > A_1$，$B_1 > B_2$，即消费者增加了对甲商品的需求而相对减少了对乙商品的需求，政府达到了预定的政策目标。

（二）国外建筑节能经济激励政策

1. 国外建筑节能经济激励政策主要形式

自 20 世纪 70 年代开始，世界各国注意到了节约能源的重要性，开始在各个领域进行节能和提高能源效率，多数都制定了适合本国国情的经济激励政策。国外在开展建筑节能过程中主要采取的经济激励措施主要有税收优惠、财政补贴、贷款贴息等。

（1）税收优惠政策。

①税收优惠的对象。

税收优惠的对象多是终端用户，如节能设备的购买者，节能产品的消费者或者能源的消费者等。根据需求侧管理的理论，对需求端进行激励，可以有效地带动规模需求，影响上游产业。我国在制定税收优惠政策时也应充分考虑对终端用户的激励。

②税收优惠的方式。

各国通过税收的手段来激励节能的形式主要是两种：一是减免的税收优惠；二是征收能源消费税。

各国都普遍使用减免税的优惠政策，主要是因为这种政策可以激励企业和消费者的投资和消费行为，鼓励节能产品或设备的生产和使用。

征收能源消费税的名称各不相同，如碳税、天然气税等，但内容是一致的，主要是对能源过度消耗者征收税费。一方面抑制能源浪费，另一方面鼓励节能、筹集资金。其实，征收能源消费税也是间接地对节能的减免税。

除以上两种形式以外，国外通常采取的税收优惠形式还有加速折旧，主要是针对企业的固定资产投资。一般由政府或节能组织制定节能设备的目录，当企业采购目录中指定的设备时就可以提前计提折旧，相当于减少了所得税。

（2）财政补贴政策。

①财政补贴政策的对象。

通过对上述国家财政补贴政策的介绍可以看出，政府的财政补贴推动了该领域工作的开展，从而获得很好的社会效益。财政补贴的对象以消费者为主，直接作用在消费端，补贴政策效果更明显。

②财政补贴的方式。

财政补贴的方式主要有两种：一是直接补贴，即政府以公共财政部门预算的形式直接向节能项目提供财政援助；二是贴息补助，即政府用财政收入或发行债券的收入支付企业因节能投资或用于节能研发而发生的银行贷款利息（全部或部分）。财政贴息补助是一种间接的补助，可以发挥财政资金诱导投资的杠杆作用。

（3）优惠贷款政策。

①优惠贷款的对象。

优惠贷款主要是对投资主体提供贷款贴息或者低息贷款，从而解决投资的资金筹集问题，拓宽融资渠道。优惠对象则主要是节能投资的主体，具体可以分为节能设备的研发和生产企业、实施既有建筑节能改造的企业，也有针对个人节能投资的优惠贷款。对节能投资主体实施优惠贷款政策，可以激发投资者的积极性，从而吸引大量资金进入节能领域。对政府来讲，采用这种优惠方式可以通过银行等金融机构对投资者的资信进行审核，从而提高公共财政的使用效率，避免信用风险。

②优惠贷款的资金来源。

优惠贷款的资金来源主要是通过公共财政支付，如美国、英国、德国等，都安排了财政预算用于优惠贷款政策的实施。法国的形式稍有不同，是通过财政建立节能担保基金（FOGIME），通过该基金进行资金运作和优惠贷款政策的实施。

2. 国外建筑节能经济激励政策的主要措施

（1）德国。

①德国既有住宅建筑节能改造的优惠政策。

德国既有住宅建筑节能改造的主要对象是多层和高层的板式建筑，德国采取的优惠措施主要包括三部分：一是优惠贷款。对于符合政府规定的改造项目，政府将给予一定程度的优惠贷款，优惠贷款额度不超过改造总投资的75%，利率为1%~3%，10~15年内利率保持不变。二是节能专项优惠贷款。如果项目除了基本的室内外改造外，还采取其他一些节能措施，如太阳能和热回收装置，则可以申请节能专项优惠贷款。如在勃兰登堡州，住宅改造优惠贷款的标准为：6层及以下的住宅160欧元/平方米，6层以上的住宅490欧元/平方米，采取太阳能和热回收装置等节能措施的追加70欧元/平方米。三是新能源法给予的优惠政策。对建筑物利用太阳能发电并实施并网的，给予0.65欧元/千瓦时的上网电价，鼓励太阳能等清洁可再生能源的利用，当地居民生活用电仅0.08~0.10欧元/千瓦时。

②德国既有住宅建筑节能改造具体实施。

德国住宅建筑节能改造涉及的相关主体包括：政府、投资银行、咨询公司、住宅公司等，它们在节能改造中的相互关系以及发挥的作用如图5-6所示。(a）用户向投资银行提出贷款申请；（b）投资银行委托咨询公司对项目进行综合评估；（c）咨询公司对用户、住宅建设公司、既有住宅建筑实施项目评估；（d）咨询公司为投资银行提供贷款额度建议；（e）咨询公司为住宅建设公司提供改造方案和建议；（f）投资银行为用户提供贷款；（g）用户投资住宅建筑改造；(h) 住宅建设公司实施既有住宅建筑改造；(i) 咨询公司进行改造后评价。

需要指出的是，投资银行给予用户的贷款额度由负责基础设施贷款的评估公司进行评估，使用此种优惠贷款的额度不超过改造成本总额的70%，剩余部分通过市场自筹。

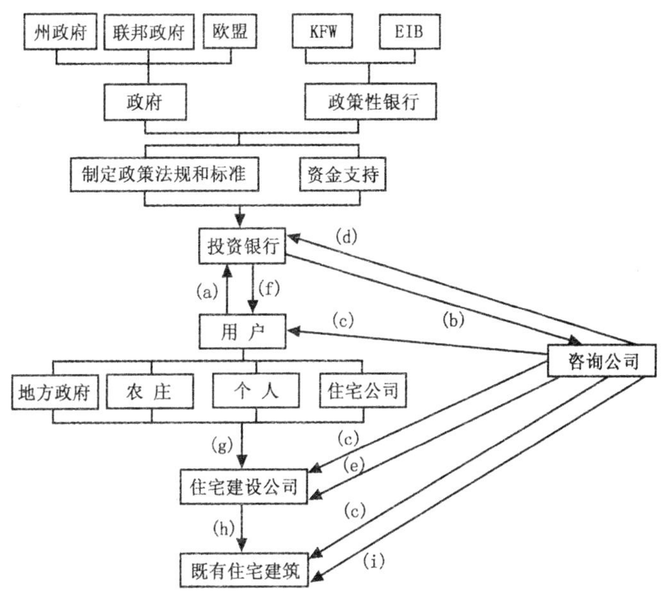

图5－6　德国住宅建筑节能改造相关主体相互关系及改造程序图

(2) 美国。

①税收优惠。

美国很注重使用税收手段激励既有建筑的节能改造行为，自20世纪70年代起就不断实施各种税收优惠措施。

1978年的《能源税法》规定，从1977年到1985年12月，民用建筑节能投资和可再生能源投资的税收优惠是15%，但最多不超过300美元，其中包括保温、挡雨门窗、密封条和采暖炉的改进技术。1992年的《能源政策法》规定，对太阳能和地热能项目永久减税10%；对风能和生物质能发电实行为期10年的产品减税，减税额为1.5美分/千瓦时（根据当时物价水平确定）。2001年的《安全法》规定，进行了保温和窗户改造、节能达20%以上的既有建筑，可得到每套2000美元的税收减免；对装在建筑物内的家用燃料电池热电共生系统减税10%（最高达1000美元/千瓦）；对热电联产（CHP）投资给予10%的减税。2005年的《能源政策法》规定，对满足2000IECC及修订条款的门窗类产品给予成本10%的税金免除，但单件产品税金免除额度不超过200美元；对达到“能源之星”要求的屋顶结构给予成本10%的税金免除，但单件产品税金免除额度不超过500美元；对达到一定指标的供热通风空调系统给予300美元的税金免除。

②财政补贴。

美国的财政补贴政策主要是对消费者进行直接补贴，从而逐步扩大建筑节能的范围。

2002年，联邦政府为450万户低收入家庭提供了17亿美元的财政补助，用于支付能源费用和进行节能改造。

2010年3月，奥巴马在佐治亚州萨瓦纳市讲话中，提出促进美国家庭节能新措施的建议细节。屋主购买节能材料时，可以得到50%的退款，最高购买金额为3000美元，可得1500美元退款。聘请专家进行房屋节能维修或改进，最多可得到3000美元的退款。

（3）英国。

英国采取补贴、减税或加速折旧的方式鼓励购买节能设备，同时采取征收能源消费税或气候变化税的方式鼓励少用能源或使用清洁能源，以此来提高公众的节能意识，激励公众自觉地节约能源。

①财政补贴政策。

1991年政府实施了支持低收入家庭、残疾人和老年人家庭的家庭节能项目，该项目最早只限于对房屋通风和楼顶隔热等方面的节能改造给予补贴，后来扩大到空墙隔热、暖气控制和小型荧光灯等方面。1997～1998年英国政府投入该项目的经费是7500万英镑，资助了40万个家庭。到1999年总投资达到4亿英镑，共有225万个家庭受益。1999年和2000年英国政府通过“资本收入投资鼓励计划”，向地方政府提供8亿英镑用于改造旧房。

②税收优惠政策。

首先，鼓励购买节能设备。英国政府制定了一个详细的产品目录，如果购买了目录上所列的节能型技术和设备，政府会给予一定的税收优惠。其次，鼓励建筑节能改造。从2006年3月，英国政府开始实施退税计划，鼓励家居节能，凡通过英国天然气公司安装保暖墙的家庭都可申请100英镑的退税。最后，鼓励热电联产。英国政府在2001年采取了免除气候变化税、免除营业税等措施以鼓励开展热电联产项目。

③加速折旧政策。

政府允许企业对购买的节能设备，采取每年一次折旧规定额度或者加速折旧方法，将其新购置设备支出从每年应税收入中扣除，以此来鼓励企业更新节能设备。

④征收能源税政策。

2001 年政府开始征收能源税，以此来促使消费者节约能源，同时提高能源利用效率。目前向终端能源消费者课税的标准是：电力 0.043 英镑/千瓦时、天然气 0.015 英镑/千瓦时（根据热当量换算）。

（4）其他国家。

其他国家还有一些比较独特的节能激励政策。如日本对工厂安装节能设备、建筑节能、购买余热利用及热能有效利用的设备贷款，以及节能技术开发项目，给予 0.4% 的贴息；日本政府大力资助科研机构开发节能技术，补贴国民购买节能产品。经济产业省每年拨款 380 亿日元（约 3 亿美元），用于补贴家庭和楼房能源管理系统和高效热水器等。在汽车制造业，政府对高效节能汽车的补贴额高达 50%；在家用电器生产行业，政府对高效热水器的补贴额达到 25%。法国政府为建筑安装生物能、太阳能、风能、光能发电等新能源设备提供补助。能源与环境管理局还聘请专家审核建筑施工项目的节能措施及新能源利用效率，达标者有奖。奖励金额可达施工总额的 50%。比利时政府鼓励企业主向员工发放自行车补贴。骑自行车上班者，每天每千米可得到 0.15 欧元的补贴。芬兰是世界上第一个根据能源中碳的含量收取能源税的国家，每年收取的能源税达到近 30 亿欧元，约占芬兰整个税收的 9%，政府利用能源税的收入来支持能源技术的开发。

（三）国外既有建筑节能改造经济激励政策的特点和启示

1. 国外既有居住建筑节能改造经济激励政策的特点

（1）公共财政大力支持。

从 20 世纪 70 年代初开始，能源危机、全球气候变暖、环境污染等全球性问题不断出现，世界开始重视节能，并以节约能源和提高能源利用效率，减少温室气体的排放，确保经济社会的可持续发展为主要目标。基于此，欧美等许多国家制定了能源安全的战略，在国家的预算分配中增加了对节能的支持力度，以保障能源安全和缓解气候变暖。

从以上各国公共财政的支持力度中可看出其对既有建筑节能改造工作的重

视程度，发达国家无一例外地在公共财政上给予支持，从而为节能改造工作的开展提供了资金保障，成为推动既有建筑节能改造工作的有效措施和途径。

（2）灵活运用，合理组合。

美国、法国和日本等发达国家都能灵活运用财政补贴、税收优惠、贴息贷款、贷款担保和基金扶持等各种经济激励形式，并对其进行合理组合，制定出一套合乎自身发展状况的经济激励政策。（见表 5－1）

表 5－1　　典型国家建筑节能经济激励政策方式及手段

类型 国家	财政补贴	税收调控	基金扶持	贷款支持	费用减免
美国	√	√	√	√	√
法国	√	√		√	
德国	√	√		√	√
波兰	√		√	√	
日本		√		√	√

（3）因地制宜，因势利导。

美国鼓励有条件的州制定符合自身经济发展状况和节能工作现状的节能政策，并要求采取多样化的扶持措施，推进建筑节能技术的发展和建筑节能政策的实施。例如加利福尼亚州通过颁布住宅能量效率评级系统标准、推行节能建筑抵押贷款，采取对用电量低于建筑节能标准规定指标的电力公司给予用户奖励等举措，有效地推定了既有建筑节能改造工作的进展。

（4）领域明确。

既有居住建筑节能是一项系统工程，包括很多方面的内容，政府在进行宏观调控时应明确其重点领域。激励机制主要是支持市场机制无法发挥作用的领域，以及亟待推进而缺乏资金来源的工作。而对市场机制可以发挥作用的领域，则不提供经济激励政策。

（5）重视对低收入家庭的财政补助。

发达国家十分关注低收入家庭，增加对其进行节能改造的财政补助。例如，美国联邦政府 2002 年为 450 万户低收入家庭提供了 17 亿美元的财政补助，用于支付能源费用和进行节能改造。1992 年英国实施了支持低收入家庭、残疾人和老年人家庭节能项目，项目包括政府对房屋通风和楼顶隔热等方面的节能改造给予补贴。

2. 与发达国家相比中国节能经济激励政策的不足

中国是一个经济持续高速增长的发展中大国，能源需求增长和由此产生的环境问题成为制约经济持续发展的首要问题，今后 20 年节能对实现我国经济社会可持续发展将起到重要的作用。虽然我国的建筑节能工作已经取得了一定的成绩，2007 年 12 月 20 日，财政部发布了《北方采暖区既有居住建筑供热计量及节能改造奖励资金管理暂行办法》，并预拨了部分奖励资金，但是目前我国其他相关政策的支持力度还不能适应进一步推进节能工作的需要，我国既有居住建筑节能工作既无财税激励政策，又缺乏强有力的财政预算支持。与国外发达国家相比，中国所实施的节能经济激励政策存在以下不足。

（1）法规政策滞后。

从 1980 年开始实施节能方针至今，我国的一些法律法规还不完善，各项政策在执行过程中存在监管不到位的现象。好多指标还处于"抓紧制定"阶段：各政府机构部门能源浪费现象依然十分严重；能效标识制度还需深化，节能虚报现象时有发生；城镇取暖按用热量计量收费制度还未普及，燃油附加税迟迟未推出；有些地方企业逆势而为，采用"优惠"电价追求眼前的经济增长，一些地方政府地方保护现象严重，可为、能为，而不为；节能意识还没有进入民心。

（2）范围窄、力度小。

国内的激励政策虽然形式多样，但与国外发达国家相比，规模太小，形式也太简单。一是范围窄，国外发达国家分别针对厂商和消费者规定了各自大范围的、适用的、实时的经济激励政策，而国内的节能经济激励政策目前主要还是针对市场供给方的，对需求方则无激励措施；国内过多聚焦大企业节能，虽然突出重点，但无助于中小企业、家庭、个人节能，不利于广大市民节能意识的形成。二是力度小。国家虽然投入大量资金，但过多地向技术倾斜，好多企业、家庭仅靠节能回收投资，周期过长且内动力不足。如在美国、日本实行高额补贴的太阳能热水器，在中国却遭遇重重阻力；好多部门、企业说得多做得少，雷声大雨点小，排污的罚款额低于治污的支出。三是声势小，国家在节能管理、宣传舆论方面投入过少。好多大学生都不知节能减排为何物，更不用说普通市民了；2006 年节能指标未完成，总理的不安、发改委的紧张，与市民节能的意识淡薄形成鲜明的对照；奖金奖励仅仅与节能量挂钩，激励形式过于简单。

（3）能源税过低。

一是电力差价范围过小，能源价格与单位产值能耗呈线性关系。中国从2000年取消了电力工业一切加价项目，等于大幅度降低了电价，致使从2000年开始我国电力消费弹性系数大于1，能源利用效率低下，影响节能目标的实现。二是能源资源税税率过低，目前我国煤炭、石油和天然气等能源资源税税率远远低于西方国家，国务院常务会议已要求改革资源税制度，调整资源税税负水平。可以预计，2008年资源税税率的调整有望成为实现节能减排目标的一个新亮点。

（4）节能服务公司的适用税率错位。

节能服务公司在发达国家被列入服务业，按服务业的税种纳税。而在我国，由于节能服务公司为客户提供的优质服务，也包括面向全社会优选采购节能设备，税务部门总把节能服务公司看作是一般的节能设备销售商，把节能服务公司的服务费视同一般节能设备销售商的设备加价，纳入增值税的范畴，即把本应该是营业税的部分变成了增值税。目前，我国服务费的适用税率为6%，而增值税税率高达17%。

3. 国外既有居住建筑节能改造经济激励政策可借鉴的经验

我国应学习、借鉴国外的经验，加大对节能的投入，建立起一套与实现可持续发展目标相适应的节能经济激励机制，包括政府对既有居住建筑节能改造的财政支持以及相应的财税政策，这是一项非常紧迫而又非常复杂的任务。

（1）加大改造工作的财政预算。

对于建筑节能改造工作的开展，国家应加大财政拨款的支持力度，各项经济激励政策的制定和实施均需要国家财政的支持。通过对上述发达国家建筑节能激励机制的分析，可以发现，为增加对建筑节能的支持力度，发达国家都增加了关于建筑节能工作的财政预算。我国也可以借鉴此方法推进建筑节能，增加财政预算用于既有居住建筑节能改造。因此建议我国在公共财政预算中大幅度增加“资源节约和综合利用”专项经费，并专列预算科目。同时加大各级政府对节能的预算拨款，保证节能预算资金的稳定增长。

（2）利用税收政策。

对发达国家的税收激励政策进行比较可以发现，各国通过税收来激励节能的形式主要有两种：正向的鼓励政策和逆向的限制政策。正向的鼓励政策就是利用减税、免税或补贴政策刺激建筑节能；逆向的限制政策是通过征税或收费来限制或禁止非节能活动，如通过征收能源消费税，如能源税、消费税、燃油税，来禁止浪费能源的活动。

我国应积极探索建立适合我国财税体制的税收优惠政策，用以激励企业投资和消费者消费，推动我国既有居住建筑节能改造。

（3）对改造项目提供优惠贷款。

优惠贷款包括各种贷款的优惠形式，如低息贷款、无息贷款和贴息贷款。对于建筑节能项目，我国可为进行节能改造的居民提供优惠贷款。对既有建筑节能改造项目给予贴息贷款，或无息、低息贷款以及为贷款提供担保。积极运用财政贴息的方式，加大建筑节能利用信贷资金的支持力度，从而促使开发商和居民都有节能的热情。

（4）进一步制定针对性政策。

参考发达国家的激励政策，我国既有建筑节能改造工作应由国家主管部门启动，中央制定各项激励政策的总体原则和方针，各地方政府结合自身经济发展状况和节能工作现状，制定适合自身的各项经济激励政策的具体实施细则。切忌激励政策全国整齐划一，从而导致政策缺乏现实可行性与针对性。

（5）加大激励程度。

现行的国内的政策适用对象，多数只是被动地享受建筑节能经济激励政策带来的优惠，而非主动地争取获得优惠待遇的资格，与国外发达国家相比，激励程度不高。所以，应该加大激励程度，以达到预期的激励效果。

四、北方采暖地区既有居住建筑节能改造投融资模式研究

（一）北方采暖地区既有居住建筑节能改造投融资的现状

为顺利完成《国务院关于印发节能减排综合性工作方案的通知》（国发［2007］15号）提出的“十一五”期间推动北方采暖区既有居住建筑供热计量及节能改造1.5亿平方米的工作任务，建设部、财政部于2008年共同发布了《关于推进北方采暖地区既有居住建筑供热计量及节能改造工作的实施意见》。2009年建设部发布了《北方采暖地区既有居住建筑供热计量及节能改造项目验收办法》，指导北方采暖地区进一步做好既有居住建筑供热计量及节能改造工作。

1. 北方采暖地区既有居住建筑节能改造的现有融资模式

从整体上看，在我国既有居住建筑节能改造示范性工程以及各地的改造主

要以政府融资为主，企业和个人出资为辅。考虑到政府、产权单位和居民个人在节能改造中承担的责任和获得的收益，按照政府、产权单位和个人均受益的原则，国内现有既有建筑节能改造融资模式可以分为5种（见表5－2）。

表5－2　　国内现有既有建筑节能改造融资模式

模式	出资方式	具体实施方法
北京模式	政府财政补贴＋产权单位投资＋居民个人投入	按照《北京市既有居住建筑节能改造实施方案》的规定：对不同产权结构、不同使用性质、不同供热方式、不同外装饰情况的建筑，分类确定改造的技术方案，同时建立政府财政、产权单位、业主按照一定比例承担改造费用的机制。
唐山模式	政府财政补贴＋供热企业投资＋居民个人投入	设定好比例，本着谁投资谁受益的公平原则，改造前由相关组织单位协调各收益单位的出资比例，各方签定改造协议后，按比例融资。
乌鲁木齐模式	政府财政补贴＋产权单位投资	设定好比例，本着谁投资谁受益的公平原则，先由产权单位对改造资金加以垫付，对于收益则从改造后节省的能源费中待摊计提。到一定年限后，待本利收回时可终止此业务，再重新调整能源使用费用。
天津模式	政府财政补贴＋供热企业投资	建立节能改造基金，其主要来源是采暖费的收取，此期间采暖费用不变，从中抽出一部分作为改造资金。待改造完成后，再通过经济杠杆的政策调节来发挥作用。
承德模式	供热企业投资	改造的费用、工程管理及收益都由供热企业承担。

2. 北方采暖地区既有居住建筑节能改造的投融资主体

北方采暖区既有居住建筑节能改造的投融资涉及多个主体，主要有政府、供热企业、房屋产权人及节能服务公司（见图5－7）。

（1）政府。

政府是经济生活中的一个特殊的主体，政府与经济生活中一般主体的区别在于政府具有普遍性和强制性。普遍性是指人们和所有社会组织之间可以相互选择，但不可离开政府；强制性是指政府拥有合法的强制权力，而一般社会组织则没有这一权力。政府拥有这两大权力，就能够直接体现国家利益和发展目标。

中央政府和地方政府作为既有居住建筑节能改造的主要倡导者和推动者，

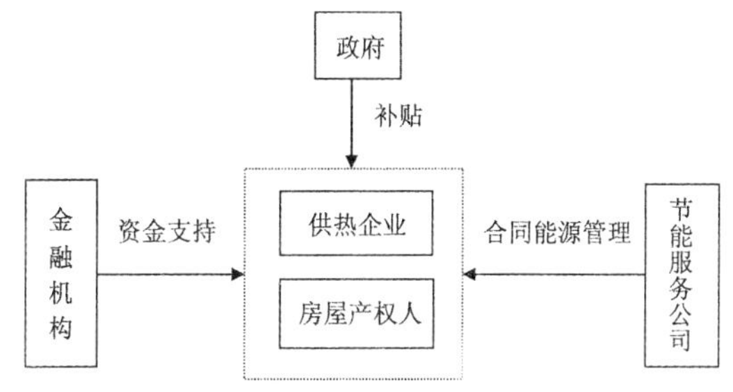

图 5－7 既有建筑节能改造投融资示意图

对提高居民投资建筑节能改造参与度以及促进整个社会节约能源、提高资源利用效率都起着不可替代的作用。从全社会的角度来看，既有居住建筑节能改造是一项庞大工程，所需要的资金巨大。政府作为既有居住建筑节能改造的领导者，应该规划好既有居住建筑节能改造资金的筹集。

（2）供热企业。

①供热企业的主要经济收入来源。

热费是供热企业经济收入的主要来源，现在中国大部分城市都是按照建筑面积和规定的热价来收费的。热价按照不同的生产类型划分为热电联产供热价格和城市大型锅炉集中供热价格，其他供热类型还有中小锅炉供热、工业余热供热和地热供热；按照不同供给环节，供热价格分为出厂价格和销售价格；按照不同用户，可分为民用采暖、工业用蒸汽和民用生活热水加热价格。

热价格由政府价格主管部门按照价格管理权限制定。价格管理权归属省（自治区、直辖市）和地级市价格主管部门。省级政府价格主管部门制定热电厂热出厂价格，省会城市和地级市政府价格主管部门负责制定热的销售价格，即制定不同热用户的销售价格；直辖市政府价格主管部门制定热的出厂价格和销售价格。

确定热价格的基本方法是：热价格＝生产成本及费用＋税金＋合理利润。其中生产成本及费用的具体项目内容，应在遵循会计制度的原则下，由行业主管部门核定。

②供热企业对既有居住建筑节能改造的投资需求分析。

供热企业对既有居住建筑节能改造需要投资的内容包含以下内容：

➢既有居住建筑供热系统及其管网改造；

➢既有居住建筑室内热计量改造；

➢既有居住建筑围护结构改造；

➢其他薄弱环节的改造。

供热企业投资于既有居住建筑节能改造或者其中的一部分，未来可通过降低既有建筑的供热成本，收取新增用户的入网费和采暖费实现投资回报。因此，如果改造项目能够与供热企业每年对管网的改造计划相结合，可较大程度地降低供热成本；改造后的项目有足够的面积实现扩容，将节省的热量扩展到新增入网面积中，实施改造项目的投资回收期也较短，供热企业是最具有投资意愿的主体。

（3）房屋产权人

中国目前住房私有化率已经超过 80%，大部分住房都已经实现了私有化，其中单位职工宿舍、学生寝室、廉租房的产权相对单一，房屋产权人不仅对房屋拥有所有权，而且也是改造的最直接的受益群体，因此开展既有居住建筑节能改造时积极争取房屋产权人对改造的投资也是非常必要的。

①国家机关及事业单位居民住宅的所有权人。

这种类型住宅绝大部分都是由国家财政全额或部分拨款建造的，其中部分已经实现了产权私有化。由于各住户的工作单位相对集中，比较容易组织节能改造，同时改造资金可以通过中央财政或省级财政拨款来实现，因此，对于这一类型的既有居住建筑节能改造的资金渠道较畅通，可率先执行节能改造，通过对改造效果的宣传和介绍，引导社会上更多的居民认识节能改造的必要性。

②各单位的职工宿舍以及高校学生宿舍的所有权人。

此种类型住宅由于产权全部没有实现私有化，因此只要房屋所有权人具有节能改造的意愿，即可实行节能改造。对于筹集节能改造资金，一方面可以灵活运用企业的自有资金、房屋修缮基金或者申请银行贷款；另一方面可积极吸引相关投资者进行节能改造，改造后将一定年限内的房屋租赁经营权交由投资者进行经营，实现投资回报。由于这种类型建筑产权相对单一，如果国家能够设立相应的节能改造资金给予支持，则能较容易实现节能改造。

③廉租房的所有权人。

廉租房的所有权人为国家或各级地方政府，居民仅拥有住房的使用权，因此改造资金应由中央及各级政府来负担。廉租房中的住户多为低收入群体，居民室内的生活环境较差，节能改造可实现对室内热环境的较大改善。与供热体制改革同步推进，降低居民的能源费用支出，将会收到非常良好的社会效益，应是改造效果最为明显的项目。

④商品房的所有权人。

目前中国居民住宅大部分都是此种形式，通过住宅的商品化买卖交易，居民拥有了房屋所有权，但也导致了产权形式的分散化，给节能改造的协调组织带来了一定的难度，因此即使居民拥有足够多的资金进行节能改造，开展改造的时间、内容、进度却较难实现协调统一。所以对于这种类型的建筑居民，不能要求其负担节能改造的全部资金，仅要求其负担围护结构中的门、窗部分，同时与其他节能改造主体相结合，完成对既有居住建筑节能改造出资，从而降低改造难度，使改造更容易推进。

（4）节能服务公司。

基于合同能源管理进行节能投资运作的专业化节能服务公司，通过签订节能服务合同，为用户的节能项目进行投资或融资，向用户提供节能技术服务，通过与用户分享项目实施后产生的节能效益来赢利。我国 20 世纪 90 年代末引进合同能源管理机制以来，通过示范、引导和推广，节能服务产业迅速发展，专业化的节能服务公司不断增多，服务范围已扩展到工业、建筑、交通、公共机构等多个领域。2009 年，全国节能服务公司达 502 家，完成总产值 580 多亿元，形成年节能能力 1350 万吨标准煤。目前国内具有合同能源管理性质的节能服务公司，与供热企业和居民双方签订合同，从供热企业购买优惠的集团热价，负责小区换热站。通过节能改造，不仅实现了供热成本的降低，而且还实现了一定的扩容，收取新增的居民入网费和采暖费。另外，对居民消费者还按照面积收取热费，或者拿出利益中的一部分作为热费返还给居民，从而保证合同各方利益主体的合理利益。

因此，节能服务公司作为改造主体时，能够较大程度上解决既有居住建筑节能改造资金短缺的问题，并且能够使既有居住建筑节能改造按照市场化的操作模式运行。但是，由于中国节能服务公司现今还处于起步发展阶段，因此应对节能服务公司的发展给予相应的优惠政策，使其充分发挥其在既有居住建筑节能改造中的作用。但是，我国合同能源管理还没有得到足够的重视，节能服务产业还存在财税扶持政策少、融资困难以及规模偏小、发展不规范等突出问题，难以适应节能工作形势发展的需要。

（5）国际组织。

依靠国际组织，通过开展国际合作项目进行既有居住建筑节能改造较多运用于示范工程，进行大面积推广较为困难。因此，在未来可考虑申请清洁发展机制（Clean Development Mechanism，CDM）作为长效机制，来获得发达国家提供的资金和技术，将项目所实现的“经核证的减排量”，用于发达国家缔约方完成在议定书第三条下关于减少本国温室气体排放的承诺。清洁发展机制是一项“双赢”机制：一方面，发展中国家通过合作可以获得资金和技术，有助于实现自己的可持续发展；另一方面，通过这种合作，发达国家可以大幅度降低其在国内实现减排所需的高昂费用。因此，既有居住建筑节能改造在能够充分核实减排量的情况下，积极申请 CDM 机制获得既有居住建筑节能改造资金。

3. 北方采暖地区既有居住建筑节能改造相关的财税激励政策

目前针对北方采暖地区既有居住建筑节能改造的财税激励政策主要集中在税收优惠方面。

（1）税收优惠政策。

①增值税优惠。

为了加快新型墙体材料产业的发展，适应建筑节能市场的需要，推动建筑节能战略的实施，财政部和国家税务总局共同颁布了多项增值税优惠政策，有效地激励了新型节能建材产品的大规模生产和使用。

1992 年 11 月《关于加快墙体材料革新和推广节能建筑的意见的通知》（国发［1992］66 号）规定，对新型墙体材料产品继续免征增值税，对实心黏土砖一律不得减免税。1995 年发布的《关于对部分资源综合利用产品免征增值税的通知》（财税［1995］44 号）规定，自 1995 年 1 月 1 日起，对企业生产的原料中掺有不少于 30% 的煤矸石、石煤、粉煤灰、烧煤锅炉的炉底渣（不包括高炉水渣）的建材产品，在 1995 年底以前免征增值税。

从 1998 年 1 月 1 日起，在国家鼓励和支持发展的外商和国内投资中，对节约能源和原材料、资源综合利用、防止环境污染、新能源和可再生能源等项目的进口设备，免征关税和进口增值税。

《关于部分资源综合利用及其他产品增值税政策问题的通知》（财税［2001］198 号）规定，自 2001 年 1 月 1 日起，在生产原料中掺有不少于 30% 的煤矸石、石煤、粉煤灰、烧煤锅炉的炉底渣（不包括高炉水渣）及其他废渣生产的水泥实行增值税即征即退的政策；自 2001 年 1 月 1 日起，对部分新型墙体材料产品实行按增值税应纳税额减半征收的政策。对此还专门明确了产品的类别、规格及相关要求。自 2001 年 12 月 1 日起，对增值税一般纳税人生产的黏土实心砖、瓦一律按适用税率征收增值税，不得采取简易办法征收增值税。

2004 年 2 月《关于部分资源综合利用产品增值税政策的补充通知》（财税

[2004] 25号）规定，自2004年1月1日起，为解决西部地区新型墙体材料产品生产企业因达不到财税［2001］198号文件附件中对建筑起砌块和建筑板材规定的生产规模标准，无法享受增值税减半的优惠政策的问题，对西部地区内的企业生产销售的列入财税［2001］198号附件的建筑砌块和建筑板材产品，在2005年12月31号之前不再限定企业的生产规模，均可享受新型墙体材料产品增值税减半征收的优惠政策。

2006年8月，国务院发布了《关于加强节能工作的通知》，在增值税方面出台了支持资源综合利用产品的相关政策。对关键性的、节能效益显著且价格等因素制约其推广的重大节能设备和产品，国家在一定期限内实行一定的增值税减免优惠政策。

②企业所得税优惠。

1994年发布的《关于企业所得税若干优惠政策的通知》（财税字［1994］001号）规定，企业利用本企业外的大宗煤矸石、炉渣、粉煤灰作主要原料，生产建材产品的所得，自生产经营之日起，免征所得税5年。该项激励政策的主要目的在于促进资源综合利用，对建筑节能中发展新型墙体材料和限制使用实心黏土砖等起了极大的推动作用。

企业购置并实际使用《环境保护专用设备企业所得优惠目录》、《节能节水专用设备企业所得税优惠目录》和《安全生产专用设备企业所得税优惠目录》规定的环境保护、节能节水、安全生产等专用设备，该专用设备的投资额的10%可以从企业当年的应纳税额中抵免；当年不足抵免的，可以在以后5个纳税年度结转抵免。

企业以《资源综合利用企业所得税优惠目录》规定的资源作为主要材料，生产国家非限制和禁止并符合国家和行业相关标准的产品取得的收入，减按90%计入收入总额。

在进口设备方面，从1998年1月1日起，在国家鼓励和支持发展的外商和国内投资中，对节约能源和原材料、资源综合利用、防治环境污染、新能和可再生能源等项目的进口设备，免征关税和进口增值税。

③固定资产投资方向调节税优惠。

1991年《中华人民共和国固定资产投资方向调节税暂行条例》规定，对“北方节能住宅”（即满足《民用建筑节能设计标准》规定的住宅）固定资产投资方向调节税执行零税率。

1993年国家计委、国家税务局发布《关于北方节能住宅投资征收固定资产投资方向调节税的暂行管理办法》（计投资［1993］653号文），规定了具体的执行标准。凡累年日平均温度低于或等于5摄氏度的天数在90天以上的采暖地区，按《民用建筑节能设计标准（采暖居住建筑部分）》（以下简称《标准》）的要求，主要设计指标达到《标准》要求，且采用新型墙体材料或新型复合墙体的新建、扩建、改建的采暖住宅，可视为北方节能住宅，其固定资产投资方向调节税的税率为零。该政策的实施对北方采暖地区开展建筑节能工作，推广节能建筑起到了极大的推动作用。但自2000年1月1日该税种停征后，其对建筑节能的激励作用也随之消失。

（2）北方采暖区既有居住建筑供热计量及节能改造奖励资金。

根据《国务院关于印发节能减排综合性工作方案的通知》（国发［2007］15号）提出的“十一五”期间推动北方采暖区既有居住建筑供热计量及节能改造1.5亿平方米的工作任务，2007年12月，财政部印发了《北方采暖区既有居住建筑供热计量及节能改造奖励资金管理暂行办法》（财建［2007］957号），并预拨了部分奖励资金。2008年5月，住房和城乡建设部制定了《关于推进北方采暖地区既有居住建筑供热计量及节能改造工作的实施意见》（建科［2008］95号），对推进北方采暖地区既有居住建筑供热计量及节能改造工作的实施提出了工作部署。

这部分奖励资金采取中央财政对省级财政进行专项转移支付的方式拨付。资金使用范围包括建筑围护结构节能改造奖励、室内供热系统计量及温度调控改造奖励、热源及供热管网热平衡改造奖励，对应权重系数为60%、30%、10%。具体项目实施管理则由省级人民政府相关职能部门负责。资金分配采用因素法，即综合考虑地方所在气候区、改造工作量、节能效果和实施进度等因素及相应权重。其中气候区分为严寒地区和寒冷地区，奖励基准为严寒地区55元/平方米，寒冷地区为45元/平方米。

（3）推广高效照明产品财政补贴。

2007年底，国家发改委会同有关部门制定了高效照明产品推广方案，拟采用财政补贴方式，计划在未来3年中每年用高效照明产品替代5000万只白炽灯。

2008年5月，财政部设立专项资金，制定《高效照明产品推广财政补贴资金管理办法》，在3年内通过财政补贴推广1.5亿只高效照明产品，替代在用的白炽灯和其他低效照明产品。补贴资金采取间接补贴方式，由财政补贴给中标企业，再按协议价格减去财政补贴后的价格销售给终端用户。对大宗用户的节能灯生产企业补贴30%，对分散用户的节能灯生产企业补贴50%。

（4）可再生能源建筑应用示范项目补贴资金。

2006年，财政部和住房与城乡建设部制定了《财政部、建设部关于可再生能源建筑应用示范项目资金管理办法》（财建［2006］460号）和《建设部、财政部关于推进可再生能源在建筑中应用的实施意见》（建科［2006］213号）。2007年，下发了《财政部、建设部关于加强可再生能源建筑应用示范管理的通知》（财建［2007］38号），鼓励在建筑领域推广应用太阳能、浅层地能等可再生能源。

2009年7月，住房与城乡建设部、财政部联合发布《可再生能源建筑应用城市示范实施方案》、《加快推进农村地区可再生能源建筑应用的实施方案》，对于具备较好的可再生能源应用条件的地级市、副省级城市、直辖市和农村，确定可再生能源建筑应用的重点领域和推广示范标准，同时予以适当资金支持。其中地级市应用面积不低于200万平方米，或应用比例不低于30%；直辖市、副省级城市应用面积不低于300万平方米。对纳入示范的城市，中央财政将予以专项补助。资金补助基准为每个示范城市5000万元。农村可再生能源建筑应用补助标准为：地源热泵技术应用60元/平方米，一体化太阳能热利用15元/平方米，以分户为单位的太阳能浴室、太阳能房等按新增投入的60%予以补助。每个示范县补助资金总额最高不超过1800万元。

（5）节能技术改造财政奖励资金。

“十一五”期间，国家安排专项资金支持企业节能技术改造，并制定了《节能技术改造财政奖励资金管理暂行办法》（财建［2007］371号）。该项资金主要支持《“十一五”十大重点节能工程实施意见》（发改环资［2006］1457号）中确定的燃煤工业锅炉（窑炉）改造、余热余压利用、节约和替代石油、电机系统节能和能量系统优化等项目。实行资金量与节能量挂钩，对完成节能量目标的项目承担企业给予奖励。东部地区节能技术改造项目根据节能量按200元/吨标准煤奖励，中西部地区按250元/吨标准煤奖励。

（6）新型墙体材料专项基金。

为推动禁止使用实心粘土砖、促进节能建筑材料的生产应用，国家先后出台了一系列关于新型墙体材料专项基金的征收和使用管理办法。1992年，国务院下发《关于加快墙体材料革新和推广节能建筑意见的通知》（国发［1992］66号），明确建立发展新型墙体材料“专项用费”。随后，有20多个省、直辖市、自治区陆续采用“专项用费”的形式推进墙材革新工作。2000

年，国务院办公厅下发《关于推进住宅产业现代化 提高住宅质量的若干意见的通知》（国办发［1999］72号），确定了直辖市、沿海城市和人均耕地面积不足0.8亩省份的170个大中城市2003年6月30日前实现禁用实心粘土砖，省会城市在2005年底实现禁用实心粘土砖的目标。2002年，国家经贸委、财政部联合发布了《新型墙体材料专项基金征收和使用管理办法》（财综［2002］55号），对新型墙体材料专项基金的征收对象、范围、标准、程序，使用范围、支出方式、审批程序，法律责任、处罚规定、监督检查等方面作出了明确规定。2007年，国家重新制定了《新型墙体材料专项基金征收使用管理办法》和《新型墙体材料目录》，支持节能建材行业发展，自2008年1月1日起执行。

对未使用新型墙体材料的建筑工程，由建设单位在工程开工前，按照规划审批确定的建筑面积以及每平方米最高不超过10元的标准，预缴新型墙体材料专项基金。在主体工程竣工后30日内，凭招投标预算书确定的墙体材料用量以及购进新型墙体材料原始凭证等资料，经原预收新型墙体材料专项基金的墙体材料革新办公室和地方财政部门核实无误后，办理新型墙体材料专项基金清算手续，多退少补。

新型墙体材料专项基金由地方墙体材料革新办公室负责征收，也可由地方墙体材料革新办公室委托其他单位代征。该基金主要用于：①新型墙体材料生产技术发行和设备更新的贴息和补助；②新型墙体材料新产品、新工艺和应用技术的研发和推广；③新型墙体材料示范项目和农村新型墙体材料示范房建设及试点工程的补贴；④发展新型墙体材料的宣传、培训；⑤代征手续费；⑥经地方同级财政部门批准，与发展新型墙体材料有关的其他开支。

（二）北方采暖地区既有居住建筑节能改造投融资方面存在的问题

在北方采暖地区既有居住建筑节能改造工作推进的过程中，形成了多种投融资模式，积累了成功经验，但同时也存在不少问题。

1. 改造融资渠道尚未建立

从目前各地进展看，基本上还是依靠中央及地方财政资金推动工作的开展，供热企业、居民、能源服务公司、金融机构等多渠道筹措资金的机制尚未建立。融资渠道狭窄，融资方式单一，其市场前景和利润潜力无法充分展现，导致相关主体不愿把资金投入到既有居住建筑节能改造领域，根据2005年建设部组织的《建筑节能调查问卷》结果显示，愿意承担10%以下改造成本的居民占整个被调查对象的比例高达74%，而愿意承担超过20%改造资本的比例仅有6%。目前，传统的政府投融资模式仍是北方采暖地区既有居住建筑节能改造最可能采取的融资方式，像股权融资、债券融资、项目融资、商业性贷款、内源融资等市场化投融资模式仍然很难在北方既有居住建筑节能改造领域出现并发挥作用。

2. 供热计量改造进展缓慢，供热计量收费不到位

热计量改造进展缓慢，各地对既有建筑热计量改造普遍缺乏统盘考虑，没有按照要求编制改造整体规划和计划，等待观望现象严重。除了天津、北京、沈阳、唐山、兰州、乌鲁木齐等少数城市外，其他城市基本上都没有开展既有建筑热计量改造。同时，有些已开展既有建筑节能改造的工程项目只重视建筑墙体改造和分户控制，而没有同步实施热计量改造，没有安装热计量及调控装置，造成既有建筑节能改造和热计量改造脱节，将来实行热计量仍需二次改造。

供热计量收费制度滞后，改造收益无法充分体现。目前多数地方还没有实行热计量收费制度，已经安装的供热计量装置存在浪费现象。到2009年10月为止，北方地区132个地级以上城市中只有20多个城市出台了供热计量价格和收费政策。大多数城市没有计量热价，使得符合条件的新建建筑和既有建筑无法实施供热计量收费。有些地方即使开展了供热计量收费，但总体上还只是处于试点阶段，“试点”、“探索”、“模拟”成为忽悠上级领导的新名词。有的城市供热计量面积少，分布散，系统节能效果差。有些地方计量收费方法不规范，将“按用热量、分户计量”收费变成了“按楼计量、按面积分摊”收费，挫伤了用户行为节能的积极性。

3. 既有居住建筑节能改造中投资方与受益方的关系尚未理顺

既有居住建筑节能改造涉及的主要投资方有中央及地方各级政府部门，资金来源为上面提到的各类财政补贴、专项资金等；城市热力公司、区域锅炉房供热的物业公司、建筑产权单位、节能服务公司等为节能改造项目实施主体。

既有居住建筑节能改造的受益方则主要包括：从节约资源、保护环境的角度看，政府是这类项目巨大社会效益的受益方代表；居民享受到了室内生活环境的改善和生活舒适性的提高，若按热计量收费，可节省供热费用；供热企业（包括热力公司和区域锅炉供热的物业公司及产权单位），节约了供热燃料成本，或在燃料消耗相同的情况下供热面积增加；节能服务公司，通过与相关利益主体签订合同，既可分享节能收益，也可分享节能量；银行，获益于改造项目贷款利息。

在围护结构节能改造中，直接受益方主要是居民和供热企业或小区集中供热的物业公司。但由于成本太高、投资回收期过长，目前主要由政府主导或国际组织的示范项目组织实施，存在改造资金投资的可持续问题。在吸引市场资金的参与方面，缺乏长期的激励机制。

在供热计量节能改造中，供暖费用仍按面积收取，直接经济受益方主要是供热企业或小区集中供热的物业公司，而目前的投资则以示范项目为主。由于热价没有完全改革，居民没有改造的积极性。热计量表的初始投资和运行维护费用较高，在一定程度上影响了居民安装的积极性。在按面积收费的情况下，加装热计量表对热力公司没有太大的意义。热计量表的运行维护需要投入大量的人力物力，在政府没有充足补贴的情况下，热力公司没有改造的积极性。同样由于按面积收费的问题，合同能源服务公司也没有积极性参与改造。

在供热管网节能改造过程中，由于管网构成复杂，一次网产权基本归属相关的热力公司，而从热力站到用户的二次网产权主体复杂，产权不明确，目前这类的改造项目较少。这类项目达不到一定的规模，经济效益并不突出，也影响了各方投资者参与的积极性。

4. 吸引市场主体参与北方采暖地区既有居住建筑节能改造的相关机制不健全

首先，既有居住建筑节能改造的市场盈利模式尚不明确，对投资者和金融机构没有足够的吸引力。这类项目的盈利点、收益点、投资亮点都没有被充分发掘。

其次，由于目前在既有居住建筑节能改造领域缺乏相关的融资担保机制，金融机构对既有建筑节能改造巨大的资金需求并不积极，很少关注这类项目，也没有金融机构主动为既有居住建筑节能改造提供金融服务，使得改造中的供热公司、合同能源管理公司以及进行改造的业主因为资金的问题而捉襟见肘。

最后，对既有建筑节能改造融资机制缺乏整体设计和规划。目前的投融资模式主要是立足于单个项目，无论是政府还是社会都没有形成改造主体，融资方式、技术支撑、法律保障等配套能力仍然较弱，供热新体制和改造模式仍处于探索阶段，一些相对成功的节能项目经验也没有推广的可行性。对此，需要从整体上考虑设计适宜的既有居住建筑节能改造融资机制。

（三）完善北方采暖地区既有居住建筑节能改造投融资模式的政策建议

1. 拓展融资渠道，确保节能改造具有充足的资金来源

既有居住建筑节能改造根据技术内容和改造深度不同，每平方米改造费用约为150～400元不等。按照每平方米改造费用275元计算，现近64亿平方米的既有居住建筑节能改造费用将有17600亿元。

中国建设部副部长仇保兴2007年1月18日在国务院新闻办公室举行的新闻发布会上指出，国家在2020年前对既有建筑节能改造将投入15000亿元，距离保守估计的既有居住建筑节能改造费用17600亿元仍有2600亿元的缺口。此外，国家计划投入的15000亿元还包含对公共建筑节能改造的投资，且未扣除2007～2009年已经投入的资金。因此，国家目前针对既有居住建筑节能改造的投资预算量并不充足。如果想开展节能改造，必须多渠道筹集资金。

督促和引导地方多渠道筹措改造资金，实施既有居住建筑供热计量及节能改造，目前可以纳入考虑范围的资金来源渠道有：一是中央财政和地方财政的财政补贴和税收优惠；二是供热企业的直接投资；三是产权单位的直接投资，以及业主大会通过后利用的“住宅专项维修资金”；四是利用国家应对世界金融危机、扩大投资、拉动内需的机会，申请的额外补贴和贷款贴息；五是申请可再生能源利用的奖励资金；六是燃油税起征后，申请的转移支付；七是申请的部分墙改基金；八是申请能源利用超定额加价部分；九是采取合同能源管理方式融通的资金；十是既有居住建筑节能改造过程中减少的温室气体排放量核算成“可核证的排放削减量”，出售给具有巨大二氧化碳气体排放压力的发达工业国家和地区所获得的收入。

完善金融体系，促进节能改造融资方式多样化。为了获得既有居住建筑节能改造所需要的巨额增量投资，必须充分发挥金融市场的融通作用，大力借助商业银行、保险公司、证券公司、基金管理公司、租赁公司以及私人的力量，拓宽既有居住建筑节能改造的融资渠道。同时，大力发展专业政策性金融机构和贷款担保中介等金融机构，创新现金类、衍生类等多种金融工具，促进融资方式多样化。

2. 全面推进供热计量改革各项工作

全面推进供热计量改革的各项工作，将按热计量收费摆在最主要的突出位置。坚决做到：既有居住建筑分户供热计量改造与节能改造同步；供热计量装置安装与供热计量收费同步。

统一认识，加强领导。北方地区各级政府建立健全工作机制，统一协调财政、物价、质量技术监督、建设等主管部门。明确分工，建设主管部门主要领导是第一责任人。各级建设主管部门应建立供热计量目标责任制和问责制，将供热计量改革成效列入领导干部综合考核评价中，并作为对供热单位负责人业绩进行考核的最主要的内容。对不按标准规范安装供热计量装置的设计、施工、房地产开发单位和供热企业及负责人依法给予处罚。住房和城乡建设部将根据《节约能源法》、《民用建筑节能条例》等法律法规，处罚推行供热计量改革不力的建设部门、供热企业和企业领导人，并公之于众。

狠抓供热企业责任落实。各地严格执行《民用建筑供热计量管理办法》，强化供热单位计量收费实施主体责任。供热企业负责供热计量和温控装置的选型、购置、维护、管理以及计量收费。对进行了热计量改造的既有建筑，供热企业必须按热计量收费。对拒不实施供热计量的供热企业，当地建设主管部门依法进行处罚。各地在供热计量收费中，将两部制热价中按面积收取的基本热价比例降到30%，将按用热量收取的计量热价比例提高到70%，以进一步提高用户行为节能的积极性。

3. 完善经济激励方案，培育节能服务市场

为了调动相关主体改造的积极性，促使节能服务市场体系的建立，需要进一步完善已有的经济激励方案，具体包括：一是落实激励资金。财政部印发的《北方采暖区既有居住建筑供热计量及节能改造奖励资金管理暂行办法》规定，采用因素法发放资金，即需要综合考虑有关省（自治区、直辖市、计划单列市）所在气候区、改造工作量、节能效果和实施进度等多种因素以及相应的权重进行分配，因此需要有关部门抓紧建立既有居住建筑能耗统计、审计、公示以及传输系统，便于专项资金及时、准确发放。二是明确激励对象。一般来说，凡是积极参与北方采暖地区既有居住建筑节能改造的市场主体都可以纳入激励对象的考虑范围，比如供热企业、节能服务公司、业主等。但是，必须明确激励哪个对象才能取得最佳的激励效果。三是摸清激励政策体系及作用规律，准确了解既有居住建筑节能改造财税激励政策体系的构成及分类、特点及局限性，以便于在正确的时机采取正确的激励政策。

4. 采取相应的激励政策

推行既有建筑节能改造，各级政府必须制定相应的经济激励政策，这是促进节能降耗目标实现，推进既有建筑节能改造的必要手段。

设立既有建筑节能专项基金。在政府预算中设立节能科目，通过发行国债、征收附加电费、完善资源税等税收制度筹措必要资金，并将既有建筑节能改造纳入支持范围，使用住宅公共维修基金、国际合作项目援助资金等充实专项既有建筑节能改造基金。金融机构对既有建筑节能改造提供有财政贴息的优惠政策，国务院财政部门、税务部门会同国务院建设行政主管部门制定对既有建筑节能改造的税收优惠等激励措施。

建立节能激励政策体系。对开发生产符合建筑节能要求的新型材料、推广使用高效先进的供暖空调技术形式、加强既有节能改造科研项目的研究和节能改造示范项目的建设，加大专项基金的扶持力度。对节能改造有成效的建筑，可采取减免税收、费用及提供低息贷款或提供一定比例的财政补贴进行激励。对高能耗的建筑所有者，限期进行节能改造，征收能源超量使用费。

5. “十二五”期间具体财税激励政策建议

目前，我国北方城镇采暖地区建筑面积约 70 亿～80 亿平方米，采暖能耗约 1.5 亿～2 亿吨标准煤。根据对有关项目的预测[①]，通过对“潜力大、成本低”的重点环节实施节能改造，到 2015 年可形成 3000 万吨标准煤的节能能力，降低当前能耗 15% 左右。其中，中央财政奖励形成的节能能力约为 2000 万吨标准煤。财政应继续采用“以奖代补”的方式进行鼓励和支持。考虑到建筑节能改造项目分散性的特点，节能发行利润空间相对较低，财政的奖励标准应在节能改造增量成本的 15% 左右，比工业节能改造项目的奖励标准略高些，这样奖励标准可暂定为每形成 1 吨标准煤节能能力奖励 750～1200 元。节能量较大的项目由中央财政奖励，节能量较小的项目由地方财政奖励。

（1）对年节能量超过 2000 吨标准煤的节能改造项目，由中央财政奖励，标准为每形成 1 吨标准煤节能能力奖励 750～1200 元，从中央节能专项资金中列支。如节能改造内容不含围护结构改造，标准为低限的 750 元/吨标准煤。若节能改造内容包含围护结构，窗户的节能性能不低于当地建筑节能标准要求，则奖励标准不超过上限 1200 元/吨标准煤。

（2）对年节能量 1000～2000 吨标准煤的节能改造项目，由省级财政奖励支持，标准同上，从省级节能专项资金中列支。同样，如节能改造内容不含围护结构改造，奖励标准为 750 元/吨标准煤。若节能改造内容包含围护结构，

---

① 参见国家发展和改革委员会能源研究所：《既有建筑节能改造融资模式研究》（2010），国家发改委能源研究所内部报告。

窗户的节能性能不低于当地建筑节能标准要求，则奖励标准不超过上限 1200 元/吨标准煤。

（3）对年节能量小于 1000 吨标准煤的节能改造项目，由地市级财政奖励，标准同上，从地市级节能专项资金中列支。同样以节能改造内容是否包括围护结构改造为依据，确定具体的奖励标准。

据初步测算，“十二五”期间，财政总计需要投入 225 亿～360 亿元用于北方采暖地区既有建筑节能改造项目，其中中央财政总投入为 150 亿～240 亿元。基本上在各级财政的可承受范围以内。通过财政加大支持力度，可以调动市场主体参与既有建筑节能改造的积极性，为市场主体留出一定的利润空间。

五、我国既有建筑节能改造障碍分析

（一）北方采暖地区既有居住建筑节能改造行政手段障碍分析

1. 省级政府落实任务力度不足

一是多数省级政府没有将此项工作纳入节能减排工作的重要内容。多数省级人民政府将工业节能作为节能减排工作的重点，既有居住建筑节能改造工作仍主要依靠建设主管部门来组织推动，省、市级政府层面支持力度不足。二是缺乏相应的配套政策。目前仅有山西省、内蒙古自治区出台了省级财政和中央财政 1∶1 配套的财政奖励政策，多数省级财政部门财政支持力度不足，甚至不予支持，多数省级建设主管部门仅依靠中央财政奖励资金推动工作，难度较大。三是缺乏考核评价机制。除山西、辽宁和宁夏外，多数省级政府没有将既有居住建筑节能改造工作纳入对市级政府节能目标考核评价体系中，缺乏约束机制，责任落实不明确。

2. 体制机制存在障碍

一是供热体制改革滞后。供热计量改造是此项工作的重点，而供热计量改造的目的是为了实现按节能量收费制度，提高居民的行为节能意识。若节能改造后采取按用热量收费制度，势必降低供热企业的利润，因此多数供热企业反对进行热计量改造。目前供热体制改革工作进展较慢，多数地方还没有实现热计量收费，供热计量装置的安装有造成浪费、成为摆设的可能性。

二是相关各部门协调不力。既有建筑供热计量及节能改造离不开建设主管部门、墙改节能办、供热办等部门的合作与支持。墙改节能办主要负责节能改造，供热办主要负责管网和热计量的改造。但从地方的工作归属情况看，有的地方墙改节能办归属发改委或经委，供热办归属房产局，与地方建委、建设局之间存在体制问题，各管各的，难以沟通协调，不能对改造的组织实施形成统一，势必会造成工作上的阻力。三是热计量收费机制尚未形成，制约了供热计量改造的开展，节能改造的潜力也得不到体现。四是供热企业改造的积极性难以调动。由于改造的投资回报期通常较长，加之近年来的能源价格迅猛上涨，供热企业利润微乎其微，有些已出现亏损，很难再拿出资金用于节能改造。

3. 资金保障仍是最关键问题

一是地方财政支持力度不够。改造工作进展较好的省份，如内蒙、山西，地方财政都至少以 1：1 的比例与中央财政奖励额度进行配套，有充足的资金组织实施改造，而没有地方财政配套的省份工作多数进展缓慢。二是多渠道筹措资金的机制还未形成。目前各地基本依靠中央财政奖励资金来推动此项工作的开展，供热企业、居民、物业公司、能源服务公司、金融机构等多渠道筹措资金的机制尚未建立。三是缺少启动资金。中央财政资金是以奖代补的方式进行支付的，是事后奖励，很难用于项目的启动，而改造工作最重要的是要通过一部分启动资金来推动。如改变中央财政奖励资金拨付方式，势必能更进一步推动改造工作进展。

4. 缺乏成功的改造模式

多数地方建设主管部门没有深入研究探索适合本地实际的改造模式及投融资方式，仅依靠各级政府的组织协调及财政支持来开展工作。没有充分调动供热企业、能源服务公司、产权单位、居民个人及金融机构等各方的积极性，宣传力度也显不够。

（二）北方采暖地区既有居住建筑节能改造融资机制障碍分析

我国城乡目前既有建筑面积为 430 亿平方米，其中城镇 150 亿平方米，能够达到建筑节能标准的仅 5%，潜在改造的建筑规模巨大，市场资金需求旺盛。从既有建筑节能改造的状况看，其进展不一，个别城市先行。到 2007 年底，全国每年既有建筑节能改造量只有 1083 万平方米，对数量巨大的既有建筑而言，这项工作还有很长的路要走。

1. 北方采暖地区既有居住建筑节能资金需求分析

(1)"十一五"期间改造目标带来可预见的资金需求。

北方采暖地区既有居住建筑供热计量及节能改造是落实"十一五"节能减排任务的重要内容。目前北方采暖地区集中供热面积约25亿平方米，采暖能耗占当地全社会终端能耗的25%左右，是建筑能耗的最大组成部分。但我国普遍存在建筑保温隔热性能差、采暖系统热效率低、供热不按计量收费等突出问题，单位建筑面积采暖能耗一般比发达国家相同气候条件下高1~2倍。

住房和城乡建设部在《关于推进北方采暖地区既有居住建筑供热计量及节能改造工作的实施意见》(建科［2008］95号)中将北方采暖地区既有居住建筑的节能改造作为一个重点工作，明确提出了"十一五"期间改造1.5亿平方米的目标。其中，北京2500万平方米(含中央国家机关在京单位既有居住建筑)、天津1300万平方米、辽宁2400万平方米(其中大连500万平方米)、山东1900万平方米(其中青岛300万平方米)、黑龙江1500万平方米、吉林1100万平方米、河北1300万平方米、河南360万平方米、山西460万平方米、陕西200万平方米、甘肃350万平方米、内蒙古600万平方米、新疆700万平方米、宁夏200万平方米、青海30万平方米、新疆生产建设兵团100万平方米。全面推进供热计量收费，节约了1600万吨标准煤。随着改造目标的落实，建筑节能已经成为一种实实在在的行动。可预见改造的规模将越来越大，需要更多的资金支持。

(2)改造项目市场运作中的资金需求。

开展北方采暖地区既有居住建筑供热计量及节能改造的主要内容包括：建筑维护结构节能改造、室内供热系统计量及温度调控改造、热源及供热管网热平衡改造。

根据具体的实际工程测算，北方采暖地区既有居住建筑节能改造的增量成本约为250元/平方米，那么要实现2006~2010年期间改造1.5亿平方米的目标，则至少需要资金：250元/平方米×1.5亿平方米=375亿元。此外，有关数据显示，建筑物围护结构节能改造的增量投资约为150元/平方米，室内供热系统计量及温度调控改造的增量投资约为50元/平方米，热源及供热管网热平衡改造的增量投资约为50元/平方米；而建筑物围护结构节能改造的增量投资又可细分为：门窗改造增量投资40元/平方米、外墙保温改造55元/平方米、屋顶防潮保温改造55元/平方米；室内供热系统计量及温度调控改造的增量投资又可细分为：温控阀增量投资10元/平方米、室内供热系统增量投资

20 元/平方米、安装热计量表增量投资 20 元/平方米。（见表 5－3）

表 5－3　　既有居住建筑节能改造成本

既有居住建筑节能改造		建筑物围护结构	室内供热系统计量及温度调控改造	热源及供热管网热平衡改造
单位成本（元/平方米）	250	150	50	50
资金总需求（亿元）	375	225	75	75

2. 北方采暖地区既有居住建筑节能资金供给分析

（1）北方采暖地区既有居住建筑节能投资主体。

北方采暖地区既有居住建筑节能改造仍然处于起步阶段，其市场前景和利润潜力无法充分展现，导致相关主体不愿把资金投入到既有居住建筑节能改造领域。2005 年建设部组织的《建筑节能调查问卷》结果显示，愿意承担 10% 以下改造成本的居民占整个被调查对象的比例高达 74%，而愿意承担超过 20% 改造资本的比例仅有 6%。

目前，传统的政府投融资模式仍是北方采暖地区既有居住建筑节能改造较多采取的融资方式，而股权融资、债券融资、项目融资、商业性贷款、内源融资等市场化投融资模式仍然没有在北方采暖地区既有居住建筑节能改造领域出现并发挥作用。

（2）北方采暖地区既有居住建筑节能改造模式。

建设部在《关于推进北方采暖地区既有居住建筑供热计量及节能改造工作的实施意见》（建科［2008］95 号）中对北方采暖地区既有居住建筑节能改造的资金筹集提出了一些指导。各地建设、财政主管部门应充分发挥组织协调作用，充分调动供热企业、能源服务公司、产权单位、居民个人及金融机构等各方面积极性，通过企业自筹、受益居民投入、财政支持等方式筹措资金，进行热源及管网热平衡、室内供热系统计量及温度调控、建筑围护结构节能薄弱环节等方面的改造。总结国内外实施改造的经验，改造的投资主体和回报方式一般有以下几类（见表 5－4）。

①供热企业改造模式。供热企业投资用于供热计量及节能改造，通过降低既有居住建筑的供热成本，收取新增用户的入网费和采暖费实现投资回报。

②节能服务公司改造模式。节能服务公司投资进行改造，可将与供热企业协议的热费价差及改造后节省的能源费用作为收益回报。

③单一产权主体改造模式。产权单位投资进行改造，可将改造后节省的能

源费用作为回报。

④居民自发改造模式。居民个人参与投资改造，可通过实施热计量收费以降低热费支出获得收益，同时可改善居住环境。

⑤国际合作项目改造模式。改造主体通过申请国际政府间贷款、清洁发展机制项目（CDM）等，获得改造资金。

⑥组合改造模式。以上几种模式的不同组合，例如供热企业、能源服务公司、居民在政府支持和协调下共同实施节能改造，供热企业负责一次管网的改造投资，能源服务公司负责室内供热系统的热计量及温度调控改造的投资，居民负责门窗等透明围护结构节能改造的投资。

目前，北方的一些大城市，如天津、沈阳、长春、承德等在逐步推进供热体制改革的进程中，也进行了既有居住建筑节能改造的尝试。其中改造资金多来源于国际组织赠款、中央和地方财政补贴、供热企业投资、产权单位投资和居民个人的投资。随着建筑节能市场化的推进，青岛等地也出现了合同能源管理等新型的融资形式。

表 5－4　　各地既有建筑节能改造出资方式汇总表

	地方政府补贴	国外捐赠	供热企业	居民	开发商	加层收入	拆除后新建滚动收入	合同能源管理
唐山	√		√	√				
包头	√	√	√	√				
天津	√		√					
哈尔滨	√	√				√		
青岛								√

（3）北方采暖地区既有居住建筑节能改造的经济激励政策。

为奖励北方采暖地区开展既有居住建筑供热计量及节能改造项目，国家财政安排资金专项用于奖励，并制定了《北方采暖地区既有居住建筑供热计量及节能改造奖励资金管理暂行办法》（财建［2007］957 号）。具体内容主要包括以下方面。

①适用项目：北方采暖地区既有居住建筑供热计量及节能改造。

②资金来源：中央财政对省级财政专项转移支付，具体项目实施管理由省级人民政府相关职能部门负责。

③资金使用范围：

建筑围护结构节能改造奖励；

室内供热系统计量及温度调控改造奖励；

热源及供热管网热平衡改造等改造奖励；

财政部批准的与北方采暖地区既有居住建筑供热计量及节能改造相关的其他支出。

④补助方式、额度：

根据气候区、改造工作量、节能效果和实施进度等多种因素用相应的权重系数进行修正。按气候区奖励基准分为严寒地区和寒冷地区两类：严寒地区为55元/平方米，寒冷地区为45元/平方米。

在启动阶段，财政部会同建设部根据各地的改造任务量，按照6元/平方米的标准，将部分奖励资金预拨到省级财政部门，对当地热计量装置的安装进行补助。

⑤管理、申请办法。

具体项目实施管理由省级人民政府相关职能部门负责；

鼓励采用合同能源管理模式，创新资金投入方式；

应对拟改造的项目进行充分的技术经济论证。

3. 北方采暖地区既有居住建筑节能改造相关利益主体的投资收益关系分析

（1）既有居住建筑节能改造的投资方。

①中央政府。

在推动既有居住建筑节能改造的过程中，中央政府通过各项政策给予了大力的资金支持。中央政府每年通过各类科技攻关项目支持节能建筑技术的研究与开发，利用财政政策对示范工程项目进行补贴。

②地方政府。

地方政府对既有居住建筑节能改造的投资多表现为对中央财政资金的配套投入，也有个别地方政府通过制定节能建筑的相关地方性法规支持既有居住建筑节能改造。但财政资金的专款专用性质和地方财政资金有限，使得对节能建筑提供的资金支持非常有限，发挥作用也受到一定限制。

③金融机构。

现今我国商业银行数额较大的贷款较多用于支持房地产业的发展，也间接支持了房地产主要发展方向——节能建筑。对于既有建筑节能改造项目，在确定改造的实施主体后，通过申请和相关程序审核也可获得金融机构的贷款支持。但目前这方面的实际案例较少。

④国际组织。

为推动我国既有居住建筑的节能改造，我国政府积极同联合国计划开发署（UNDP）、世界银行（WB）、德国技术公司（GTz）、美国能源基金会（EF）、欧盟（EU）等世界组织、国家进行技术、政策、管理、资金等方面的广泛合作，不仅带来了先进的理念，也带来了以资本和技术为基本手段的投资方式，一定程度上缓解了我国既有居住建筑节能改造市场发展初期技术落后和资金紧张的问题。

⑤相关企业。

目前在我国投资于既有居住建筑节能改造的企业主要有供热企业和合同能源管理公司（ESCO），它们主要利用自有资金完成节能改造，通过分项节能收益来实现投资回报。

⑥居民。

目前，在我国实施的既有居住建筑节能改造项目中，门窗的节能改造费用都是由居民来承担的。伴随居民对既有居住建筑节能改造的认可程度的提高，对改造的投入会逐步加大。居民也成为我国既有居住建筑节能改造的重要投资主体。

（2）既有居住建筑节能改造的受益方。

①中央和地方各级政府。

实施既有居住建筑节能改造，能够直接改善小区的居住环境和外立面形象，从而改善整体社会风貌，让居民安居乐业，创造和谐社会，具有较大的社会效益。另外，既有居住建筑节能改造能够减排温室气体，减少空气中的污染物，具有良好的环境效益。以上两种效益都可被政府分享到。

②居民。

既有居住建筑节能改造能够有效改善居民的室内生活环境，提高生活舒适性。在进行供热体制改革后按计量收费，还能使居民节省供热费用。因此，节能改造的最大受益者是居民。

③节能服务公司。

ESCO在投资既有居住建筑节能改造的过程中，通过与相关利益主体签订合同，既可以分享节能收益，也可以分享节能量。在合同得到保证的情况下，节能服务公司可以获得与投资对等的节能收益。

④供热企业。

供热企业是另外一种形式的节能服务公司，通过实施节能改造可以实现更大的供热面积从而增加供热能力，获得收益。但是对于实施的条件有相应的特殊规定。

⑤国际组织。

国际组织通过对既有居住建筑节能改造的技术或资金投入，不仅可以了解中国的既有居住建筑节能改造市场，还能为国外先进的技术设备产品找到中国的市场，通过市场预期来弥补现有的投资。

（3）投资方与受益方之间的关系。

表面上看投资方既有投资也有相应的收益，然而为什么并没有带来我国大面积的既有居住建筑节能改造的市场，即存在的障碍有哪些呢？在图 5－8、5－9、5－10 中，我们以既有居住建筑节能改造的主要内容为着力点，就可以将其中的障碍识别出来。

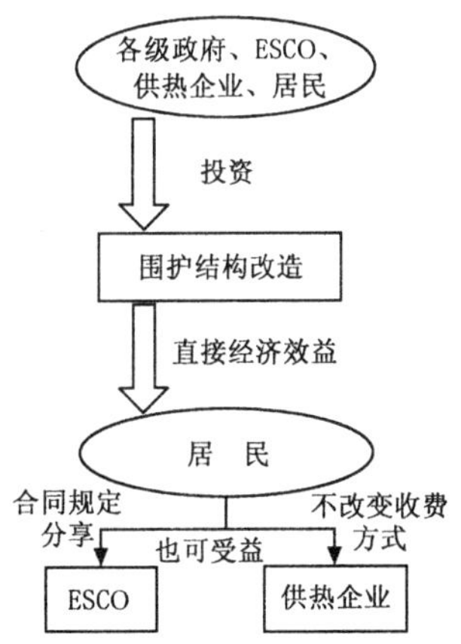

图 5－8　围护结构节能改造过程中投资方与受益方关系分析图

4. 北方采暖地区既有居住建筑节能改造融资障碍表现

通过对既有居住建筑节能改造投资方与受益方之间的关系分析，融资障碍主要表现在以下方面。

（1）既有建筑节能改造市场资金额度测算不准确。

“十一五”既有建筑节能改造领域形成的市场总量为发展金融服务提供了巨大市场空间，但是从各方的数据看来，都是很初步的估计，并无一个准确的测算。在建筑节能任务的落实过程中，没有形成可提供给金融机构投资作为决策参考的基础数据，导致金融机构一方面看到了潜在的市场，另一方面却不知

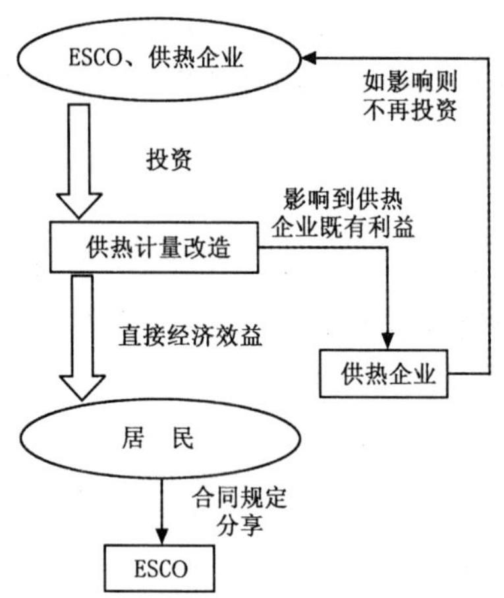

图 5－9 供热计量节能改造过程中投资方与受益方关系分析图

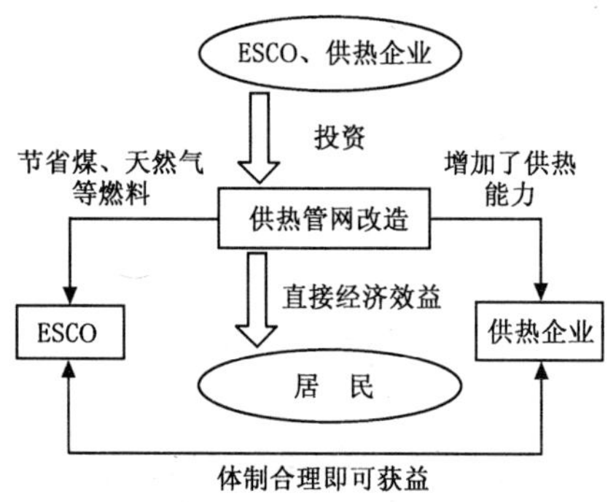

图 5－10 供热管网节能改造过程中投资方与受益方关系分析图

道如何去介入。

（2）既有居住建筑节能市场盈利模式不明确。

既有居住建筑节能改造市场盈利模式的不明确，使得该市场对投资者和金融机构没有吸引力。资本具有逐利性，但投资者的风险偏好不同，在既有居住建筑节能改造的盈利点、收益点和投资亮点没有被充分发掘的情况下，只有部分具有冒险精神的金融机构提供资金支持建筑节能。既有居住建筑节能改造的盈利模式可为项目的各参与方创造或提升价值，并能平衡多方的利益，具有可预期、可实现、稳定和合法的特点。

（3）既有居住建筑节能改造各参与主体行为关系认识不清晰。

既有居住建筑节能改造过程中的参与主体包括政府部门、金融机构、技术支撑单位、房地产开发商、建筑节能服务企业、各类型业主等，各参与主体具有不同的目的与行为特征。如果能够深入分析其在不同时期、不同政策引导、不同资金支持情况下的逻辑关系，则可以为既有居住建筑节能改造的建设提供完善主体关系的可行性融资方案。从现在的状态看来，政府部门并没有深入认识这些主体各自利益的关系。政策部门作为市场规制者，在制定政策时往往只是提出节能目标，对于市场参与者之间应该怎么达成目标，并没有很好的指导。在没有明确市场参与者间的利益纽带的情况下，节能政策的监督成本较高，节能融资渠道不畅通。

（4）既有建筑节能改造的融资担保机制不健全。

诚信与风险问题是影响建筑节能金融市场发展的关键因素，是合理保护投资者收益的有效手段和金融服务市场健康发展的重要保障。担保是指法律为确保特定的债权人实现债权，以债务人或第三方的信用或者特定财产来督促债务人履行债务的制度。目前在既有建筑节能改造领域缺乏合理的融资担保机制，从而使得改造中的供热公司、合同能源管理公司以及进行改造的业主因为资金的问题而捉襟见肘。如具备合理的融资担保机制，则可以使改造的资金需求主体争取到更多合理的贷款。

（5）金融机构对既有建筑节能改造的支持力度不够。

金融服务机构对既有建筑节能改造巨大的资金需求不敏感，并且目前未就这一机遇积极地去创造新的业务模式，国内的金融机构很少关注提供节能改造服务的建筑节能服务机构。既有居住建筑节能改造本身是个经济效益和社会效益明显的领域，如果通过有效的合同形式保证对节能量和还款模式设置较均衡的条款，可以实现金融机构和节能融资方的双赢。但目前金融机构并没有主动地开发适合既有居住建筑节能改造的金融服务模式。

（6）缺乏对既有建筑节能改造融资机制的整体思考。

目前既有居住建筑节能改造工作多数立足于单个项目，针对单个项目去考虑如何取得资金，没有成熟的、适用性强的经验可以借鉴。无论是政府，还是社会，都没有形成组织改造主体参与，整合融资方式、技术支撑、法律保障等配套措施的能力，没有探索出适合我国不同地区实际的供热新体制和改造模式。这样一些“成功”的节能项目经验并无推广的可行性。从影响程度上看，既有建筑节能改造的最主要问题就是资金问题，如果不从整体上考虑建立合适的融资模式，单纯靠政府资金无疑是不可持续的，很难带动市场化节能改造模式的发展。

表 5-5 改造投资收益关系表

改造内容	改造成本	收益的表现方式	可能的投资方	投资收益方式	存在的障碍
围护结构	120~180元/平方米	增加保温效果，降低供热能耗，减少供热成本	供热企业	降低煤耗，减少供热成本	改造成本过高，回收周期长
			产权单位	1. 降低煤耗，减少供热成本 2. 提高建筑品质	改造成本过高，回收周期长
			业主	提高室内热舒适性	组织实施难度大
热计量	30~50元/平方米	改造后可实施按用热量收费	ESCO	按用热量与供热公司结算，与居民用面积结算，挣取差价	供热公司不同意
			业主	按用热量与供热公司结算，降低采暖费	供热公司不同意
热源及管网	10~30元/平方米	提高热源效率，调节水力失衡，降低供热能耗，减少供热成本	供热企业	降低煤耗，减少供热成本	无
			产权单位	1. 降低煤耗，减少供热成本 2. 改善水力失调	无
			ESCO	调节水力失调，降低煤耗，获得供热公司的报酬	无

六、北方地区既有建筑节能改造案例分析

(一)“十一五”期间形成的主要投融资模式

北方各省开展既有居住建筑供热计量及节能改造主要采取以下几类改造模式：

(1) 产权单位物业公司组织改造模式。由改造项目产权单位的物业公司作为改造主体组织实施，改造资金除中央和省级财政补贴外，由物业公司和受益群众共同承担。实施节能改造，降低了采暖能耗，节约了物业公司的供热成本，改善了居民的室内热舒适度。

(2) 能源服务公司组织改造模式。由能源服务公司负责进行供热计量改造，通过用户行为节能降低采暖能耗，节省热费。能源服务公司按照合同分享一部分节省的热费作为投资回报。

(3) 合同能源管理公司与产权单位共同组织改造模式。合同能源管理公司负责热源改造，用可再生能源取代锅炉房采暖方式，向居民征收采暖费；产权单位投资进行建筑主体的节能改造，降低采暖能耗，提高居民室内热舒适度。

(4) 供热企业与受益群众共同出资改造模式。供热公司同受益群众共同出资改造，供热公司负责围护结构和热计量装置改造，受益群众负责窗户改造。改造后采暖能耗降低，室内热舒适度提高。供热公司通过节省供热量降低供热成本来获得回报，居民百姓通过改造提高了室内热舒适度。

(5) 政府牵头组织的改造模式。主要有三种：一是行政手段强制改造。将既有建筑节能改造和办理新建建筑相关手续联系起来，对不制定既有建筑节能改造规划的项目单位的新建项目不予进行报建和施工许可。二是与其他改造相结合。将既有居住建筑节能改造与建筑抗震加固改造、装饰装修、旧城改造和城中村改造、太阳能等可再生能源安装应用相结合，在开展其他改造的同时进行节能改造。三是纳入政府重点工程。将供热计量改造纳入市政府重点工程，由市政府牵头组织，热力公司负责具体实施。改造实施后，实行按用热量收费制度。

(二) 北方采暖地区既有居住建筑节能改造障碍的案例分析

1. 长春一汽民用节能建筑实施热计量情况介绍

清华大学与一汽动能分公司合作，在长春一汽车城名仕家园（25A）住宅小区（2000 年的建筑）实施了“基于分栋热计量的末端通断调节与热分摊技术”的示范应用工程。在该小区 288 户（4.2 万平方米）住宅中进行了采暖末端通断热计量系统改造（投资 24 万元），并进行应用实践。

调查结果显示，各个用户室内温度控制精度较高，控制偏差在 ±0.5℃之内；室温控制效果良好。分析阀门瞬态开启占空比，可以明显看到室温上升，占空比减少，室温下降，占空比增加，并有提前动作趋势，从而有效地控制室温。

表 5－6

	总面积（平方米）	总耗热量（兆瓦时）	单位面积耗热量（兆瓦时/平方米）	节能率
未调控楼栋	103935	10905.3	0.1049	18.6%
调控楼栋	41421	3536.9	0.0854	

表 5－6 表明：

（1）在仅有 30% 用户长期调控的情况下，节能 18.6%；若有 70% 用户能够长期调控，则可节能 40% 以上。

（2）改造实现了供热不同需求，避免了以往用户过热开窗现象。

2008～2009 年采暖季来临之前，一汽动能分公司根据建设部、长春供热管理办公室的要求，对一汽周边已安装并具备实施“基于分栋热计量的末端通断调节与热分摊技术”的小区进行示范应用。具体应用范围是：已安装通断阀，并具备实施“基于分栋热计量的末端通断调节与热分摊技术”的小区，并满足下列条件（缺一不可）：小区入住率 70% 以上，采暖费收缴率 95% 以上，单栋入住率 90% 以上，采暖费收缴率 98% 以上。

在 6 个开发小区内，选择 31 栋、1773 户、建筑面积为 16 万平方米的住宅楼进行试验，数据采集是从 2008 年 12 月 15 日全面展开的。因为该公司目前正在进行采暖提温试验，2008～2009 年用户节能数据还在抄收、整理过程中。

以小区为单位进行初步统计，30%～40% 用户处于长期调控情况下，节能 15%～30%。详见 25、45 街区统计数据。（见表 5－7）

表 5－7

25 街区	总面积（平方米）	总耗热量（兆瓦时）	单位面积耗热量（兆瓦时/平方米）	节能率
未调控楼栋	103935.3	14171.48	0.1363	27%
调控楼栋	41420.62	4107.281	0.099	
45 街区	**总面积（平方米）**	**总耗热量（兆瓦时）**	**单位面积耗热量（兆瓦时/平方米）**	**节能率**
未调控楼栋	9918.65	693.8	0.069	15%
调控楼栋（20% 的用户正常调控）	15554.21	1258.65	0.08	

2. 山西太原市内燃机厂宿舍楼节能改造项目

太原市内燃机厂宿舍楼建筑面积9000平方米，改造前由区域锅炉房供热，改造后由项目周边一个污水源热泵系统项目的多余热量供热。改造内容为“三改”。

改造总投资178.82万元，其中：热表及管网平衡11.67万元；外墙保温、屋面保温112.68万元；更换窗户54.47万元。山西国瑞投资有限公司投资20万元；内燃机厂投资158.82万元。

节能效果明显。污水源热泵代替燃煤锅炉房，降低采暖能耗，节能率达到50%以上，年节约标准煤204.17吨。

室内热舒适改善。改造前住户室内温度低，改造后室内温度上升效果明显，平均达到22度。

3. 兰州市榆中县改造项目

兰州市榆中县2004年开始进行节能改造、热费改革试点。先从一个小区、一个供热单位做起。节能改造的资金来自三个部分：居民、供热企业、开发商。供热企业贷款，政府贴息。此外还引入了合同能源管理的机制。试点的情况是：常住居民2005年比2004年节费约10%，部分不常住的居民节费约50%，平均节费30%。学校节费约40%。某银行培训大厦进行节能改造、热费改革，节费约30%。改造效果明显：改变了供热收费难的状况；间接培养了居民的用能习惯；供热企业实现了节能，增加了经济效益（供热企业的锅炉2004年供热15万平方米，2006年可以供热18万~20万平方米。供热面积增加，煤耗没有增加，目前煤耗约为5.5千克/月·平方米，全市平均6~7千克/月·平方米）。

4. 宁夏吴忠市朝阳家园2号楼、6号楼改造项目

（1）项目基本情况。

吴忠市朝阳家园2号楼、6号楼建于2001年，建筑面积约7787.85平方米。住宅楼均为5层砖混结构，外墙为370粘土多孔砖，屋面为200毫米厚的加气混凝土带保温层，外窗为平开彩钢窗，室内采暖系统为下供下回式，原建筑物耗能指标为34瓦/平方米。

（2）改造内容。

①热源及供热管网平衡改造。计量采用四级计量，即热源出口计量、小区入口计量、楼栋入口计量、用户计量。对热源厂改造主要是将锅炉房循环泵或换热站循环泵改造成变频变流量系统，并与气候补偿器相匹配，形成自动调节

节能系统。

②2 号楼、6 号楼进行了室内热计量及温控改造，楼梯间内安装热计量分配系统控制器，一户一表。

③6 号楼进行了外围护结构改造。具体为：外墙及阳台加贴 50 毫米厚的聚苯板保温层，楼梯间贴 20 毫米厚 EPS 板，将单层彩钢窗换为塑钢中空双层玻璃窗，屋面在原有保温的基础上增加 60 毫米厚的聚苯板保温层。更换了单元门及楼梯间外窗。

（3）改造模式及投资情况。

朝阳家园 2 号楼、6 号楼的节能改造由吴忠市供热公司作为实施主体进行。资金来源为用户出资 15%，供热企业 20%，国家奖励资金 25%，剩余的 40% 资金目前由施工单位垫付。经初步核算，每平方米改造费用约为 250 元，其中外围护结构改造费用 190 元/平方米，室内分户计量改造费用 45 元/平方米，小区主干管热平衡改造 10 元/平方米，热源改造 5 元/平方米。

（4）改造效果。

6 号楼通过全部三项节能改造后，建筑物能耗量指标由原来的 33.9 瓦/平方米降低至 20.8 瓦/平方米，已能够达到节能 50% 的要求。部分住户由于室内温度高，还需开窗。通过 6 号楼与 2 号楼的热计量抄表记录的对比，可以明显看出 6 号楼经过外围护结构改造后住户采暖系统的回水温度明显提高。

5. 吉林省通化县既有居住建筑供热计量及节能改造

（1）基本情况。通化县城区既有居住建筑 438 栋，总计 176 万平方米。2009 年进行改造前，共有 332 栋 139 万平方米既有居住建筑未做墙体保温。

2009 年，县城规划先行，对既有居住建筑节能改造工作进行了全盘部署，决定当年施工当年竣工。一是热平衡改造 176 万平方米；二是供热计量改造 136 万平方米；三是外围护结构节能改造 139 万平方米（包括墙体节能改造、屋面保温与防水处理、更换非节能窗、楼道粉饰等）。

全县财政收入每年 5 亿多元。通化县采取了“向上争一点、县财政投一点、社会筹一点、居民拿一点”的筹资方式。全年改造概算为 19992 万元，其中国家奖励资金 9398 万元，地方筹集资金 10594 万元，地方资金包括县财政信誉贷款 5100 万元，供热企业自筹 2237 万元，居民自筹 557 万元，建筑产权人出资 2700 万元。

（2）改造经验和障碍。

①经验。

一是规模大、参与面广。全县城规模化改造，使得从县领导至具体工作人员都很重视，且供电、网通、有线电视等部门积极配合。

二是激励产生动力。更换节能窗是节能改造工作中遇到的主要难题。因为居民的收入差别大，而节能窗的投入是一定的，难以统一协调。经过充分论证，政府每平方米补贴20元，居民只需要承担150元左右，同时物业提供无偿服务，凡因换窗造成墙体破坏及阳台损坏的，由物业修复。另外，在拆除墙体悬挂物问题上，县财政给予拆除补助，如拆除太阳能热水器给予补助100～150元，对难度较大的物件可以具体协商。

经过政策鼓励，群众的积极性越来越高，全县只有五栋楼的换窗率未达70%，很多楼换窗率已经达100%。

②障碍。

一是供热企业垫付资金的偿还方式。供热企业是营利性企业，虽然按照政府要求垫付了资金，但是必须找到有效的偿还方法使之正常运转，并促使该模式可持续化。

目前的预案是：将因改造管网而增加的热源相应配套费补偿给供热企业；逐步研究推行双轨制热价，使热费合理化，节约的能源费用补偿给供热企业，直到其收回改造成本。

但是这一切只是在摸索中，是否能够按照预想的方式推进，仍然需要进一步观察。

二是国家拨付的专项资金用于对一次网和二次网进行改造，但是改造的效果目前并没有测量方法，需要在这方面进行研究。

6. 内蒙古包头市既有居住建筑供热计量及节能改造

（1）基本情况。

改造主体：包钢房地产开发公司（隶属于包钢集团公司）

改造对象：友谊13号街坊、少先20号街坊，共63栋住宅，3000户近万居民，建筑面积18.2万平方米，是20世纪80年代建筑，均属于包钢集团公司的产权房。

供热由友谊13号锅炉房对友谊13号街坊、少先20号街坊、少先19号街坊实行区域集中供热。锅炉房内设计安装四台15吨热水炉。供热面积为23平方米。

改造时间：2008年8月25日进入实施阶段，2008年11月5日竣工。

改造内容：屋面、外墙、楼梯、门窗、单元门等。改造费用除国家的奖励资金外，全部由包钢集团公司承担。

（2）改造经验及障碍分析。

①居民支持度问题。居民对节能改造的支持度决定着市场化程度，是决定节能改造工作能够持续开展的关键因素。

此项目的产权属于包钢集团公司，改造资金基本由包钢集团承担，居民的反对力度较小。

②原有建筑属于老式建筑，虽然改造前后效果反差大，但改造成本相对较高。主要原因是老式建筑施工操作难，面层障碍多。如强电入户、有限电视线、网通电话线、太阳能、空调、移动通讯设备及防盗栏杆、鸽子笼等，违章设施多，难以拆除，且拆除成本较高。

③示范作用明显，后期工期压力大。开始时居民持观望态度的人较多，在完成外墙保温工程后，要求换窗者突然增加，造成工期内完成任务的压力骤增。这说明良好的示范效应是带动市场需求的有效手段。

④由于最初的施工方案不完善，在实施过程中，不断出现新的技术问题，产生的技术以及相应的资金争议难以解决。

7. 济南市山东师范大学龙泉新村改造工程

（1）项目基本情况。

山东师范大学龙泉师大新村位于济南市历下区转山西路，是 2003 年 6 月开始设计施工，2005 年 9 月陆续竣工并投入使用的住宅。34 栋多层建筑 900 户，7 栋小高层 484 户，共有住户 1384 户，建筑面积 23.3 万平方米，是山东师范大学的职工宿舍。设计建造时已考虑节能的需要，外墙保温已建，双层密封保温塑钢窗和楼梯门已装，是 50% 节能建筑，购买蒸气自建换热站。但没有安装热计量和调温装置，房间长期无人居住和住户放假时照常供热，房间温度过高时开窗放热，存在浪费现象；而有的住户供热温度达不到国家规定的供热温度标准，意见较大。所以需安装热计量装置进行管网热平衡改造。

（2）改造内容。

①梯管道井安装智能温控节能计量阀，一户一阀。

②梯管道井安装智能温控节能计量阀控制器，一户一个。

③住户卧室安装暖气计量阀，不带控制器。每一住户在两个卧室各安装 1 个 DN20 计量阀。顶层住户有阁楼，在阁楼两个卧室各安装 1 个 DN20 计量阀。

④热平衡管网改造，在全部 111 个单元各安装 1 个压差平衡阀。

⑤在高区、低区供热管路上分别安装 DN250、DN200 热量表各 1 块。

⑥换热站节能改造，安装自动信息采集和反馈系统，安装室外温度采集系统，对7部22千瓦的电机和水泵安装自动变频装置。

⑦安装控制电脑一台，安装节能实时监控系统，安装数字信息能耗时实显示大屏幕。

（3）投资情况。（见表5－8）

表5－8

序号	取费项目	合计
1	设备材料费	4027677.82
2	安装费　（根据山东省安装定额取费）	1036417.09
3	系统总造价	5064094.91
4	改造全部成本	21.7元/平方米

（4）改造模式。

本项目由第三方能源服务公司——济南雪山节能科技有限公司作为实施主体，该企业将山东建筑大学作为技术支撑单位。改造资金由公司垫付。改造后采用“两部制收费法”，固定热价按济南市物价局规定的总热价的15%收取，计量热价按用户表实际记录的数据计算。

（5）改造效果。

从2008年11月15日运行至今，节能40%，达到了预期改造的效果，节能省钱，有关各方都很满意。

（6）主要经验及问题。

①发动动员工作有得有失。对山师领导、山师管理处和物业公司的供热计量及节能改造基本知识普及做的到位，整个施工过程得到了他们的大力配合，明德物业公司同意安装计量表是对供热计量及节能改造试点作出了特殊的贡献。

但对住户的宣传覆盖面不够，仅作了小范围的宣讲和张贴了2次布告，少数住户有疑虑，总拿以前试点失败的例子类比现在的工程，安装计量表的积极性不高，经常找不到人，影响了工期。

②为了方便售后服务，选用明德物业公司工程部承担计量阀的安装，漏水维修也由明德物业公司工程部负责，从而保证了施工质量，到现在安装的1100户无一出现漏水的问题。

③固定价定15%太低，装表后购买的蒸汽少了，但物业公司还是亏损，

应提高固定价的比例。

8. 山东济宁市建设小区改造工程

（1）项目基本情况。

济宁市“建设小区”2、3、5号楼建成于1998年7月，总建筑面积8625平方米，住户共48户，框架结构，层数4层，外墙为200毫米厚陶粒空心砌块，外窗采用铝合金单层窗，外墙、门窗、架空层顶板、屋面、楼梯间均未采取保温措施。本次主要针对建筑围护结构、室内供热系统计量及温度调控两项进行了改造。

（2）改造内容。

①外墙、一层阳台底板、阳台侧栏板粘贴60毫米挤塑聚苯板，屋面、架空层及储藏室顶板粘贴30毫米挤塑聚苯板，楼梯间安装不锈钢保温、防盗对讲门；

②外窗采用塑钢中空玻璃窗（5+6+5毫米）；

③供热分户计量改造，更换水平横管和部分立管，每组暖气片安装温控阀和热分配器，每栋楼安装一块热流量表。

（3）投资情况。

“建设小区”围护结构节能改造、供热分户控制及计量改造费用220余万元，每平方米建筑造价约255元，加上太阳能安装及改造过程中对住户原有装修、防盗网等不同物品的损坏赔偿费用等，项目总投资达250万元。省建设厅对该项目非常重视，给予了大力支持，拨付专项扶持资金30万元，国家按40元/平方米补助（主要考虑资金问题，未实行热源和供热管网热平衡改造）34.5万元，住户按照建筑面积承担资金共计44.4万元（其中160平方米住户缴纳1万元，120平方米住户缴纳9千元），剩余部分从市新型墙体材料专项基金沉淀资金中进行补助。

（4）改造模式。

节能改造设计由济宁市建筑设计研究院承担。2008年4月15日通过省建设厅专家组论证，设计方案达到居住建筑节能65%标准。通过招投标，分别选定山东圣大建设集团和济宁恒诚热力有限公司承担外围护结构和供热分户计量改造施工。为确保改造工作顺利实施，市建委制定了《关于对“建设小区”进行节能改造的实施方案》，成立了“建设小区”节能改造领导小组，明确责任及分工，严把材料进场和每道工序验收，坚决杜绝不合格的产品进入建筑工地，保证了工程质量。项目于2008年5月10日开始实施，2008年8月10日整体竣工。

（5）改造效果。

虽然节能改造实施过程中有很多困难，但从住户反映和热力部门对用热量采集数据的分析看，实施节能改造的效果还是比较明显的。

①夏季空调使用时间比实施节能改造前每天可减少 2～3 个小时。

②冬季采暖提高了居住舒适度。热力公司对前两个月用热量数据进行了采集，用热量为 1648 吉焦，由于采暖季还未结束，后两个月用热量暂按前两个月计算，整个采暖季总用热量应为 3296 吉焦。济宁市现行面积热价 21 元/平方米（建筑面积），三栋楼建筑面积 8625 平方米，这样三栋楼应收费用为 8625×21＝18.11 万元。济宁市蒸汽吨售价格为 137.5 元/吨，折合热量热价为 48 元/吉焦，所以实际耗热量计算收费应为 3296×48＝15.82 万元，经对比可节省 2.29 万元，折合建筑面积每平方米可以节约 2.65 元。实施节能改造后室温平均提高了 2～3 度，但由于未实行分户计量收费，住户均未进行调节，只是提高了舒适度，所以在保证室温 18℃ ±2 的前提下，实际耗热量还会减少。

（6）主要经验。

①实施节能改造一定要避开雨季施工。由于原有窗户需要拆除，安装后到外墙保温及涂料施工完毕，才能涂密封胶，在这个过程中窗户容易漏雨，对住户生活及财产造成损失。

②整个节能改造实施过程中，由于住户进出比较频繁，一定要注意安全问题，完善安全设施。

七、“十二五”北方地区既有居住建筑节能改造政策设计

本项研究根据目前我国既有居住建筑节能改造的工程实践以及国外既有居住建筑节能改造的实践经验，完成了对我国推进既有居住建筑节能改造的融资模式进行了设计和分析。在深入研究的过程中，我们发现既有居住建筑节能改造的顺利实施不仅依赖于外部的政策环境，也依赖于内部市场机制的正常运转。因此，对于进一步推动既有建筑节能改造的融资提供以下政策建议。

（一）建立中央财政对既有居住建筑节能改造的可持续支持机制

既有居住建筑节能改造是一项长期、复杂的社会系统工程，从微观上看关系到社会居民的生活质量和居住空间的改善，从宏观上看关系到社会城市风貌改变和旧城改造等。由此可见，既有居住建筑节能改造对于各级政府来说可以获得良好的社会效益和显著的环境效益，对于居民来说也能带来显著的经济效益。根据经济学原理中的“谁投资、谁受益”的原则，各参与主体在享受既有居住建筑节能改造带来的收益的同时必须进行相应的投资。因此，中央和地方各级政府应建立起支持既有居住建筑节能改造的长效机制。对于既有居住建筑节能改造中的围护结构改造、小区环境改善、公共部位（走廊门、窗）节能改造，在发展初期可采用财政补贴的直接经济激励方式，降低申请优惠政策的时间成本；在既有建筑节能改造逐步走入市场化后，可针对实施主体实施以奖代补、税收减免等优惠政策，从而保证既有居住建筑节能改造的可持续发展。

（二）制定经济激励政策鼓励供热企业参与既有建筑的整体改造

现阶段供热企业对既有居住建筑节能改造过程的热源及供热管网的节能改造的投资意愿较大，这部分投资少，收益明显；而对终端用户的围护结构节能改造则由于组织难度大、收益不能合法计量而不愿意投资，从而使既有居住建筑节能改造无法整体推进，容易导致改造过程的重复性、经费的浪费和对居民生活的影响。建议对从事既有建筑整体改造的供热企业给予营业税、所得税的优惠税率或者税收减免，或者减免部分城市配套费用，或者给予相应的财政补贴，鼓励供热企业从事既有建筑节能改造。

（三）鼓励节能服务公司参与既有居住建筑节能改造

目前，节能服务公司 1/3 的业务来自于建筑节能市场，但是其中参与既有居住建筑节能改造的较少，主要是由于既有居住建筑节能改造市场产权分散、不易组织、节能效果不明确。针对以上情况，一是要加强既有建筑节能检测评估机构的发展，明确节能效果；二是要给予节能服务公司相应的经济激励政策，建议主要采用税收优惠、贷款担保等方式，支持节能服务公司开展既有建筑节能改造，解决其发展初期的启动资金紧缺的问题；三是完善既有建筑节能改造市场的信用机制，保证节能服务公司的合理收益。

（四）推进热价格商品化，刺激居民开展既有建筑节能改造

目前现阶段阻碍我国既有居住建筑节能改造融资的一个重要因素是供热体制改革推进缓慢，使得开展既有居住建筑节能改造并不能降低能源费用，从而大大降低了居民开展节能改造的积极性。虽然现阶段的既有居住建筑节能改造解决了部分居民室温过低、发霉结露等问题，但在以上问题得到解决后，既有居住建筑节能改造又将重现面对改造原动力的问题。因此，必须加快推进供热体制改革，解决既有居住建筑节能过程中的收益均衡问题，以保证既有居住建筑节能改造的可持续发展。

（五）统一既有建筑节能改造的节能收益计算方法

既有建筑节能改造的另一大融资障碍来自于节能收益的不稳定性与不可靠性。目前中央政府对既有居住建筑节能改造仅有针对北方采暖地区的技术导则，但是对如何进行节能收益的测算与测量还没有统一的标准，从而给市场中的潜在投资者带来了较大的投资风险，使得既有居住建筑节能改造无人问津。因此，统一既有建筑节能改造的节能收益计算方法将从根本上解决节能收益不能可靠计量的问题，有效保证投资者的收益，解决市场的融资障碍问题。我们同时也建议在适当的情况下，对完成既有居住建筑节能改造的建筑给予能效标识，从而根据标识情况来制定相应的经济激励政策。

（六）鼓励金融机构对既有居住建筑节能改造市场提供资金支持

既有居住建筑节能改造是一项巨大的复杂系统工程，不仅需要配套的技术支持，还需要大量的资金支持，仅依靠财政资金并不能从根本上解决既有居住建筑节能改造的资金缺口。因此，必须推进金融机构根据既有居住建筑节能改造的特点，开发合适的金融服务产品，开辟既有居住建筑节能改造的绿色通道，为节能服务公司、供热企业、组织改造的产权单位和居民的节能改造提供贷款。建议采用低利率、长期限的优惠贷款，从市场化的角度来推进既有居住建筑节能改造。

（七）确定合理的成本分担机制，吸引多渠道的资金支持

确定既有居住建筑节能改造各参与主体合理的成本分担机制，将会吸引社会更多的投资者参与其中。在既有居住建筑节能改造过程中，能源生产供应

方、能源使用方、政府都是既有建筑节能受益人。建议由政府制定相应的市场管理规则，明确能源使用方、政府、能源生产供应方按投资比例递减的次序，逐步明确成本分担机制，并根据成本分担数额来分享节能收益，从而明确既有居住建筑节能改造市场的运行机制，吸引多渠道的资金支持。

主要参考文献

1. 金占勇、郝有志、刘长滨："北方既有居住建筑节能改造面临的障碍及对策建议"，《建设科技》，2009 年第 11 期。

2. 金占勇、郝有志、马重芳："北方地区既有居住建筑节能改造投融资模式设计"，《建筑经济》，2008 年第 5 期。

3. 李海英、张贵杰、赵冰："我国北方采暖地区既有居住建筑节能改造投融资模式探讨"，《建筑经济》，2008 年第 6 期。

4. 吕石磊、武涌："北方采暖地区既有居住建筑节能改造工作的目标识别和障碍分析"，《暖通空调》，2007 年第 9 期。

5. 武涌、刘长滨：《中国建筑节能经济激励政策研究》，中国建筑工业出版社，2007 年。

6. 单英华、金占勇、刘长滨："对北方采暖地区既有居住建筑节能改造专项资金的探讨"，《建筑经济》，2009 年第 3 期。

7. 金占勇、刘长滨："德国既有住宅建筑节能改造模式"，《建设科技》，2009 年第 11 期。

8. 刘玉明、刘长滨："基于全寿命周期成本理论的既有建筑节能经济效益评价"，《建筑经济》，2009 年第 3 期。

9. 张丽、王永慧："既有建筑节能改造经济激励政策研究"，《建筑经济》，2008 年第 6 期。

10. 李菁、马彦琳、梁晓群："既有建筑节能改造的融资障碍及对策研究"，《建筑经济》，2007 年第 12 期。

（本项目完成于 2010 年 12 月）

项目课题组成员

课题组组长：苏　明

课题组副组长：吕石磊　郝有志　康艳兵　傅志华

本项目主要研究人员：郝有志　李冬妍　吕石磊　王桂娟　丁　研　高　萍　廉　龑　伍倩仪　许　文